高职高专物流类专业系列教材

采购管理实务

第2版

陈利民 编

机械工业出版社

本书结合最新的职业教育理念及教学研究成果，本着"理论够用、注重实训"的原则，贯彻"任务驱动、项目引领""工作过程导向"的教学理念，从理论和实践两个方面阐述了采购管理理论与实务。本书以真实采购活动顺序（作业流程）为主线进行内容设计，实地考察分析具体采购岗位能力要求，然后通过项目任务驱动有针对性地配置学习领域，并设计教学情境，融"教、学、做"为一体，使学生在"做中学、学中做"，从而掌握采购管理的基础理论和方法，具有一定的创新性和较强的实践性。

全书按采购作业流程分为11个工作任务：采购管理认知、采购组织与流程分析、采购战略规划、采购计划与预算管理、采购方式选择、供应商选择与管理、采购价格与成本控制、采购谈判与合同管理、采购过程控制、采购绩效评估、采购管理创新。

本书基于采购工作过程，在不改变核心理论的前提下将知识内容进行了重组，思路创新，简明实用，可作为高职高专及应用型本科院校的物流管理专业、连锁经营专业及其他相近专业的教学用书，也适合作为在职人员的工作实践指导用书，或作为物流、采购从业人员的培训和自学用书。

图书在版编目（CIP）数据

采购管理实务/陈利民编．—2版．—北京：机械工业出版社，2020.6（2025.4重印）
高职高专物流类专业系列教材
ISBN 978-7-111-65222-9

Ⅰ．①采…　Ⅱ．①陈…　Ⅲ．①采购管理—高等职业教育—教材　Ⅳ．①F253

中国版本图书馆CIP数据核字（2020）第053768号

机械工业出版社（北京市百万庄大街22号　邮政编码100037）
策划编辑：孔文梅　　责任编辑：孔文梅　董宇佳
责任校对：张玉静　　封面设计：鞠　杨
责任印制：邓　博
北京盛通数码印刷有限公司印刷
2025年4月第2版第8次印刷
184mm×260mm·17.5印张·432千字
标准书号：ISBN 978-7-111-65222-9
定价：49.80元

电话服务　　　　　　　　　网络服务
客服电话：010-88361066　　机　工　官　网：www.cmpbook.com
　　　　　010-88379833　　机　工　官　博：weibo.com/cmp1952
　　　　　010-68326294　　金　书　网：www.golden-book.com
封底无防伪标均为盗版　　　机工教育服务网：www.cmpedu.com

前言

随着我国生产和流通企业的结构调整，经济快速发展和市场竞争的加剧，社会的发展对物流业提出了更高的要求，而采购是物流科学中的一个重要环节，也是物流企业、连锁企业、制造企业运营中的核心基础支持。面对市场国际化的迅速发展与激烈竞争，采购在企业管理中的地位越来越重要，企业必须对采购管理给予足够的重视并加以研究，以科学的采购管理为企业的战略发展提供动力。促进现代物流产业人才培养，强化企业采购作业管理，提高我国采购的管理水平，这是企业发展的战略选择，也是本书出版的目的和意义。为了满足广大读者的需求，我们对本书进行了修订。

修订后本书仍以"理论够用、注重实训"为原则，贯彻"任务驱动、项目引领""工作过程导向"的教学理念，以培养职业能力为核心，以工作实践为主线，以工作过程为导向，通过任务进行驱动，建立以工作体系为框架的现代课程结构，重新序化课程内容。修订后全书共十一个项目，遵循企业采购活动的基本过程和规律，具体介绍了采购管理认知、采购组织与流程分析、采购战略规划、采购计划与预算管理、采购方式选择、供应商选择与管理、采购价格与成本控制、采购谈判与合同管理、采购过程控制、采购绩效评估以及采购管理创新，每个项目后还设计了相应的教学情境指导学员实训，以达到学以致用、强化技能培养的目的。其中，"采购战略规划"和"采购管理创新"为新增内容，同时删除了"采购管理规范"部分，其他项目也有不同程度的删减和修订。此外，由于不同企业的流程、岗位设置不尽相同，书中的采购流程和岗位职责等内容不可能与企业实际完全相符，其是为满足教学和自我学习的需要而根据学习认知规律设计，仅供参考。

为方便教学，本书配备电子课件、教学大纲、教学日历、试卷、教学案例与视频等教学资源。凡选用本书作为教材的教师均可以登录机械工业出版社教育服务网（www.cmpedu.com）免费下载。如有问题请致电 010-88379375 联系营销人员，服务 QQ：945379158。

本书的出版得到了机械工业出版社的大力支持，在此特别感谢本书的责任编辑为本书的出版所做的辛勤努力。在编写过程中，编者参阅、借鉴和引用了国内外有关采购管理与物流学科的论文、专著、规章制度等资料以及相关企业的采购实际运营资料，不论是否在书后列出，在此一并表示最诚挚的谢意！

随着物流行业在我国的飞速发展，供应物流的重要性不断被业界所认识，采购管理的内容和运作方式日趋科学与规范。虽然我们在本书的编写过程中付出了很大的努力，但由于时间、精力有限，书中难免存在疏漏和不足之处，恳请同行和读者予以批评指正，以期不断完善。

编　者

目录

前言

01 项目一 采购管理认知 1
任务一 理解采购与采购管理的概念 4
任务二 明确采购管理的内容和目标 9
任务三 了解采购管理的发展趋势 12
项目实训：调查企业采购理念与运作 16

02 项目二 采购组织与流程分析 18
任务一 采购组织及其类型认知 21
任务二 采购组织设计 26
任务三 掌握采购组织的职责与素质 29
任务四 采购流程分析 34
项目实训：采购组织设计 41

03 项目三 采购战略规划 42
任务一 采购战略规划认知 44
任务二 采购战略决策 46
任务三 采购战略制定 49
项目实训：采购战略决策及执行情况分析 56

04 项目四 采购计划与预算管理 58
任务一 采购申请与需求分析 61
任务二 制订采购计划 66
任务三 编制采购预算 74
项目实训：采购计划与预算的编制 82

05 项目五 采购方式选择 84
任务一 集中采购与分散采购 87
任务二 定量采购与定期采购 92
任务三 国内采购与国际采购 97
任务四 招标采购与询价采购 101
项目实训：某产品采购方式调查 109

目录

06 项目六　供应商选择与管理 **110**

- 任务一　供应商管理认知 113
- 任务二　供应商调查与开发 115
- 任务三　供应商考核与选择 118
- 任务四　供应商评估与控制 129
- 任务五　供应商关系管理 133
- 项目实训：手机供应商的选择 136

07 项目七　采购价格与成本控制 **138**

- 任务一　采购价格认知 140
- 任务二　采购价格分析 143
- 任务三　采购成本认知 152
- 任务四　采购成本分析 157
- 任务五　降低采购成本的方法 162
- 项目实训：企业采购成本分析 167

08 项目八　采购谈判与合同管理 **169**

- 任务一　采购谈判认知 171
- 任务二　采购谈判组织与实施 177
- 任务三　采购谈判策略与技巧 184
- 任务四　采购合同签订与跟踪 190
- 项目实训：采购谈判全程模拟 203

09 项目九　采购过程控制 **206**

- 任务一　采购商品质量控制 208
- 任务二　采购商品检验与验收 217
- 任务三　采购跟踪与进度控制 223
- 任务四　采购风险识别与控制 230
- 项目实训：采购质量与交期控制 236

10 项目十　采购绩效评估 **238**

- 任务一　采购绩效评估认知 240
- 任务二　采购绩效评估指标体系 243

目录

  任务三 采购绩效评估的程序和方法 248
  任务四 采购绩效的改进措施 252
  项目实训：采购绩效评估方案设计 253

11 项目十一 采购管理创新 255
  任务一 电子化采购 257
  任务二 准时化采购 262
  任务三 供应链采购 268
  项目实训：采购管理创新方案设计 272

参考文献 274

项目一

采购管理认知

工作任务及过程描述

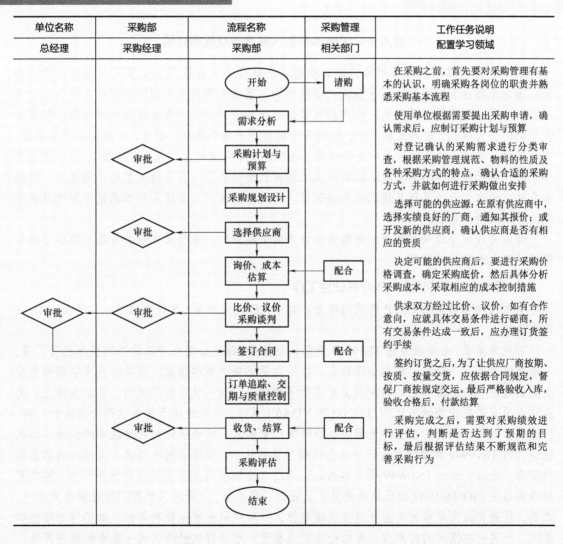

职业能力要求

岗位：采购经理、采购主管、采购专员

（1）了解企业采购活动，并理解采购管理工作的内容，拟定本部门的工作方针与目标。

（2）明确采购管理工作的目标，要求在工作中能把握采购管理的发展趋势。

（3）了解采购工作在企业管理中的地位和作用，明确从事采购管理工作的价值。

（4）熟悉采购管理的发展趋势，要求在工作中能贯彻现代采购管理理念。

（5）了解各种采购类型，加深对采购的认识与了解，提高业务水平，为持续改进做好基础性工作。

项目导入案例

进入全球采购体系要从熟悉游戏规则开始

汽车整车尤其是汽车零部件的出口在经济全球化的大背景下已呈多元化趋势。正是如此，国内零部件制造商发现，手握大把钞票的国际巨头采购商来到国内零部件市场。也许是距离产生美，也许是准备不足，太突然的零距离接触让国内不少企业还有些不习惯，望着身边涌动的巨大商机，有的无从下手，有的几个回合下来毫无收获。至此，一些企业开始犹豫，甚至怀疑，难道全球采购只是中看不中用。其实，对于这道送上门来的"大餐"，很多企业并不了解，由于历经多年的发展，国际巨头采购商已经形成了一套比较完整的采购理念、流程和方法，国内企业不了解其规则难免会碰壁。为此，要想进入全球采购体系就必须先从熟悉它的游戏规则开始。

跨国公司的全球采购理念，采购供应体系的采购原则、流程及方法等是我们需要了解和遵循的最基本的游戏规则。

1. 适应全球采购理念，做好基础性工作

全球采购目前遵循OSTP的采购理念。其中，O代表质量；S代表服务；T代表技术；P代表价格。

首先是质量，企业应通过TS16949质量认证体系。跨国公司在中国的采购程序相当严谨，一般要经过几十个步骤，每个步骤都有严格的质量体系评审和验证。最早的汽车零部件企业主要是通过ISO9000认证，随着质量要求的不断提高，这一认证已不适用。在此基础上，美国和德国有关机构相继出台了QS9000和VDA6.1认证，分别适用于进入这两个国家的厂商。但这很不方便，如有的企业既给美国也给德国厂家配套，就必须分别通过这两种认证。而现在运行的TS16949质量体系认证却是全球所公认的认证，适用于所有想进入全球采购体系的供货商。所以，通过TS16949质量体系认证是进入全球采购体系前要做的首要工作。国内零部件商取得ISO/TS16949的国际质量体系认证这一资格后，方能进入外商的潜在供应商名单。之后，外商将派出考察团对企业进行现场审核，一项项地评定分数和等级。如仍达不到出口要求，外商将在限定的时间内，要求企业完成整改，然后再次经历上述一套审核程序评审，

或淘汰，或通过。

其次是服务，企业应满足全球采购的服务要求。全球采购对国内企业出口零部件的服务要求，不仅涉及零部件本身的设计、制造质量的跟踪，还规定了严格的服务事项、要求和更长的保修期。只有按照这些要求，和产品品质完全达到标准才能赢得信任和下一轮订单。亚新科美联（廊坊）制动系统有限公司销售总监举例：空压机在国内的服务标准是 15 万千米以内实行"三包"，而在国外得保证正常使用 100 万英里（1 英里=1.609 344 千米）。

再次是技术，即与主机厂同步开发的技术。有人认为，参与跨国巨头配套，同步开发相对就不那么重要了。恰恰相反，同步开发是国际采购商对供应商提出的一个比较高的要求。因为采购商的产品总是在不断开发、不断进步的，采购商不可能只跟着供应商走，即你有什么产品就采购什么产品。如果这样，其产品就失去了进步和竞争力，也就失去了市场。所以采购商自然会要求供应商有与之同步推出新产品的能力。如果供应商自己没有开发能力，只能等别的供应商的产品开发好以后再去做，那么其产品就慢了半拍，也就失去了竞争能力，以至失去配套资格。

最后是价格，不仅指产品价格、物流价格等都应控制在合理的有竞争力的尺度内，更指我们往往所忽视的如何按国际惯例报好价。比如，与我们所习惯的报价不同，国外不仅要求报总价，而且要求报每一个环节的价格，如采购、生产、物流（运输、包装、仓储）等各环节的价格。这些如果不是专业人员来做，很容易出错和吃亏，因为报价过程有很多的学问和技巧。据主要从事涉及传动系统、制动系统、发动机及车身附件采购的曼哈顿资本集团供应商开发总监介绍，一般应把握如下原则：①对于国外主机厂来说，降低 20%～30% 的采购成本才是有吸引力的，而通常物流费用约占产品出厂价格的 20% 左右，这种情况下，出厂价应比供货价高 35% 以上。②报价还要注意解决好一个不良倾向，国内一些零部件企业在与国际大买家谈生意时，一上来就大谈自己的产品如何物美价廉，如何能生产各种满足跨国公司需要的产品。这样做，一方面自己先就降低了双方商谈的公平性，另一方面也不利于企业的商誉和产品形象，因为生意都不会是单一的买方市场，过于贬低自己并不能赢得对方的尊重和订单。

2. 全球采购体系的采购流程

汽车行业的全球采购，历经多年的发展，其采购流程已自成一套体系，一般分为三个阶段：第一阶段是供应商的选择与认证，主要有目标产品——初选——评估——前期准备——报价认可几个环节；第二阶段是供应商投产准备阶段，包括质量先期策划与控制——更改控制——样品——早期生产控制——产品认证——按节拍生产几个环节；第三阶段是生产与持续提高，主要包括质量——物流——持续改进几个环节。在具体操作上，各大跨国巨头风格虽有所不同，但上述几个阶段流程的精髓并未改变，由此，这一系列严格、系统的筛选和评估流程即成为判断新的供应商是否具备潜在合作机会的门槛。全球最大的工程机械及柴油机生产企业卡特彼勒公司全球采购部经理强调：作为整车企业，他们时刻关注市场动向，并调查了解谁的产品质量最好，最符合产品技术要求，供货周期最短，以及能否满足其他相关条件等。以卡特彼勒为例，该公司的供应商评价体系分为供应商进入评价、运行评价、问题辅导、改进评价及战略伙伴关系评价几个方面。如在评估供应商可否进入方面，主要围绕以下七点来进行现场评审和综合分析评分：供应商管理体系、资源管理与采购、产品实现、设计开发、生产运作、测量控制和分析改进。根据上述要素计算平均得分，视得分情况考核供应商的等级。该经理举例说："如供应商管理体系的运行评价，根据行业、企业产品需求和竞争环境等条件的不同，采取了相应不同的细化评价。比如，在生产运作方面，对供应商生产的产品，每一道工序的生产能力怎样，一分钟做多少，一小时做多少，一班多少，两班多少，设备的停工率等都将进行评审。因为这些对生产产品的效率都有影响，都会影响供货。所以整车企业在考察零部件企业时，对这些都有很具体的要求。"

全球采购降低成本，已成为大多数跨国公司追求的首要目标。这使低成本国家的供应商变得非常有吸引力，中国也随之成为这一趋势的受益者。在扑面而来的全球采购浪潮面前，国内企业若仅仅学会去适应规则是难以捕捉到商机的，只有熟练地运用规则，才能争取到更大的市场份额。

问题一：分析本案例中所体现的采购理念。
问题二：分析跨国公司的采购方法与传统采购的区别。

任务一 理解采购与采购管理的概念

在商品经济条件下，采购是十分普遍的概念，大到政府采购，小到个人购买一件商品或服务。在日常生活中，人们几乎每天都在进行采购活动，以满足日常的生活和消费需求；而对于企业来讲，采购也是一项重要的管理职能，是企业管理中必不可少的一个环节，企业开展经营活动需要获得各种商品、信息、技术和服务，这些都需要通过采购来实现，所以一个企业采购管理水平的高低对企业的经营绩效和竞争力都会产生重要影响。

一、采购的含义与类型

（一）采购的含义

采购在人们的生活中是经常发生的一种行为，只是用在不同的场所，有不同的称谓。采购行为的出现是由需求引起的，并由供应推动，存在需求，表明存在采购，同时又存在供应；并且采购和供应是两个相辅相成的概念，个人或企业有了需求要进行采购，必须要有物品的供应，只有存在采购，供应才显得有意义。

什么是"采购"，人们对此有不同的理解。一般来讲，人们习惯性地把采购理解成"购买"，认为采购是一个"购买自身所需要的商品和服务的过程"。但实际上，采购与购买是有区别的，购买通常是指正在购买东西和购买东西的过程，购买可以说是普通的采购途径，而将购买放在未来进行，购买即进化成采购。并且采购比购买的概念更专业，含义更广泛，采购被认为是有计划性的，包括购买、储存、运输、接收、检验及废料处理等过程。采购既包括生产资料的采购，又包括生活资料的采购；既包括企业的采购，又包括事业单位、政府和个人的采购。本书重点研究企业对生产资料的采购行为。

在市场经济条件下，采购是企业生产经营活动的初始环节，与企业的供、产、销各个环节一起共同构成企业生产链。关于采购，国内外的组织和学者从不同的角度给予了不同的定义，从目标管理的观点来看，采购被定义为"从合适的货源那里获得合适数量和质量的物资，并以适当的价格送到合适的收货地点"；从外部资源管理的观点来看，采购被定义为"从企业外部资源中获取所有的对经营、维护和管理公司的基本业务活动和辅助业务活动的必需品，并使它们处于最佳状态的商品和服务"。

根据人们取得商品的方式途径不同，可以从狭义和广义两个方面来理解采购。

狭义的采购是指购买，即买东西。购买的过程，针对个人来讲，主要是购买所需生活资料和消费资料的过程，如日用品、食品、药品和交通工具等；针对企业来讲，购买过程是根据生产需求提出采购计划，审核计划，选择供应商，经过商务谈判确定价格、交货及相关条件，最终签订合同并按要求收货付款的过程。这种以货币换取物品的方式，可以说是最普通的采购途径，无论个人还是企业机构，为了满足消费或者生产的需求都可以采用这种方式。

广义的采购是指除了以购买的方式获取物品之外，还可以通过下列途径获取物品的使用权，以达到满足需求的目的。

（1）租赁。租赁是指一方以支付租金的方式取得他人物品的使用权，即以一定费用借贷实物的经济行为。在这种经济行为中，出租人将自己所拥有的某种物品交与承租人使用，承租人由此获得在一段时期内使用该物品的权力，但物品的所有权仍保留在出租人手中。承租人需为其所获得的使用权向出租人支付一定的费用（租金），如房屋的出租，承租人需向出租人支付一定的租金来获得房屋的使用权。

（2）借贷。借贷是指一方凭借自己的信用和彼此间的友好关系获得他人物品的使用权，使用完毕，仅返还原物品。这种采购方式中的需方可以无须支付任何代价就可以获得供方物品的使用权。借贷的产生主要基于借方的信用。

（3）交换。交换是指通过以物易物的方式取得物品的使用权和所有权，而不以货币直接支付物品的全部价值。换言之，当双方交换价值相等时，不需要以金钱补偿对方；当交换价值不等时，仅由一方补贴差额给对方。

（二）采购的类型

按照采购的主体、时限和采购对象的不同，采购可以分成各种类型。

1. 企业采购和政府采购

按照采购的主体分类，可以把采购分成企业采购、政府采购和个人采购、家庭采购等。这里主要介绍前两种。

（1）企业采购。企业采购是现今市场经济下一种最主要也是最主流的采购类型之一。企业是生产大批量商品的主体，为了实现大批量商品的生产，也就需要大批量商品的采购。生产企业的生产是以采购作为前提条件的，没有采购，生产就不能进行。企业的采购不仅市场范围宽，而且要求特别严格。企业要对全厂的需求品种、需求量、需求规律进行深入的研究，要对国内、国外众多的供应厂商进行分析研究，还要对采购过程中的各个环节进行深入研究和科学操作，才能完成好采购任务，保证企业生产所需的各种物资的适时、适量供应。

(2) 政府采购。政府采购是指国家各级政府为从事日常的政务活动或为满足公共服务的目的，利用国家财政性资金和政府借款购买货物、工程和服务的行为。这些物资包括办公物品，也包括基建物资、生活物资等。政府采购不仅指具体的采购过程，而且是采购政策、采购程序、采购过程及采购管理的总称，是一种对公共采购管理的制度。政府采购最基本的特点是作为一种公款购买活动，由政府拨款进行购买。

2. 战略采购和日常采购

按照采购的时限，采购可分为战略采购和日常采购。

(1) 战略采购。战略采购是采购经理根据企业的经营战略需求，通过内部客户需求分析和外部供应市场、竞争对手、供应基础等分析，在标杆比较的基础上设定物料的长短期的采购目标，制订达成目标所需的采购策略及行动计划，并通过行动的实施寻找到合适的供应资源，满足企业在成本、质量、时间、技术等方面的综合指标的采购活动。战略采购计划内容包含采用何种采购技术，与什么样的供应商打交道，建立何种关系，如何培养、建立对企业竞争优势具有贡献的供应商群体，以及日常采购执行与合同如何确立，等等。

(2) 日常采购。日常采购是采购人员根据确定的供应协议和条款，以及企业的物料需求时间计划，以采购订单的形式向供应方发出需求信息，并安排和跟踪整个物流过程，确保物料按时到达企业，以支持企业的正常运营的过程。

3. 物品采购、工程采购和服务采购

采购的对象有产品、设备等实物，也有房屋、市政、环境改造等工程，还有其他的各种服务等。按照采购的对象可以把采购分成物品采购、工程采购、服务采购等。

(1) 物品采购。物品采购包括原材料、协作件、零部件、半成品等的采购，也包括生产资料如机器设备的采购等。不同的物品，采购的时间、地点、价格、供应商等要求是不同的，所需配套的物流运作和管理活动也存在很大区别。

(2) 工程采购。工程采购范围包括房屋、建筑物、市政以及环境改造等，一些大的工程项目采购，往往采用"交钥匙"方式。

(3) 服务采购。服务采购包括加工服务、物流服务等劳务的采购，某些业务的外包也可以看作服务采购，通常采用一揽子合同采购服务的形式。

二、采购管理的含义

企业采购服务于生产经营活动，并且以营利为目的，由此决定了企业采购面对着采购风险和投入产出问题，为了实现企业的经营目标，必须对企业采购活动和过程进行必要的计划、组织与控制，这就是采购管理。采购管理是企业管理的重要职能，也是企业专业管理的重要领域之一。简而言之，采购管理是指为保障企业物资供应而对企业采购活动进行计划、组织、指挥、协调和控制的一系列活动的总称。企业采购是实现企业利益的重要环节，企业必须对采购工作实行有效的采购管理。

采购管理通常包括以下几项基本职能：

(1) 采购决策。采购决策是根据物料需要量的预测和生产计划的安排，在考虑各种影响

因素的条件下，对采购活动涉及的各个方面做出科学的选择。

（2）采购计划。采购活动是大量的、经常的，采购计划是对采购活动做出具体细致的安排和规划，是采购活动的指导性文件。

（3）采购组织。采购组织包括静态的组织和动态的组织，前者是指建立采购组织机构，明确采购权限和职责，配备相应的专业人员；后者是指对采购活动的组织，包括采购招标、货源组织、订货谈判、签订合同和组织交易等。

（4）采购控制。采购控制是指为了达到采购目标，对采购活动制定定额、规章制度、工作程序、采购标准、验货条件，以及进行采购过程的考核、监督、评价和反馈等。

采购管理就是要通过计划、组织等手段使企业的采购活动规范且科学，使企业能以最适宜的价格在最适宜的时间获得最适宜的资源。此外，采购管理还是企业发展战略上的重要环节。企业通过对采购活动实施高质量的管理，才能在新产品开发或产品的重新设计、产品价值分析、产品定价、市场预测等方面获得来自市场的第一手信息，为决策提供正确的依据。

三、采购和采购管理的作用

1. 采购的作用

采购作为生产经营活动的初始环节，对企业的供、产、销各个环节影响很大，直接影响着生产经营过程、企业业绩，并构成企业竞争力的重要方面。

（1）物料采购和组织货源是生产企业业务活动的基础，对于保证生产经营活动的连续性具有决定性的作用。采购不及时不仅延长了生产周期，还会给企业带来重大经济损失。随着消费者需求的多样化，企业必须以小批量、多品种生产方式提高对市场的快速反应能力，这就要求企业的采购活动更加频繁、准确和及时，做好物料的配套性、规格化和准时化可以为先进的生产方式奠定良好的条件基础。

（2）采购成本是产品成本的主要构成之一，是决定产品价格水平和竞争力的主要因素之一。从生产企业来看，各类物料转移的价值是构成产品价值的主要部分。一般而言，制造业产品成本中的30%~80%是由采购成本构成的，一些特殊行业甚至占到90%以上，因此控制采购成本是降低产品成本的主要渠道。从商贸企业看，商业利润主要来源于"贱买贵卖"的流通差价，较低的购进价格对于商业利润具有决定性影响。

（3）产品质量与生产工具、劳动对象的质量有密切关系，机器设备的可靠性和精度、原料的质量以及各种零部件的性能和质量直接影响最终产品的质量，因此采购活动对提高企业质量水平、降低不良品率具有重要意义。

（4）物料采购需要占用大量的流动资金、生产经营设施和场地，因此做好采购工作对于减少资金占用、提高设施和场地的利用率具有十分显著的意义。目前，许多企业面临资金紧张和设施不足等问题，而导致上述问题的主要原因之一就是采购活动不够优化。通过挖掘采购活动的潜力，可以找到解决问题的重要途径，因此，科学、合理的采购活动对于解决企业各类问题具有积极作用。

（5）采购活动与企业外界的联系十分紧密，对于促进企业的开放性具有战略意义。有效的采购活动可以促使企业转变"大而全""小而全"的思想，避免重复投资、重复建设，促使企业聚精会神地抓好主业，培育核心竞争力。通过采购这一纽带，企业可以构建外部合作体系,充分利用外部资源,因此采购活动对于发展虚拟企业、战略联盟和业务外包等新型管理模式具有特别重要的意义。

(6)采购对企业的产品开发、质量保证、整体供应链以及经营管理都起着极为重要的作用。采购活动的效率不高,必然会影响整个企业的运作,企业的生产可能会因此而中断,客户服务也可能会因此而降低服务水平,甚至会破坏企业的长期客户关系。企业生产必须做到"供给先行"。

2. 采购管理的作用

在现代企业的经营管理中,采购管理已变得越来越重要。采购管理对于企业的重要性主要表现在企业的成本控制和营运效率两个方面。

(1)在成本控制方面,做好采购管理工作是企业降低成本、获取利润的关键。例如,日本著名的汽车制造商丰田汽车公司每年要采购大量的零部件、橡胶和玻璃等,其企业产品成本中的外购部分占有较大比例,约为50%~70%,因此外购条件与原材料的采购管理成功与否很大程度上影响着丰田公司的竞争力。除此之外,美国的三大汽车公司——通用、福特和克莱斯勒也致力于全球采购网络的建设,希望通过有效的采购管理体系来控制采购过程中的成本开支。

(2)在营运效率方面,对采购部门的有效管理关系到企业营运效率。采购部门运作的有效性将直接反映在其他部门上。例如,当采购部门选择的供应商不能按照既定的质量标准送来原材料或零部件时,可能造成废品率升高或返修成本增大,此外还会造成过多的直接人工成本。因此,很多采购部门都把企业中的其他部门视为内部顾客或客户,并且注重提高自身的效率和效益,提升企业的营运效率。

总之,采购管理是企业经营管理的核心内容,是企业获取经营利润的重要源泉之一,也是企业竞争优势的来源之一。随着全球经济一体化和信息时代的到来,采购管理的工作还会被提升到新的高度。

四、采购与采购管理之间的联系与区别

采购与采购管理是两个不同的概念,如果企业采购处于一种自发状态,没有实施有效的计划、组织与控制职能,那么可以说企业有采购活动,却没有采购管理。在考虑风险、资金占用、适度规模、及时性和成本等因素的条件下,通过实施科学的采购管理,可以合理选择采购方式、采购品种、采购批量、采购频率和采购地点,以有限的资金保证生产经营的需要,为企业降低成本、加速资金周转和提高产品质量做出积极的贡献。

采购管理是对整个企业采购活动的计划、组织、指挥、协调和控制活动,是面向整个企业的管理活动,不仅面向企业全体采购人员,还会面向企业组织中其他人员进行有关采购的协调配合工作。采购管理一般由企业的高层管理人员承担,如企业的采购经理、供应科(部、处)长等,其使命就是要保证整个企业的物资供应,其权力是可以调动整个企业的资源。而相对来讲,采购只是指具体的采购业务活动,是作业活动,一般是由采购人员承担的工作,只涉及采购人员个人,其使命就是完成采购科长布置的具体采购任务,其权力只能调动采购经理分配的有限资源。采购管理和采购的联系与区别如表1-1所示。

表1-1 采购管理和采购的联系与区别

	采 购	采 购 管 理
联系	采购属于采购管理的对象之一，采购管理可以直接管到具体的采购业务的每一环节、每一个采购人员	
区别	是作业活动 指具体的采购业务活动 一般由采购人员承担 只能调动采购部门，经理分配有限资源	是管理活动 面向整个企业 一般由高级管理人员承担 可以调动整个企业的资源

由表可见，采购与采购管理是有区别的。但是采购本身也有具体的管理工作，它属于采购管理的一部分。采购管理本身又可以直接管到具体的采购业务的每一个步骤、每一个环节、每一个采购员。可见，采购与采购管理又是有联系的。

任务二　明确采购管理的内容和目标

一、采购管理的内容

很长时间里，企业采购的功能是单一的，就是购买各类生产物料，满足生产需要。采购的单一功能与企业活动的过度专业化有直接关系，由此导致的问题是采购活动与生产、销售等活动相互分离。由此出现了战略采购的思想，要求采购活动置身于企业经营战略的总体安排下通盘考虑，处理好采购与生产、销售等其他活动的关系。战略采购思想的提出扩大了采购的内涵和功能，对于推动采购的合理化产生了积极影响。在战略采购思想下，采购管理包括的内容更加丰富，一般而言，主要涉及以下几个方面：

（1）根据销售计划和生产计划的安排，协调采购与生产和销售的关系，加强采购部门与生产和销售部门的沟通，详细了解生产和销售等部门对采购的具体要求。

（2）分析外部供应市场的状况，掌握各类物料的供应渠道、价格变化、交易条件以及供求关系，就采购方式、采购批量、采购价格等做出决策，编制详细的采购计划。

（3）做好采购管理的基础工作，制定各类采购定额和标准，明确职责分工和权限，编制采购业务流程和工作手册，提出主要的考核指标，建立采购数据库和采购信息系统。

（4）按照采购计划决定的采购方式，实施具体的招标、接洽、谈判等工作。根据企业的不同目标决定与供应商之间的关系，重点培养稳定的供货渠道，与主要供应商建立战略联盟，培育有效的供应链。

（5）签订订货或采购合同，加强合同管理，催促供应商及时交货，组织好物料的运输、搬运、验收、分包等具体的物流作业工作。

（6）做好结算和信息反馈工作，根据交易关系的不同选择合适的结算方式和政策，将物料供应中存在的问题反馈给供应商，征求生产部门对采购的改进意见。

良好的企业采购管理不仅可以保证企业所需物资的正常供应，而且通过采购管理，能够从市场上获取支持企业进行物资采购和生产经营决策的相关信息，更重要的是可以与高品质的供应商建立长期友好的关系，形成企业稳定的资源供应基地。企业采购管理的主要内容如

图 1-1 所示。

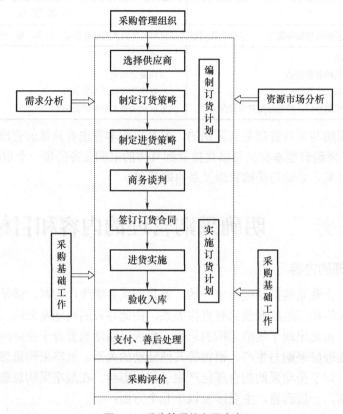

图 1-1 采购管理的主要内容

二、采购管理的目标

搞活企业、提高效益是企业发展的最终目的,而加速资金周转、降低成本已成为企业经营管理工作的重中之重。采购管理的总目标可用一句话概括为:以最低的成本为企业提供满足其需要的物料和服务,以获得最大的价值收益。随着时代的进步,管理理念也发生了很大改变,采购也逐步由传统的采购方式向科学现代的采购方式发展。下面通过对比分析一般采购管理目标和供应链条件下的采购管理目标来认识现代采购管理的目标。

(一)一般采购管理目标

1. 合适的供应商,满足企业生产所需的物料和服务

采购管理最基本的目标是为企业提供不间断的物料和服务,以保证生产的正常运转。由于原材料和零部件的缺货,造成生产的延迟而无法向顾客兑现所做出的交货承诺,将会给企业造成极大的损失。对于采购方来讲,选择供应商是采购管理的首要目标。选择的供应商是否合适会直接影响采购方的利益,如数量、质量是否有保证,价格是否适宜,能否按时交货等。

2. 适当的质量,保证企业利益最大化

企业进行采购的目的,是为了满足生产需要。因而,为了保证企业生产的产品质量,首先应保证所采购物料的质量,以能够满足企业生产的质量标准要求为原则,确保质量符合生

产需要,即不过高也不能太低,确保企业利益优化。如果物料的质量过高,会加大采购成本,同时也造成功能过剩;但如果采购物料质量太差,就不能满足企业生产对原材料品质的要求,影响最终的产品质量,甚至会危及人民生命财产安全。例如,水泥、钢材质量的不合格,可能造成楼房建筑、桥梁等"豆腐渣"工程。

3. **适当的数量,最大限度地降低库存量**

采购的数量与库存成本有直接的关系,若采购量过大,易出现积压现象;相反则可能会出现供应中断,采购次数增加,使采购成本增大。因此,采购数量决策也是采购管理的一个重要目标。采购数量一定要适当,要科学地确定采购数量,防止超量采购和少量采购。

4. **适当的时间,保证供应不间断**

在当前以满足顾客需求为总目标的市场环境下,采购管理对采购时间有严格的要求,选择适当的采购时间,即一方面要保证供应不间断,库存合理;另一方面又不能过早采购而出现积压,占用过多的仓库面积,加大库存成本。

5. **适当的价格,获得有利的采购成本**

采购价格的高低是影响采购成本的主要因素。因此,以适当的价格完成采购任务是采购管理的重要目标之一。采购价格过高,加大了企业的生产成本,产品将失去竞争力,供应商也将失去一个稳定的客户,这种供需关系不能长久;采购价过低,供应商利润空间小,或无利可图,将会影响供应商供货的积极性,甚至以次充好,降低产品质量以维护供应,这样企业将是最终的受损者。

(二)供应链条件下的采购管理目标

1. **顾客完全满意**

不断地创造并满足顾客的需求与潜在需求,是市场经济条件下企业存在的价值。美国著名的管理学家德鲁克曾说过,企业宗旨的唯一定义是"创造顾客"。采购管理是企业运作的一个环节,也应树立"顾客完全满意"的理念,它应成为采购管理人员的基本信念、价值观和行为准则。只有在"顾客完全满意"理念的指引下,采购人员才能真正地想顾客之所想,急顾客之所急,始终将顾客利益摆在首位。在这样的思想指导下,努力降低采购成本,让利于顾客;提高供应环节的柔性,更快地对顾客的需求做出反应。

2. **支持企业运营的需求**

采购部门必须通过一系列的活动来满足企业内部的需求。通常情况下,采购部门是通过购买原材料来满足企业运营的需求,但是采购部门还可以通过向配送中心提供仓储补货及成品配送等服务来满足其运作需要,同时也能为新产品的设计和技术开发提供市场信息。

3. **选择、发展合格的供应商**

采购部门的重要目标之一就是对供应商的选择、开发和保证,这正是战略供应的全部内容。供应链管理需要采购部门寻求与其外部供应商建立更好的合作关系,并发展可靠的、高质量的供应来源。通过与供应商的合作,形成在产品成本、质量、配送或新产品开发等方面的绩效优势,与供应商一起减少采购进程中的无效时间。

4. 团结协作，建立团队关系

企业要在竞争的市场中立于不败之地，仅仅依靠一个人、一个部门的才智和能力几乎是不可能的，合作的观念或意识在企业中已体现出越来越重要的作用。企业要加强各部门之间联系的要求已经变得十分明确，为了达到这个目标，采购部门必须与营销、生产、质检、工程和财务等部门之间建立协作的团队关系。

5. 科学设置采购流程使之具有更高的效率

市场经济条件下，时间就是金钱。时间不仅代表着成本，同时也影响着企业的竞争力。如今，顾客的需求变化越来越快，要求也越来越多，不仅对产品本身的质量提出了更高的要求，而且对时间的要求也越来越高。为此，采购的流程必须科学设置，使之更具效率，满足市场发展的需要。

6. 构建实现企业总体目标的完整采购战略

采购作为企业总体战略规划中的一个环节，其战略和计划必须与企业总体的战略目标相适应，构建与之相适应的完整采购战略，才能对企业总体战略方针起到支持与推动作用。

综上所述，传统采购的重点在于如何与供应商进行商业交易活动，特点是重视交易过程中的价格比较，通过供应商的多头竞争，从中选择价格最适宜者作为合作者。质量、交货期也是采购过程中的重要因素，但在传统的采购方式下，质量、交货期都是通过事后把关的办法进行控制（如到货验收等），而将交易过程的重点放在价格的谈判上。而现代采购管理通常是在信息共享的环境下，以快速响应客户需求为主要目的的采购，更注重采购过程中的合作与协作，追求共赢。

任务三　了解采购管理的发展趋势

一、采购和供应战略的变化趋势

一方面，基于市场已经由卖方市场向买方市场转换的事实，买方比以前更具有支配地位；另一方面，产品售价和毛利逐渐增长的压力导致直接材料成本方面也有越来越大的压力。因为在工业部门，采购价格在很大程度上决定了销售价格，企业必须持续寻求保持价格尽可能低的机会。采购和供应战略经历了较大的改变，具体改变如下所述。

1. 协同采购需求

在拥有数家制造厂的企业中，重要的采购优势可以通过合并共同采购需求加以实现。在很多这种类型的欧洲企业中，甚至在国际上都显现出这样一种协同采购的趋势。传统上，这种情况在原料的采购上很普遍，然而现在，相似的方法已用在计算机硬件和软件、生产货物和部件采购上。

2. 物流中采购的整合

采购管理一体化方法要求生产计划库存控制、质量检查和采购之间紧密合作，采购不能只遵循自身的路线。为了确保不同的相关材料领域的有效整合，采购管理正被逐渐纳入供应链管理中。

3. 工程和生产计划中采购的整合

在实践中，对供应商的选择在很大程度上是由技术规范决定的。通常，规范一旦确定就很难改变（改变的成本很高）。从商业的观点来看，依照一个特别的供应商来制定规范是不合需要的，因为那样会让供应商处于垄断地位，不利于采购企业进行买卖谈判。为了防止这一点，在前期就将采购纳入发展过程中是可取的。

4. 采购管理中心化

采购管理中心化可以集中企业和集团的采购力，对整个供应市场产生影响，使集团采购处于有利地位。推行"一个窗口对外"，便于企业对供应商的管理，便于企业主体资源的优化。在市场经济的竞争环境下，价格是由市场决定的，而不是单个企业可以左右的。在同类产品的市场上，价格相差无几，这样企业的利润完全取决于自己的成本控制。如果企业对成本控制不力，成本居高不下，企业的利润就很难保证，甚至出现亏损。一旦亏损，企业无力开发新品种，开拓新市场，无法应付对手的进攻（如降价），因而就会处于不利的竞争地位。通过采购管理的中心化可以增强企业的核心竞争力，从而推动企业的发展。

5. 采购管理职能化

以往，很多企业的采购部门隶属于生产部门。近年来，越来越多企业的采购部门从生产部门或其他部门独立出来，开始直接向总经理或副总经理汇报，这意味着采购部门发挥越来越大的作用。采购职能也从原来被动地花钱，开始有了节省资金、满足供应、降低库存等一系列目标。当然，采购要完成这些任务绝不是独立的采购部门形成后就可以直接做到的。采购部门要做好采购需求分析、采购计划、资金占用计划、控制和形成采购供应战略，管理好战略供应链资源和供应商资源，让采购成为供应链管理的强有力一环，将生产计划、物料计划、采购、仓储、运输集成为一个反应迅速、总成本最低、物流速度快、响应市场需求的灵活链条。企业要战胜对手，过去强调产品、技术，现在强调市场宣传、国际化和结盟，但都不再是企业自己的单打独斗，而是需要联合供应链上的每一个成员的力量，形成一条成本低、反应快、服务好的供应链、价值链。这样采购部门就会成为企业核心竞争力的一部分，是企业连接供应商和客户的桥梁，是企业的核心业务部门。当然，这就对采购管理者和采购员的素质有了前所未有的高要求，只有这样，采购才能发挥出前所未有的作用。企业应该改变采购是内部行政职能的观点，制定采购管理战略，培养和造就高素质的采购战略管理和实施队伍。这一要求可以细分为以下几个方面：

（1）采购组织及其成员要具有较高的职业道德并符合商务行为规范。
（2）有效地保护双方的商业秘密。
（3）由专业人士从事相应的采购活动。
（4）了解产品、生产和所在行业。
（5）具有获取最低总价格的谈判能力。

这五个方面总结了采购的职业道德水平、专业化技能和商务谈判的重要性，也为企业建立出色的采购队伍指明了方向。

6. 采购管理专业化

采购员需要了解购买的产品，了解产品的原理、性能要求，了解市场行情、价格走势，了解供应商的实力及其报价的合理性，实地考察供应保证能力，需要极强的谈判能力和计划能力，有能力在保证供应的同时保证价格和质量标准。当然，这些能力不是一蹴而就的。

总之，作为专业采购人员（Commodity Buyer，Purchasing Engineer，Commodity Management），需要掌握至少一门符合企业实际需要的与采购相关的专业。采购人员需要有能力与其他国家的商品委员会（Commodity Council）进行沟通，了解世界市场变化和供应商的表现，因此需要一定的英语表达和沟通能力，掌握基本的计算机网络知识。与采购相关的专业有很多，如计算机设备软件、广告、印刷、办公物品与服务、技术服务等。至于资深采购专家，则需要掌握项目管理、财务管理、供应链管理等专业技能。

7. 制造或购买

实践表明，一些生产活动可以由专业供应商更快、更低成本地完成，而且企业能够在质量方面对供应商比对其内部的生产部门提出更高的要求，这也是一些生产部门中采购额占销售额的比例一直在稳定上升的原因。对有的企业而言，这一结论使企业进行详细的制造或购买研究，而采购应该紧密参与到这种研究之中，因为它们是市场信息的来源。

8. 全面质量管理和准时制生产

一些企业（尤其是那些制造过程以装配为特征的企业）对质量的提高和生产率的增长越来越重视，因而实施全面质量管理和准时制生产。

9. 环境问题

在许多国家中，环境问题越来越普遍，各国政府制定的环境法规也越来越严格。例如，在德国，有关（工业）包装的严格法规已经开始生效，所有不必要的包装都必须加以避免（如发泡包装和牙膏的包装盒）；包装物生产商将逐渐被要求对使用过的包装废弃物负责。这也就是大众公司在制造高尔夫（Golf）轿车时，要求在汽车生命周期的最后把不同的部件和零件较容易地分拆开，进行重新加工利用的原因之一。大众公司甚至为达到这个目标而建立了自己的再加工设施。环境问题给采购提出了全新的挑战，与供应商一起寻求解决问题的思路和措施也是采购的任务，这些思路和措施应该能够解决或缓解这些问题。

10. 网络采购

B2B 在线拍卖是实现网络采购的一种技术，它是通过计算机网络实时进行的向下定价（Downward Pricing）或反向拍卖（Reverse Auctions）。拍卖由企业或代表企业的网络采购公司控制，通过网络采购公司的专用软件接受多个潜在供应商的竞价，从而实现企业网络采购物料或服务。这种物料或服务的 B2B 在线拍卖模型最早由 Free Markets 等公司在 1995 年提出，这些公司提供的服务通常被称为"市场营造"（Market Making），公司本身因其在电子市场中匹配买卖双方成交而常被称为"市场营造者"（Market Maker）。这些网络采购公司制定了一整套完善的从事在线拍卖的规则；另外，它们也提供诸如市场分析、咨询和投标分析等相关的增值服务。网络采购公司的核心技能是信息技术、商品管理和对买卖双方交互的了解。这些公司专长于在线拍卖间接物料（如商店消费品）、直接物料（如用户定制的零部件），或其他一些商品（如煤、原材料、计算机、办公用品等）。在线拍卖特别适合那些有众多有能力的供应商的企业。

二、集约化的采购管理

随着近些年全球经济环境的剧烈波动以及国内市场的日益变化，企业采购管理模式正逐渐向集约化转变。在石油石化、电力、通信、高新技术以及快速消费品等行业中，绩效领先的跨国企业以及国内大多数大型企业均采用集约化的采购管理模式，即混合集中或完全集中的管理模式。

1. 集约化趋势起源

企业的采购管理模式主要是由其整体发展战略决定的，包括完全分散、分散混合、混合集中、完全集中以及采购外包等管理模式，因企业及其所处行业的不同都有其存在的合理性。目前这种集约化趋势的原因主要来自两个方面：一是企业战略发展的要求。当前经济环境波动剧烈，企业发展面临严峻挑战，对包括采购在内的各个管理环节提出了新的要求。企业高层对成本节省期望增大，整体预算缩减，以及企业重组或并购后，企业多元化业务需要的物资种类更多、规模更大、地理跨度更广，需要更好地保持甚至提升效率和灵活性，这些外部冲击和企业发展的需要促成了集约化趋势。二是现代供应链管理理论和实践的发展，使得包括采购管理在内的供应链能够在企业中发挥比以往更加重要的作用。集约化采购管理模式可以更有效地降低成本并控制风险，进一步转化为企业的投资回报，化解成本压力，增强企业竞争优势，对企业战略发展的支撑也达到了前所未有的高度。同时，管理水平的提升也推进了集约化管理的发展。

2. 集约化的采购管理的含义

集约化的采购管理是相对于分散的采购管理而言的，指企业在总部设立专职的采购机构，统一制定组织范围内所有采购活动的准则和制度。通常总部采购机构会对组织范围内的采购活动进行全面分析，设计最合理的运行机制，区分战略性采购寻源管理和操作性采购执行管理，并通过采购支出分析和品类管理策略界定分级集中的物资范围，平衡集中的规模优势与管理效率降低的矛盾。采购集约化更关注企业整体采购绩效的最优，而不是某一事业部或所属企业层面的采购成本的节省或采购效率的提升。

3. 关键业务环节

集约化的采购管理具体表现在几个关键业务环节上。调查显示，77%的绩效领先企业形成了正式的、一体化的采购管理策略，以更好地支撑企业发展战略；100%的绩效领先企业集中进行物资品类管理；68%的绩效领先企业统一了战略采购管理方法和流程，并更加关注于总成本；62%的绩效领先企业有效地整合、利用了整个组织内外的相关采购资源；73%的绩效领先企业集中供应商分类管理，并以此为基础培育战略合作供应商；74%的绩效领先企业集中管理采购合同并确保其执行率；87%的绩效领先企业的采购管理价值被企业内部普遍接受和认可。

4. 集约化的采购管理的实践

采购集约化管理模式在中国已有十几年的发展历程。2007年，财政部正式出台《中央单位政府集中采购管理实施办法》，标志着中国政府集中采购逐步走向制度化、规范化。

对比国内外采购集约化的现况，发现其运作模式上还略有不同。我国大多数企业都分离了采购寻源和采购执行工作，由总部负责重要品类甚至全部品类的采购寻源工作，各事业部或所属企业负责总部集采品类以外的采购寻源和采购执行工作；而国外采购集约化更注重物资的品类管理、战略采购、总拥有成本和战略供应商关系管理，并多采用品类委员会形成高效的管控机制。埃森哲对来自不同行业的30多个全球性企业的研究发现，英国石油公司（BP）、壳牌（Shell）、雪佛龙（Chevron）、杜邦（DuPont）、陶氏化学（Dow）、阿克苏诺贝尔（AkzoNobel）、飞利浦（Philips）、惠普（HP）、沃尔沃（Volvo）等企业都设立了品类委员会，集中制定重要品类的采购策略和供应商关系管理策略，不仅实现了物资采购数量上的整合，而且实现了不同区域供应商、质量标准或技术规格等深层次的整合，分层级的品类委员会决策机制大大提高了集约化的运作效率。对比采购集约化变革之前，采购成本节省和采购活动合规率均有不同程度的提升，企业总部的管控力度和采购业务能力也有较大幅度的增强，使采购管理真正成为企业新的利润增长点和核心竞争力。

5. 采购集约化管理的价值

采购集约化管理的价值主要体现在以下四个方面：

（1）有效支撑企业整体发展战略。集约化采购管理更能体现集团意志，配合必要的产业结构和企业布局调整，支撑企业当前业务和未来业务的增长目标，并从集团角度协同采购管理的上下游，形成强劲的一体化供应链管理。

（2）实现采购规模效益。集中采购企业所需的直接物资、间接物资和服务，能整合内部市场和资源，规避外部市场风险，优化供应商结构，在降低采购成本的同时获得更优惠的价格、更优质的产品和服务，使其成为企业新的利润增长点。

（3）提升企业运作的规范化、专业化和高效化。采购集约化管理通过优化管控机制和标准流程，规范企业中各个事业部或所属企业的采购活动，区分采购寻源和采购执行，提升战略采购比率，实施供应商差异化管理，建立分品类的专业化采购管理团队，并通过统一的电子采购平台提高采购效率，实现信息共享、资源共享，形成规范、专业、高效的采购管理体系。

（4）加强管控能力，防范采购管理风险。集约化增加了采购管理的透明度，实现了"阳光采购"，并通过采购绩效考核体系对采购进行全过程、多维度监管，最大限度地规避了分散采购管理中通常存在的制度性风险、权力性风险、供应质量风险、供应价格风险、库存积压风险等管理风险。

项目实训：调查企业采购理念与运作

一、实训目的

（1）加深对所学采购基础知识的理解。
（2）了解实际企业中采购内容和采购理念。
（3）了解不同企业中采购的地位和作用。
（4）熟悉企业的采购流程和采购原则。
（5）培养学生的团队合作精神，增强归纳总结、分析能力及人际交往与沟通能力。

二、实训组织

（1）知识准备：采购管理的目标和内容，采购管理的发展趋势。

(2) 学生分组：每个小组以 3~5 人为宜，小组中要合理分工，每组选出一位小组长。

(3) 实训地点：就近推荐各类企业若干家，包括商业连锁企业、小型商业企业、大型工业企业、小型工业企业，或自主选择调研企业。

三、实训要求

(1) 各小组成员分工实地调研或网上调研，做好数据和信息的收集。

(2) 了解实际企业的采购活动、采购运作流程及相应的采购理念。

(3) 小组讨论，整理并统计各成员的发言及数据，以便最后可以进行比较分析。

(4) 尽可能地调动同学们的参与积极性，进行班级讨论。

四、实训报告

(1) 各小组总结各成员对采购管理的认识和理解，并在小组内进行讨论，评出最好的采购概念，每个小组对采购做出定义并进行汇报。

(2) 比较采购的原则（5R），对不同的原则指标进行权重的排序。小组内人员讨论确定各标准的权重数据，把各组数据求平均，并讨论且最后进行汇报。

	适 时	适 质	适 量	适 价	适 地	总 和
权 重						100%
权 重						100%
……						100%
平均数						100%

五、实训考核

实训成绩根据个人表现和团队表现进行综合评定。考评内容包含以下几项：

(1) 调查过程中对于安全、文明礼貌是否足够重视。

(2) 资料收集是否全面，包括企业采购现状、采购地位与作用、采购相关规定。

(3) 相关资料是否通过实地调查获得，是否收集到企业采购中的实际故事。

(4) 小组内部分工是否明确，组员是否有协作精神，根据个人任务完成情况由组长评分。

(5) 小组总结汇报思路是否清晰、内容是否充实、重点是否突出，由教师对小组进行评分。

(6) 实训报告是否按要求的规范格式完成，对个人报告或小组报告进行评分。

(7) 根据个人得分和小组综合评分最终确定每个学生的实训成绩。

项目二 采购组织与流程分析

工作任务及过程描述

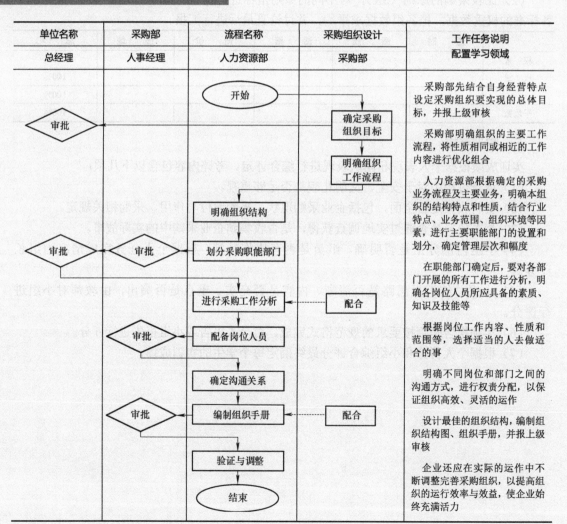

职业能力要求

岗位：人力资源部专员、采购专员

（1）根据企业发展情况及采购等相关部门人员需求，组织编制企业人才招聘计划。
（2）筛选应聘人员简历，并通知初步筛选合格人员参加企业面试。
（3）组织企业内部人员对应聘采购等岗位的应聘人员进行面试。
（4）组织调查了解采购部门和员工的培训需求。
（5）制定采购培训标准，组织实施培训计划。
（6）协助人力资源部经理制定公司的采购绩效管理体系、采购管理制度、采购工作流程。
（7）根据编制的采购绩效计划、采购职位说明书对公司有关部门和员工实施绩效考核。

项目导入案例

好心思食品公司（Hershey Foods Corporation）

你是否曾到过宾夕法尼亚州的赫尔希？在那里，你可以走在巧克力大道上，观看由好心思 Kisses 糖果形路灯照亮的街道，参观赫尔希动物园，并在赫尔希公园观看"巧克力接吻塔"。赫尔希是好心思食品公司（以下简称"好心思公司"）的家乡。该公司每天生产 3 800 多万支 Hershey Kisses 糖果。自 1893 年好心思公司诞生以来，它已经从一个车间、一种产品的小厂成长为销售额达 40 亿美元的大公司。该公司在美国和全世界各处的生产工厂向人们提供多种高质量的巧克力、糖果产品和服务。

2005 年好心思公司作为美国最大的糖果制造商，其市场份额为 38.7%，超过了玛氏公司的 22.6%。好心思公司还是美国最大的面条制造商，拥有 28.4% 的市场份额，高于博登公司的 23.1%。好心思公司 89% 的销售额在国内市场实现，其国外销售额在 2004 年下降了 10.2%，为 3.1 亿美元。尽管糖果和面条产业的生产已实现了国际化，但好心思公司对于除美国、墨西哥和加拿大之外的市场，尚缺乏开发的经验与投入。2003 年，好心思公司在墨西哥和加拿大糖果市场的亏损达到了历史最高值，当其竞争者获取规模经济优势和世界市场知识之时，好心思公司还能否作为一家国内糖果和面条生产商而继续生存下去？股东们开始对此表示关切。

生产好心思产品所使用的最重要原料是可可豆。这种原料从西非、南美和远东赤道地区进口。西非占有大约 60% 的世界可可产量。可可豆的味道、质量和价格都呈现较大的变化和波动，为将可可豆价格波动造成的影响降至最小，好心思公司拥有大量的可可豆和可可产品库存，公司还进行可可期货合约的买卖。好心思公司持续进行对西非和巴西可可作物产量的预测，并持续监视影响市场状况的经济和政治因素。

好心思公司使用的第二种重要原料为食糖。根据美国农场法规，食糖生产享受价格支持。由于进口配额和关税，美国用户所支付的食糖价格远高于世界市场价格。好心思公司大量采购的其他原料包括用硬质小麦磨成的粗面粉、牛奶、花生、杏仁和椰子果。牛奶和花生的价格受联邦营销法规和美国农业部的补贴计划影响。对牛奶和花生的价格支持的增大或减小会极大地影响好心思公司的原料成本。花生和杏仁的市场价格一般在每年收获季节之后的几个月中被决定。

自从2003年以后，为适应不断变化的采购环境，针对公司采购原材料的特点，好心思食品公司花了近四年时间大力对其采购业务进行了再造以从供应链基础获得充分价值，结果如何呢？集中的采购群体远离了事务处理而转向战略供应管理，而供应基础则密切地与好心思公司的运作和经营战略相结合。好心思公司供应战略的关键在于：

（1）采购的集中化以及整合。过去它是由处于每一个经营单位和公司水平的单独的采购部门实施的。

（2）供应基础的重大整合。其目的是使好心思公司的影响最大化并发展更紧密的供应商关系。

从采购资源转向战略供应活动并远离事务处理，与此同时使好心思公司机构内部理解这种转换的原因。

将关键供应商垂直整合进好心思公司的业务之中，这包括过程和商业信息的公开分享。有时，供应商的部门会全心全意服务于好心思的业务。

采购副总裁Frank Cerminara认为，在好心思公司，改变采购的基础结构是一项简单的决策。"四年前我们决定将全部事务集中化，包括商品、包装、投资设备的采购以及服务。"他所说的是采购职能。

直到那时，总部设在宾夕法尼亚州的好心思公司仍拥有很多小的采购部门，其中包括属于公司层次的商品小组，也包括分公司的商品小组。在好心思公司的核心——糖果点心业务和意大利面食以及食品杂货店之间，负责采购原材料和生产辅助工具或一般生产耗材用品的小组或部门数量依然很多，以至于效率低下。

后来，所有的核心能力和技能被整合在一组采购专业人士之中。小组成员包括掌权的Cerminara、两个商品主管、一名设备和服务主管以及一名包装主管。成立小组的意图是使好心思公司的购买量杠杆化，以降低成本。

显然集中化是Cerminara采取的主要行动之一，之后好心思公司的采购运作在多种活动中与所有独立的经营单位紧密结合，其中包括新产品的开发。

"采购存在于每一个运营部门——销售、市场、制造以及其他供应链业务中，"Cerminara说，"我们在概念（发展）阶段开始努力寻找恰当的供应商。例如，采购代表会与新产品开发小组共同工作，其中也包括研发、食品技术、工程设计、制造和市场营销人员。"

Cerminara强调商品经理应把精力集中于战略而不是合同的数量。他说："例如，我们希望可可豆的采购者在交易上花更少的时间，而在跟踪市场上花更多的时间。"

为了使这种努力获得成功，采购部门谋求来自所有单位的支持——这花了一些时间。Cerminara指出："任何时间都可以发生合并，总有一定的忧虑与其相伴。"为了减轻这种担忧，采购小组实施了一个教育计划。Cerminara说："没有固定的形式，我们只是寻求与好心思工厂经理和其他的涉及物料来源的人进行直接沟通的机会。"他和采购小组的其他成员访问了一些工厂，召集了其他人，在工厂经理们在城里开会的时候与其进行交谈。他说："我们与他们交谈，告诉他们为什么我们正在改变。"

为了长期节约，采购部门建立了跨职能小组与供应商共同工作。与某些供应商一起，五至七个好心思公司的代表经常与来自供应商的对等人员坐下来讨论,并且"他们不是进行谈判,而是寻求从系统中去除成本"。

为了确保小组能够找到对好心思而言可以接受的解决方法,Cerminara 委任包装经理 Thomas Bownman 成立指导小组研讨并确定解决方案,不仅为好心思公司降低了成本,提高了生产效率,还使供应商的产品增加了价值。

问题一:好心思公司采购组织做出了哪些改变?
问题二:如何设计高效的采购组织?

任务一　采购组织及其类型认知

在市场经济条件下,市场需求的不确定性和多变性导致现代企业的采购工作非常复杂,特别是一些大中型企业,采购的商品品种繁多、数量大,采购工作往往不是由一个人来完成,而是由一部分人组成的采购团队来完成。随着企业与市场联系越来越紧密,采购组织的工作状况直接影响整个企业的运作流程与竞争优势,因此任何企业或机构都非常注重采购组织的建立。建立一个高效率的采购组织机构,组建一支高素质的工作团队,通过科学的采购降低采购成本,这可以保证企业生产经营活动的正常进行。随着外部环境的不断变化,采购组织也经历了相应的发展和演变过程,出现了各种不同类型的采购组织。

一、什么是采购组织

组织通常有两种含义:①作为实体本身的组织,即按照一定的目标、任务和形式建立起来的社会集体,如企业、政府、大学、医院等;②管理的组织职能,即通过组织机构的建立、运行和变革机制,实现组织资源的优化配置,完成组织任务和实现组织目标。因此,组织是实现目标的重要保证。

采购组织是指为了完成企业的采购任务,保证生产经营活动顺利进行,由采购人员按照一定的规则组建的一支采购团队。采购组织是一个基于整个企业的,负责为整个企业所有的采购过程提供支持的一个中心组织,在企业中具有举足轻重的作用,无论生产企业还是流通商贸企业,都需要建立一支高效的采购团队,通过降低采购成本,优化采购模式,保证企业生产经营活动的正常进行。

二、采购组织的类型

按照采购组织的设计原则,在充分考虑影响采购组织设计因素的前提下,不同的企业有不同的采购组织形式,按照不同的划分标准,可以把采购组织进行不同的分类。

1. 按业务过程分工划分的组织形式

按照采购业务过程,将采购计划的制订、询价、比价、签订合同、催货、提货、货款结算等工作交给不同人员办理。这种组织形式适合采购量大、采购物品品种较少、交货期长的企业采用,这种组织形式要求部门内各成员密切配合。具体形式如图2-1所示。

2. 按采购物品的类别划分的组织形式

不同类型的物品有不同的特点,按照采购物品的类别可将采购部门划分为不同的采购小组,每个小组承担一种或几种物品的采购业务,如采购计划制订、询价、招标、比价、签订合同、货款结算等。

这种结构形式可以使采购人员对其经办的项目非常专业和精通,能够做到熟能生巧。主要适合采购物品繁杂、专业性较强、商品间关联较少的企业采用。具体形式如图2-2所示。

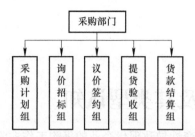

图2-1 按业务过程分工划分的采购组织形式

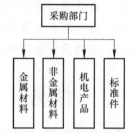

图2-2 按采购物品的类别划分的采购组织形式

3. 按采购地区划分的组织形式

企业采购的货源来自不同的地区,可以是本地,也可以是外地,可以是国内,也可以是国外。按采购地区的不同,将采购组织机构分为不同的小组,每个采购小组承担一系列的采购业务。具体形式如图2-3所示。

这种组织结构形式便于明确工作任务和绩效考核,有利于调度采购员的积极性并与供应商建立良好的人际关系,主要适合于交易对象和采购对象差异性较大的企业。

4. 按采购物品的价值划分的组织形式

为了加强对物品的管理,一般将采购的对象按其价值分为A、B、C三类物品,如表2-1所示。采购部门组织形式也按照A、B、C三类物品分别由不同的采购员完成来设置,如图2-4所示。

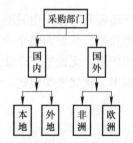

图2-3 按采购地区划分的采购组织形式

图2-4 按采购物品的价值划分的采购组织形式

表2-1 采购物品价值划分

物品类别	采购额/总采购额	品种数/总品种
A	70%	10%
B	20%	20%
C	10%	70%

A类物品是较为重要的物品,具体表现在:价值高,采购合理与否直接影响采购成本;要确保其货源的质量,这关系到企业经营风险的大小,是采购的重点和中心,一般交由采购主管负责。而B、C类物品数量和品种多,但价值不高,可交给一般采购人员负责。

5. 混合式组织形式

不同的企业有不同的特点，一般企业以采购物品的类别和价值、采购地区、业务分工等为基础，混合构建组织形式，可以形成不同的混合式组织形式，如图2-5、图2-6所示。

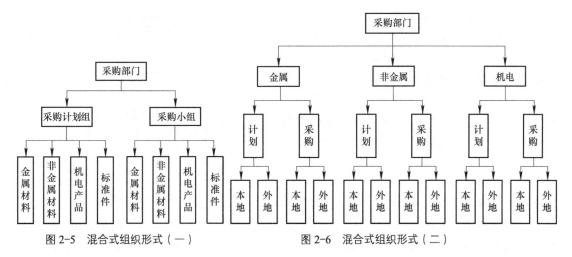

图2-5 混合式组织形式（一）　　　　图2-6 混合式组织形式（二）

不同的企业要根据采购组织的设计原则，充分考虑企业内外部影响因素，建立适合本企业的采购组织机构。同时，值得注意的是，采购组织机构建立后不是一成不变的，随着企业所面临的内外部环境的变化，要不断调整自身的采购组织形式，以便于更好地适应环境，完成采购任务，最终实现企业的目标，但就短期而言，采购组织形式是相对稳定的。

三、采购机构的组织方式

采购机构内在的组织方式多种多样，其运行机制也不尽相同，常见的组织方式主要有：分权式、集权式、混合式、跨职能型等。

1. 分权式采购组织

分权式采购组织属于平行式管理组织，物料采购作业采用分散平行的体系。企业把与采购相关的职责与工作分别授予不同的部门来执行，如图2-7所示。

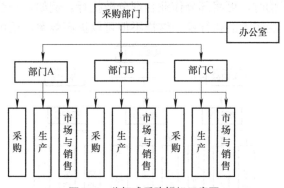

图2-7 分权式采购组织示意图

分权式组织方式下，采购部门只承担一部分的物料管理功能和职责。由于职责过于分散，可能会导致权责不清等问题。各个部门之间重复相同的工作项目也会造成资源的浪费。

分权式采购组织一般适用于需要采购的产品种类比较多、数量比较少的中小型企业。

2. 集权式采购组织

集权式采购组织是指所有生产或经营的物料、商品集中进行采购与供应，即将采购相关的职责或工作集中授予一个部门来执行，是为了建立综合的物料管理体系而设立的管理责任一体化的组织机构。此种物料管理体系通常包括生产（包括生产计划、生产过程）、采购（包括采购事务、跟催）及仓储（包括收发料、进出货、仓储、运送）等方面的管理功能。企业上层设有一个中心采购部门，其完成的工作主要有：企业的采购专家在战略和战术层次上的运作；产品规格的集中

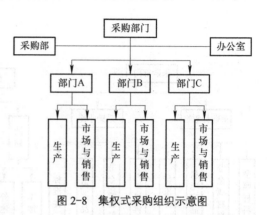

图 2-8　集权式采购组织示意图

制定；供应商选择的决策；与供应商之间的合同准备和洽谈。例如，通用汽车公司（欧洲）和大众汽车公司的采购组织都将采购业务集中到一个相当高的程度，如图 2-8 所示，通过采购协作可以从供应商处得到更好的条件（在价格、成本以及服务和质量方面），促进采购的产品和供应商供货运作向标准化的方向发展。

集权式采购组织一般适用于大宗和批量物品的采购、价格较高的物品采购以及一些定期的物品采购。

3. 混合式采购组织

混合式采购组织吸收了集权式采购和分权式采购的优点，一个健全的采购组织应该是决策集中，执行分散，集权与分权协调运用，最终在集权与分权的采购中建立一种有效的平衡。

混合式采购组织如图 2-9 所示，总公司设有采购部门，所属的各工厂也分设采购部门。除政策性采购、技术性采购、大量采购或向国外采购等仍由总公司统筹采购以外，其他的零星采购、地区性或紧急采购则由分权式采购部门自行办理。

企业在推行集中采购时，可将部分作业合理分散执行。例如，一些小额、小批量或地区性的采购，要给下属企业较大的执行权，这样不但可以提高效率，还可以降低采购成本。

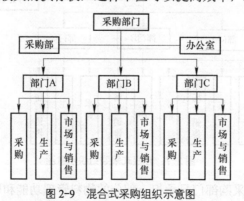

图 2-9　混合式采购组织示意图

4. 跨职能采购小组

跨职能采购小组是采购中相对较新的组织方式，由于采购组织的构建与赋予它的职能有直接的关系，采购部门各种业务的实施都有其行政管理或上下层关系，而不是采购部门必须完全听命于需求或委托单位，否则采购部门无法完成企业所交付的任务。

以 IBM 公司的采购小组为例，IBM 公司的新采购组织采用了一个与供应商的单一联系点（商品小组），由这一商品小组为整个组织提供对全部部件需求的整合。合同的订立是在公司层次上集中进行的，然而，在所有情况下采购业务活动都是分散的。采购部件和其他与生产相关的货物是通过分布在全球各地的采购经理组织的。这些经理对某些部件组合的采购、物料供应和供应商政策负责。他们向首席采购官（CPO）和他们自己的经营单位经理汇报。经营单位经理在讨论采购和供应商问题以及制定决策的各种公司业务委员会上与 CPO 会晤。CPO 单独与每一个经营单位经理进行沟通，以使公司的采购战略与单独的部门和经营单位的需要相匹配，以保证组织中的采购和供应商政策得到彻底的整合。IBM 通过这种方法将其巨大的采购力量和最大的灵活性结合在一起。

对于与生产相关的物料的采购，IBM 公司追求的是全球范围内的统一采购程序，供应商的选择和挑选遵循统一的模式。他们越来越集中对主要供应商的选择和与他们签订合同，这些供应商以世界级的水平提供产品和服务并且分布在全球各地，这促使了更低的价格和成本水平、更好的质量、更短的交货周期，并因此实现了更低的库存。这种方法促使了供应商的减少和相互联系的逐渐增加，因为采购总额被分配给了更少的供应商，因此能够以持续的绩效改善为基础，更多地关注价值链中与单个供应商的关系。

四、采购部门在企业中的隶属关系

采购部门在企业中的隶属关系，即采购部门隶属于企业中的哪个层级，这要视具体情况而定。

1. 采购部门隶属于行政副总经理

若采购部门隶属于行政副总经理，则其主要功能是获得较佳的价格与付款方式，以达到财务上的目标。有时采购部门为了取得较好的交易条件，难免延误了生产部门用料的时机，或采购了品质不尽理想的物料。不过采购部门独立于生产部门之外，比较能对使用单位产生制衡作用，发挥议价的功能。因此，对于生产规模庞大、物料种类繁多、价格经常需要调整、采购工作必须兼顾整体企业产销利益之均衡的企业，将采购部门隶属于行政部门就比较合适，如图 2-10 所示。

2. 采购部门隶属于生产副总经理

若采购部门隶属于生产副总经理，则其主要职责是协助生产工作顺利进行。此时，采购工作的重点将是提供足够数量的物料以满足生产上的需求，至于议价的功能则退居次要地位。如图 2-11 所示为采购部门隶属于生产副总经理的组织结构图。图中又显示生产管制、物流仓储工作等归其他平行单位管辖，并未归入采购部门的职务中。总之，将采购隶属于生产部，比较适合"生产导向"的企业，其采购功能比较单纯，而且物料价格也比较稳定。

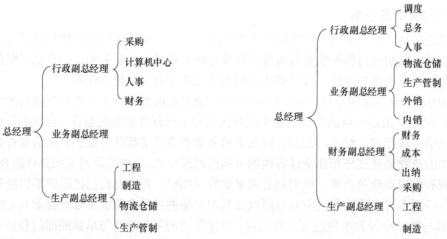

图2-10　采购部门隶属于行政副总经理　　　图2-11　采购部门隶属于生产副总经理

3. 采购部门隶属于总经理

若采购部门直接隶属于总经理，就提升了采购的地位与执行能力。此时，采购部门的主要功能在于发挥降低成本的效益，使得采购部门成为企业创造利润的另一种来源。这种类型的采购部门比较适合于生产规模不大，但物料或商品的采购成本在制造成本或销售成本中所占比率较高的企业。采购部门隶属于高级管理层，使它扮演直线功能而非参谋功能的角色，如图2-12所示。

4. 采购部门隶属于业务副总经理

若采购部门由业务副总经理负责，则其目的在于配合业务部门的需要，来决定采购的物料，使买、卖的互动关系特别密切。采购成本的高低对业务部门的销售绩效影响极大的企业，必须使买、卖同归一个部门主管管辖，才能做出最佳的决策，如图2-13所示。

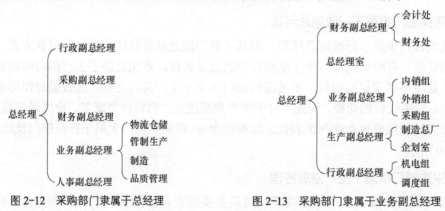

图2-12　采购部门隶属于总经理　　　图2-13　采购部门隶属于业务副总经理

任务二　采购组织设计

建立一个高效的采购组织，不仅可以有效地控制采购成本，以尽可能便宜的价格购买到符合企业需要的材料和产品，而且采购组织的工作状况直接影响整个企业的运作流程和竞争优势。

一、采购组织的设计原则

要使采购工作高效而顺利地开展，保证商品供应不间断，企业经营业务正常运转，企业必须建立一个完整且强有力的采购组织。在实际工作中，采购组织的设计应遵循以下原则：

1. 精简的原则

精兵简政在企业采购组织设计中同样有效，这个"精"指人员精干；"简"是指组织简化；只有人员精干组织才能简化，如果人员素质差而过分强调简化组织，应该开展的工作开展不起来，应该完成的工作完成不了，同样是不可取的。

2. 责、权、利相结合的原则

"责"指责任，起约束的作用；"权"指权力，是履行职责的保证；"利"指利益，起激励作用。责、权、利相结合，才能充分调动采购队伍的积极性，发挥他们的聪明才智。如果有权无责，必然会出现瞎指挥、盲目决策甚至损公肥私的现象；如果有责无权，什么事情都要请示汇报才能决策，也难以真正履行责任，还会贻误时机，影响效率；同样，如果没有相应的利益刺激，也难以保证采购工作的高效、准确。只有"责、权、利"有机地结合起来，发挥各自的职能，才能保证采购组织工作的有效性。

3. 统一的原则

任何一个企业的采购组织要顺利地完成采购任务，都必须上下一心、齐心协力，遵循统一的原则。统一的原则基本上包括三个方面内容：①目标要统一。都是为了完成采购任务，实现企业经营目标。总的目标定下来，再将总目标分解到各个部门、各分支机构的岗位和个人，形成子目标，当子目标与总体目标出现矛盾或不协调时，应强调局部服从总体。②命令要统一。采购部门的多种决策、指令、命令要及时下达，一方面要防止令出多头，下级无法执行，无所适从的现象；另一方面也要杜绝上有政策、下有对策的散乱现象。③规章制度要统一。各种规章制度都是大家行为的准则，采购部门有总体规章制度，各分支机构也应有自己相应的规章制度，但二者之间不能自相矛盾，应形成一个相配套的体系，在制度面前人人平等。

4. 高效的原则

采购工作要高效开展，必须有一套高效运转的组织机构，这种高效的组织机构应确定合理的管理幅度与层次。横向方面，各部门、各层次、各岗位应加强沟通、各负其责、相互扶持、相互配合；纵向方面，上情下达要迅速，同时领导要善于听取下级的合理化建议，解决下级之间出现的矛盾与不协调。这样形成一个团结严谨、战斗力强的采购队伍，才能使采购工作高效地开展。

二、采购组织的设计程序

采购组织的组建，就是将采购组织应负责的各项功能整合起来，并以分工方式建立不同的部门加以执行。建立采购管理组织，需根据企业的具体情况，深入分析采购管理的职能、任务和内容，根据采购组织的组建原则，设立采购组织相应的职能、岗位、责任和权力，选择配置合适的人员，组建一个采购管理组织，具体步骤为：

1. 确定采购组织的结构

采购部门的组织结构随着企业的经济类型、经营规模的不同而有所区别。根据以采购为主要功能的采购部门可以有以下四种组织结构形式。

(1) 产品结构式。它是指将企业所需采购的产品分为若干类，每一个或几个采购人员分成一组，负责采购其中的一种或几种商品的组织形式。按产品结构如按主原料、一般物料、机器设备、零部件、工程发包、维护和保养等类别，将采购工作分由不同的人员办理。运用这种结构形式可使采购人员对其经办的项目非常专业和精通，能够做到熟能生巧、触类旁通。这种形式适合于所需采购的商品较多、专业性较强、商品间关联较少的企业。

(2) 区域结构式。它是指将企业采购的目标市场划分为若干个区域，每个或每组采购人员负责一个区域的全部采购业务。一般是依照物品采购来源进行区域的划分，如国内采购部、国外采购部。这种组织形式便于明确工作任务和实行绩效考核，有利于调动员工的积极性并与供应商建立良好的人际关系，也适合于交易对象及工作环境差异性大的企业。

(3) 顾客结构式。它是指将企业的采购目标市场按顾客的属性进行分类，每个或每组采购人员负责同一类顾客。这种组织形式可使员工较为深入地了解顾客的供应情况及其中存在的问题，通常适用于同类顾客较为集中的企业。

(4) 综合式。这种组织形式综合考虑了上述三种因素的重要程度和关联状况。稍具规模的企业在采购量较大，且作业过程复杂、交货期长等情况下可以选择此种结构形式。

2. 为采购组织设定岗位，配置适当的人员

在根据企业具体特点选定了部门结构形式后，根据采购具体的管理职能和组织结构，设定各个岗位，并进行部门人员的选择。设置岗位包括每一个岗位责任和权力的设置。一般来讲，采购部门的人员包括：

(1) 总经理。总经理是采购部门的最高领导，主要向运营副总裁负责，负责从提供服务到行政管理的各个阶段，并统管整个采购部门的运作。总经理必须在最大限度地运用资产的同时，努力降低采购部门的成本，保证满足企业供应的需要。

(2) 采购科长。采购科长受总经理的直接领导，主要负责安排本科室的具体工作，并制订本科室的中、短期计划，帮助办事人员协调部门内部的工作，对内部人员实行控制和管理。

(3) 科长助理。科长助理是科长的助手，辅助科长开展日常工作，协助科长根据具体需要制订中、长期计划，协助科长进行具体工作的安排、下属人员的监督和管理，并就与科室相关的档案资料进行整理和管理。

(4) 采购员。采购员是在科长直接领导下的日常工作的具体执行者，主要是按照部门和各科室制订的计划来进行工作。

3. 确定采购部门人员的数量

在确定各岗位的职能后，就需要确定采购部门的人员数量。采购部门在确定一个采购经理后，其余的部门成员数量应视具体情况而定。如果涉及的工作量大且难度较大，成员的数量可相对多一些；如果涉及的工作量不大且任务较轻，成员的数量可相对少一些。通常情况下，采购部门的成员数量以能满足工作的需要为标准，太多则容易增加成本，造成浪费；太少又易造成工作的延误，难以满足工作要求和完成工作任务。

4. 明确采购部门的职责

采购部门的职责包括一些与采购工作直接或间接相关的活动。具体包括下列内容：
（1）物料来源的开发与价格调查。
（2）请购单内容的审查。
（3）交货的跟催与协调。
（4）物料的退货与索赔。
（5）采购计划与预算的编制。
（6）采购制度、流程、表单等的设计与改善。
（7）对供应商的选择、评价和管理。
（8）国外采购的处理。

明确了组织结构形式，设定了相应的岗位，确定了人员数量，明确其职责后，采购部门即构建完毕，可以开始运作。

任务三 掌握采购组织的职责与素质

一、采购部门的工作职责

采购部门的职责不明确常常会造成企业的混乱和资源浪费，因此有必要对其部门人员的职责进行明确划分。明确每一位采购人员的工作职责是顺利完成采购任务和工作的重要保证。清晰的采购人员工作职责有利于规范采购行为，提高采购效益，保障采购目标和宗旨的实现。对采购人员的基本工作职责进行规定，可以增强采购人员的服务意识，防止他们出现滥用职权、假公济私等问题。

采购部门的职责是指采购部门人员为了做好采购工作而必须要做的工作，下面将根据两个不同的划分方法来介绍采购部门的职责。

（一）根据采购部门的方针目标、工作范围来划分

1. 战略层次

战略层次是指影响企业长远发展及市场定位的有关采购决策，这些决策一般跨度为3～5年，决策最终来自于企业的最高管理层，对应着采购经理及战略采购的职责，主要包括如下内容：
（1）制定、发布采购方针政策，管理运作程序与指南以及工作任务描述，为采购部门提供相应的权力。
（2）对采购运作及表现进行审核以衡量采购绩效并促使采购不断改进。
（3）主要投资决策，如厂房、设备、信息技术等。
（4）主要零部件自制或对外协商决策。
（5）供应市场定位，供应体系定位以及供应商关系定位。
（6）供应商合作决策，如是否向供应商投资、是否与供应商共同开发等。
（7）集团公司内部供应商的内部价位决策等。

2. 战术层次

战术层次是指在战略采购的前提指导下,采购中涉及产品、工艺、质量及具体供应商选择等相关的决策。它对企业中期运作和发展产生影响(影响跨度一般为1~3年),要求企业内部相关的职能单位或部门如工程、开发、生产制造、企划、品质及采购之间密切配合,相互合作。采购人员的具体主要职责如下:

(1)对供应商进行审核、选择及认可。
(2)确定同供应商合作的协议,订立采购合同或年度改进目标协议等。
(3)编制供应商改进计划或采购改进项目。
(4)制定和实施供应商考评、考核、奖励措施。
(5)实施供应体系优化,实施同供应商共同开发产品或工艺等合作项目。

3. 运作层次

运作层次又称执行层,对应着采购过程中的后期采购,采购人员主要负责执行开单下单、跟进交货、付款及相关的事宜,具体工作职责主要包括:

(1)按采购供应合同与协议及生产计划、物料需求计划的需要开具订单、签单落单。
(2)跟进供应商的交货,周转包装材料的使用。
(3)衔接收、验货过程,按有关规定及决策处理不合格材料的退货等问题。
(4)跟进供应商表现,向供应商知会有关考评结果促其改进等。
(5)跟进发票及借款等事宜。

(二)根据采购部门中不同的管理层级来划分

一般来讲,采购部门人员的职责与其在企业中所处的岗位必然相关,不同管理层级具有不同的职责。

1. 采购主管的工作职责

(1)对新商品供应商的寻找、资料收集及开发工作。
(2)对新供应商品质体系状况进行评估,以保证供应商的优良性。
(3)与供应商的比价、议价谈判工作。
(4)对旧供应商的价格、品质、交货量的审核工作,以确定原供应商的稳定供货能力。
(5)及时跟踪掌握市场价格行情变化,降低采购成本。
(6)采购计划的编制,商品订购及交货期的控制。
(7)采购部门员工的管理培训工作。
(8)与供应商以及销售部门的沟通协调等。

2. 采购主管助理的工作职责

(1)协助主管进行商品采购渠道的搜集。
(2)协助主管完成采购计划的编制。
(3)市场行情的调查分析与统计。
(4)供应商评估数据的统计与分析。
(5)采购人员的培训工作。

（6）采购有关文件的编写工作。

3. 采购员的工作职责

（1）订购单的下达。
（2）交货期的控制。
（3）商品市场行情的调查。
（4）验收货物的品质和数量。
（5）与供应商沟通协调交货期、交货地点等。

4. 采购文员的工作职责

（1）各种采购单据与报表的收集、整理与统计。
（2）采购品质记录的保管与维护。
（3）采购事务的传达。

二、采购人员的素质

高素质的采购团队能使供应管理具有高效率，并能在追求成本降低的同时，科学地判断和预防采购风险。为了搞好采购管理，对采购管理人员有一定的素质要求。在所有的采购管理人员中，最重要的是选好采购主管。采购主管是采购管理团队中最重要的人，担负着企业整个采购管理的策划、决策工作，对企业的采购管理水平起着决定性的作用。

（一）采购人员职业道德与观念

1. 采购人员职业道德

采购人员的每一行为都影响着采购企业的长期利益和企业形象。作为一名采购人员必须了解最佳资源，了解供应商行业，并用一种公正和发展的态度来对待采购决策。以下是每个采购人员必备的职业道德：

（1）公正廉洁。采购工作成功与否，主要取决于供应商的选择是否正确。因此采购人员必须以公平、公开、公正的方式来评选供应商，不可心存偏见、厚此薄彼，与供应商的来往，必须以实事求是的态度相待，不利用工作之便牟取私利，拒绝接受供应商的任何个人馈赠。

（2）诚实守信。采购人员要具有正直高尚的品质，保持平常心，不受权力威逼和金钱诱惑，那些牺牲公司权益来图利他人或自己的行为，终将误人误己。

（3）爱岗敬业。因采购的原因造成企业停工断料是采购人员最大的耻辱，虽然可能造成原料短缺的原因有很多，若采购人员不能持有"舍我其谁"的态度，负责任地调度所需的物料，将给公司带来巨大的损失。

（4）谦虚谨慎。采购人员要善于与供应商合作，对待供应商须持以公平互惠的态度。与供应商谈判或议价的过程可能非常艰辛且复杂，采购人员更需要有忍耐、等待的修养，才能顺利地开展工作。居于劣势时，亦能求全，不温不火，事半功倍。

2. 采购人员应具备的观念

正确的采购观念是必须引导采购人员按客观规律办事，提高采购工作的质量。现代采购人员应具备的观念有以下几个方面：

（1）战略观念。战略观念即从企业大局出发，把握企业发展战略目标，使采购工作符合企业整体发展要求。

（2）经济观念。经济观念即在采购过程中讲究经济核算，提高购进环节的经济效益。尽量组织本地产品购进，货比三家，择优而购，精打细算，节省开支。

（3）市场观念。市场观念即把握市场发展规律，根据市场变化趋势做出调整，善于抓住每一个市场机会。

（4）竞争观念。竞争是市场经济条件下的必然现象，在采购过程中同样充满了竞争，既有采购人员与供应商之间的竞争，又有与同行之间的竞争。竞争会给采购人员的工作带来压力，因此要善于竞争，把竞争的压力转化为搞好采购工作的动力。

（5）服务观念。采购过程实际上是一个服务的过程，一方面为供应商服务，在采购过程中着眼于长远利益，为供应商提供力所能及的服务，如提供信息、协助推销、介绍新客户等；另一方面，对企业内部来讲，采购要为企业经营服务。

（6）创新观念。创新观念即出奇制胜，一方面在采购过程中要有新招数，如开发新货源或选择更好的供应商，以提高采购工作的效率；另一方面也要在企业经营项目上独辟蹊径，做到"人无我有、人有我优、人优我廉、人廉我转"，从而使企业立于不败之地。

（二）采购人员必备知识与能力

知识和能力既是相辅相成又是相互独立的。知识是能力的强大后盾，能力是知识的反映。但是作为采购人员，只有专业知识是远远不够的，参加实践的能力才是为企业带来财富的根源。

1．采购人员应具备的知识

（1）政策、法律知识。政策、法律知识包括国家出台的各种相关法律、价格政策、专营方向，维护国家与企业利益。

（2）市场知识。了解消费者需要，掌握市场细分策略以及产品、价格、渠道、促销等方面的知识，才能合理地选择采购商品的品种，从而保证采购的商品适销对路。

（3）业务基础知识。业务基础知识包括谈判技巧、商品知识（商品功能、用途、成本、品质）、签约等，这是做好本职工作的关键，将有助于与供应商的沟通，能主动进行价值分析，开发新来源或替代品，有助于降低采购成本。

（4）社会心理知识。了解客户的心理活动，把握市场消费者的心理需求，从而提高采购工作的针对性。

（5）自然科学知识。自然科学知识包括自然条件、地理、气候、环境变化以及数理知识和计算机知识。将现代科技知识用于采购过程，把握市场变化规律，从而提高采购工作的效率与准确性。

（6）文化基础知识。文化基础知识是其他知识的基础，没有文化基础是干不好采购工作的。

2．采购人员的基本能力要求

知识不等于能力，国外心理学家研究表明，要办好一件事，知识起的作用只有 1/4，而能力起的作用占 3/4，可见能力更为重要。要干好采购工作，采购人员同样应具有相应的能力，我们把采购人员应具备的基本能力归纳为以下几点：

(1) 市场分析能力。分析市场状况及发展趋势，分析消费者购买心理，分析供货商的销售心理，从而在采购工作中做到心中有数，知己知彼方能百战百胜。

(2) 团结协作能力。采购过程是一个与人协作的过程，一方面采购人员要与企业内部各部门打交道，如与财务部门打交道以解决采购资金、报销等问题，与仓储部门打交道来了解库存现状及变化等；另一方面采购人员要与供应商打交道，如询价、谈判等。采购人员应处理好与供应商和企业内部各方面的关系，为以后工作的开展打好基础。

(3) 语言表达能力。采购人员是用语言、文字与供应商沟通的，因此，必须做到正确、清晰地表达所欲采购的各种条件，如规格、数量、价格、交货期限、付款方式等。如果口齿不清，只会浪费时间，导致交易失败。因此采购人员的表达能力尤为重要，采购人员必须锻炼表达技巧。

(4) 成本分析和价值分析能力。采购人员必须具有成本分析能力，会精打细算。买品质太好的商品，物虽美，但价更高，加大成本；若盲目追求"价廉"，则必须支付品质低劣的代价或伤害其与供应商的关系。因此，对于供应商的报价，要结合其提供的商品的品质、功能、服务等因素综合分析，以便买到适宜的商品。

(5) 前景预测能力。在市场经济条件下，商品的价格和供求在不断变化，采购人员应根据各种产销资料及供应商的态度等方面来预测未来市场上该种商品的供给情况，如商品的价格、数量等。

(三) 提高采购人员素质的途径

1. 加强采购人员的绩效考核

企业通过运用现代企业绩效管理，分析自身的运行状况，发现存在的问题，更好地引导和激励员工努力工作，很大程度上提升了现代企业的竞争能力和发展水平。采购人员的绩效考核是企业绩效管理的一个重要组成部分，通过对采购人员的绩效考核，可以修正采购活动中的失误，更换不符合要求的采购人员，并对优秀的人员给予必要的奖励。

在考核中，应交替运用两套指标体系，即业务指标体系和个人素质指标体系。业务指标体系主要包括：

(1) 采购成本是否降低，卖方市场的条件下是否维持了原有的成本水平。
(2) 采购质量是否提高，质量事故造成的损失是否得到有效控制。
(3) 供应商的服务是否增值。
(4) 采购是否有效地支持了其他部门，尤其是营运部门。
(5) 采购管理水平和技能是否得到提高。

当然，这些指标还可以进一步细化。如采购成本可以细分为购买费用、运输成本、废弃成本、订货成本、期限成本、仓储成本等。把这些指标一一量化，并同上一个半年的相同指标进行对比所得到的综合评价，就是业务绩效。

2. 加强采购人员的培训

采购人员的培训主要有岗前培训和在职培训两个部分。

(1) 岗前培训一般是由企业的人力资源部统一安排的，培训内容主要包括公司文化、公司历史、本职业工作相关的技能训练。

（2）采购人员的在职培训比岗前培训的实务性、知识性、技巧性和专业性更强，是一种比较有效提高采购人员素质的途径。

3. 加强企业文化建设

企业文化是企业组织在其发展过程中形成的组织成员所共同信仰的管理哲学、行为规范和价值体系的总和，是企业核心竞争力的重要体现，是企业生存和发展的灵魂。加强企业文化建设，是提升企业每个员工素质的有效手段，当然对于采购人员来说亦是如此。

任务四　采购流程分析

为了提高采购作业的科学性、合理性和有效性，保证采购作业的顺畅进行，有必要认真研究和设计采购作业的流程，并随着环境的变化，不断对现有流程进行改进和完善。

一、采购流程认知

采购流程是企业为了完成特定的采购业务而开展的一系列相关活动的过程。现代采购要求企业按照一定的程序和步骤有条不紊地进行。对于企业采购来讲，各个企业之间的采购战略也许会有不同，但是，所有企业的采购活动基本都遵循一个共同的模式。

采购流程是详细论述采购部门职责或任务的运营指南，是采购管理中最重要的部分之一，是采购活动具体执行的标准。一个完善的采购作业流程应满足所需物料在价格、质量、数量、服务以及区域之间的综合平衡。

采购作业流程会因采购物品的来源（国内采购、国外采购）、采购的方式（议价、比价、招标）、采购的目的（消费采购、工业采购）以及采购的组织形式（集中采购、分散采购、混合采购）等不同而在作业细节上有所差异，但对于基本的流程而言，每个企业都大同小异。就一个完整的采购流程来讲，一般可以分为以下几个步骤，如图2-14所示。

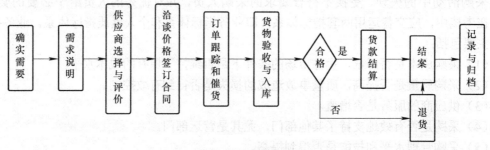

图2-14　采购流程

（一）确定需求

确定需求是采购流程的初始环节。需求是采购的依据，采购什么、采购多少、什么时候采购，都要根据需求确定。

一般企业采购部门的需求来源于三个方面，即客户订单、请购单和预测。

（1）客户订单。对于流通企业来说，客户订单是采购的重要需求来源。对于生产来说，客户订单决定产品的生产，生产决定物料需求，需求决定采购，因此客户订单是采购需求的重要来源。

（2）请购单。对于执行集中采购的组织来讲，各部门采购物品的需求往往是通过请购单来表现的，即各部门通过请购单的方式将需求提交给负责集中采购的部门。物料请购单如表2-2所示。

表2-2 物料请购单

请购单号：　　　　　　　　　　　　　　　　　　　　　　　请购日期：

物料信息						生产信息		
序号	物料名称	规格	型号	请购数量	批准数量	生产用量	库存数量	备注

请购部门：　　　　　　　　　请购人：　　　　　　　　　批准人：

（3）预测。采购部门根据以往的需求数据及形势的发展变化情况，应用科学的方法，预测未来一段时间的需求情况，这也是需求的重要来源。

（二）需求说明

确定了企业需求后，为了使采购部门的工作能顺利进行，还需要对拟采购物品或服务的细节进行准确描述，如数量、品质、包装、售后服务、运输及检验方式等。企业在描述需求时应采用统一术语，以防止理解上的错误。

（三）供应商选择与评价

供应商选择是采购程序的重要一环，是决定采购成功与否的重要因素。企业应选择信誉好，产品质量、交货期等有保证的供应商。企业可以根据需求在原有供应商中选择成绩良好的供应商，通知其报价，也可以通过刊登公告等方式公开征集供应商，甚至开发新的供应源。

（四）洽谈价格签订合同

洽谈价格是采购的重要环节，洽谈的过程是一个反复讨价还价的过程。是否具备良好的议价能力是衡量一个优秀采购者的首要标准。供需双方就质量、数量、价格、交货期、付款方式和违约责任等进行洽谈，在互利共赢的基础上签订采购合同，实现成交。合同和订单是具有法律效力的书面文件，规定了买卖双方的责任、权利和义务。是否签订合同或订单，是采购是否实现的标志。

洽谈价格的方法有很多，其中最为常见的是竞争报价和谈判。

1. 竞争报价

竞争报价是指采购企业向有意愿合作的供应商发出询价单让其报价，然后在报价的基础上进行比较并确定中标供应商价格的一种方法。

竞争报价与其他的报价方法相比，有以下明显的特点：

（1）邀请报价的供应商的数量至少是三个。

（2）每个供应商或承包商只许提出一个报价，而且不许改变其报价，不得同某一供应商就其报价进行谈判。

(3) 邀请的供应商在价格、质量、信誉等方面要具有足够的可靠性。
(4) 买方的采购量要足够大。
(5) 买方没有优先考虑的供应商。

2. 谈判

这里的谈判是指采购企业与供应商就采购的有关事项（如价格、质量、交货方式等）进行反复磋商，谋求达成协议的过程。谈判是价格确定中最复杂也是成本最高的一种方法。

（五）订单跟踪和催货

合同签约后，为要求供应商按期、按质、按量交货，采购部门还需对订单进行跟踪和催货，督促供应商按规定交运。企业在发出订单时，同时会确定相应的跟踪接触日期，对于大型采购，应设专职的跟踪催货人员。通过跟踪，及时发现并解决问题，保证订单的正常履行。例如，所采购物品在质量或发运方面出现问题，采购部门需要对此尽早了解，以便及时采取相应的行动。

跟踪一般通过电话进行，跟踪的主要内容有采购品的设计情况、供应商备料情况、生产进度、关键环节的控制、检验问题直至商品包装入库等。在跟踪的过程中，如果发现供应商不能按规定履行合约，应及时修改或取消订单，调整交易对象或数量，以免影响企业的供应。在货物匮乏的时候，跟踪催货更加具有重要意义。

（六）货物验收与入库

供应商按承诺发货后，采购部门应根据物品的检验标准对物品进行严格检验，合格则入库，不合格则应按照合同的相关规定进行处理。通常，如果供应商所交货物与合同不符或验收不合格，应依据合同规定退货，并立即安排重购并予以结案。货物的验收与入库一般由仓库管理部门负责。

（七）货款结算

供应商交货验收合格后，仓库管理部门会签发入库单（见表 2-3）并以此作为货款结算的依据。采购部门根据入库单核查供应商开具的发票，并通知财务部按照合同规定向供应商支付货款。通常情况下以支票汇入对方银行账户的方式来进行货款支付。

表2-3 入库单

编号：							入库日期：	年	月	日
物资检验人					物料入库记录人					
物料名称	生产厂家	规格/型号	检验单号	入库单编号	入库数量	单价	总金额	储位	备注	

（八）结案

凡验收合格付款，或验收不合格退货，均需办理结案手续，查清各项书面资料有无缺失、绩效好坏等，签报高级管理部门或权责部门核阅和批示。

（九）记录与归档

结案后，采购过程中的各种文件、资料均应归入档案，登记、编号、分类，并予以妥善保管，以备参阅或事后发生问题时核查。归档的文件应确定保管期限，一般为三年，具体视文件性质和公司实际情况决定。

二、采购流程的注意事项

企业经营规模越大，投入的人力、物力和财力也就越大，采购金额也就越高，采购对于企业来讲也就越发重要。企业在设计采购作业流程时，应注意以下几点。

（一）采购流程应与采购数量、种类、重要性和区域相匹配

一方面，过多的流程环节会增加组织运作的成本，降低采购工作效率；另一方面，流程过于简单、监控点设置不够等，将导致采购过程失控，加大采购风险，产生采购物资数量、质量、价格等方面的问题。

（二）先后顺序及时效控制

应当注意作业流程的流畅性与一致性并考虑作业流程所需时限。例如，要避免同一主管对同一采购文件做多次签核；避免同一采购文件在不同的部门有不同的作业方式；避免一个采购文件经多部门签署，影响采购作业效率。

（三）关键点设置

为便于控制采购流程，企业应建立以采购申请、经济合同、结算凭证和入库单据为载体的控制系统，同时设置关键点及关键点的管理要领和办理时限，使各项采购作业环节在各阶段均能被追踪管理。例如，国外采购、询价、报价、申请输入许可证、出具信用证、装船、报关、提货等均有管理要领和办理时限。

（四）权责或任务的划分

采购作业中的各项作业手续及查核应有明确权责规定及查核办法。例如，请购、货物验收、入库、付款等权责应予区分，并指定主办单位。另外要注意以下几个问题：①货物的采购人员不能同时负责货物的验收工作；②货物审批人和付款执行人不能同时办理供应商选择和价格洽谈业务；③货物的采购、储存和使用人不能同时负责账目的记录工作等。

（五）配合作业方式的改善

例如，手工的作业方式改变为计算机管理系统辅助作业后，其流程与表格须做相应的调整或重新设计。

（六）避免作业过程中发生摩擦、重复与混乱

注意变化性或弹性范围以及偶发事件的处理规则。例如，在遇到"紧急采购"及"外部授权"时，应有应急的办法或流程来特别处理。

(七)价值与程序相适应

程序的繁简或被重视的程度应与所处理业务或采购项目的重要性或价值的大小相适应。凡是涉及数量较大、价值较高或容易发生舞弊的作业,应设计比较严密的处理监督环节;反之,则可略微放宽,以求提高采购工作效率。

(八)处理程序应适合现实环境

应注意程序的及时改进。早期设计的处理程序或流程,经过一段时间的应用后,应加以审查,不断改进,以适应组织变更或作业上的实际需要。

三、采购流程控制与管理

随着经济社会的快速发展,传统的采购流程出于自身的一些不足已引起企业的重视,为了支持采购在市场中的地位,获得具有竞争力的产品和服务,企业开始采取一些新的方法来对整个采购业务流程进行分析和优化。

(一)传统采购流程的弊端分析

传统采购模式下,企业采购流程非常复杂,包括采购申请、信息查询发布、招标/投标/评标、洽谈签约结算、物流配送和验收入库等,消耗了大量的时间成本和人力成本,效率低下。传统采购流程的弊端主要表现在以下方面:

(1)采购时间过长,采购流程复杂,手工作业较多,消耗了大量时间和人力成本,同时对市场变化的反应速度慢,难以掌握最新的产品信息、供应商信息和市场行情。

(2)库存过多,资本利用率低,企业很难进行全面细致的数据分析和采购管理。为确保生产,必须保证足够的安全库存。

(3)采购和供应商之间的合作关系不稳定。传统的采购模式主要是以临时或短期的合作模式为主,造成竞争多于合作,进而导致采购过程的不稳定。

(4)采购方式单一,企业难以利用适当的采购策略来获得更多的价格折扣,也就难以降低采购产品的价格。

(5)采购流程不合理,企业为了有效地管理和控制采购支出,采购订单需要多部门层层审批,导致采购效率低下。

(6)采购过程中的人为因素难以排除,透明度不高,导致不必要的资源流失。

(7)缺乏信息共享,传统采购模式由于部门之间的信息私有化,采购信息没有实现有效共享,包括采购与供应商之间、企业采购部门与相关部门之间以及管理者与实施者之间。

(8)采购计划与需求无法达到一致。传统采购作业模式不能有效地根据生产需要来组织采购作业,无法实现物料的供应计划与当前需求的平衡,也无法使采购与企业的库存投资和策略相一致。

(二)采购流程的优化

通过分析传统企业的采购流程,我们看到诸多缺陷,因此有必要提出更好的优化建议来完善企业的采购流程。

1. 不断改进采购流程

采购业务流程效率的高低对企业的竞争力有直接的影响。传统的采购流程是生产管理人员制订出生产计划后再由物资采购部门编制采购计划,还要经过层层审核,才能向供应商发出订货。由于流程较长,流经的部门较多,常常出现脱节、反复、效率低下的现象,导致一项业务要花费较多的时间才能完成。这种流程已经不能很好地适应现代企业高效率运营的要求,尤其是在如今的供应链管理的环境下,企业要以满足自身整体战略要求为前提,运用一定的信息技术作为支持平台,通过采购作业流程的重组来不断提高采购作业的效率。

2. 建立适应企业战略的采购组织

优秀的采购流程需要有相应的组织结构来支撑,这种组织结构应是扁平化的,并支持先进的采购模式。要想成功建立采购组织,最关键的因素是获得高层管理者的支持。高层管理者要认识到,采购是企业的一项重要职能,建立有效的采购组织,对于提高企业竞争优势具有重要作用。企业应将采购组织视为企业战略的一个重要组成部分,为采购组织设定积极长远的发展目标。

3. 应用供应链管理思想实施准时化采购

目前世界许多先进企业正在采购领域研究和应用供应链管理来保持他们的竞争优势。我国企业也应加快供应链管理思想在采购管理中的研究与应用,以提高我国企业的竞争能力。

在实施供应链管理方面,准时化采购思想的应用将起到重要的促进作用。准时化采购的核心内容是选择合适的供应商和质量的持续改进,从而达到减少库存、缩短提前期、提高货物质量、降低企业采购总成本等目的。实施准时化采购的一个重要前提是观念的转变,特别是企业高层领导要转变过去那种企业之间竞争多于合作的观念,要致力于与企业的重要供应商建立战略合作伙伴关系,建立"双赢"机制。

4. 协同采购

传统的采购模式不能适应现代企业发展的要求,必须用新的采购模式——协同采购取而代之。这种新型采购模式采取供应链管理策略,改进了与供应商之间的关系,强调协同的理念。而且,随着采购的品种、数量和频率的增加,协同的作用将越发明显,主要体现在以下四个方面:

(1)企业内部协同。企业要实施高效的采购行为需要企业内部各业务部门的协同配合,包括设计开发部门、生产部门、销售部门、物流部门、财务部门等,并适时对物料、供应商、采购价格等相关数据进行维护,只有这样才能以合理的价格采购到所需的物料。

(2)企业与外部的协同。采购不仅需要企业内部的协同,更需要与外部的协同,即与供应商在库存、需求等方面的信息共享。企业可以根据供应商的供应情况调整计划及执行过程。同时,供应商可以根据企业的库存、生产计划等信息调整物料供应计划。

(3)实现从"为库存采购"到"为订单采购"的转化。在供应链管理条件下,采购活动以订单驱动的方式进行,即"拉式"采购,这种方式可以准时响应客户的需求,降低库存水平,进而改变了传统的以库存补充为目的的采购模式。

(4)加强对外部资源的管理。有效的外部资源管理可以建立一种新的不同层次的供应网络,减少供应商数量,与供应商建立一种长期、互惠的合作伙伴关系,进而改善传统采购管理的不足——缺乏合作、缺乏柔性和对需求的响应速度较慢。

5. 消除非增值作业

将非增值的不必要作业环节减少到最低,并且尽可能压缩非增值的必要作业的处理时间,同时,对企业组织结构按扁平化要求进行改造,加快信息传递速度和审批速度。

6. 提高企业信息化建设水平

现代企业的采购过程越来越重视现代化信息技术的应用,用快捷、高效、便利的信息化处理取代传统的手工处理,这样既可以提高工作效率,还可以解决由于信息传递失真而造成的采购计划不准确等问题。信息技术的应用已经成为当今采购管理的重要手段。

7. 加强对采购流程执行过程的动态监控

通过对过程信息进行跟踪,及时发现存在的问题,迅速采取有效措施实施干预,比如采用"并行工程",变事后控制为事中控制,以提高流程运行效率和运行质量。

(三)采购流程的风险控制

1. 利用信息对企业采购决策风险进行控制

任何一个正确的决策都必须建立在信息充分的基础上,信息的充分掌握可以提高决策方案的正确度,降低决策风险。但是信息资料常常分布在不同的时间和空间中,作为采购人员要有敏锐的洞察能力。

2. 完善企业内部管理制度

完善企业内部管理制度与程序,加强对员工尤其是采购业务人员的培训和警示教育,不断增强法律观念,重视职业道德建设,做到依法办事,培养企业团队精神,增强企业内部的风险防范能力,从根本上杜绝人为风险。

3. 加强对采购过程的管理和监督审查

加强对物料需求计划、物资采购计划的管理。要对物资采购计划的编制依据是否科学、调查预测是否存在偏离实际的情况和采购数量、目标、时间、运输计划、使用计划是否有保证等进行严格的监督和审查,保证做到计划准确,监管及时有效。

4. 加强采购合同管理

企业要对采购合同的签订和执行进行适时审查。通过审查,可以及时发现和纠正在合同订立过程中出现的不合理、不合法现象;必要时还要提请当事人对缺少的必备条款予以补充,对显失公平的内容予以修改,从而减少和避免经济合同纠纷的发生。对于在合同履行过程中发现的各种问题,必须及时按照规定程序进行处理,尽可能地降低合同风险。

5. 建立稳定的供应渠道

企业要控制采购风险,最关键的是与供应商建立并保持良好的合作关系。与供应商结成联盟可以降低供应成本,形成稳定的原材料供应渠道。建立良好的合作伙伴关系,首先要对供应商进行初步考察,在选择供应商时,应对供应商的品牌、信誉、规模、销售业绩、研发等情况进行详细调查,并做出科学评估。

项目实训：采购组织设计

一、实训目的

（1）加深学生对各种采购组织的认识。
（2）了解采购人员的职责与需要具备的能力，明确不同采购组织层次的职责。
（3）能够根据不同企业的具体情况设计不同的采购组织。
（4）培养学生的团队合作精神，增强归纳总结、分析能力及人际交往与沟通能力。

二、实训组织

（1）知识准备：采购组织的类型、设计原则和流程，以及采购人员的基本素质和能力要求。
（2）学生分组：每个小组以 3~5 人为宜，小组中要合理分工，每组选出一位小组长。
（3）实训地点：各小组成员自主选择的目标企业，提供可联网的计算机机房，以便学生进行资料查询与实训报告的编写。
（4）根据需要将实训目的分为课堂进行和课后进行两种。例如，将实训目的（1）和实训目的（2）在课堂进行，而将采购组织的设计放在课后进行。

在可供实习的企业难以实现的情况下，也可以在网上收集一些企业的资料，进行采购组织设计，或进行模拟设计。

三、实训要求

（1）将事先分好的小组由组长负责对选定的企业进行调查，收集相关资料，确定采购任务量。
（2）根据企业采购的特点、任务量选择合适的采购组织结构，设计采购流程，然后再设计岗位，确定岗位职责，配备人员。
（3）最后将所设计的采购组织与企业已有的采购组织形式进行比较，指出企业在哪些地方应进行改革。

四、实训报告

（1）各小组总结各成员对调研对象的采购组织进行的分析，判断企业采购部的组织结构类型，并分析其优缺点，然后在小组内进行讨论，提出自己的改善方案。
（2）分析调研企业的采购各岗位职责要求，从采购道德、观念、知识、能力等方面了解有关岗位人员的综合素质，最后进行汇报。

五、实训考核

实训成绩根据个人表现和团队表现进行综合评定。考评内容包含以下几项：
（1）实训过程是否将所学的采购组织相关理论应用于企业实际。
（2）所设计的采购组织是否适应企业采购管理的实际，自己提出的改善方案是否具有可操作性。
（3）小组内部分工是否明确，组员是否有协作精神，根据个人任务完成情况由组长评分。
（4）小组总结汇报思路是否清晰、内容是否充实、重点是否突出，由教师对小组进行评分。
（5）实训报告是否按要求的规范格式完成，对个人报告或小组报告进行评分。
（6）根据个人得分和小组综合评分最终确定每个学生的实训成绩。

项目三 采购战略规划

工作任务及过程描述

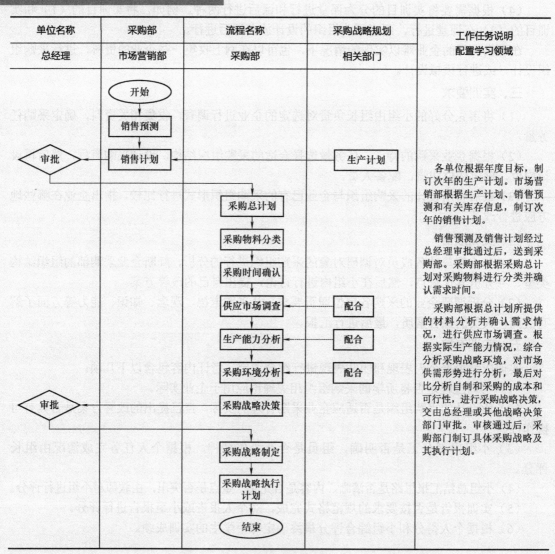

职业能力要求

岗位：采购总监、采购经理、采购专员

（1）根据对国内外市场的深度了解，制定并实施产品采购战略。配合企业盈利目标以及总体业务目标，管理并主导成本节省项目。

（2）通过建立并维护可衡量的绩效指标来管理供应链，确定所有采购战略的最优总成本。规避采购价格上涨，寻找替代供应商。

（3）根据企业发展战略制定采购战略规划，完善采购目录，建立、健全科学完善的采购管理体系。

（4）战略供应商开发、维护，确保供应商按时、按质、按量供应；采购渠道分析、管理，降低企业采购成本。

（5）组织编制企业采购与销售的中长期规划和年月度计划，确定各种物料的采购战略，并监督各项计划的实施。

（6）组织对供应商的评估，根据企业发展规划，组织市场调研分析，适时组织调整企业的供应布局和采购战略。

（7）全面了解掌握和搜集分析企业所需采购的产品市场行情及信息，组织制定实施采购战略的规划，确保各项采购任务的完成。

项目导入案例

联想的采购战略分析

一、概述

联想作为一家IT企业，很多物料来自上游供应商，并且很多供应商具有寡头垄断或者少数寡头的特点，所以供应商的影响是非常大的。联想有300多家供应商，整个国内的客户渠道有5 000多家。在联想内部，有北京、上海和惠阳三个工厂，目前生产的主要产品除了台式电脑、笔记本电脑和服务器之外，还有手机等其他数码产品，应该说是一个非常复杂的体系。联想的物料主要分为国际采购的物料和国内采购的物料。国际采购的物料基本上都是通过我国香港分别转到内地的惠阳、上海和北京，在国内采购的物料会直接发到各个工厂，由各个工厂制作成成品，然后发给代理商和最终用户。

二、市场分析和预测

预测的最基本条件是要基于历史数据。联想从市场和代理商当中积累了大量的历史数据，通过对销售的历史数据分析，发现产品的销量与很多因素相关，比如市场自然的增长、季节的因素、联想的一些优惠活动、新产品的推出等，都会影响市场的销量。通过对以上因素的预测加上对代理商和区域市场对客户的预测，同时得出联想在短期和长期市场的预测，最后估算出用户需求状况。

三、采购计划调整

采购计划除了需要根据预测调整之外，还要根据这种采购的提前量、安全库存的策略以及采购批量等因素的影响，以及联想在国内多个工厂、多个库存地的实时计划，确定采购计划应该怎样进行调整和改变。当销售发生调整或者供应商的状况发生变化的时候，联想可以做到在几个小时之内，把几十种产品、几千种物料、面对几百家供应商的计划调整完毕，这样就加快了对市场变化的反应和应对的速度。通过供应商系统可以更好地和供应商实现交货计划和采购订单及预测等方面信息的协同，从而可以保证从客户端一直到联想内部系统和供应商端实现整体的信息协同。

四、供应商管理

联想首先在供应商端会实现优胜劣汰，寻找有竞争力的合作伙伴，另外在供应商端会设立相应的采购平台，加强日常的管理，注重对于突发问题的解决以及持续改善项目的推进，确保在业界自由的供应商争夺以及采购资源的争夺中，保持一种有利的战略位置。基于供应商协同的理念，联想定期对采购策略进行一些相应的调整，根据采购策略的情况确定是否需要导入新的供应商，并进行供应商策略的调整。另外，为加强日常对供应商的管理，联想会定期对其进行评估。评估主要是从研发、质量、服务和成本等几个方面来进行。根据评估的结果和供应商进行日常的采购管理。

五、采购策略

联想根据采购金额和物料的风险确定了四大类采购策略：战略型、杠杆型、关键型和策略型。针对不同类型的供应商、不同的物料采取不同的策略，从而达到在不同情况下采购资源的最大化。联想希望和供应商之间采取双赢的策略，并引入优胜劣汰的机制。

问题一：采购战略环境分析重点有哪些？联想是如何进行内外部协同的？
问题二：你能否根据案例提出更有效的采购战略和执行计划？

任务一　采购战略规划认知

一、什么是采购战略

企业之间竞争的日趋激化，不仅体现在参与竞争的企业越来越多，更重要的是竞争的程度越来越深。这种竞争程度上的变化既反映在多样化经营，即外延上，又反映在企业运作中的高技术、高效率，即内涵上。在这一背景下，企业竞争将在理念、管理、创新、服务、人才、资讯、渠道、科技、客户等各个层面全方位展开。企业该如何根据自身特点制定采购战略规划，适时、有效地开展采购工作，已成为企业谋求长远发展的重大课题。

（一）战略的概念

所谓战略，是为实现企业长远目标所选择的发展方向、所确定的行动方针，以及资源分配方案的一个总纲。著名管理学家明茨博格（H. Mintzberg）从五个不同的角度归纳了人们对战略的认识。

(1) 战略是一种计划。战略是一种统一的、综合的、一体化的计划，是有意识的行动程序，是处理某种局势的方针。

(2) 战略是一种计谋。在特定的环境下，企业将战略作为威胁和战胜竞争对手的一种具体手段。

(3) 战略是一种模式。战略体现为一系列的行为模式。

（4）战略是一种定位。战略是一个企业在自身环境中所处的位置或在市场中的位置。

（5）战略是一种观念。即所有的战略都是一种抽象的概念，它存在于需要战略的人们头脑中，体现于战略家对客观世界固有的认识方式。

（二）采购战略的概念

战略一般分为三个层次：企业总体战略、经营（事业部）战略和职能战略。采购战略属于职能战略，它为企业总体战略目标的实现提供支持和保障。所谓采购战略，是采购管理部门在现代采购理念的指导下，为实现企业战略目标，通过供应环境的分析，对采购管理工作所做的长远性的谋划和方略。

（三）采购战略管理的概念

采购战略管理，是采购管理部门为了实现企业的整体战略目标，在充分分析企业外部宏观环境、供应商所处行业环境以及企业内部微观环境的基础上，确定采购管理目标，制定采购战略规划并组织实施的一个动态管理过程。

对于这一概念需强调两点：第一，采购战略管理是全过程管理，不仅涉及战略的制定与规划，而且要对战略实施过程进行有效管理。第二，采购战略管理的实质是变革，因此它不是静态的一次性管理，而是根据外部环境的变化和内部条件的改变，不断进行创新的动态管理过程。

二、采购战略规划的内容

（一）采购管理理念

理念即企业的经营哲学，指一个企业为其经营活动方式所确立的价值、信念和行为准则。采购管理理念是企业为采购管理工作确立的价值观，一般用一句或若干句话，简洁明了地概括表达采购工作的地位或希望达到的境界等，主要体现在以下三个层面上：

（1）采购管理的基本立足点——存在的意义。
（2）组织运作的基本方针——行动的方式。
（3）采购管理所提供的价值——具备独特的能力。

（二）采购战略目标

采购战略目标是采购管理部门的经营管理活动在一定时期内要达到的具体指标。在现代企业管理方法体系中，标杆法（Benchmarking）得到越来越多的应用。标杆法亦称基准管理，就是将那些出类拔萃的企业作为自身企业的测定基准或标杆，以其为学习的对象，迎头赶上，努力超越。在确定采购战略目标时，可以采取标杆法。通过标杆实施过程，帮助企业辨别优秀企业及其优秀的管理功能，并将之吸收到企业的采购战略规划中，以此改进采购工作绩效。采购管理人员通过与优秀企业的比较，找出本企业采购管理中深层次的问题和矛盾，发现过去没有意识到的采购技术或管理上的突破，发挥出更大的创造性，推动采购管理再上一个新的台阶。世界级企业的采购供应实践活动为我们提供了一系列的管理范式，如表3-1所示。我们应向成功的世界级企业看齐，逐步缩小与这些企业的差距，制定出较高水准且切实可行的采购战略目标。

表 3-1 世界级企业的采购供应活动

采 购 指 标	一 般 企 业	世界级企业
每个购买者的供应商数目（个）	34	5
购买成本占购买的比例	3.3%	0.8%
购买的交货时间（分钟）	15	8
订货所花费的时间（分钟）	42	15
送货延误的比例	33%	2%
废弃材料的比例	1.5%	0.000 1%
每年短缺的物料数目（件）	400	4

（三）采购管理策略

企业为实现采购战略目标需制定相应的采购管理策略，包括供应物品战略定位、自制与外购决策等，我们将在本项目后面详细阐述。

（四）采购战略执行方案

最后采购策略还要转换成行动计划，即执行方案。该方案一般采取列表的方式，包括工作内容及目标、量化指标、时间进度安排和行动负责人等。

采购战略规划体系如图 3-1 所示。从图中可以看出，一个完整的采购战略规划体系自上而下，从定性到定量，从抽象到具体；采购管理理念是规划的起点，而执行方案是规划的最终具体落实。

图 3-1 采购战略规划体系

任务二 采购战略决策

采购战略决策主要是指企业对于所需的零部件或其他物品，是通过企业内部自制还是从外部市场购买的决策，也即自制或外购的决策。

一、采购战略决策的原则

采购决策应该以正确的商业导向为基础，采用跨职能的方法，并以改善企业的采购底线成本为目的。

1. 商业原则

要发展一个采购和供应战略，就必须对企业的全盘经营方针有一个彻底的理解。被企业视为目标的最终用户市场是什么？这些市场未来的主要发展会是什么？企业所要面临的是什么样的竞争？企业在制定价格政策时有什么余地？原料价格的上涨能以何种程度转嫁到最终用户身上以及这种方法是否可行？企业会在新产品和新技术方面如何投资？何种产品会在未来一年内退出市场？理解这些问题是十分重要的。

2. 全面的跨职能原则

采购决策不能孤立地制定，并且不能仅以采购业绩的最优为目标。制定采购决策时应该考虑这些决策对于其他主要活动的影响（如生产计划、物料管理和运输）。因此，制定采购决策需要以平衡总拥有成本为基础。例如，在购买一条新的包装流水线时，不仅要考虑初始投资，而且要考虑将来用于购买辅助设备、备件和服务的成本。此外，供应商还应保证在包装流水线的技术经济寿命内将计划外的停工时间保持在最低水平。供应商卖出设备是一回事，在许多年里同一家供应商对同一套设备进行令人满意的服务则是另一回事。这个例子表明了对于采购需要做出的不同类型选择的复杂性。因此，要在某种环境下做出决策，就要在所有受其影响的领域中使用一种跨职能的、以团队为基础的方法。采购和供应战略只有与所有领域及其有关的（高级）经理紧密合作才能有效地发展。采购和供应经理将会引导这种观点和远景的发展。

3. 成本底线原则

采购并不应该只作为一种服务职能起作用，还应该满足其用户的要求而不至于导致用户提出过多问题。采购部门应该始终如一地追求提高企业所购买的产品和服务的性能价格比。为了完成这一任务，采购部门应该能够向其内部用户提出有益的、可获利的建议，提出现有的产品设计所使用的原料或部件的备选方案和备选的供应商。

二、采购战略决策影响因素

产品、零部件原材料是自制还是外购，这是每一个企业都不可避免要回答的问题。从总体上看，这个问题涉及企业的纵向一体化政策。正确的选择是许多企业成功的关键。在生产某个新产品，建立或改进一个生产系统之前，均需要对自制与外购做出决策。这些决策不仅影响工艺过程的选择、生产制造系统和管理系统的设计，而且关系到企业生产的经济效益。在做出自制与外购决策时，需要重点考虑以下因素：

1. 经济利益

在做出自制与外购决策时，首先应考虑的是成本。如果一个零部件外购比自制更便宜，就应采取外购策略。此时进行成本分析，依据的是增量成本（边际成本）分析原则，即只考虑那些随自制与外购决策而变动的成本。例如对于有自制生产能力的企业，自制某零部件的增量成本只包括劳动力、材料等直接成本，以及动力、燃料等其他净增成本。其他不因决策而发生变动的成本，在进行费用比较时不予考虑。对于无自制生产能力或需要增加部分生产能力的企业，其增量成本还应包括为增加生产能力所支付的成本。

2. 质量保证

控制自制零部件的质量可以保证最终产品的质量。而采取外购策略时，对零部件质量的控制可能会有一定困难。若关系到最终产品的质量，宁可放弃其经济利益。

3. 供应的可靠性

若外购来源不可靠，则应采取自制策略；若供应有可靠的保障，则采取外购策略是十分有利的，需要注意的是要制定适当的采购规划，精选卖主，使企业处于主动地位。

4. 专利和知识产权

专利和知识产权因素在法律上可能限制某些企业去从事某些零部件的生产。对此，要么采取外购策略，要么在进行技术经济分析的基础上考虑购买专利。

5. 技术与材料

某些零部件的制造技术可能非常专门化，或者所需材料非常稀缺，或者出于环境保护及政府政策的限制，致使某些零部件不易在本企业自制或某道工序不易在本企业加工。这样就只能采取外购策略。

6. 灵活性

自制零部件往往会限制产品设计的灵活性和降低生产系统的适应能力。如果一家企业在自制零部件上进行了很大的设备投资，就会限制企业在完全不同的新产品方面的灵活转移，而外购件、外协件较多的企业则不用担心投资过时的问题。环境变化往往会对企业生产系统的适应性提出更高的要求。当需求增加时，就会产生提高生产能力的要求；当产品品种组合发生重要变化时，就需要调整生产过程；当供应来源发生重大变化时，生产部门也要做出调整。因此，外购件或外协件较多的企业在生产系统的适应性方面也处于更有利的地位。

7. 生产的专业化程度

对于加工装配类的企业，生产的专业化程度越高，外购或外协零部件的数量就越多。例如，波音公司的生产材料中有 70% 是外购的。一些大企业不愿把零部件扩散给小企业去生产，主要是担心质量、成本、期限达不到要求。事实上，大企业与小企业搞好协作，可以节省设备投资和利用小企业的低工资、低成本等，对大企业是有利的。

8. 其他因素

其他诸如营业秘密的控制、供需双方互惠和友谊关系的保持，以及政府的某些规定等，在一定程度上也会影响企业的自制与外购决策。企业在生产缓慢发展时期，为了利用闲置设备，自制可能更有利，然而会造成同供应商关系的紧张或中断。所以，企业为了保持与重要供应商的良好互惠关系，往往很可能放弃自制的打算。对于一些掌握特殊技术诀窍、工艺配方等的企业，出于保密考虑，也通常采用自制策略或部分自制策略。例如，某些生产电子产品的企业，对其产品而言属关键技术或工艺生产的原材料、元器件等，均采用自制策略；其他均可采用外购、外加工、外装配等外购策略。

综合起来，自制或外购的决策归根结底反映在产能、质量、技术和成本等方面。表 3-2 显示了业务外包的利弊分析。

表 3-2 业务外包的利弊分析

优 点	缺 点
① 使投资集中在关键业务 ② 可优化利用供应商的技术、设备和经验 ③ 灵活性强，可利用供应商的能力消化生产负荷波动 ④ 有利于缩短交货期，提升对客户快速反应能力 ⑤ 将采购、研发和投资风险转移给供应商，降低产品整体开发和运作成本	① 易产生对供应商依赖 ② 当供求关系发生不利变化时，存在对供应商难以控制的风险 ③ 存在信息和技术泄密的风险 ④ 存在供应商成本信息不透明问题，需不断调查市场供求关系，跟踪供应商成本构成变化

三、采购管理策略：自制或外购

自制或外购分析必须建立在充分的供应市场调研的基础上，结合本企业的经营战略、产品开发能力及工艺水平、质量体系、供应保障和企业策划水平、成本与效益分别对自制与外购的优点、缺点进行比较分析，并在此基础上提出"自制或外购件清单"及分析报告，然后由采购经理提交由企业高层领导及相关部门参与的会议进行讨论决策。

自制或外购的决策，是指企业围绕既可自制又可外购的商品的取得方式而开展的决策，又称商品取得方式的决策。企业生产产品所需要的零部件，是自己组织生产还是从外部购进，这是任何企业都会遇到的决策问题。需要指出的是，无论这些商品或零部件是自制还是外购，并不影响产品的销售收入，只需考虑两个方案的成本，哪一个方案的成本低则选择哪一个方案。

自制或外购决策通常遵循以下程序：设计或工程部门负责根据产品技术方案提出有关的产品零部件清单及相应的技术文件要求，采购部门根据技术文件会同工程设计、质保生产管理、成本分析等部门，按照相应的要求针对有关的零部件进行自制或外购分析。

任务三　采购战略制定

战略采购是采购人员根据企业的经营战略需求，制定和执行企业的物料获取规划，通过内部客户需求分析，外部供应市场、竞争对手、供应基础等分析，在标杆比较的基础上设定长短期的物料采购目标，编制和落实达成目标所需的采购策略及行动计划，并通过行动的实施寻找合适的供应资源，满足企业在成本、质量、时间、技术等方面的综合指标。

采购战略是企业所采用的具有指导性、全局性、长远性的基本运作方案，主要包括采购品种、供应商、采购方式等。采购过程中需要关注的四大因素为质量、成本、交付、服务。

一、一般物品的采购战略

（一）采购物品的 80/20 法则

80/20 法则的含义是：通常数量或者种类占总体 80%的采购物品[指原材料、零部件，通常以物料清单（Bill of Material，BOM）上的品种或材料代号数来衡量]只占有 20%的价值，而剩下的 20%的物品数量则占有 80%的价值。产品中原材料（含零部件）这种 80/20 特性为采购策略的制定提供了有益的启示，即采购工作的重点应该放在价值占 80%而数量只占 20%的物品上，这些物品包括了战略物品和集中采购品。此外，有 50%的物品数可以不予重视，其运作的好坏对成本、生产等的影响甚微。

该法则的主要目的就是在进行商品采购的时候，能准确区分出最重要的少数物品并进行重点管理，而一般性的多数物品则不应该占用太多的管理资源。利用该法则，可以在制定采购计划及策略时，有效地对采购商品进行分类并根据市场供应分析制定采购战略。

（二）采购物品的分类

采购物品分类是采购工作专业化实施的基础。1983 年，卡拉杰克（Peter Kraljic）提出了采购物品分类模型，为该工作的开展提供了一套被普遍接受的方法。该模型主要基于两个因素：一是采购物品对本企业的重要性，主要指该采购物品对企业的生产、质量、供应、成本及产品等影响的大小；二是供应风险，主要指短期和长期供应保障能力、供应商的数量、供应竞争激烈程度、自制可能性大小等。依据不同采购物品的重要性及供应风险，可将它们分为战略采购品、瓶颈采购品、集中采购品及正常采购品，如图3-2所示。

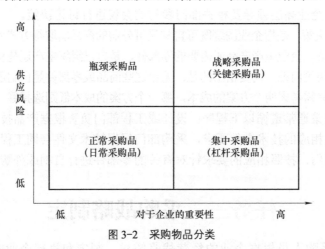

图3-2 采购物品分类

1. 战略采购品

战略采购品是指价值比例高、产品要求高，同时又只能依靠个别供应商或者供应难以确保的物品。原料是许多企业的采购总量中的重要组成部分，原料的采购通常涉及大量的资金。另外，它们在一定程度上决定了成品的成本价格，因此通常被标记为战略产品。如汽车厂需要采购的发动机和变速器、计算机厂商需要采购的微处理器等。

2. 瓶颈采购品

瓶颈采购品指的是价值比例虽不算高，但供应难以保证的物品。如油漆厂用的色粉、食品行业用的维生素等。

3. 集中采购品

集中采购品是指那些价值比例较高，但很容易从不同的供应商采购的物品，主要包括化工、钢铁、包装等原材料或标准产品等。

4. 正常采购品

正常采购品则包括诸如办公用品、维修备件标准件及其他价值低、有大量供应商的商品。MRO（维护、维修、运行）采购占到了正常采购品的80%，同时，它们只占采购金额的20%，并且采购者80%的工作与这些用品有关。MRO物品的采购具有产品类别众多、专一性高、多数用品的消耗率不高且没有规则，以及使用者对用品的选择能够施加相当大的影响等特点。

由于数量仅占20%的战略采购品与集中采购品占据了采购价值的80%，它们的采购成本控制对降低企业的整体成本就显得十分重要。因此，把不同时期或不同单位的同类产品集中起来进行统一采购，大量采购将会取得显著的降价效果。

（三）不同物品的采购策略

对于战略采购品，首要的策略是找到可靠的供应商并发展同他们的伙伴关系，通过双方的共同努力去改进产品质量，提高交货可靠性，降低成本并组织供应商早期参与本企业的产品开发。

对于集中采购品，由于供应充足，产品的通用性强，其主要着眼点是想方设法降低采购成本，追求最低价格。通常可采取两种做法，一是将不同时期或不同单位的同类产品集中起来统一同供应商谈判，二是采用招标的方式找不同的供应商参与竞价。需要注意的是，在追求价格的同时要保证质量和供应的可靠性。一般情况下，这类物品不宜签订长期合同，且采购时要密切关注供应市场的价格走向与趋势。

瓶颈采购品的采购策略主要是要让供应商能确保产品供应，必要时甚至可提高一些价格或增加一些成本，采取的行动是通过风险分析制订应急计划，同时与相应的供应商改善关系，最好是建立伙伴关系，以确保供应。

正常采购品只占价值的20%，在采购管理不善的情况下采购人员却往往花费大量的时间和精力去对付这些无足轻重的物品。正常采购品的采购策略是要提高行政效率，采用程序化、规格化、系统化的采购方式等，主要措施有提高物品的标准化、通用化程度以减少物品种类、供应商数量，采用计算机系统，程序化作业以减少开单、发单、跟单、跟票等行政工作时间，提高工作的准确性及效率。

二、细分物品的采购战略

上述分类方法是按管理的需求进行的，对这些不同类型的物品进行采购时都会面临着各不相同的问题。为了便于进一步分析它们各自的特点，采购物品还可进行如下细分。

（一）采购物品细分的种类

采购可分为有形物品采购和无形物品采购，也可以分为直接物料采购和间接物料采购，下面分别做简单介绍。

1. 有形物品采购

有形物品采购的内容包括原料、辅助材料、半成品、零部件、成品、投资品或固定设备及MRO物品。

（1）原料。原料是指未经转化或只有最小限度转化的材料，在生产流程中作为基本的材料存在。在产品的制造过程中，即使原料的形体发生物理或化学变化，它依然存在于产品里面。通常，原料是产品的制造成本中比例最高的项目。

（2）辅助材料（辅料）。辅助材料指的是在产品制造过程中除原料之外，被使用或消耗的材料。有些辅料与产品制造有直接的关系，但在产品制成时，有些辅料本身已经消失，如化学制品所需要的催化剂；有些辅料虽然还附着在产品上，但因其价值并不高而被视为辅料，比如成衣上的纽扣；有些辅料与产品制造过程没有直接的关系，只是消耗性的材料或工具，例如锉刀、钢刷、灭藻剂、包装材料以及产生能量所耗用的燃料等。

（3）半成品。这些产品已经经过一次或多次处理，并将在后面的阶段进行深加工。它们在最终产品中实际存在，如钢板、钢丝、塑料薄片等。

（4）零部件。零部件指的是不需要再经历额外的物理变化，但是将通过与其他部件相连接而被包括进某个系统中的产成品，它们被嵌入最终产品内部，如前灯装置、灯泡、电池、发动机零件、电子零件、变速箱等。

（5）成品。成品主要是指用于销售而采购的所有产品，它们在经过可以忽略的价值增值后，与其他的成品和（或）制成品一起销售。例如，由汽车生产商提供的车载收音机等附件。制造商并不生产这些产品，而是从专门的供应商那里取得这些产品。百货公司所销售的消费品也属于这个范围。

（6）投资品或固定设备。这些产品不会被立刻消耗掉，但其采购价值经过一段时间后会贬值，其账面价值一般会逐年在资产负债表中报出。投资品可以是生产中使用的机器，也可以是计算机和建筑物等。

（7）MRO 物品。这些产品是为保持组织的运转，尤其是辅助活动的进行，而需要的间接材料或用于消费的物品。这些物品一般由库存供应，主要包括办公用品、清洁材料、复印纸以及维护材料和备件等。

2. 无形物品采购

无形物品采购主要是咨询服务和技术采购，或是采购设备时附带的服务，主要形式有技术、服务和工程发包。

（1）技术。技术采购是指取得能够正确操作和使用机器、设备原料的专业知识。只有取得技术才能使机器和设备发挥效能，提高产品的产出率或确保优良的品质，降低材料损耗率，减少机器或设备的故障率，从而达到减少投入、增加产出的目的。

（2）服务。服务是在合同的基础上由第三方（供应商、承包商、工程公司）完成的活动，服务采购主要是出于产品维护、保养等目的的采购，包括从清洁服务和雇用临时劳务到由专业公司设计新生产设备等内容。这其中还可能包括安装服务、培训服务、维修服务、升级服务及某些特殊的专业服务。

（3）工程发包。工程发包主要包括厂房、办公室等建筑物的建设与修缮，以及配管工程、动力配线工程、空调或保温工程及仪表安装工程等。

工程发包有时要求承包商连工带料，以争取完工时效；有时企业自行备料，仅以点工方式计付工资给承包商，如此可以节省工程发包的成本。但是规模较大的企业，本身兼具机器制造和维修能力，就有可能购入材料自行施工，且在完工品质、成本及时间等方面，均有良好的管控和绩效。

3. 直接物料采购

直接物料是指与最终产品生产直接相关的物料，用于构成采购企业向其客户提供的产品或服务的全部或部分，通常是大宗采购。直接采购由于其可预见性和大宗交易的特点，在采购交易量中所占比重较小，在生产性企业中占 20%~40%，但是却占生产性企业总采购支出的 60%。

4. 间接物料采购

间接物料是指与企业生产的最终产品不直接相关，在企业的内部生产和经营活动中被使用和消耗的商品或服务。间接物料又可分为 ORM 物品和 MRO 物品，ORM 是指企业日常采购的办公用品和服务，通常由企业的行政部门负责；MRO 是指为维持企业生产活动而进行维护、维修与运行所需要的非生产性物料，如备品、备件、零部件等。值得注意的是，ORM 采购要比 MRO 采购容易得多，也就是说在采购过程中 MRO 要比 ORM 重要。

一般情况下，对于直接物料，供应商相对比较固定，以长期供货合同或一定期间内稳定的价格供货，由专门的采购部门和采购人员负责各类原材料的采购，物料价格比较高，批次比较多，重复性大；对于间接物料，价格相对较低，采购周期不定，供应商来源广泛，价格随采购批次变动可能较大，相对采购成本较高。

（二）细分物品的采购策略

根据上面的分类，集中主要类型物品的采购策略分述如下：

1. 原材料采购

原材料采购包括现货采购、远期合约采购和期货采购等不同的方式。在原材料采购中，商品交易所发挥了非常重要的作用。世界上主要的商品交易所位于美国，其中有从事贵重金属交易的纽约商品交易所，从事谷物、大豆、玉米交易的芝加哥商品交易所。另外，美国之外的一个主要商品交易所是伦敦金属交易所，主要从事有色金属的交易。

期货交易是远期交易，这意味着采购的货物将在未来时间里交货，不是意图在约定的时间接受或交付这些货物，而是通过清算原始交易和新的交易之间的价差履行合同。因此，在期货交易市场并没有实际的货物交易，有的只是关于货物的合同的交易。期货市场被用来对特定交易的价格风险进行套期保值。

适宜在期货市场进行采购的原材料有以下几类：

（1）所采购的原材料占到成品成本价格的很大部分。

（2）几乎不可能将由采购带来的价格上涨转嫁到销售价格上。

（3）成品中使用的原材料不能被其他产品代替。

2. 投资品采购

对投资品的采购主要是要在一定的计划基础上进行，即在认可的预算和确定的计划内，并且与约定的程序相一致，且通常会设置专门的项目小组。一个负责较大投资方案的小组通常包括项目领导人、项目工程师、计划工程师、项目管理员、项目采购员及各个专业的工程师。

项目领导人最终负责项目在技术、预算和计划方面的最优实现；项目工程师负责不同技术专业之间的协调；计划工程师负责设立和维持最新的计划和文件；项目管理员负责预算管理；项目采购员作为采购部门的代表对采购的所有方面负责，包括订单处理、检查和在供应商现场的质量检查、采购过程监控。

投资项目的采购中还包括一些特殊的方面，具体如下：

（1）银行担保。这是采购方提出的对供应商的要求，要求确保供应方按照合同履行义务。

（2）产权让渡。通过产权让渡，在供应商收到采购物资的货款时，采购物资的所有权被转移给采购方。

（3）性能保证。供应商保证在一定的环境下达到订单中规定的性能，通常供应商必须在验收测试中加以证明。

3. 元件采购

元件是由制造商出售的，用来组成最终产品的部件，它们可以是标准的，也可以是非标准的。元件通常是为连续生产而采购的，而且，构成部件的质量决定着成品的质量。因此，需要对元件的质量问题给予高度重视。

4. MRO 采购

在 MRO 采购方面,为了提高采购效率首先应该减少行政工作。可以采取的措施包括通过标准化使产品种类大为减少、制订外购物料计划和向特定的经销商采购、采用电子商务和互联网技术。同供应商之间的协定可以通过"滚动交易"进行,它规定了价格交货条件和合同期限。奖励协定通常是合同的一部分,它规定了以公司的订货量为基础将给予何种奖励。订单实际上是由使用者依据所商定的全部合同条件自己发出的,这使得采购者能够摆脱大量的行政工作。

在采购 MRO 物品时,可以采用系统合同。系统合同通常涵盖一个工厂或部门对于 MRO 物品的需求,它一般提供给供应商用来维持库存和确保定期的及时交货。系统合同的建立过程为:首先,由相关的使用者和采购者对一个特定的产品组成或产品种类进行分析,在详细的清单基础上决定削减产品品种并将其标准化;然后,分析供应商的数量以便把整个产品组交付给一个专门的供应商,通常是一个经销商,它负责清查存货和所有的交货。在这种方式下,内部的使用者可以直接向供应商订购,而无须采购部门干涉。供应商以一定的周期向每个部门的经理或预算负责人提供以月度统计为基础的从该部门发出的订单总述。这种解决方案避免了大量的工作,并且解决了许多采购部门中的"小订单问题"。这类合同以供应商和用户组织之间的高度联合为特征。

5. 劳务采购

劳务采购中经常遇到的问题是"自己做"和外购之间的取舍问题。一般情况下,当内部能力不足可能导致无法完成计划的工作,或者由于缺乏经验而无法以可接受的质量水平或合理的成本水平在内部完成计划的工作时,适宜采用外部采购。

劳务外购的作用在于:投资可以集中于核心活动,第三方的知识、设备和经验可达到最优使用,部分风险转嫁给第三方,组织中的基本流程更加简单,从外部的视角来观察可以防止组织的短视,增加柔性,工作量的波动更容易被吸收。

但是,外部采购可能导致对供应商的依赖增加,需要经常检查与外购有关的成本,将活动转嫁给第三方时还会产生沟通和组织问题的风险、信息"泄漏"的风险以及社会和法律风险。

在劳务采购方面应该注意的问题还有与纳税和社会保障的最终责任有关的法律弹性工作范围、保险安全法令和所有权归属问题。

三、战略采购十四步法

战略采购是以降低采购物资的总拥有成本及提高供应链竞争能力为目的的一系列计划、实施、控制战略性和操作性采购决策的过程,目的是指导采购部门的所有活动都围绕提高企业能力展开,以实现企业远景计划。从企业战略的实施角度来说,战略采购是支持企业战略及供应链战略实施的重要举措,包含采购策略的计划、实施及控制的整个过程,它不仅涉及战略性物资,还涉及企业采购的所有其他物资。

国内学者在系统研究战略采购知识、国内标杆企业的成功实践的基础上,结合自身在跨国企业的战略采购实践,经过长时间的归纳总结及研究,提出了"战略采购十四步法",下面做详细介绍。

第一步：战略采购实施组织的建立。战略采购实施组织包括项目管理团队、各项目的商品小组及战略采购的常设部门（负责供应商开发与管理）。前期工作还包括明确各个团队的职责、跨部门团队的工作规则、制订总体的实施计划、制订各个项目团队的工作计划、制订培训计划并实施培训。

第二步：按物料的物理属性对物料进行分类归总。按物料的加工工艺及材料等对物料进行分类，形成物料族。

第三步：统计采购支出。采购支出是指采购实际付出的金额及总拥有成本。一般的企业现状是具有采购支出的数据统计，但很多时候会有数据遗漏或不准确，不能为采购策略制定提供科学的依据。

第四步：采购需求分析。各商品小组针对某一种类物料的需求进行分析，其目的是识别需求改善、整合与集中的机会，所有商品小组分析的结果是采购数据库的建立。同时分析该物料在整个供应链过程的总拥有成本，其目的主要是掌握现状并识别出改善的机会，所有商品小组分析的结果是所有物料的总拥有成本数据库。

第五步：供应市场分析。各商品小组分析该物料的现时竞争状况及未来的竞争趋势，为采购策略的制定提供依据。进一步利用SWOT分析工具来分析自身在向潜在供应商采购该物料时的机会、不利因素、优势与劣势，为采购策略的制定提供更多的依据。

第六步：按采购管理属性对物料进行分类。从风险和复杂性维度以及价值维度将物料分为四类。风险和复杂性维度包括：采购一旦中断对企业的影响，采购物料设计的成熟度和制造、服务、供应的复杂性，企业在采购该种物料方面的熟练程度以及供货市场的供给能力、竞争性、进入壁垒、供应范围、供应链复杂性等方面的因素。价值维度体现的则是总拥有成本和价格弹性。四类物料包括：战略类物料——高风险、高复杂度且高价值的物料；瓶颈类物料——高风险、高复杂度且低价值的物料；杠杆类物料——低风险、低复杂度且高价值的物料；常规类物料——低风险、低复杂度且低价值的物料。

第七步：在分类的基础上制定差异化的采购策略。在六种通用的采购策略中，不同类别物料适用的采购策略不同。根据物料分类的结果和供应市场分析的结论，对每种物料制定差异化的采购策略。对于战略类物料，需要与少数关键供应商结成战略性合作关系实现总拥有成本的优化；对于瓶颈类物料，或不断开发新的供应商，或修改自己的需求，将瓶颈类物料转化为其他物料；对杠杆类物料，需要扩大寻源范围，通过招标降低总拥有成本；对常规类物料，可以通过标准化和自动化的采购流程简化采购过程，降低采购费用，提高采购效率。

第八步：供应商评估与选择。系统、规范的供应商评估选择流程至关重要，是保证供应质量的重要环节。对潜在的供应商经过初步筛选、第二次筛选、第三次筛选、供应商审核与认证等过程后将其纳入合格供应商体系。

第九步：与评估合格的供应商进行合同谈判。谈判之前需要准备所有与总拥有成本相关的资料、物料成本构成数据及供应市场分析的结果。谈判之中要秉承战略采购的思维，以总拥有成本为出发点并坚持双赢合作的策略。供应商谈判的结果是签订合作协议。

第十步：供应商转换。供应商转换是否顺利，直接影响采购策略能否成功实施，同时还会影响企业生产运营、产品质量及供应商管理。订立规范的供应商转换流程及转换计划至关重要，还要特别注意遵守与原供应商订立的合同与协议，以避免不必要的法律纠纷及对企业声誉的不利影响。

第十一步：按照管理属性对供应商进行分类。根据供应商与客户之间的相互依赖程度将供应商划分为三类——战略协作型、长期合作型、交易型。

第十二步：根据分类的结果制定差异化的供应商管理策略。针对某供应商，从战略、职能及操作层面上分别制定差异化管理策略。战略采购、常规采购以及质量、工艺、研发、物流、制造、服务等部门均执行此策略。

第十三步：与战略协作型供应商建立战略联盟。对战略协作型供应商，应主动建立、发展和维护与供应商的战略协作关系，订立协作的策略与规程。策略的执行主体也不限于日常业务操作部门，还包括企业高层管理者、与采购相关的中层等。

第十四步：供应商管理。对供应商应订立正式的管理流程与制度，其中包括供应商的绩效评估指标与机制。供应商绩效评估的指标体系应涵盖影响总拥有成本的各个环节，但同时还要体现各环节的相对重要性。评估的指标体系不仅包含定量指标，还要有定性指标。对于表现优异的供应商，应制定相应的奖励措施；对于表现较差的供应商，应视物料的类别、供应属性来制定适合的激励措施；对属于瓶颈类物料、表现不佳的供应商或虽有较大发展潜力但目前表现不佳的供应商应酌情实施供应商发展机制，即主动提供相关资源或协助以支持供应商的改善。

总而言之，战略采购不仅是一种理念，更是一系列成熟的、可操作的流程、方法与工具。

项目实训：采购战略决策及执行情况分析

一、实训目的

（1）了解企业采购战略规划的作用和意义。
（2）了解不同采购战略的优缺点及适用场合。
（3）掌握采购战略制定的步骤和方法。
（4）能够对采购战略环境进行综合分析。
（5）不断培养和增强学生的分析能力、组织能力、沟通能力、团队协作精神等。

二、实训组织

（1）知识准备：供应市场分析方法，采购战略的类型、制定方法和步骤。
（2）学生分组：每个小组以6~8人为宜，小组中要合理分工，每组选出一位小组长。
（3）实训地点：产学研合作单位、教学基地或自主选择调查企业。

三、实训要求

（1）分析调查企业采购战略的类型及其决策的过程。
（2）在调查过程中，应尽量找出现有采购战略决策和实施过程中存在不足之处。
（3）对所收集的采购战略环境资料进行分析、讨论，并能对采购战略规划与决策水平进行恰当的评价，最后观察是否有必要对企业现有的采购战略进行调整。
（4）在教师统一指导下，对有关采购战略决策与管理部门进行访谈，了解采购战略环境及决策方面的相关资料，并以小组为单位组织研讨、分析，在充分讨论的基础上，形成小组的课题报告。

四、实训报告

在通过实地调查获得相关资料后，以小组为单位草拟一份采购战略分析报告。分析报告题名为"××企业采购战略决策及执行情况分析报告"，报告中应包含以下内容：

（1）调研时间、调研企业、调研内容。

（2）分析采购战略决策及执行方面的内容，了解企业采购战略规划部门是如何进行采购战略决策的。

（3）对所收集的采购战略环境方面的资料进行分析、讨论，并能够依据企业采购战略实施情况进行分析和评价，最后可对企业采购战略决策和执行提出优化方案。

五、实训考核

实训成绩根据个人表现和团队表现进行综合评定，考评内容包含以下几项：

（1）相关资料是否通过实地调查获得，调查资料是否翔实、准确、具体。

（2）采购战略环境分析是否全面，方法运用是否得当。

（3）企业采购战略决策和执行优化方案是否符合企业实际情况，是否具有可操作性。

（4）小组内部分工是否明确，组员是否有协作精神，根据个人任务完成情况由组长评分。

（5）小组总结汇报思路是否清晰，方案内容是否有个人见解，由教师对小组进行评分。

（6）实训报告是否按要求的规范格式完成，对个人报告或小组报告进行评分。

（7）根据个人得分和小组综合评分最终确定每个学生的实训成绩。

项目四
采购计划与预算管理

工作任务及过程描述

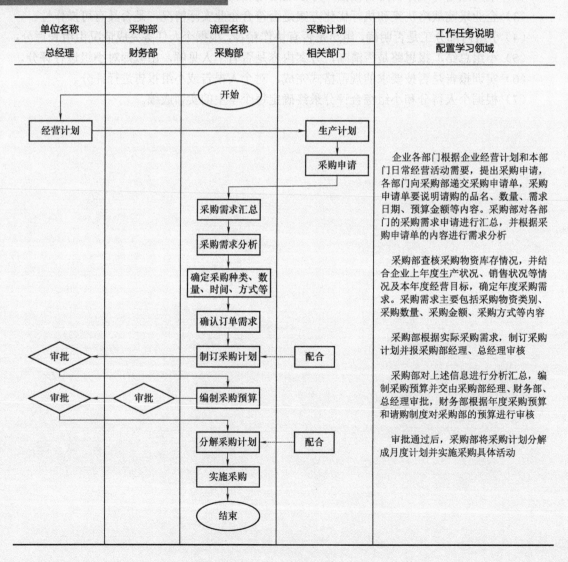

项目四 采购计划与预算管理

职业能力要求

1. 岗位：采购计划主管
（1）根据采购经理的工作安排，做好采购计划及预算管理工作。
（2）汇总企业物资材料的月、季及年度的申购计划，组织编制月、季和年度采购计划。
（3）组织编制采购预算，交财务部审核后监督其执行情况。
（4）实时掌握物资材料的库存情况，对所采购的物资从订购至到货实行全程跟踪。
（5）深入了解市场的竞争态势，多方收集供应商信息，不断拓宽供货渠道。
（6）监控库存变化，及时补充库存，使库存维持合理的结构和数量。

2. 岗位：采购计划专员
（1）分析原材料、零部件历史消耗数据，依据生产计划编制物料需求计划。
（2）依据物料需求计划和物料的库存情况，编制年采购计划。
（3）汇总企业物资材料的月、季及年度的申购计划，编制月度、季度采购计划。
（4）对非计划备货物料，根据订单要求按单编制临时采购计划，以满足供货要求。
（5）跟踪订单情况，监督采购物料及时到货，保障库存，并满足销售订单及生产需求。

3. 岗位：采购预算专员
（1）在采购计划主管及财务部预算员的指导下，确立采购预算原则。
（2）对企业各部门的采购预算进行综合和平衡，汇总报企业决策层通过后下达实施。
（3）协助采购计划主管监督采购预算的执行情况。
（4）根据采购需求的变化情况，提出采购预算修正方案并上报。
（5）对采购预算执行情况进行分析，并编制预算执行报告。

项目导入案例

昌河天海：从采购开始

原料成本占总成本80%以上，而采购数量却永远算不准，原材料在库还是在途也只有天知道，产品质量出了问题想查哪批原料有毛病更是没门……这样的企业能不让人捏把汗？！

1. 制订计划

手工编写采购计划曾让昌河天海付出过高昂的代价！一位采购人员，因为在编写采购计划时出现差错，导致采购回来价值50多万元的原材料只能堆积仓库，无法转换成产品。而这种损失，只要是人工编制采购计划，就永远不能避免。昌河天海物流部部长对此感慨万千："面对近3 000种的原材料采购，再熟练的采购人员也不能保证不出错。"

2. 系统生成计划

针对这一情况，ERP-U860（用友公司开发的一种企业资源规划系统，以下简称U860）在基于标准的基础上，结合制造业的行业特点，为昌河天海提供了具有汽配行业针对性的企业资源计划（Enterprise Resource Planning，ERP）产品。2005年底正式上线后，该系统让昌河天海的计划人员与采购人员感触很深。昌河天海不仅实现了生产计划到采购计划的系统自动生成，甚至连主机厂的订单到生产计划的产生都无须生产计划部门手工完成。

在此之前，一张主机厂的订单流转到昌河天海，最少也需要2～3天的时间才能完成将订单消化成生产计划，再由生产计划转变为采购计划这两个流程。应用U860之后，这一消化时间转变为系统物料需求规划（Material Requirement Planning，MRP）运算，仅需2个小时。

与此同时，从2005年U860正式上线之后，还没有发生一起因为采购计划出错，导致的企业经济损失事件。以往手工编制生产计划与采购计划的同时，不断通过电话与主机厂协调订单的日子也一去不复返。

而面对临时性订单越来越多的情况，昌河天海利用U860提升了对采购计划、库存调拨、生产优先级等方面的管理能力，促使其对临时性订单的掌控能力也越来越强。

3．在库与在途

管理好一个企业的库存并不容易，何况像昌河天海这样一个要采购近3 000种原材料的企业。

昌河天海以往一直离不开一位熟练的仓库管理员，这位管理员对昌河天海上千种原材料非常熟悉，生产部门领料员到仓库领料时，面对一片汪洋的原材料，常常丈二和尚摸不着头脑，全凭这位仓库管理员为其领料。

有一次，甚至因为这位仓库管理员家中有事请假，导致领料员无法领出原材料，造成一道工序无法正常运转。手工完成生产计划、采购计划与进出库领料时，除了人为出错因素之外，还有一个因素很难控制——在库和在途的问题。

4．动态掌控库存

对于昌河天海来说，应用U860系统之前，原材料是在库还是在途更是只有天知道！而对于原材料成本占企业总成本80%左右的昌河天海，管理好在库与在途的原材料，无疑将意味着有效降低其成本周转压力，优化企业成本结构。

以往，昌河天海手工编制的采购计划，一般都是一个采购人员对应一个生产计划，采购人员直接根据生产部门给出的生产计划来编制对应的采购计划，这就导致企业无法从整体上来控制采购。

采购人员一般根据在库原材料的有无直接下达采购指令，但是仓库内没有原材料不代表企业真的没有这部分原材料。因为有许多原材料可能已经在采购途中，或在生产车间的生产途中。无法有效掌控在途原材料情况，将仍然无法规避错误的采购指令产生，导致企业因此承担大量非有效成本的库存压力。

使用U860系统后，昌河天海实现了对在库与在途原材料的统一管理。当系统生成生产计划与采购计划时，系统直接过滤在库、在途两种原材料的拥有状况，制订出符合实际需求的采购计划，为企业有效降低库存压力，提升库存运转效率。

问题一：采购计划与预算编制的一般程序是什么？

问题二：滚动计划和采购预算编制方法如何应用？

任务一　采购申请与需求分析

需求是采购的前提，没有需求，就没有采购。要进行采购，首先要弄清全体需求者究竟需求什么、需求多少、什么时候需要的问题。当需求方提出对某一产品的需求后，企业首先要对需求的合理性进行审核，如果审核无误，企业将首先在自有资源范围内（如库存）寻找供应来源，如果发现自有资源不能满足需求，企业才转而对外寻求供应来源。

一、提出采购申请

企业采购工作的第一步，就是收集采购申请。采购申请由使用者提出，企业中的使用者就是企业的各个部门和个人。他们可能在生产部门，也可能在生活部门、管理部门，如各个车间、科室、班组，甚至是员工个人。一般企业的采购部门主要是为生产服务，通常只接受生产部门的采购申请，但是也有一些企业，特别是一些小型企业，也接受生活部门、管理部门甚至是个人的采购申请，进行统一采购。本书主要讨论前一种情况。

采购申请的提出时间，正常情况下一般是月末、季末和年末，但是对于一些特殊情况，特别是紧急需求的情况，也随时可以接受申请。我们这里主要讨论前一种情况，也就是月末、季末和年末的采购申请，特别是月末，即本月提出下个月需要采购的物资品种。

（一）采购申请的内容

采购申请的内容，最基本的有以下几项：
（1）需求单位或需求者。
（2）需求品种、规格、型号。
（3）需求数量，包括申请数量、领导审批数量。
（4）需求时间。
（5）品种的用途。
（6）特别要求。

（二）采购申请的文件

采购申请涉及的文件有：
（1）采购申请（单）。
（2）请购单。
（3）请购计划（表）。
（4）物料需求计划（表）等。

（三）采购申请的格式

采购申请的格式多种多样，可以分为：

1. 单项独立物品的采购申请单

单项独立物品的采购申请单如表4-1所示，用于申请单项独立物品，由申请人提出、主管领导批准，然后交采购管理科。

表 4-1 XX 公司采购申请单

申请单位				年 月 日			编号	
品　名		规　格			数　量			
用　途								
特别说明					需用日期			
领导批示								

申请人

2. 多项独立物品的采购申请单

多项独立物品的采购申请单如表 4-2 所示，用于申请多项独立物品，一般是一个单位的申请采购物品的汇总清单，可以由申请人填写，但是单位负责人必须审核签字，还要由主管领导批示后，再交采购管理科。

表 4-2 XX 公司采购申请单

申请单位				年 月 日					编号	
序号	品名	规格	单位	数量	用途	需用时间	备注
领导批示								

单位负责人　　　　　　　　　申请人　　　　　　　共 页 第 页

3. 同一产品相关多项原材料的采购申请单

同一产品相关多项原材料的采购申请单如表 4-3 所示，主要用于同一种产品（部件）的多项相关原材料的采购申请。它实际上是该产品（部件）的物料需求清单，各种物料互相成一定比例，列在一起，方便计算和审核。该清单可以由申请人填写，但产品组长必须审核签字，主管领导批示后，递交采购管理科。

表 4-3 XX 公司材料采购申请单

申请单位				年 月 日					编号	
产品名称				生产数量			开工日期			
序号	品名	规格	单位	单位用量	库存量	请购数量	核准数量	备注
领导批示								

产品组长　　　　　　　　　申请人　　　　　　　共 页 第 页

二、采购需求分析

采购部门是为整个企业各部门和个人进行代理采购的。各部门和个人是物料的使用者或消费者，采购回来的物品全部要交由他们使用。他们对所用物品的使用或消耗很熟悉、很内行，要求也很具体，但是一般不懂采购，也不熟悉外面资源市场产品的变化，而且采购物品也不要他们自己花钱，因而对采购的价值成本观念不是很强；加之他们本身生产工作很忙，填写采购申请单时往往是匆匆忙忙，不一定能够反复斟酌、认真填写，所以他们填写的采购申请单不一定都是合适的。而他们填写的这些物品，需要由采购部门亲自采购，因此采购部门要对全企业的生产负责，要考虑采购的价值成本和库存控制，要对所有这些采购需求进行审核分析。

采购需求分析，就是要采购人员根据对产品市场需求规律的了解，对资源市场可供物品变化革新的了解，考虑采购的可行性、采购的价值和成本、库存控制等因素，对所申请的每一种物品进行审核分析，明确应当采购什么、采购多少、什么时候采购以及怎样采购的问题。需求分析的最终目的，就是要得到一份确实可靠、科学合理的采购任务清单，为后面选择采购方法、制订采购计划、分派采购任务提供决策支持。

采购需求分析是制订采购计划的基础和前提。在极简单的采购情况下，需求分析是很简单的。例如，在单次、单一品种需求的情况下，需要什么、需要多少、什么时候需要的问题非常明确，不需要进行复杂的需求分析。但在较复杂的采购情况下，做好需求分析是非常必要的。例如，一个汽车制造企业，有上万个零部件，有很多的车间、很多的工序，每个车间、每个工序生产这些零部件，都需要原材料、工具、设备、用品，在不同时间需要不同的品种。这么多的零部件，什么时候需要什么、需要多少、哪些品种要单独采购、哪些品种要联合采购、哪些品种先采购、哪些品种后采购、采购多少，不对这些问题进行认真的分析研究，就不可能进行科学的采购工作。因此需求分析不但非常必要，而且是一项技术性很强的工作。

采购需求分析涉及企业各个部门、各个生产环节、各道工序、各种材料、设备、工具以及办公用品等，因此采购人员要有比较全面的知识，首先要有生产技术方面的知识，要知道生产产品和加工工艺的知识，会看图样，会根据生产计划以及生产加工图样推算出物料需求量；其次要有数理、统计方面的知识，会进行科学的统计分析；再次要有预测方面和管理方面的知识，能够发现需求规律，并根据需求规律进行预测。需求分析还需要依靠企业各个部门，特别是管理部门的大力支持。

进行采购需求分析有多种方法。可以通过以下问题进行审核分析：

（1）是不是非要采购这个品种？考虑资源市场的产品变革，有没有其他更好的替代品？

（2）是不是非要采购这么多的数量？考虑采购价值、成本和库存控制的需要，能不能少一点或多一点？

（3）这个品种的需求时间是不是可靠？考虑采购价值、成本和库存控制的需要，可不可以推后或提前？

（4）这个品种的采购有没有什么特别要求？考虑采购价值、成本和库存控制的需要，这些要求是不是必要，有没有实现的可能性？

根据对以上问题的分析考虑，如果需要变更采购申请项目，则应当和采购申请单位进行商榷，进行适当修正。这样做是非常必要的，它可以在最后帮采购部门把好关，使每一项采购申请都真正合理且必要。

除了以上的通过采购申请进行需求分析之外，还可以通过以下途径进行需求分析：①物料需求计划；②物资消耗定额；③需求预测等。

三、采购需求确定

一般而言，制造业的经营始于原材料的采购，经加工制造或组合装配成为产品，再通过销售过程获得利润。由此可见，采购是制造业生产经营的第一步，其中如何获取足够数量的原材料是采购计划的重点所在。采购需求的确定是正常的产销活动的重要保证。

（一）决定采购需求的资料基础

1. 生产计划

生产部门对物料的需求是采购计划制订的根本依据。物料采购计划要从生产需求开始，国内外企业的物料采购，一般都是首先由生产部门根据生产计划或即将签发的生产通知提出请购单；或者由生产部门根据生产计划编制用料申请表，报送采购部门。

2. 物料清单

物料清单是制造企业的核心文件，由产品设计人员从产品设计图样中提取数据生成，它包含了构成产品的所有装配件、零部件和原材料信息，为编制物料需求计划提供产品组成信息。采购部门要根据物料清单确定物料的采购需求计划，并可据此精确计算制造某一种产品的用料需求数量。

3. 存量管制卡

根据生产计划和物料清单计算出的物料采购需求并不一定就是实际采购数量，因为企业可能还有库存，如果有足够的库存数量，有可能不需要进行采购，因此，企业一般都建立了存量管制卡，以记录各种物料的库存状况。在计算实际采购数量时，必须考虑目前的库存状况以及安全存量标准等因素。

4. 独立需求物料与相关需求物料

物料的需求可分为独立需求和相关需求两种类型。

（1）独立需求。独立需求是指某种物料的需求量是由外部市场决定的，与其他物料不存在直接的对应关系，表现出对这种库存需求的独立性。

（2）相关需求。相关需求是指某种物料的需求量与其他物料有直接的匹配关系，当其他某种物料的需求量确定以后，就可以通过这种相关关系把该种物料的需求量推算出来。

上述两个概念可做如下具体的介绍：来自用户的对企业产品和服务的需求称为独立需求。独立需求最明显的特征是需求的对象和数量不确定，只能通过预测方法粗略地估计。相反，企业内部物料转化各环节之间所发生的需求为相关需求。相关需求也称为非独立需求，它可以根据对最终产品的独立需求准确地推算出来。

例如，某汽车制造企业年产汽车 30 万辆，这是通过预测市场对该产品的独立需求来确定的。一旦 30 万辆汽车的生产任务确定之后，对构成该种汽车的零部件和原材料的数量和需要时间即可以通过计算精确地得到。对零部件和原材料的需求就是相关需求。相关需求可以是垂直方向的，也可以是水平方向的。产品与其零部件之间垂直相关，与其附件和包装物之间则是水平相关。

（二）采购需求量的确定

采购量的大小决定生产销售与资金调度的顺畅与否。物料采购量过大会造成过高的存货储备成本与资金积压；物料采购量过小，则采购成本提高。因此，确定适当的采购量是非常必要的，是采购需求分析的重要组成部分。

生产计划、用料清单以及库存量是决定采购数量的主要依据,更为具体地讲,它们是决定独立需求物料的主要依据。采购数量只表示某一物料在某时期应该订购的总量,至于某一物料在某时期具体应如何订购,下面做进一步说明。

(1)定期订购法。定期订购法是按预先确定的订货时间间隔按期进行订货,以补充库存的一种库存控制方法。进口的物料以及少数价值很高的国内采购物料,可以选择每季、每月或每周订购一次。这种方法在使用上必须对物料未来的需求数量能做出正确的估计,以避免存货过多造成资金积压。

(2)定量订购法。定量订购是指当库存量降到某一确定的数值时,开始订购预先确定的新的物资以补充库存,订货时间不定。为了降低成本,需要确定一个合适的订货批量,即经济订购批量法,其基本计算公式为

$$Q^* = \sqrt{\frac{2DS}{H}}$$

式中 D——(年)总需求量;

S——每次订货费用;

H——单位产品存储成本,可用单价的百分比表示。

例1 某企业对某种物资年需求量为 3 580 千克,订货费用为 80 元/次,物资单价为 115 元/千克,保管费用为单价的 10%,求经济订购批量。

【解】已知 D=3 580 千克 S=80 元/次 H=0.1×115 元/千克=11.5 元/千克

$$Q^* = \sqrt{\frac{2DS}{H}} = \sqrt{\frac{2 \times 3\,580 \times 80}{11.5}} \approx 223.2(千克)$$

所以,企业的经济订购批量为 223.2 千克。

对于价格低廉、临时性需求及非直接生产用途的物料,比较适合采用定量订购法,即按照订购点来决定采购点。例如,复仓制的采购计划,即某类物料首次入库时将其分为两部分,当其中一部分使用完毕时,必须先开出请购单,才准使用所剩余的另一部分物料,采购与使用反复交替进行。此类物料数量的管制通常由仓储人员负责。

(3)固定数量法。固定数量法是指以净需求为基础,计划订购数量必须为固定/经济批量所定数量的整数倍。如果每次订货的数量都是固定的,可以采用该类设置,同时要设置固定批量。这种订货方法每次订货数量相同而且一般都是凭经验或直觉确定的,同时不考虑订购成本和储存成本。

如根据每周的生产计划需求,运用固定数量法做出订购计划如表 4-4 所示。

表 4-4 固定数量法做出的订购计划

周	1	2	3	4	5	6	7	8	9	10	11	12	合 计
净需求	25	10		10		15	12	8	22	8	13	17	140
计划订购	50					50			50				150

(4)批对批法。它表示对每一天的净需求都产生计划订单。这种方法每次发出的订购数量与每一期净需求的数量相同,并且每一期均不留库存数。有时也会考虑最小订货批量、批量增量等。对大多数订购成本不高且没有特殊要求的物料,可以采用这种方法进行设置。

如根据各周的生产计划需求，运用批对批法做出订购计划如表 4-5 所示。

表 4-5　批对批法做出的订购计划

周	1	2	3	4	5	6	7	8	9	10	11	12	合　计
净需求		15		22	13		7	18	28		12	15	130
计划订购		15		22	13		7	18	28		12	15	130

（5）固定期间法。固定期间法是指每次采购的期间固定，但每次采购的数量因剩余库存的不同而不同，一般按期间将各天的净需求汇总后再进行批量调整；这种方法可以节约成本，订货间隔期的长短根据以往经验确定。对于周期性订货的物料，如果供应商有良好的信誉，且需求相对稳定，同时采用周期订货对供需双方都便利，则可以采用该类设置。

如根据各周的生产计划需求，运用固定期间法做出订购计划如表 4-6 所示。

表 4-6　固定期间法做出的订购计划

周	1	2	3	4	5	6	7	8	9	10	11	12	合　计
净需求	10	12		18		11	14	15		7	13	10	110
计划订购	25			30			40			20			115

四、采购任务清单的形成

采购申请经过采购部门审核以后，就可以把它们统计归纳，形成采购部门统一的采购任务清单。具体包括以下内容：

（1）按品种汇总，把相同的品种按不同的采购要求依次分别汇总，形成同一个品种的不同采购要求序列。

（2）按品种类别汇总，形成同一类别的品种序列。

（3）按供应商汇总，形成同一个供应商的品种序列。

（4）按采购地区汇总，形成各个地区的供应商和品种序列。

这样汇总的目的，不仅是要弄清需要采购什么、采购多少、到哪里去采购的问题，更是为解决怎样采购的问题提供线索，例如哪些品种可以实现联合采购、哪些品种需要单独采购、哪些品种需要紧急采购等。这样就得到了一张科学、统一的采购任务清单，并为下面制定采购战略、选择采购方法、编制采购计划、分派采购任务提供了依据。

任务二　制订采购计划

采购计划的制订是采购过程的第一步，它是采购管理的起点和基础，包含两部分内容：采购认证计划的制订和采购订单计划的制订。采购认证计划简称认证计划，采购订单计划简称订单计划。其中，如何获取足够数量的原料、物料是采购数量计划的重点所在。编制采购计划必须以采购调查为基础，考虑到影响采购计划的各种因素，掌握编制采购计划和预算的技巧十分必要。

一、采购调查

采购调查是为制订采购计划服务的，一般包括价值分析、物料调查及供应商调查。本书只介绍前两项内容。

（一）价值分析

价值分析就是通过将所采购物料体现的功能与其成本相比较，然后找到成本更低的替代品。价值分析的第一步是选择一种物料进行分析，然后组织一个跨职能的价值分析小组（通常包括一个供应商），最后定义物料的功能。价值分析是一种系统性方法，是采购管理过程中的重要环节。

采购计划通常是在情况比较紧急时做出的，且计划及生产方法变化非常快，因此在很多情况下高价格的物料必须被采购。一些人认为价值分析适用于现有的生产过程中的所购物料，价值分析工程则着重于设计阶段以探寻降低成本的可能性。在这个阶段，产品正在进行具体设计，而采购活动实际上尚未发生。很显然，在设计阶段价值分析工程是为了达到最低的成本，能够充分满足功能的物料规格与设计是做好这项工作最有效的方法。但不幸的是这种分析方法由于时间压力通常无法得以应用。

产品面世后，由于受需求、技术更新及供应商等不确定因素的影响，关键物料的价格很可能发生改变。因此，在原始设计后进行详细的价值分析可以为价值改进提供巨大的机会，即使原始设计已被认真地进行了价值分析。

价值分析技术同样也适用于服务方面。价值分析技术与处理信息及通信的电子方法相结合，形成了流程再造的基础。

因此，价值分析是削减采购成本的一种行之有效的方法。企业可以根据所需要采购的物料各方面的详细信息，在替代品之间做出明智的选择，从而更有效地利用采购资金。调查的主题包括以下方面：

（1）投资回收。分析处理方法、渠道及技术以确定什么可以为企业创造最大利润。

（2）租借或采购。收集每一种替代品的优缺点等信息以做出最佳决策。

（3）自制或外购以及继续自制或外购。比较每种方案的经济及管理效果以做出明智的选择。

（4）包装方式。调查工序及物料以确定能以最低成本满足要求的方法。

（5）产品规格。对现有物料规格进行分析以确保满足需要的功能，避免采购具有不必要的属性或过高性能的物料，以保证有竞争力的采购行为。

（6）标准化。考察所使用的具体物料的用途，考虑用一种通用物料来满足众多要求的可能性。

（7）替代品。使用不同的物料替代现在所采购的物料，对其技术及经济效果进行分析。

（8）现有供应商。考虑专业供应商能够增加的效益。

价值分析的标准方法包括上述的大多数方面，它可为企业日常采购物料所产生的一系列问题提供详细的答案。

（二）物料调查

物料调查的焦点集中在那些有代表性的物料上。但是，它也运用于那些被认为严重供应短缺的小笔采购物料中。主要的原材料，如钢、铜或锌，通常也是调查对象，另外一些产品，如发动机或半导体设备也可能是调查对象。

较复杂的物料调查应包括以下主要方面的分析：

（1）作为采购方的企业现在及未来的发展状况。
（2）生产过程的替代性。
（3）该物料的用途。
（4）需求。
（5）供应。
（6）价格。
（7）削减成本和确保供应的战略。

二、制订采购计划的目的

采购计划是为了维持正常的产销活动，对在某一特定的期间内应在何时购入多少何种材料的一种预先安排，在企业的产销活动中具有重要的作用。

采购计划的编制应达到下列目的：

（1）预估材料需用数量与时间，防止供应中断，影响产、销活动。
（2）避免材料储存过多而占用资金和储存空间。
（3）配合公司生产计划与资金调度。
（4）使采购部门事先有所准备，选择有利时机购买材料。
（5）确立材料耗用标准，以便管理材料的购入数量和成本。

三、影响采购计划的因素

采购计划的制订是在充分分析企业内外环境的基础上进行的。因此采购计划和预算的第一步是先确定影响计划和预算编制的主要因素，然后决定制订计划和编制预算工作从何处着手。在实际工作中，影响采购计划和预算的主要因素有采购环境、年度销售计划和年度生产计划、用料清单、存量管制卡、物料标准成本的设定、生产稳定性和价格预期等。

1. 采购环境

采购活动是发生在一个具有许多变化因素的环境中，这些因素包括外界的不可控因素，如国内外经济发展状况、人口增长、政治体制、文化及社会环境、法律法规、技术发展、竞争者状况等，以及内部不可控因素，如财务状况、技术水准、厂房设备、原料零件供应情况、人力资源及企业声誉等。这些因素的变化都会对企业的采购计划和预算产生一定影响。以纺织企业的棉花采购为例，由于受供求关系、国际市场变化，以及棉花收获的季节性等因素影响，其市场价格往往波动得很厉害，这就造成了不同时期、不同环境下棉花采购成本的差价比较大。为了节省成本，棉花的采购除了要按照订单要求满足必要的生产外，还要根据棉花市场的价格波动情况，选择恰当的采购时机进行收购。这就要求采购人员能够预测到环境的变化，并提前做出反应。

2. 年度销售计划

一般在供求平衡或供过于求的市场状况下，企业的年度经营计划往往以销售计划为起点，但销售计划的制订受到企业内外环境的影响，具有一定的不确定性。因此，要想制订准确的采购计划，必须依赖于对销售因素的准确预测以及销售计划的准确制订。

3. 年度生产计划

一般来说，生产计划是依据销售计划来制订的，而生产所需原材料或零部件的采购又必须依据生产计划来制订，因此，如果销售计划过于保守，采购数量有可能少于生产所需数量，这样就会使企业缺货，丧失销售机会；反之，如果销售计划过于乐观，采购数量超过生产所需，这样就可能产生多余的存货，积压资金。因此，要制订准确的采购计划必须依赖于销售人员对市场需求量的准确估算，并进一步准确制订生产计划。

4. 用料清单

通过生产计划企业可以直接知道所生产的产品的数量，但还无法知道生产某一产品所需要的原材料或零部件数量，因此，要确定采购数量还要借助于用料清单。但用料清单有时会因设计变更等原因而发生变更，所以用料清单必须是拟订采购计划时最新、最准确的用料清单。

5. 存量管制卡

由于应购数量必须扣除库存数量，因此，存量管制信息的记载是否正确是影响采购计划准确性的因素之一。这包括实际物料与账目是否一致，以及物料存量是否全为良品等。若账上数量与仓库台架上的数量不符，或存量中并非全数皆为规格正确的物料，将使仓储量低于实际上的可取用数量，故采购计划中的应购数量将会偏低。

6. 物料标准成本的设定

在编制采购预算时，受市场价格波动影响，将来拟购物料的价格可能很不确定，所以多以标准成本替代。标准成本是指在正常和高效率的运转情况下制造产品的成本，而不是指实际发生的成本，是有效经营条件下发生的一种目标成本，在预算控制方面得到广泛应用。一般情况下，在制定标准成本时，企业可以根据自身的技术条件和经营水平，在理想标准成本、历史平均成本和正常标准成本中进行选择，通常正常标准成本大于理想标准成本，但小于历史平均成本。正常标准成本具有客观性、现实性、激励性和稳定性等特点，因此被广泛运用于具体的标准成本制定过程中。

7. 生产稳定性

如果生产过程不稳定，针对生产发生的一些异常情况常常会影响生产计划的重新修订，进而影响采购计划。比如，紧急插单的情况越多，对采购计划的影响就越大，采购难度和成本也会相应增加；对于产品质量不稳定导致的返工事件，如果处理不妥当，可能会产生其他辅件不必要的需求，零部件损耗可能会超出正常需用量，这样也就有可能导致额外的采购计划或采购计划的修订。

8. 价格预期

市场价格波动会影响采购计划的制订，因此价格预期也是制订采购计划的重要影响因素。在制订采购计划时，通常要对物料价格涨跌幅度、市场供求状况、汇率变动等因素进行预测，以此为制订采购计划的依据。在资源价格下降，供过于求时，为规避价格风险，采购量应适当加以控制；而在价格上涨，资源供不应求时，为防止缺货，一般需要建立一定的战略储备。

总之，影响采购计划的因素很多，采购计划拟订之后，应听取生产计划、物料控制及销售等部门意见，并针对现实的状况做必要的调整与修订，才能使采购业务与生产活动同步。

四、采购计划的编制方法

1. 掌握采购计划的内容

编制采购计划就是明确企业从外部采购哪些产品和服务能够最好地满足企业经营需求的过程,涉及事项包括是否采购、怎样采购、采购什么、采购多少以及何时采购。好的采购计划可以使企业的采购管理有条不紊地顺利实现,一项完善的采购计划不仅包括采购工作的相关内容,而且包括对采购环境的分析,并要与企业的经营方针、经营目标、发展计划、利益计划等相符合。

采购计划的编制需要经过以下几个阶段:企业在编制采购计划之前首先要进行自制和外购的对比分析,以决定是否要采购。在自制和外购对比分析中,主要对采购可能发生的直接成本、间接成本、自行制造能力、采购评标能力等进行分析比较,并决定是否从单一的供应商或从多个供应商采购所需要的全部或部分物料,或者不从外部采购而自行制造。

当决定要从外部采购时,合同类型的选择便成为买卖双方关注的焦点,不同的合同类型或多或少地适合不同类型的采购。常见的合同可分为以下四种:

(1)成本加固定费用(CPFF)合同。此类合同适合于研发项目。

(2)成本加奖励费用(CPIF)合同。此类合同适合于高风险项目。

(3)固定价格加奖励费用(FPI)合同。它是长期的高价值合同。

(4)固定总价(FFP)合同。与其他类型的合同相比,此类合同的买方易于控制总成本,风险最小;卖方风险最大但潜在利润可能也最大,因而最常用。

企业采购时可根据具体情况进行选择。

在做出自制或外购决策并确定所采用的合同类型后,采购部门开始着手编制采购计划。采购计划的主要内容如表 4-7 所示。

表 4-7 采购计划的主要内容

部 分	目 的
计划概要	对拟议的采购计划给予扼要的综述,便于管理机构快速浏览
目前采购状况	提供有关物料、市场、竞争以及宏观环境的相关背景资料
机会与问题分析	确定主要的机会、威胁、优势、劣势和采购面临的问题
计划目标	确定计划在采购成本、市场份额和利润等领域所完成的目标
采购战略	提供将用于实现计划目标的主要手段
行动方案	确定谁去做、什么时候去做、费用多少
控制	指明如何监测计划

2. 制订合理的采购计划

由于市场变化捉摸不定,采购部门要制订一份合理的采购计划并不是一件容易的事。因此,采购部门应对采购计划工作给予高度的重视,不仅要拥有一批经验丰富、具有战略眼光的采购计划人员,而且在制订采购计划时,还必须抓住关键的两点:知己知彼、群策群力。

(1)认真分析企业自身情况。采购部门在制订采购计划之前,必须要充分分析企业自身实际情况,如企业在行业中的地位、现有供应商的情况、生产能力等,尤其要把握企业长远发展计划和发展战略。企业发展战略反映着企业的发展方向和宏观目标，采购计划如果没有贯彻、落实企业的发展战略，可能导致采购管理与企业发展不相协调甚至产生冲突，而且脱离企业发展战略的采购计划由于缺乏根据，可能使采购部门丧失方向感。因此，只有充分了解企业自身的情况，制订出的采购计划才最可能是切实可行的。

（2）进行充分的市场调查，收集真实可靠的信息。采购部门在制订采购计划时，应对企业所面临的市场环境进行认真调研，调研的内容应包括经济发展形势、与采购有关的政策法规、行业发展状况、竞争对手的采购策略以及供应商的情况等。只有做好充分细致的准备工作，才能最终完成采购计划的制订。否则，制订的计划无论理论上多合理，都可能经不起市场的考验，要么过于保守造成市场机会的丧失和企业可利用资源的巨大浪费，要么过于激进导致计划不切实际，无法实现而成为一纸空文。

（3）集思广益，群策群力。许多采购部门在制订采购计划时，常常是仅由采购经理来制订，没有相关部门和基层采购人员的智慧支持，从而失去了大量的实际资料和有创造性的建议，而且缺乏采购人员的普遍共识，致使采购计划因不够完善而影响采购运作的顺利进行。因此，在编制采购计划时，不应把采购计划作为一个部门的事情，应该广泛听取各部门的意见，吸收采纳其合理、正确的意见和建议，在计划草拟成文之后，还需要反复征询各方意见，以使采购计划真正切入企业的实际，适应市场变化的脉搏。

3. 编制采购计划应注意的其他问题

在把握好编制采购计划的方法外，采购部门在编制采购计划时，还应注意以下问题：
（1）应尽量具体化、数量化，说明何时、何人实施，以便于计划管理、执行和控制。
（2）应适时对计划进行修改和调整。

例如，某公司为了规范采购行为，降低公司经营成木，特制订如下采购计划和申请管理办法：

1）根据公司年度经营计划、材料消耗定额、各部门物资需求以及现有库存情况可以制订年度采购计划预案。

2）根据年度生产进度安排、资金情况和库存变化，相应制订年度、季度和月度的具体采购计划，该计划按期滚动。

3）公司年度采购计划须经总经理办公会议批准，实施半年、季度采购计划须经总经理审批，月度采购计划变化不大的经主管副总经理核准。

4）根据采购计划编制的采购预算表，以一式多联形式提交，分别经采购部经理、主管副总经理、总经理按权限签批核准。

5）公司物料库存到安全库存量或控制标准时，可及时提出采购申请，并分为定量订购和定时订购两种方法实施采购。

五、编制采购订单计划的程序

采购订单计划的编制主要有以下几个环节：

（一）准备订单计划

准备订单计划主要分为三个方面的内容。

1. 调查市场需求

企业的生产活动是为了满足市场需求，要想制订比较准确的订单计划，就必须了解市场需求状况及其变化趋势。市场需求做进一步分解便得到生产需求计划。企业根据市场需求首先制订销售计划，企业的年度销售计划一般在上年年末制订，并报送至各个相关部门，同时下发到销售部门、计划部门、采购部门，以便指导全年的企业运转；根据年度计划，再制订季度、月度的市场销售需求计划。

2. 调查生产需求

生产需求在采购中也可以称为生产物料需求。在 MRP 系统中，物料需求计划是主生产计划的细化，它主要来源于主生产计划、独立需求的预测、物料清单、库存信息。

3. 准备订单背景资料

根据对市场需求和对生产需求的分析结果，就可以得到订单需求。准备订单背景资料是非常重要的一项内容。订单背景是在订单物料认证完成之后形成的，主要包括：

（1）订单物料的供应商信息。

（2）订单比例信息（对有多家供应商的物料来讲，每一个供应商分摊的下单比例称为订单比例，该比例由供应商管理人员规划并予以维护）。

（3）最小包装信息。

（4）订单周期。订单周期是指从下单到交货的时间间隔，一般以天为单位。

订单背景资料一般使用信息系统管理。订单人员根据生产需求的物料项目，从信息系统中查询了解该物料的采购参数。

（二）评估订单需求

1. 分析市场需求

采购计划人员要进行市场需求分析，一方面，应仔细分析签订合同的数量、还没有签订合同的数量（包括没有及时交货的合同）等一系列数据，同时研究其变化趋势，全面考虑订单计划的规范性和严谨性；另一方面还应兼顾企业的市场战略以及潜在的市场需求等，这样才能全面、系统、准确地掌握市场需求。

2. 分析生产需求

为了便于理解生产物料需求，就必须研究生产需求的产生过程，采购计划人员应深入分析生产需求的产生过程、生产需求量及需求时间。

3. 确定订单需求

根据市场需求和生产需求的分析结果即可确定订单需求。通常来讲，订单需求的内容是通过订单管理，在未来指定的时间内，将指定数量的合格物料采购入库。

（三）计算订单容量

计算订单容量是采购计划中的重要组成部分。只有准确地计算好订单容量，才能对比需求和容量，经过综合平衡，最后制订出正确的订单计划。计算订单容量主要有以下四个方面的内容：

1. 分析供应资料

对于采购工作来讲，供应商的信息资料是非常重要的。如果没有供应商供应物料，那么一切都无从谈起。因此，计算订单容量前首先要分析供应商及供应市场资料。

2. 计算总体订单容量

总体订单容量是多方面内容的组合，其中主要是两个方面：①可供给物料的数量；②可供给物料的交货时间。举一个例子来说明这两方面的结合情况：A供应商在6月30日之前可供应3万个零件（m型1万个，n型2万个），B供应商在6月30日之前可供应6万个零件（m型4万个，n型2万个），那么6月30日之前m和n两种零件的总体订单容量为9万个，其中m型零件的总体订单容量为5万个。

3. 计算承接订单容量

承接订单是指某供应商在指定的时间内已经签下的订单。仍以上述例子来说明：A供应商在6月30日之前可以供给3万个零件（m型1万个，n型2万个），若是已经承接m型零件1万个，n型1万个，那么对m型和n型零件已承接的订单量就是：m型1万个，n型1万个，共2万个。

4. 确定剩余订单容量

剩余订单容量是指某物料所有供应商群体剩余的可供物料的总量，可以用公式表示为

物料剩余订单容量 = 物料供应商群体总体订单容量 – 已承接订单量

若物料供应商群体总体订单容量为5万件，已承接订单量为3万件，则

物料剩余订单容量 = 5万件 – 3万件 = 2万件

（四）制订订单计划

1. 对比需求与容量

对比需求与容量是制订订单计划的首要环节，只有比较出需求与容量的关系才能科学地制订订单计划。如果经过对比发现需求小于容量，即无论需求多大，容量总能满足需求，则企业要根据物料需求来制订订单计划。如果供应商的容量小于企业的物料需求，则要求企业根据容量制订合适的订单计划。这样就产生了剩余物料需求，需要对剩余物料需求重新制订计划。若某企业对某种物料的需求量是12吨，而供应商的容量为15吨，则需求小于容量，企业可以根据实际需求制订合适的订单计划；若供应商的容量为10吨，则需求大于容量，这样就产生了剩余物料需求，需要对剩余的2吨物料需求重新制订计划。

2. 综合平衡

综合平衡是指综合考虑市场、生产、订单容量等要素，分析物料订单需求的可行性，必要时调整订单计划，计算容量不能满足的剩余订单需求。

3. 确定余量计划

在对比需求与容量的时候，如果容量小于需求就会产生剩余需求，对于剩余需求，要提交计划制订者处理，并确定能否按照物料需求规定的时间及数量交货。

4. 编制订单计划

编制订单计划是采购计划的最后一个环节，订单计划做好之后就可以按照计划进行采购工作了。一份订单包含的内容有下单数量和下单时间两个方面，二者的计算公式为

下单数量 = 生产需求量 − 计划入库量 − 现有库存量 + 安全库存量

下单时间 = 要求到货时间 − 认证周期 − 订单周期 − 缓冲时间

采购订单计划表如表 4-8 所示。

表 4-8 采购订单计划表

序号	主项						次项						现有库存数量	订单环境容量	备注
	物资编码	名称	型号描述	年需求量	单位	开始日期	完成日期	样品图样	技术规范	工艺路线	工艺指令	配料清单	巡回文档	隶属产品			
1																	
2																	
3																	
4																	
5																	
6																	
7																	
8																	
…																	
合计																	
制订			日期			审核			日期			批准			日期		
认证计划编号			制订部门			任务来源编号/说明				来源部门						

任务三　编制采购预算

一、什么是采购预算

采购预算是一种用数量来表示的计划，它是指在计划初期，根据企业整体的目标任务要求，对实现某一计划目标或任务所需要的物料数量及全部活动成本所做的详细估算。也就是将企业未来一定时期内采购决策的目标通过有关数据系统地反映出来，是采购决策的具体化和数量化。采购预算是依据销售预算和生产预算拟定的。从理论上讲，供应部门根据生产预算推算出原料需求量、预测价格，进行订货，并根据生产进度安排交货时间。

传统采购预算的编制是按本期应采购的数量乘以该物料的购入单价，或者按照物料需求计划的请购数量乘以标准成本来获得采购金额。为了使预算对实际的资金调度具有意义，采购预算应以现金为基础编制，也就是说，采购预算应以付款的金额来编制，而不以采购的金额来编制。预算的时间范围要与企业的计划保持一致，既不能过长也不能过短。长于计划期的预算没有实际意义，浪费人力、财力和物力，而过短的预算又不能保证计划的顺利进行。

一般说来，预算主要具有以下作用：

（1）保障战略计划和作业计划的执行，确保组织向良好的方向发展。

（2）协调组织经营资源。

（3）在部门之间合理安排有限资金，保证资金分配的效率。
（4）通过审批和拨款过程以及差异分析控制支出。
（5）将目前的收入和支出与预算的收入和支出相比较，对企业的财务状况进行监视。

（一）预算的种类

预算的类别不同，所起的作用也不同。根据不同的分类标准，可对预算进行不同的分类。

1. 根据时间的长短，可以将预算分为长期预算和短期预算

长期预算是指时间跨度在一年以上的预算，主要涉及固定资产的投资问题，是一种规划性质的资本支出预算。长期预算对企业战略计划的执行有着重要意义，其编制质量的好坏将直接影响企业的长期目标能否实现，影响企业今后较长时间的发展。短期预算则是企业一年内对经营财务等方面所进行的总体规划的说明。短期预算是一种执行预算，对业务计划的实现影响较大。

2. 根据所涉及的范围，可以将预算分为全面预算和分类预算

全面预算又称为总预算，是短期预算的一种，涉及企业的产品或服务的现金收支等各方面的问题。总预算由分类预算综合而成。分预算种类多种多样，有基于具体活动的过程预算，有各分部门的预算（对于分部门来讲，这一预算又是总预算，因此分预算与总预算的划分是相对的）。

3. 总预算根据其内容的不同又分为财务预算、决策预算和业务预算

财务预算是指企业在计划期内有关现金收支、经营成果以及财务状况的预算，主要包括现金预算、预计损益表、预计资产负债表等；决策预算是指企业为特定投资决策项目或一次性业务所编制的专门预算，其目的是帮助管理者做出决策；业务预算则是指计划期间日常发生的各种经营性活动的预算，包括销售预算、成本预算、管理费用预算等。采购预算就是业务预算的一种，它们的编制将直接影响企业的直接材料预算、制造费用预算等。

（二）采购中涉及的预算

采购中涉及的主要预算有：

1. 原材料预算

原材料预算的主要目的是确定用于生产既定数量的产品或者提供既定水平的服务的原材料的成本。原材料预算的时间通常是一年或更短。预算的依据是生产或销售的预期水平以及未来原材料的估计价格，这就意味着实际费用有可能偏离预算。因此，很多组织采用灵活的预算（灵活的预算要反映条件的变化，比如产品的增加或减少）来调整实际的采购支出。

良好的原材料预算具有如下作用：①确保原材料在需要时能够得到；②确定随时备用的原材料和零部件的最大价值和最小价值；③确定和评估采购支出的财务需求。

2. MRO 预算

MRO 采购包含在经营管理过程中，但它们并没有成为生产运作中的一部分。MRO 项目主要有办公用品、润滑油、机器修理用零部件等。MRO 项目的数目可能很大，对每一项都做出预算并不可行。MRO 预算通常按以往的比例来确定，然后根据库存和一般价格水平的

预期变化来进行调整。

3. 固定资产预算

固定资产的采购通常占支出的较大部分，良好的采购活动和谈判组织能为企业节省很多资金。通过研究资源市场以及与关键供应商建立密切的关系，可以为企业节省出很多资金。固定资产的预算不仅要考虑初始成本，还要考虑包括维护、能源消耗以及辅助零部件等成本在内的生命周期总费用。由于这些支出的长期性质，通常用净现值算法进行预算和做出决策。

4. 采购费用预算

采购费用预算的内容包括采购业务中发生的各项费用。通常，这项预算是根据预期的业务和行政工作量来制定的。这些花费包括工资、供热费、电费、通信费、差旅费，以及购买办公用品等的费用。采购费用预算应该反映组织的总体目标。例如，如果组织的目标是减少间接费用，那么业务预算中的间接费用预算就应该反映出这一点。

例如，某纺织公司的采购预算表，如表 4-9 所示。

表 4-9 某纺织公司采购预算表

物料类别	主要原料、物料及机器零件									总计
	到 期				新 购					
付款方式	Usance L/C	D/A	Local L/C	P/N	小计	Usance L/C	Local L/C	Cash	小计	报关费及运杂费	合计
1月											
2月											
3月											
4月											
5月											
6月											
半年总计											

二、编制采购预算的影响因素

1. 物料标准成本的设定

在编制采购预算时，因为将来拟购物料的价格不容易预测，所以多以标准成本替代。若标准成本的设定缺乏过去的采购资料为依据，也无工程人员严密精确地计算其原料、人工及制造费用等组合生产成本，则标准成本的设定就有一定的困难。因此，标准成本与实际购买价格的差额（Purchase Price Variance），就会影响采购预算的准确性。

2. 生产效率

生产效率的高低将使预计的物料需求量与实际的耗用量产生误差。产品的生产效率降低，会导致原物料的单位耗用量提高，而使采购预算中的预计数量不够生产所需。过低的产出率（Yield Rate）则会导致经常进行业务更改（Rework），而使得零部件的损耗超出正常水平。所以，当生产效率降低时，采购预算必须将这部分额外的耗用率计算进去，才不致发生原材料预算资金的短缺。

3. 价格预期

在编制采购预算时，经常需要对物料价格涨跌幅度、市场景气与否、汇率变动等加以预测,而个人主观判断与实际变化常有差距,就可能造成采购预算的偏差。此外,季节性的供应状况、最低订购量等因素,将使采购数量超过正常的需求数量;而且企业财务状况的好坏也将影响采购数量(安全库存量)的多少以及采购预算(付款时间)的准确性。

由于影响采购预算的因素很多,故采购预算拟订之后,必须与产销部门保持经常的联系,并针对现实的状况做出必要的调整与修订,才能达成维持正常产、销活动的目标,并协助财务部门妥善规划资金的使用。

三、编制采购预算的步骤

通常制造企业是根据企业的销售计划制订生产计划,其生产计划包括采购预算、直接人工预算及制造费用预算。因此可以认为,采购预算是企业采购部门为配合年度的销售预测或生产数量,对所需原料、物料、零件等的数量及成本进行的估计。采购预算如果单独编制,不但缺乏实际的应用价值,也失去了其他部门的配合,所以采购预算的编制必须以企业整体预算制度为依据,如图4-1所示。

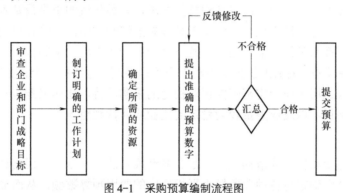

图4-1 采购预算编制流程图

1. 审查企业和部门战略目标

采购部门作为企业的一个部门,在编制预算时,要从企业总体发展战略出发,审查企业和部门的目标,确保两者之间相互协调。

2. 制订明确的工作计划

管理者必须了解本部门的业务活动,明确其特性和范围,制订出详细的工作计划表。

3. 确定所需的资源

制订好详细的工作计划表后,采购主管要对业务支出做出切合实际的估计,确定为实现目标所需要的人力、物力和财力资源。

4. 提出准确的预算数字

管理者提出的数字应当保证其最大可能性,可以通过以往的经验做出准确判断,也可以借助数学工具和统计资料通过科学分析提出准确方案。

5. 汇总

汇总各部门、各分单元的预算,最初的预算总是来自每个分单元,而后层层提交、汇总,最后形成总预算。

由于预算与实际情况或多或少地存在着一些差异，因此必须根据实际情况选定一个偏差范围。偏差范围的确定可以根据行业平均水平，也可以根据企业的经验数据。设定了偏差范围以后，采购主管应比较实际支出和预算的差距以便控制业务的进展。如果支出与估计值的差异达到或超过了允许的范围，则须对具体的预算提出建议或进行必要的修订。

6. 提交预算

将编制好的预算提交企业负责人审批。

四、采购预算的编制方法

编制预算的方法有很多，如固定预算、弹性预算、滚动预算、零基预算、概率预算和定期预算等。下面分别对这几种方法进行简单的介绍。

1. 固定预算

固定预算又称为静态预算，是以预算期内正常的、可能实现的某一业务量水平为固定基础，不考虑可能发生的变动因素而编制预算的方法，是最传统的也是最基本的编制方法。其最大的优点是简便易行，较为直观。但由于是静态的编制方法，不论预算期内业务量水平可能发生哪些变动，都只是按照事先确定的某一个业务量水平作为编制预算的基础，显得过于机械呆板，可比性较差。编制出的预算不利于正确地控制、考核和评价企业预算的执行情况。因此，这种方法只适用于在一定范围内相对稳定的采购项目，比如采购金额变化不大、金额比较固定的采购项目，以及业务量较为稳定的企业或非营利组织。

2. 弹性预算

弹性预算又称变动预算或滑动预算，是在变动成本法的基础上，根据计划期间可能发生的多种业务量，分别确定与各种业务量水平相适应的费用预算数额，从而形成适用于不同生产经营活动水平的一种费用预算方法，可以反映出各业务量情况下所应开支的费用（利润）水平。由于弹性预算是以多种业务量水平为基础而编制的一种预算，因此，它比只以一种业务量水平为基础编制的预算（即固定预算或静态预算）具有更大的适应性和实用性。

编制弹性预算，其关键在于把所有采购成本划分为变动成本和固定成本，需首先确定在计划期内业务量的可能变化范围。在具体编制工作中，对于一般企业而言，其变化范围可以确定为企业正常生产能力的70%～110%，其间隔取为5%～10%，也可取计划期内预计的最低业务量和最高业务量为其下限和上限。然后根据成本形态，将计划期内的费用划分为变动费用部分和固定费用部分。在编制弹性预算时，对变动费用部分，要按不同的业务量水平分别进行计算，而固定费用部分在相关范围内不随业务量的变动而变动，因而不需要按照业务量的变动来进行调整。

弹性预算方法能够提供一系列生产经营业务量的预算数据，是为一系列生产业务量水平编制的，因而当预算项目的实际业务量达到任何水平时都有适用的一套标准。因此弹性预算能够适应不同经营活动情况的变化，能更好地发挥预算的控制作用，但是操作比较复杂，工作量大。这种方法一般适用于采购量随着业务量变化而变化的采购，对于市场价格和市场份额都不是很确定的企业，往往用弹性预算法编制采购成本预算。

3. 滚动预算

滚动预算又称连续预算或永续预算，是指按照"近细远粗"的原则，根据上一期的预算完成情况，调整和具体编制下一期预算，并将编制预算的时期逐期连续滚动向前推移，使预算总是保持一定时间幅度的一种预算编制方法。滚动预算的编制，可采用长计划、短安排的方式进行，即在编制预算时，可先按年度分季，并将其中第一季度按月划分，编制各月的详细预算。其他三个季度的预算可以粗一些，只列各季总数，到第一季度结束前，再将第二季度的预算按月细分，第三、四季度及下年度第一季度只列各季总数，依此类推，使预算不断地滚动下去，使预算期随着时间的推移而自行延伸。其基本特征如图4-2所示。

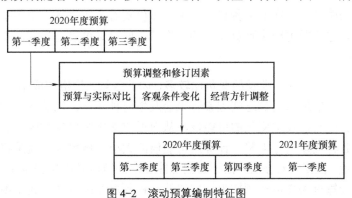

图4-2 滚动预算编制特征图

滚动预算方法能够保持预算的完整性，从动态预算中把握企业的未来。有利于企业根据前期预算的执行情况及时调整和修订近期预算，能够充分发挥预算的指导和控制作用，保证企业的采购工作稳定而有序地进行，但是其操作比较复杂，工作量大。因此，滚动预算方法适用于一些规模较大、时间较长的工程类或大型设备采购项目。

4. 零基预算

零基预算又称零底预算，其全称为"以零为基础编制计划和预算的方法"，最初是由德州仪器公司开发的，是指在编制预算时对于所有的预算支出，均以零为基底，不考虑以往情况如何，而完全根据未来一定期间生产经营活动的需要和每项业务的轻重缓急，从根本上来研究、分析每项预算是否有支出的必要和支出数额大小的一种预算编制方法。这种预算不以历史为基础进行修整，完全不考虑前期的实际水平，只考虑该项目本身在计划期内的重要程度，其具体数字的确定始终以零为起点，在年初重新审查每项活动对实现组织目标的意义和效果，并在成本—收益分析的基础上，重新排出各项管理活动的优先次序，并据此决定资金和其他资源的分配。

零基预算的编制，可以通过下面几个步骤来完成：

（1）提出预算目标。企业内部各有关部门，根据本企业计划期内的总体目标和本部门应完成的具体工作任务，提出必须安排的预算项目，以及以零为基础而确定的具体经费数据。

（2）开展成本—收益分析。组成由企业的主要负责人、总会计师等人员参加的预算委员会，负责对各部门提出的方案进行成本—收益分析。管理层对某一个项目的所需费用和所得收益进行比较分析，权衡轻重、区分层次、划出等级、挑出先后，列出所有项目的先后次序和轻重缓急。

（3）分配资金、落实预算。按照上一步骤所确定的预算项目的先后次序和轻重缓急，结合计划期内可动用的资金来源，分配资金，落实预算。

与传统预算方法相比较，零基预算法不受现行预算框架的限制；以零为基础来观察和分析一切费用和开支项目，确定预算金额，能充分调动企业各级管理人员的积极性和创造性；可以促进各级管理人员精打细算、量力而行，把有限的资金切实用到最需要的地方，以保证整个企业的良性循环，提高整体的效益；增强预算的透明度，提高预算管理水平。但是，零基预算编制方法一切支出均以零为起点来进行分析、研究，工作量太大，需要投入大量的人力资源；分层、排序和资金分配时，可能有主观影响，容易引起部门之间的矛盾。零基预算方法适用于各种采购预算，在实际预算工作中，可以隔若干年进行一次零基预算，以后几年内略做适当调整，这样既可减少预算编制的工作量，同时又可以适当控制费用的发生。

5. 概率预算

在实际编制预算过程中，涉及的变量比较多，如业务量、价格和成本等。在编制预算时，管理者不可能十分精确地预见到这些因素将来会发生何种变化，以及变化到何种程度，但是根据经验可以估计出它们发生变化的可能性，从而近似地判断出各种因素的变化趋势、范围和结果，然后对各种变量进行调整，计算出可能值的大小。概率预算就是将预算期内不确定的各预算构成变量，根据客观条件，估计它们可能变动的范围及出现在各个变动范围的概率，再通过加权平均计算有关变量在预期内期望值的一种预算编制方法，属于不确定预算。

概率预算的基本特征是：影响预算对象的各因素具有不确定性，因而存在着多种发展可能性，并且这些可能性能够计量；由于对影响预算对象的变量的所有可能都做了客观的估计和测算，因而开阔了变量的范围，改善了预算指标的准确程度。

当销售量的变动与成本的变动没有直接联系时，只要利用各自的概率分别计算销售收入、变动成本、固定成本的期望值，然后即可直接计算利润的期望值；而当销售量的变动与成本的变动有直接联系时，就需要用计算联合概率的方法来计算利润的期望值。

概率预算编制一般按照下面几个步骤来完成：

（1）在预测分析的基础上，估计各相关因素的可能值及其出现的概率，可根据历史资料或经验进行判断。

（2）计算联合概率，即各相关因素的概率之积。

（3）根据弹性预算提供的预算指标以及与之对应的联合概率计算出预算对象的期望值，即概率预算下的预算结果。概率预算的编制过程实际上体现了数学期望的求解过程。

6. 定期预算

定期预算也称为阶段性预算，是指在编制预算时以不变的会计期间作为预算期的一种预算编制方法。定期预算的主要优点是能够使预算期间与会计期间相配合，便于考核和评价预算的执行结果。但是定期预算的周期往往较长，具有一定的盲目性和滞后性。因此，定期预算主要适用于服务性质的、经常性的采购项目的预算。

五、预算编制注意事项

传统上编制采购预算是将本期应购数量（订购数量）乘以该物料的购买单价，或者按照物料需求计划（Material Requirement Planning，MRP）的订购数量乘以标准成本，即可获得的采购金额（预算）。为了使预算对实际的资金调度具有意义，采购预算应以现金为基础编制，而非采用传统上的应计统计，换句话讲，采购预算应以付款的金额来编制，而不以采购的金额来编制。预算的时间范围要与企业的计划期保持一致，绝不能过长或过短。长于计划期的预算没实际意义，徒然浪费人力、财力和物力，而过短的预算又不能保证计划的顺利执行。企业所能获得的可分配的资源和资金在一定程度上是有限的，受到客观条件的限制，企业的管理者必须通过有效地分配有限的资源来提高效率以获得最大的收益。一个运营良好的企业不仅要赚取合理的利润，还要保证企业有充足的现金流。因此科学的预算既要注重最佳实践，又要强调财务业绩。

为了确保预算能够规划出与企业战略目标相一致的可实现的最佳实践，必须寻找一种科学的行为方法来缓和过度竞争和悲观的倾向，管理者应当与部门主管就目标积极展开沟通，调查需求和期望，考虑假设条件和参数的变动，制订劳动力和资金需求计划并要求部门提供反馈，管理者应当引导部门主管将精力放到应付不确定情况的出现上，而不是开展"战备竞争"等。

另一方面，为了使预算更具灵活性和适应性，以应对意料之外可能发生的不可控事件，企业在编制采购预算过程中应当尽力做到以下几点：

1. 采取合理的预算形式

现金流对于企业来说是非常重要的，因此，企业内部各部门所采用的预算形式应把重点放在现金流而不是收入和利润上。当然，最佳的预算形式最终还是取决于企业的具体目标。

2. 改变绩效评估方式

为了鼓励采购部门提出更具挑战性的预算报告，企业有必要对采购部门的绩效评估方式进行改善。采购预算是在战略目标框架之内提出的，在从设置目标到提交预算这一连续的动态过程当中，不仅要仔细审查影响预算实现的内部不可控因素，还要详细研究外部不可控因素，并进一步识别出影响预算实现的关键性因素。对于那些不可控因素，人力资源部门在进行业绩评估时，必须有所考虑，并向管理者提出建议。企业的高层管理者必须解决部门主管对绩效评估的后顾之忧，使他们的预算编制更趋于合理。

3. 建立趋势模型

预算向人们讲述的是未来，所有代表期望行为的数字都是估计值，人们所提供的应是代表收入和支出的最有可能情况的数字预报。为了确保这些数字的最大价值，应当建立一个趋势模型，模型的建立可以使人们对企业期望的产出有完善的规划。模型以直接的数据资料为基础，具有时间敏感性，能够反映服务和产品需求的变化。数学工具的应用可以使预算报告更加准确，同时也要求企业内部拥有完备的统计资料，并掌握历史数据。

4. 采用滚动预算的方法

企业经营是一个连续不断的过程，只是为了使用方便才在时间上对它们进行了硬性分割。为了能够使预算与实际过程更紧密地联合在一起，可采用滚动预算的办法。在制订本期预算的时候根据实际情况同时对下期的业务进行预算，以保证企业活动在预算上的连续性。预算活动的滚动性和对细节的强调，要求各个部门的管理人员投入大量精力，紧密高效地开展工作。工作过程可以分为以下两步：第一步是整体思考，要求管理者从总体战略出发，勾画出预算的框架，制定出必要的行动方案，如果预算结果出现偏差要及时修改；第二步进入细化阶段，管理者为各部门制定最终预算的细节，并确保其为各部门所接受。

无论是何种类型的预算，只要满足了上面的要求都可以最大限度地发挥其潜能，保障组织计划的顺利实施。

项目实训：采购计划与预算的编制

一、实训目的

（1）加深学生对采购需求的认识。
（2）认识采购计划和预算编制对整个采购流程的重要意义。
（3）了解采购计划和预算的编制过程和具体方法。
（4）不断培养和增强学生的分析能力、组织能力、沟通能力、团队协作精神等。

二、实训组织

（1）知识准备：采购需求分析、编制采购计划的程序、采购预算的编制方法。
（2）学生分组：每个小组以 3~5 人为宜，小组中要合理分工，每组选出一位小组长。以小组为单位进入采购部门获取一些采购计划与预算编制的实例。
（3）实训地点：各小组成员自主选择的目标企业，以实地调研为主，同时在图书馆、互联网上查找资料，分析采购计划与采购预算编制的过程。

若企业采购需求数据难以得到，可根据学生的整个实训流程，由教师给出模拟数据或环境，也可以在互联网上收集一些相关资料，完成整个实训过程。

三、实训要求

最好能进入企业的采购部门获取所需要的最新数据，能按照理论要求将数据有效地整合在一起，编制出符合要求及逻辑的采购计划和预算。具体要求如下：

（1）由于企业的采购计划比较复杂，可以将班级分成 3~4 个组，先模拟编制一个班级的节日采购计划和预算，让学生先熟悉简单的计划和预算编制。
（2）模拟训练后小组组织讨论各类采购计划与预算编制的流程与方法，并对数据及流程有明确的认识，然后进入企业的采购部门获取所需要的最新数据。
（3）学生以小组为单位根据相关的数据编制出合理的采购计划与预算，并与企业中的实际采购计划及预算做比较，分析其中的差别。
（4）针对采购计划与预算编制中存在的问题，提出具体的或多种解决措施，并比较各种解决方案的优缺点。

四、实训报告

在通过实地调查获得相关资料后，以组为单位完成企业采购计划和预算编制总结报告，题名为"××企业（或产品）采购计划与预算方法调查报告"。报告中应包含以下内容：

（1）调查时间、地点、对象。
（2）收集企业采购需求单位的物料需求资料。
（3）设计企业内部的采购需求调查表。
（4）运用所选定的方法分析企业采购需求，进而编制采购计划和预算。
（5）总结采购计划与预算编制的一般流程。

五、实训考核

实训成绩根据个人表现和团队表现进行综合评定。考评内容包含以下几项：

（1）相关资料是否通过实地调查获得，资料收集的全面性、真实性。

（2）采购需求分析、采购计划与预算的编制是否规范，相应的方法是否应用得当。

（3）小组内部分工是否明确，组员是否有协作精神，根据个人任务完成情况由组长评分。

（4）小组总结汇报思路是否清晰、内容是否充实、重点是否突出，由教师对小组进行评分。

（5）实训报告是否按要求的规范格式完成，对个人报告或小组报告进行评分。

（6）根据个人得分和小组综合评分最终确定每个学生的实训成绩。

项目五
采购方式选择

工作任务及过程描述

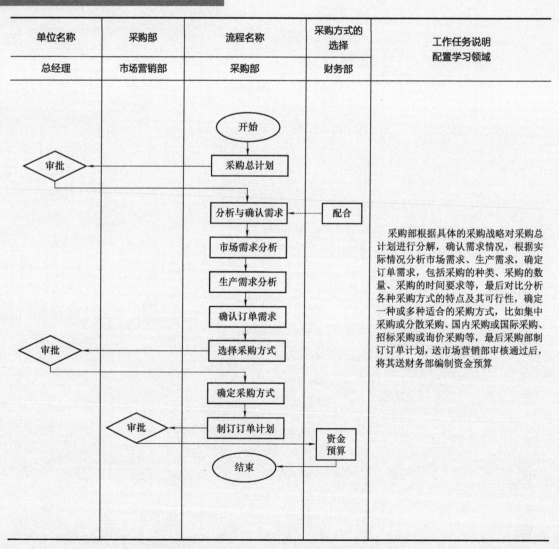

职业能力要求

岗位：采购经理/主管

（1）根据实际库存量、生产需求量编制采购总计划。
（2）根据总计划所提供的材料分析、确认需求情况，并进行归类。
（3）组织供应市场调查，熟知市场需求计划，了解各种采购方式在供应市场的发展趋势。
（4）根据实际情况分析市场需求、生产需求，确定订单需求，进行采购战略决策。
（5）对各种采购方式的成本和效率进行评估与审核。

项目导入案例

三个企业的采购方式对比

从20世纪80年代开始，为了顺应国际贸易高速发展的趋势，以及满足客户对服务水平提出的更高要求，企业开始将采购环节视为供应链管理的一个重要组成部分，通过对供应链的管理，同时对采购手段进行优化。在当前全球经济一体化的大环境下，采购管理作为提高经济效益和市场竞争能力的重要手段之一，在企业管理中的战略性地位日益受到国内企业的关注。但现代采购理念在中国的发展过程中，由于遭遇的"阻力来源"不同而企业解决问题的方法各异等原因，就被予以了不同的诠释。

在采购体系改革方面，一些大型企业中，虽然集团购买、市场招标的意识慢慢培养起来，但企业内部组织结构却给革新的实施带来了极大的阻碍。

某企业每年的物资采购总量约85亿元人民币，涉及钢板、木材、水泥、机电设备、仪器仪表等56个大类，12万项物资。行业特性的客观条件给企业采购的管理造成了一定的难度。

该企业目前有9 000多人在做物资供应管理，庞大的体系给采购管理造成了许多困难。每年采购资金的85亿元中，有45亿元的产品由各种隶属工厂生产，很难将其产品的质量与市场同类产品比较，而且价格一般要比市场价高。还有上级单位指定的产品，只要符合该企业使用标准、价格差不多，就必须购买指定产品。

与上述企业相比，一些全面融入国际市场竞争的企业，较容易接受全新的采购理念。

例如，海尔采取的采购策略是利用全球化网络，集中购买。以规模优势降低采购成本，同时精简供应商队伍。据统计，海尔的全球供应商数量由原先的2 336家降至840家，其中国际化供应商的比例达到了71%，世界500强企业中有44家是海尔的供应商。

对于供应商关系的管理，海尔采用的是SBD模式：共同发展供应业务。海尔有很多产品的设计方案直接交给厂商来做，很多零部件是由供应商提供今后两个月市场的产品预测并将待开发的产品形成图样，这样一来，供应商就真正成为海尔的设计部和工厂，加快开发速度。许多供应商的厂房和海尔的仓库之间甚至不需要汽车运输，工厂的叉车直接开到海尔的仓库，大大节约运输成本。海尔本身则侧重于核心的买卖和结算业务。这与传统的企业与供应商关系的不同在于，它从供需双方简单的买卖关系成功转型为战略合作伙伴关系，是一种共同发展的双赢策略。

网上采购平台的应用是海尔供应链环节的主要方法，其具体做法如下：

（1）网上订单管理平台。采购订单100%由网上下达，实现采购计划和订单的同步管理，使采购周期由原来的10天减少到3天。同时，供应商可以在网上查询库存，根据订单和库存的情况及时补货。

（2）网上支付平台。网上支付费用已达到总支付额的80%，支付准确率和及时率达到100%，为供应商节省近1 000万元的差旅费，有效降低了供应链管理成本。

（3）网上招标竞价平台。通过网上的招标，不仅使竞价、价格信息管理准确化，而且能防止暗箱操作，从而降低供应商管理成本。

在网上可以与供应商进行信息互动交流，实现信息共享，强化战略合作伙伴关系。

据透露，1999年海尔的采购成本为5亿元，由于业务的发展，到2000年，采购成本为7亿元，但通过对供应链管理优化整合，2002年海尔的采购成本在4亿元左右。可见，利益的获得是一切企业行为的原动力，成本降低、与供应商双赢关系的稳定发展带来的经济效益，促使众多企业以积极的态度引进和探索先进、合理的采购管理方式。

与从计划模式艰难蜕变出来的大型国有企业相比，世界上最大的汽车集团——通用汽车的采购体系可以说是含着银匙出世，它没有必要经历体制、机构改革后的阵痛，全球集团采购策略和市场竞标体系自公司诞生之日起，就自然而然地融入了通用汽车的全球采购联盟系统中。通用汽车的采购已经完全上升到企业经营策略的高度，并与企业的供应链管理密切结合在一起。

1993年，通用汽车提出了全球化采购的思想，并逐步将各分部的采购权集中到总部统一管理。通用汽车下设四个地区的采购部门：北美采购委员会、亚太采购委员会、非洲采购委员会、欧洲采购委员会，四个区域的采购部门定时召开视频会议，将采购信息放到全球化的平台上来共享，在采购行为中充分利用联合采购组织的优势，协同杀价，并及时通报各地供应商的情况，把某些供应商的不良行为在全球采购系统中备案。

在资源得到合理配置的基础上，通用汽车开发了一整套供应商关系管理程序，对供应商进行评估。对于好的供应商，采取持续发展的合作策略，并针对采购中出现的技术问题与供应商一起协商，寻找解决问题的最佳方案；而在评估中表现糟糕的供应商，则请其离开通用汽车的业务体系。同时，通过对全球物流路线的整合，通用汽车将各个公司原来自行拟定的繁杂的海运线路集成为简单的洲际物流线路。采购和海运路线经过整合后，不仅使总体采购成本大大降低，而且使各个公司与供应商的谈判能力也得到了质的提升。

问题一：对比三个企业的采购方式，分析其利弊。

问题二：分析影响企业采购方式决策的基本因素。

确定采购方式是企业采购活动的重要决策，选择适当的采购方式有助于提高采购的工作效率和企业的经济效益。采购方式的选择是指采购机构根据相关要求，通过一定的程序和标准选定采购项目合同订立方式的一系列有组织的活动。各种采购方式各有利弊，实际操作时应该将各种方式进行结合，取长补短，灵活选用。只有科学分析各种采购方式的特点和运作模式，才能实现科学选择采购方式，最终实现有效降低采购成本、保证交付进度、提高采购质量的采购目标。具体的采购方式有：集中采购、分散采购、定量采购、定期采购、国内采购、国际采购、招标采购、询价采购等。

任务一　集中采购与分散采购

一、集中采购

（一）集中采购的概念

集中采购有两层含义：①降低分散采购的选择风险和时间成本，即一般意义上的集中采购。例如，在大型项目采购中，除了一般"甲供"材料设备由项目部（项目公司）采购外，对于某些大型机电设备等由公司本部负责集中采购。②集中时间、集中人力、集中需求。

集中采购的"集中"功能主要体现在以下四个方面：

1. 财务预算的安排相对集中

财务部门对相同的采购项目应尽量集中在一个月里进行统筹安排，避免多次重复安排相同项目的采购而产生降低工作效率、丧失采购效益等弊端。任何企业的采购项目，最终都要由财务部门负责付款结账，对此，财务部门何时能安排采购预算资金就成了决定采购工作何时能得以开始和实施的重要前提，一旦财务部门安排了采购资金，相应的采购人员就随时可以实施采购。因此，要充分提高财务资金的使用效率、有效地扩大企业采购的规模，对采购人员的采购项目，财务部门就必须要从源头上给予"通盘的、宏观的"考虑。具体来讲，要将各个预算单位想要采购的相同或功能相近的项目，或是可以连环配套采购的项目，要尽量统一调度或筹集资金进行一次性的安排，否则，每个月都安排几个相同项目的采购，不但浪费时间、精力，还无法得到规模采购的效益。例如，一些企业的财务部门在实际工作中，由于不会科学地调度和合理地安排财务预算资金，而造成每个月都安排几个预算单位去采购几台计算机或其他办公耗材等，这就明显地失去了科学性和合理性，人为地增加了工作量。因此，集中采购的集中功能，首先就是要体现在财务部门的预算安排上，要有相对集中的科学性。

2. 采购项目的委托集中

采购人员对其有关项目的采购，应集中在一次进行委托，不得人为拆分、多次采购。对采购人员来讲，有些采购项目是批量的，或是有关联的，或是可相互配套的整体项目，如学校里的电教项目，既有网络工程项目，也有电视机、计算机等物资采购项目，对此，电教项目本身是一个整体采购项目，无须再拆分或细化成工程项目与商品采购项目分别去委托采购；同样，对原来就是一个整批的采购项目，更不可从量上进行化整为零，分次采购，如将一百台计算机分几次采购等。否则，这些行为就明显会影响采购的效果。因此，对财务预算已经安排的采购项目，采购人员必须不折不扣地实施集中采购，不得化整为零，不得私自采购。

3. 采购项目的具体操作集中

集中采购机构对相同或功能相近的受托采购项目，应尽量集中在一次进行采购，以减少采购次数，提高工作效率和经济效益。对集中采购机构来讲，不但委托的采购人员众多，而且采购项目又纷繁复杂，委托时间也有早有迟等，如果集中采购机构采取"随时委托、随时采购"的方式，势必会发生多次、重复采购相同项目的问题，进而出现重复劳动，增加工作量，降低工作效率。因此，如果集中采购机构能采取"定期、汇总"的采购方式，将采购人员委托的采购项目进行归类，或按功能进行相互衔接、配套，每类项目每个月只集中采购一次，这样就会人为地做大批次采购规模，既可以减少工作量，又能获得更大的规模采购效益。

4. 采购项目的调试和验收集中

集中采购机构应统一组织技术专家、采购人员等进行集中验收，以节约人力、财力等。由于集中采购机构一批购进的采购项目涉及多个采购人员的委托，对此，如果要求采购人员各自去找专家验收，势必会增大困难，也会耗费更多的时间、精力和财力等。而如果由集中采购机构能够出面组织一个专家验收小组，将整批采购项目一次性验收完毕后，再交付采购人员，就会减少诸多采购人员的验收工作量，节省大量的时间、人力等，同时，集中验收也会增强对验收人员的监督，更便于对采购项目的质量把关。

（二）集中采购的模式

为实现集团采购业务集中管控的业务需求，集中采购包括以下几种典型模式的应用：集中定价、分开采购；集中订货、分开收货付款；集中订货、分开收货、集中付款；集中采购后调拨等运作模式。采用哪种模式，取决于集团对下属公司的股权控制、税收、物料特性、进出口业绩统计等因素，一个集团内可能同时存在几种集中采购模式。这里我们只重点阐述后两种集中采购模式。

1. 集中订货、分开收货、集中付款模式

集团总部或采购公司负责管理供应商及制定采购价格等采购政策，并且负责采购订货工作。分支机构提出采购申请，集团总部或采购公司进行汇总、调整，并根据调整结果下达采购订单，发收货通知单给分支机构；分支机构根据收货通知单或采购订单完成收货及入库；集团总部或采购公司汇集分支机构的入库单与外部供应商进行货款结算，并根据各分支机构的入库单与分支机构分别进行内部结算。

2. 集中采购后调拨模式

集团总部或采购公司负责管理供应商及制定采购价格等采购政策，并且负责采购订货工作。分支机构提出采购申请，集团总部或采购公司进行汇总、调整，根据调整结果下达采购订单，并完成后续的收货、入库，以及外部货款结算处理。之后，根据各分支机构的采购申请，集团总部或采购公司启动内部调拨流程，制订调拨订单并安排调拨出库，分支机构根据调拨订单完成入库工作，集团总部或采购公司与各分支机构最后做内部结算处理。

（三）集中采购的优劣势

集中采购的优势主要表现在以下几个方面：

（1）需求的共性。对于某些产品，企业各部门都可能存在着需求，通过采购量的集中来提高企业在谈判中的地位，提高议价能力，降低单位采购成本，同时获得存货控制的规模经济。

（2）供应商的行业结构。如果供应商所在行业处于寡头垄断的状态，企业集中采购可以加强采购力量，迫使供应商对企业的重要价值给予重视，并获得更优惠的价格以及更好的服务。

(3）采购中的技术要求。如果在采购过程中对技术的要求高，那么采购人员必须与工程技术人员紧密配合，必须实行集中采购。

(4）现代企业更注重于高价值生产模式，更强调速度、专门知识、灵活性和革新。企业在集中资源于自身核心业务的同时，通过利用其他企业的资源来弥补自身的不足，可以使自己更具竞争优势。

集中采购的缺点是由于权力过分集中到总部，有可能损失采购的灵活性，导致供应链管理的低效率。

因而集中采购主要适用于：大宗或批量物品，价值高或总价多的物品，关键零部件、原材料或其他战略资源，保密程度高，产权约束多的物品。其适用范围是：集团范围实施的采购，以及跨国公司的采购，以及连锁经营、代工生产（Original Equipment Manufacture，OEM）厂商、特许经营企业的采购。

二、分散采购

（一）分散采购的概念

与集中采购相对应，分散采购是由企业下属各单位（如子公司、分厂、车间或分店）实施的满足自身生产经营需要的采购。分散采购是集中采购的完善和补充，有利于采购环节与存货、供料等环节的协调配合，有利于增强基层工作人员的责任心，使基层工作富有弹性和成效。

（二）分散采购的适用范围

1. 分散采购适用的采购主体

（1）二级法人单位、子公司、分厂、车间。
（2）离主厂区或集团供应基地较远，其供应成本低于集中采购的成本。
（3）异国、异地供应的情况。

2. 分散采购适用的采购客体

（1）小批量、单件、价值低，总支出在产品经营费用中所占比重小的物品（各厂情况不同，自己确定）。
（2）在费用、时间、效率、质量等方面，分散采购优于集中采购，且不影响正常的生产与经营的物品。
（3）市场资源有保证、易于送达、物流费用较少的物品。
（4）分散后，各基层有这方面的采购与检测能力。
（5）产品开发研制、试验所需要的物品。

（三）分散采购的程序和方法

分散采购的程序与集中采购大致相同，只是取消了集中决策环节，直接实施其他步骤。企业下属单位的生产研发人员根据生产、科研、维护、办公的需要，填写请购单，由基层主管审核、签字，到指定财务部门领取支票、汇票或现金，然后到市场或厂家购买、进货、检验、领取、结算或核销即可。采购时一般借助于现货采购方式。

(四) 分散采购的优缺点

分散采购的优点主要体现在几个方面：能适应不同地区的市场环境变化，商品采购具有相当的弹性；对市场反应灵敏，补货及时，购销迅速；由于分部拥有采购权，可以提高一线部门员工的士气和积极性；由于采购权和销售权合一，分部拥有较大权力，因而便于分部考核，要求其对整个经营业绩负责。

分散采购的缺点主要体现在：各部门各自为政，容易出现交叉采购，造成人员费用较大。例如，联邦百货商店有限公司有八名女装采购员（每个连锁店配备一位）和一位负责自有品牌女装总公司采购员，相比之下，The Gap 公司只有一位在公司总部的女装采购员。联邦百货由于采购权力下放，使采购控制较难，采购过程中容易出现舞弊现象；计划不连贯，形象不统一，难以实施统一的促销活动，商店整体利益较难控制；由于各部门或分店的采购数量有限，难以获得大量采购的价格优惠。

由于分散采购制度存在许多弊病，这种方式正逐渐被集中采购所取代。只有在地区之间消费需求存在较大差异时，分散采购才适用于跨地区的连锁公司。

三、集中采购与分散采购的区别

（1）从采购项目特征看，列入集中采购的项目往往是一些大宗、通用性的项目，一般采购单位都会涉及并需要采购，或者是一些社会关注程度较高、影响较大的特定商品、大型工程和重要服务类项目；而列入分散采购的项目往往是一些在限额标准之上、专业化程度较高或单位有特定需求的项目，一般不具有通用性的特征。

（2）从采购执行主体看，对于集中采购，采购单位必须委托集中采购机构进行代理采购，采购单位不得擅自组织采购，其中部门集中采购可以由主管部门统一组织集中采购；而对于分散采购，采购单位可以按照规定自行组织实施采购，也可以委托集中采购机构或其他具有政府采购代理资格的社会中介机构进行代理采购。如委托集中采购机构采购，采购单位不需支付任何采购代理费用；而如委托社会中介代理机构采购，则需要按规定支付一定的采购代理费用。

（3）从采购的目的和作用来看，集中采购具有采购成本低、操作相对规范和社会影响大的特点，目的是发挥采购的规模优势和政策作用，体现采购的效益性和公共性原则，也有利于集中监管和对分散采购的良好示范作用；而分散采购可以借助单位的技术优势和社会中介代理机构的专业优势，充分调动采购的积极性和主动性，提高采购效率，同时也有利于实现采购不断"扩面增量、稳步渐进"的工作目标。

（4）分散采购存在采购机构重复设置、易导致腐败现象发生等问题。集中采购目前成为企业尤其是集团型企业的主要采购方式。集中采购使企业采购更倾向于专业化、规模化、规范化。目前国内企业纷纷建立集中采购部门、采购中心或物资装备中心，特别是大型企业集团更加重视集中采购，对集团的生产性物资及非生产性物品进行"统一管理、集中采购、统一储备"，从而降低成本，同时满足生产建设的需要。分散采购是集中采购的完善和补充，有利于采购环节与存货、供料等环节的协调配合，有利于增强基层工作人员的责任心，使基层工作富有弹性和成效。

当然，集中采购和分散采购并不是完全对立的。客观情况是复杂的，仅一种采购方式是不能满足生产需要的，大多数企业在两个极端之间进行平衡，即在多数情况下采用集中的采购组织，而在一些特定环境下选择更加分散的采购组织。

在实际采购中要趋利避害，扬长避短。根据企业自身的条件、资源状况、市场需要，灵活地做出制度安排，并积极创新采购方式和内容，使本企业在市场竞争中处于有利的地位。

四、决定集中采购或分散采购的标准

在决定集中采购还是分散采购时，应该考虑下面的因素或标准：

1. 采购需求的通用性

经营单位对购买产品所要求的通用性越高，从集中或协作的方法中得到的好处就越多。这就是大型公司中的原材料和包装材料的购买通常集中在一个地点（公司）的原因。如果购买产品通用性较差，可考虑分散采购。

2. 地理位置

当经营单位广泛分布于不同的国家或地区时，可能会极大地阻碍集中采购，此时宜采用分散采购。实际上，欧洲和美国之间的贸易和管理实践存在较大的差异，甚至在欧洲范围内也存在着很大的文化差异。一些大型公司已经从全球的协作战略转为地区的协作战略。

3. 供应市场结构

有时，企业会在它的一些供应市场上选择一个或数量有限的几个大型供应商组织。在这种情况下，力量的均衡肯定对供应商有利，采用一种分散的采购方法以在面对这些强有力的贸易伙伴时获得一个更好的谈判地位是有意义的。

4. 潜在的节约

一些类型的原材料的价格对采购数量非常敏感，在这种情况下，购买更多的数量会立刻导致成本的节约。对于标准商品和高技术部件都是如此，宜集中采购。

5. 所需的专门技术

有时，有效的采购需要非常高的专业技术，如对于高技术半导体和微芯片的采购。因此，大多数电子产品制造商已经将这些产品的购买集中化，在购买软件和硬件时也是如此。

6. 价格波动

如果市场价格持续下跌，为规避价格风险，应根据实时需求实施少量分散采购；而如果市场价格在不断上涨，为防止缺货，一般需要集中大量采购。

7. 客户需求

个性化、多样化是现今客户需求的主要特点，有时，客户会向制造商指定其必须购买哪些产品，这种现象在飞机工业中非常普遍。这些条件是与负责产品制造的经营单位商定的，这种做法明显不利于集中采购。为满足客户的不同特点和多样化的使用需求，有必要采用分散采购。

除了以上需要考虑的因素外，选择集中采购或者分散采购时，还应该有利于资源的合理配置，减少层次，加速周转，简化手续，满足要求，节约物品，提高综合利用率，保证和促进生产的发展，有利于调动各方的积极性，促进企业整体目标的实现等。

任务二 定量采购与定期采购

一、定量订货采购

(一)定量订货法原理

定量订货法是一种基于物资数量的订货法,主要靠控制订货点和订货批量两个参数来控制订货进货,达到既能最好地满足用户需求,又使经营总费用最低的目的。

定量订货法的原理是预先确定一个订货点 Q_K,在销售过程中随时检查库存,当库存下降到 Q_K 时,就发出一个订货批量,订货批量取为经济订货批量 Q^*,经过交纳周期(订货至到货间隔时间)T_K,库存量继续下降,到达安全库存量 Q_S 附近时,收到订货,库存水平上升,具体如图 5-1 所示。

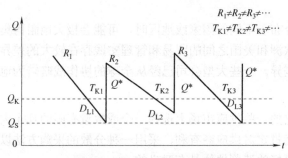

图 5-1 定量订货法原理示意图

其中 Q_K 由两部分构成,一部分是到货期间平均需要量,另一部分是安全库存 Q_S(正常情况下不动用)。T_K 表示"进货提前期"(也称到货期间),是指提出订货到物资入库,并能投入使用所需要的时间,主要包括:①提出订购,办理订购手续所需要的时间;②供货单位发运所需要的时间;③物资在途运输时间;④物资验收入库时间;⑤物资使用前的准备时间。在系统开始运转时,每天检查库存,假设在第一个周期,当库存量下降到 Q_K 时就发出订货,订货批量为 Q^*;随后进入进货提前期 T_{K1};进货提前期结束时,库存量降到最低,这时所订货物批量 Q^* 到达仓库,实际库存达到高库存,然后进入第二个周期。这样不断循环下去。

在定量订货法中,关键是要正确地确定订货点。如果订货点偏高,将提高平均库存水平,增加储存费用;如果订货点偏低,则会导致供应中断。

1. 订货点的确定

订货点合适的大小应当等于提前期需要量(D_L)加上安全库存量(Q_S)。如果用 Q_K 来表示订货点,其计算公式为

$$Q_K = \overline{R}\, T_K + Q_S$$

式中 $\overline{R}$——平均需求量;

T_K——进货提前期;

Q_S——安全库存量。

"进货提前期"的单位与计算"平均需求量"的单位应该一致。

这个公式说明在客户需求和提前期均确定的条件下,订货点就等于提前期内的需求量与安全库存量之和。例如,已知某种物资平均每月需用量 300 件,进货提前期为 8 天,安全库存量 100 件,则订购点为

$$Q_K = \frac{300}{30} \times 8 + 100 = 180 \text{(件)}$$

又如,一家经销计算机的零售商,经测算它的最佳订货批量为 240 台,安全库存量为 120 台,每天平均销售量为 60 台,提前进货时间为 2 天。在第 1 天,最佳订货批量 240 台全部到货,加上安全库存量 120 台,总库存量为 360 台。在第 3 天,总库存量下降到 240 台,到了订购点。因为从订购到收到货物需 2 天,在这段时间里要售出 120 台,而在正常情况下不动用安全库存,所以当总库存量为 240 台时就得补充订货。如果等第 4 天库存量降到 180 台才订货,那么订货后一天库存量就会下降到 120 台,这时上次订货尚未收到,周转库存已用完,之后的发货需动用安全库存;如果第二次订货误期到第 7 天还未收到,安全库存也消耗完了,就会发生缺货现象。由此企业确定订货点为 240 台。以上决策过程如图 5-2 所示。

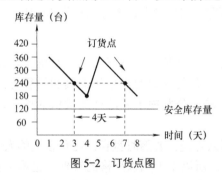

图 5-2 订货点图

从上图中可以发现,该企业每次订货的批量大小是固定的,而两次订货之间的时间间隔在正常情况下为 4 天。

但这种方法仅限于在需求和提前期都是确定的情况下才可以使用。在实际经济活动中,这样的情形是不常见的,更多的是提前期或需求情况都不确定,会发生随机变化的情况。对于企业来讲,不确定条件的库存管理显得更为重要,面对变化的客户需求和不确定的物流运输环境,企业如何保持适量的产品库存来满足客户的需求,预防由于客户需求增加和提前期延长所带来的缺货情况的发生尤为重要。在这种情况下,如何确定准确的订货点,就成为企业面临的主要问题。

2. 订货批量的确定

在定量订货法中,对一个具体的品种而言,每次的订货批量都是相同的,所以对每个品种都要确定一个固定的订货批量。确定订货批量可以采取以下几种方法:

(1)通常取订货批量为一个经济订货批量。

(2)取订货批量为一个时间段内需求量的大小。例如,可以取一个小时、一天、一周、一个月、一个季度,甚至一年的需求量为一个订货批量。此方法是根据总费用最省这个原理制定的,在实际操作中也比较方便、简单。

（3）还可以取与某种包装单元或运输单元的定额容量相等的，或整数倍的数量。有些产品，生产厂家是以一定的包装单元进行包装的。例如，香烟是成箱卖的，袜子是成打卖的，采购时也需成打成箱地确定订货批量。这时候，就既需要考虑包装单位、运输单位，又要考虑需求量。

（4）有些商品，生产企业是轮番批量生产的，有些是季节性生产的，它们都有一个供应周期。这一批生产完成了，要过一段时间才能再生产、再供应。这种情况下，采购订货批量就应取整个供应周期的需求量。

（二）定量订货法的实施和应用

1. 定量订货法的适用对象

这种方法特别适合于均匀稳定的需求物资的采购，能做到最好地满足需求并节省总费用。

定量订货法还适用于那些重要物资的库存控制。例如，单品种物资，价钱高的物资，关键零部件，比较紧缺、订货较难、管理很费手续的物资。

定量订货法不但适用于随机型需求，也适用于确定型需求。因为确定型需求是随机型需求的特殊情况。对于不同的需求类型，可以导出具体的应用形式，但它们的应用原理都是相同的。

2. 定量订货法的优缺点

（1）定量订货法的优点是：订货点、订货批量一经确定，此方法的操作就很简单。收货、验收、保管和批发就可以利用现成的规格化器具和结算方式操作，可节省搬运、包装等方面的工作量。定量订货法充分发挥了经济订货批量的作用，可以保持平均库存量和库存费用最低。

（2）定量订货法的主要缺点是：要随时盘存，花费较大的人力和物力；订货模式过于机械；订货时间不能预先确定，所以难于加以严格的管理，也难于预先做出较精确的人员、资金、工作等的安排计划。在实际工作中具体应用定量订货法时，还要注意它适用的环境条件：定量订货法只适用于订货不受限制的情况，即订货时间和订货地点都不受任何限制，市场上的物资资源供应充足且自由流通；定量订货法只能直接运用于单一品种物资的采购，如果要实行多品种联合采购，还要对此法进行灵活处理运用。

3. 定量订货法的实施步骤

实施定量订货法，可以按以下的步骤进行：

（1）做好基础工作。首先，把所有品种按重要性进行 ABC 分类，A 类或再加上 B 类，采用定量订货法；其次，进行需求分析和经营分析。

需求分析：确定需求的性质、规律和数量。把过去一段时间（一年或几个月）内该品种的库存消耗量以日或周为时间单位求出单位时间的消耗量，就是该品种的单位时间需求量。将其按先后顺序形成一个数列，对这个数列进行深入分析，看它是均匀稳定的确定性需求还是随机变化的随机性需求，是逐渐增加的还是逐渐减少的。如果是随机型需求，则判断其服从正态分布还是非正态分布。如果是正态分布，则其平均值、标准偏差是多少？如果是非正态分布，则其分布率是多少？如果是确定型需求，则其平均值是多少？

经营分析：确定经营方式、经营费用。如果是确定型需求，则要确定是采用不允许缺货、允许缺货还是补货经营方式，进货采用瞬时到货还是持时到货；如果是随机型需求，则要确定是基于服务水平、基于缺货费用还是基于补货费用。在各种经营方式下，发生哪些费用，一次订货费用是多少？单位物资单位时间的保管费用是多少？缺货费用、补货费用各是多少？

（2）确定库存模型。根据需求和经营分析，确定合适的库存模型。例如，对于确定型需求，企业可以根据情况选用不允许缺货瞬时到货模型、不允许缺货持时到货模型、允许缺货瞬时到货模型、允许缺货持时到货模型、实行补货的瞬时到货模型、实行补货的持时到货模型；对于随机型需求，则可以选用基于服务率的库存模型、基于缺货的库存模型、基于补货的库存模型。

（3）确定订货点。根据不同的库存模型确定各自合适的订货点。

（4）确定订货批量。根据具体情况，分别采用不同的方法来确定订货批量。

（5）定量订货法运行。在确定了订货点和订货批量这两个参数后，就可以实施定量订货法了。在具体实施过程中，仓库保管员要随时检查库存，每天算出库存量的余额，当库存量下降到给定的订货点时就发出订货，每次订货都为给定的订货批量。

二、定期订货采购

（一）定期订货法原理

定期订货法是基于时间的订货控制方法，通过设定订货周期和最高、最低库存量，来达到库存量控制的目的。只要订货周期和最高库存量控制得当，既可以不造成缺货，又可以达到节省库存费用的目的。

定期订货法的原理，是预先确定一个订货周期 T^* 和一个最高库存量 Q_{max}，周期性检查库存，发出订货。订货批量的大小应使订货后的"名义"库存量达到额定的最高库存量 Q_{max}。具体如图 5-3 所示。

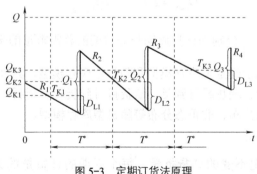

图 5-3 定期订货法原理

在第一个周期内，库存以 R_1 的速率下降，到了订货时间，不论库存量还有多少，都要发出订货。到了第一次订货时间时，通过监测库存，求出当时的库存量 Q_{K1}，并发出一个订货批量 Q_1，使库存上升到 Q_{max}。然后进入第二个周期，又经过 T^* 时间到第二次订货时间，检查库存得到此时的库存量 Q_{K2}，并发出一个订货批量 Q_2，使库存又上升到 Q_{max}，如此循环。

定期订货方法需要解决以下三个问题：

1. 订货周期的确定

定期订货法中，订货周期（即订货间隔期）决定了订货时机，也就是定期订货法的订货点。它与定量订货法的订货间隔期不同，定量订货法的订货间隔期互相可能不等，而定期订货法的订货间隔期都是相等的。订货间隔期的长短直接决定了最高库存量的大小，也就是决定了仓库的库存水平的高低；因而决定了库存费用的大小。所以订货周期不能太大，太大了就会使库存水平过高；也不能太小，太小了订货批次太多，就会增加订货费用。在一般情况下，可以用经济订货周期作为定期订货法的订货周期，即

$$T^* = \sqrt{\frac{2S}{DH}}$$

式中　D ——（年）总需求量；
　　　S ——每次订货费用；
　　　H ——单位产品存储成本，可用单价的百分比表示。

实际上，订货周期也可以根据具体情况进行调整。

（1）根据人们的日历习惯来定。例如，一个月订购一次，订货周期为一个月；或者一周订一次、一个季度订一次，则订货周期分别是一周、一个季度。至于取什么样的时间单位，可以根据具体情况而定。

（2）根据企业的生产周期或者供应周期来定。有些供应商企业是多品种轮番批量生产型企业，一个品种生产完了就生产另一个品种。从一个品种生产结束到下一次再开始生产之间的时间间隔，就是该品种的生产周期或供应周期。

2. 最高库存量的确定

在定量订货法中，我们把订货提前期内的需求量作为制定订货点的依据。在定期订货法中，则是把订货周期和其后一个订货提前期合在一起的长度为一个时间单元，把 $T+T_K$ 期间内的需求量 D_{T+T_K} 作为制定 $Q_{\max}$ 的依据。如果 D_{T+T_K} 服从正态分布，则最高库存量为

$$Q_{\max} = \overline{D}_{T+T_K} + \alpha\sigma_{D_{T+T_K}}$$

式中，$\overline{D}_{T+T_K}$，$\alpha\sigma_{D_{T+T_K}}$ 分别为订货周期与提前期的总需求量的平均值和标准差。

定期订货法也可以用于确定型库存模型和随机型库存模型，具体包括不允许缺货瞬时到货、不允许缺货持时到货、缺货瞬时到货、缺货持时到货、补货瞬时到货、补货持时到货六个确定型库存模型和正态分布、非正态分布等随机型库存模型。

3. 订货量的确定

定期订货法没有固定不变的订货批量，每个周期的订货量的大小都是由当时的实际库存量的大小确定的，等于当时的实际库存量与最高库存量的差值。这里所谓"实际库存量"，严格来讲，是指检查库存时仓库实际具有的能够用于销售供应的全部物资的数量。即它不光包括当时存于仓库中的物资数量 Q_K，也包括已订未到物资数量 I 和已经售出而尚未发货的物资数量 B。Q_K、I、B 都是由订货时检查库存而实际得到的数据，每次检查的值可能不一样。所以每次的订货量也不一样。第 i 次检查库存发出订货的数量 Q_i 可以表示为

$$Q_i = Q_{\max} - Q_{Ki} - I_i + B_i$$

（二）定期订货法应用

1. 定期订货法适用对象

这种方法主要用于 C 类物资或者再加上 B 类物资，即那些数量多却价值低、利润低，因而不太需要特别精细管理的物资的订货。对于这些多数的品种实行一般管理，可以最大限度地降低采购和管理成本，而对效益没有太大的影响。

2. 定期订货法的优缺点

（1）优点：①管理人员不必每天都检查库存，只是到了订货周期规定要订货的时间才检查库存，发出订货。这就大大减轻了管理人员的工作量，而又不影响工作效果和经济效益。②这种订货法能通过订货周期来控制库存，可以合并订购或进货以减少费用。③周期盘存也比较彻底、精确。④由于是定期订货，所以能预先制订订货计划和工作计划。⑤方便于实现多个品种联合订购。

（2）缺点：①安全库存量比定量订货法高，因为它的保险时间（$T+T_K$）较长，因此 $T+T_K$ 期间的需求量也比较大，因而其标准偏差也比较大，所以安全库存量也就设置较大。②不能像定量订货法那样利用经济订货批量进行订货，因而不能发挥批量订货的优越性。

任务三　国内采购与国际采购

一、国内采购

（一）国内采购的概念及特点

国内采购是指采购方向国内的供应商采购商品，通常无须动用外汇。国内采购的优势是：①国内采购不会遇到商业沟通的困难。供应商与采购方有共同的文化背景、道德观念及商业组织，这样有利于维系良好的商业关系，双方都可以减少耗费资源。②国内采购不存在国际贸易运输、定价的问题。国内采购因为是国内贸易，故运输距离较短，省却了在国际贸易中洽商费用、保险、交货付款条件等问题。国内采购不需要额外的通信费用、进口关税以及评选合格供应商的费用，这使国内采购的费用低于国际采购。③国内采购一般需时较短，而国际采购常常需要面临运输时间的不确定性，无法估计不同活动所需时间，如遇恶劣的天气、罢工等突发事件。④对于品质标准的认定不同也为国际采购带来了困难，而国内采购的品质标准相对统一。国内采购缺点主要是对供应商的选择余地较窄，无法获得国外的一些高质量、高科技的产品等。

（二）国内采购的作业流程

1. 价格

（1）采购人员接"请购单（内购）"后应按请购事项的缓急，并参考市场行情、过去采购记录或供应商提供的报价，精选三家以上供应商进行价格对比。

（2）如果报价规格与请购单位的要求略有不同或属替代用品，采购人员应附有关资料并在请购单上注明，报经主管核签，并转使用部门或请购部门签注意见。

（3）属于惯例超交者，如最低采购量超过请购量，采购人员应在议价后，在请购单"询价记录栏"中注明，报主管核签。

（4）对于供应商报价资料，采购经办人员应深入整理分析，并向供应商议价。

（5）采购部门接到请购部门紧急采购口头要求后，主管应立即指定采购经办人员先做询价、议价，待接到请购单后，按一般采购程序优先办理。

2. 呈批

（1）询价完成后采购经办人员应在请购单上详细填写询价或议价结果，拟定"订购厂商""交货期限"与"报价有效期限"，报主管核批。

（2）按采购审批权限呈批。

3. 订购

（1）采购经办人员接到已经审批的请购单后应向供应商寄发订购单，并确定交货日期，要求供应商在送货单上注明"请购单编号"及"包装方式"。

（2）分批交货时，采购人员应在请购单上加盖"分批交货"章以便识别。

（3）采购人员使用暂借款采购时，应在请购单加盖"暂借款采购"章，以便识别。

4. 进度控制

（1）国内采购部门可分询价、订购、交货三个阶段，依靠"采购进度控制表"控制采购作业进度。

（2）采购人员未能按既定进度完成采购时，应填制"采购交货延迟情况表"，并注明"异常原因"及"预定完成日期"，经主管批示后转送请购部门，与请购部门共同拟定处理对策。

5. 单据整理及付款

（1）来货收到以后，物管部门应将请购单连同"材料检验报告表"（其免填"材料检验报告表"部分，应于收料单加盖"免填材料检验报告表"章）送采购部门与发票核对。确认无误后，送会计部门。会计部门应于结账前办妥付款手续，如为分批收料，"请购单（内购）"中的会计联须于第一批收料后送会计部门。

（2）内购材料需待试用检验者，其订有合约部分，按合约规定办理付款；未订合约部分，按采购部门报批的付款条件办理付款。

（3）短交、待补足者，请购部门应依照实收数量，进行整理付款。

（4）超交，应经主管批示方可按照实收数量付款，否则仍按原订货数付款。

二、国际采购

（一）国际采购的概念及特点

国际采购是指采购方利用国际资源，在全世界范围内寻找供应商，寻找质量最好、价格合理的产品（货物与服务）。目前，全球供应和全球采购已经成为许多企业的主要战略。在全球范围的竞争环境下，产能过剩、企业并购、压缩费用等压力都使得全球采购成为企业生存的关键因素。利用更为廉价的劳动力、成本更低的物流网络和管制更少的市场环境可以帮助企业获取更多的利润。与此同时，全球物流容量的增长和通信能力的提高有助于进一步削减产品的单位成本，这也是全球采购发展的动力之一。

不仅如此，全球采购还是制造商或零售商在制定商业策略时所考虑的重要因素，并成为企业创造客户价值的重要手段之一。在各种分析报告中经常可以见到对这种策略的描述,沃尔玛的年度报告中这样写道:"我们在内部产品发展和全球采购这两个领域取得长足的进步。我们通过第三方物流进行了全球范围的采购,这使得我们可以更好地协调我们在全球的供应链,更好地进行货物配送。全球采购还促使我们能够在全球范围内更好地利用我们的采购力量和商业网络。"

国际采购的特点主要表现在以下方面:

(1)国际采购最大的特点就是追求更低的成本。这一点在亚洲地区体现得非常明显:较低的劳动力成本吸引了从服装到计算机,从消费品到工程设备的各种制造企业。

(2)国际采购的跨地域性,使得在订货、备货、制造和运输上的时间都被延长。与国内采购相比,国际采购涉及更多的环节,如储运中心、港口、班轮、海关以及质量检验。有研究表明,国际物流在整个供应链中,其成本占货物总成本的2%~5%,但其所花费的时间占到了30%~50%。

(3)不同国家和地区运输能力、社会条件、自然环境、运作模式等物流条件的不同,使得国际采购更加复杂,难度更大。例如,受到经济条件制约,西方的企业在一些其他地区可能无法找到和使用在本国常见的多联式运输,很多转运工作依然是手工操作,而且物流追踪很困难,因为承运人无法提供准确的信息。

(4)与传统的"门到门"运输不同,国际采购包含了更多的内容:物料流动、资金管理、风险控制、战略合作,因此要求有更先进的技术和设施的支持。集装箱班轮运输、电子数据交换(Electronic Data Interchange,EDI)系统、代码管理是目前国际物流活动中比较重要的技术条件。

(二)国际采购的作业流程

企业在进行国际采购时,通常遵循一定的步骤。尽管各企业进行全球采购时执行的流程顺序可能会有所差异,但是要想成功地进行全球采购,以下步骤是必须完成的。

1. 选择进行全球采购的物品

对于那些不熟悉全球采购的企业来讲,第一次进行全球采购是一个学习的过程。国外购买的最初目标会影响整个全球采购过程的成功与否。几乎所有能在当地采购到的产品都可以通过全球采购来获得,尤其是基本的日用品。企业应该选择质量好、成本低、便于装运且无风险的商品进行国外采购。

以下是一些有关进行全球商品采购的参考方法:

(1)选择对现有操作并不重要的产品,如日用品或具有多种采购来源的产品。
(2)选择标准化产品或者说明书易懂的产品。
(3)选择购买量大的产品来检验全球采购的效果。
(4)选择能够使企业从长期采购中获得利益的产品。
(5)选择那些需要较为标准化设备的产品。

一旦采购这些产品积累了足够的经验,就可以进行其他种类产品的全球采购了。

2. 获取有关全球采购的信息

在确定需要进行全球采购的商品之后,接下来企业就要收集和评价潜在供应商的信息或者识别能够承担该任务的中介公司。如果企业缺乏全球采购的经验、与外界联系较为有限或获得的信息有限，那么获取有关全球采购的信息对于这些企业而言可能就比较困难。获取全球采购信息可以参考国际工业厂商名录作为企业确定潜在供应商或中间商的最初途径，工业厂商名录随着互联网的发展而迅速增加，它是获取产业供应商或者区域供应商信息的一个主要来源。数以千计的企业名录可以帮助企业识别潜在的供应商。

3. 评价供应商

无论是买方企业还是外国代理机构进行全球采购，评价国外供应商的标准都应该与评价国内供应商的标准相同。

4. 签订合同

确定了合格的供应商之后，买方就要征求供应商的建议书。如果国外供应商并不具备竞争力（通过评价建议书来确定），那么采购员就会选择国内供应商；如果国外供应商能够满足买方的评价标准，那么买方就可以与供应商磋商合同条款了。无论与哪个供应商合作，买方都要在合同的整个有效期内对供应商进行持续的绩效考察。

5. 确定运输方案

在采购品和供应商都确定之后，就要安排货物的运输。由于国际运输的距离和复杂性，运输在采购中所占时间和费用都远高于国内采购。因此，必须选择合理的运输方式，制订经济有效的运输方案，将采购品运送到指定地点，满足生产和经营的需要。

（三）国际采购的发展趋势

1. 供需双方实现信息共享

供需双方建立长期、互利的战略伙伴关系，可以及时将生产、质量、服务、交易期等信息实现共享，使供应商严格按要求提供产品与服务，并根据生产需求协调供应计划，以实现准时化采购，最终使供应商进入生产过程与销售过程，实现双赢。零缺陷供应商战略是目前跨国公司采购与供应链管理中的共同战略，是指追求尽量完美的供应商，这个供应商可以是生产商，也可以是分销商。在选择供应商时也要考核其所在地的环境，即我们常讲的跨国采购的四个基本要素——价值流、服务流、信息流与资金流。

价值流代表产品和服务从资源基地到最终消费的整个过程中的价值增值性流动，包括多级供应商对产品和服务的修改、包装、个别定制、服务支援等增值性活动。

服务流主要指基于客户需求的物流服务和售后服务系统，即产品和服务在多级供应商、核心企业以及客户之间高速有效地流动以及产品的逆向流动，如退货、维修、回收、产品召回等。

信息流指建立交易信息平台，保证供应链成员之间关于交易资料、库存动态等信息的双向流动。

资金流主要指现金流动的速度以及物流资产的利用率。

2. 采购方式由单一化到多元化

传统的采购方式与渠道比较单一，但现在迅速向多元化方向发展，全球化采购与本土化采购相结合。跨国公司生产活动的区域布局更加符合各个国家的区域比较优势，而其采购活动也表现为全球化的采购,即企业以全球市场为选择范围,寻找最合适的供货商,而不是局限于某一地区。

3. 传统采购到电子商务采购

传统的采购模式的重点放在如何与供应商进行商业交易的活动上,特点是重视交易过程中供应商的价格比较,通过供应商的多头竞争,从中选择价格最低的作为合作者。而电子商务采购迅捷准确,信息具有开放性,除了能够提高采购效率外,还可以加强同供应商的交流合作,及时了解供应商信息,调整采购活动。

4. 为库存而采购到为订单而采购

在原材料短缺的状态下,为保证生产往往采用为库存而采购的模式,但在如今供大于求的状态下,为订单而采购则成了一条"铁"的规律。制造订单是在用户需求订单的驱动下产生的,然后制造订单驱动采购订单,采购订单再驱动供应商。这种准时化的订单驱动模式可以准时响应用户的需求,从而降低库存成本,提高物流的速度和库存周转率。

5. 普遍注重采购商品的社会责任

越来越多的跨国公司制定并推行公司社会责任守则,要求供应商和合约工厂遵守劳工标准,安排公司职员或委托独立审核机构对其合约工厂定期进行现场评估,即我们常讲的工厂认证或验厂。其中,家乐福、耐克、阿迪达斯、迪士尼、通用电气等跨国公司都已在中国开展社会责任审核,有些公司还在中国设立了劳工和社会责任事务部门。

SA8000 社会责任国际标准认证是全球第一个关于企业道德规范的国际标准,也是继绿色壁垒之后发达国家设置的又一个非关税贸易壁垒。其宗旨是明确生产商和供应商所提供的产品符合社会责任标准的要求,同时提高发展中国家产品的生产成本,扭转发达国家由于劳动力价格较高导致部分产品缺乏竞争力的不利局面。此外,环保也是国际采购必备的条件。

任务四 招标采购与询价采购

一、招标采购

(一)招标采购的概念

标,即标书、任务计划书。招标,是指由招标人发出公告或通知,邀请供应商进行投标,然后由招标人通过对投标人所提出的价格、质量、交货期限及其技术水平、财务状况等因素进行综合比较评价,确定其中最佳的投标人为中标人,并与其签订合同的过程。

招标采购,就是通过招标方式寻找最合适的供应商进行采购的一种采购方法。在商业贸易特别是在国际贸易中,大宗商品的采购或大型建设项目承包等常采用招标的方法。在招标交易中,采购企业的业务是招标;供应商或承包商的业务是投标。所谓的投标,是指投标人接到招标通知后,根据招标通知的要求填写投标文件(也称标书),并将其送交招标人的行为。

(二)招标采购分类

目前世界各国和国际组织的有关采购法律、规则基本认可三种招标方式,即公开招标、邀请招标、议标。

1. 公开招标

公开招标，又称竞争性招标，即由招标人在报刊、网络或其他媒体上发布招标公告，吸引众多企业单位参加投标竞争，招标人从中择优确定中标单位的招标方式。按照竞争范围，公开招标又可分为国际竞争性招标和国内竞争性招标。

2. 邀请招标

邀请招标也称有限竞争性招标或选择性招标，即由招标单位选择一定数目的企业，向其发出投标邀请书，邀请其参加竞标。一般选择3～10个企业参加较为适宜，当然要视具体的招标项目的规模大小而定。邀请招标具有以下主要特点：①邀请招标不使用公开的公告形式；②接受邀请的单位才有资格参加投标；③投标人的数量有限。由于被邀请参加的投标竞争者有限，不仅可以节约招标费用，而且提高了每个投标者的中标机会。然而，由于邀请招标限制了充分的竞争，因此招标投标法规一般都规定招标人应尽量采用公开招标。

3. 议标

议标也称为谈判招标或限制性招标，即通过谈判来确定中标者。它的主要方式有以下几种：

（1）直接邀请议标。在这种方式下，选择中标单位是由招标人或其代理人直接邀请某一企业进行单独协商，达成协议后签订采购合同。如果与一家协商不成，可以邀请另一家，直到协议达成为止。

（2）比价议标。"比价"是兼有邀请招标和协商特点的一种招标方式，一般应用于规模不大、内容简单的工程承包和货物采购。通常的做法是由招标人将采购的有关要求送交选定的几家企业，要求其在约定的时间提出报价。招标单位经过分析比较，选择报价最合理的企业，就工期、造价、质量付款条件等细节进行协商，从而达成协议，签订合同。

（3）方案竞赛议标。它是选择工程规划设计任务的常用方式。其一般做法是由招标人提出规划设计的基本要求和投资控制数额，并提供可行性研究报告或设计任务书、场地平面图、有关场地条件和环境情况的说明，以及规划、设计管理部门的有关规定等基础资料；参加竞标的单位据此提出自己的规划或设计的初步方案，阐述方案的优点和长处，并提出该项规划或设计任务的主要人员配置、完成任务的时间和进度安排、总投资估算和设计等，一并报送招标人；然后由招标人邀请有关专家组成评选委员会选出优胜单位，招标人与优胜单位签订合同，而对没有中选的参审单位给予一定补偿。

（三）招标采购的特点

1. 招标程序的公开性

招标采购将整个采购程序全部公开，公开发布招标邀请，公开发布招标商资格审查标准和最佳投标商评选标准，公开开标，公布中标结果，公开采购规则，接受公众监督，防止暗箱操作、徇私舞弊和腐败违法行为。

2. 招标过程的竞争性

招标是一种引发竞争的采购程序，是竞争的一种具体方式。招标活动是若干投标商的一个公开竞标的过程，是一场实力的比拼。招标的竞争性体现了市场经济的平等、诚信、正当和合法等基本原则。招标是一种规范、有约束力的竞争，有一套严格的程序和实施方法。企业采购通过招标活动，可以最大限度地吸引和扩大投标商参与竞争，从而使招标企业有可能以适宜的价格采购到所需的物资或服务。

3．招标程序的公平性

所有对招标感兴趣且符合条件的供应商、承包商和服务提供者都可以进行投标，并且地位一律平等，不允许对任何投标商进行歧视。评选过程应按照事先公布的标准进行。正是由于招标采购所具有的公平性，促使每个投标者调动全部的智慧来制订和提供最优的方案参与竞争。这就保证了最后中标的方案是在集中了众多投资者集体智慧的基础上所形成的最优方案。

（四）招标采购的适用范围

招标采购是一项比较庞大的活动，涉及面广，耗费人力、物力、财力较多，成本高。因此，一般适用于比较重大的项目，或者影响比较深远的项目。

（1）寻找长期供应物资的供应商。例如，新成立的物流企业或工商企业，寻找未来长期物资供应伙伴时常采用招标方式。

（2）采购批量比较大的项目。

（3）比较重大的建设工程项目的物资采购。

（4）政府采购。

而对于小批量物资采购或比较小的建设工程，一般都不会采用招标采购。

（五）招标采购的基本过程

招标采购是一个复杂的系统工程，涉及诸多环节。一个完整的招标采购过程，基本上可以分为以下六个阶段。

1．策划

招标策划主要包括以下工作：

（1）明确招标的内容和目标，对招标采购的必要性和可行性进行充分的研究和探讨。

（2）研究确定招标书的标底。

（3）研究确定招标的方式、操作步骤、时间进度等。例如，是采用公开招标还是邀请招标，是自己亲自主持招标还是请人代理招标，分成哪些步骤，每一步怎么进行等。

（4）研究确定评标方法和评标小组的组成人员。

（5）形成方案计划，并制订出书面文件，交由企业领导层决定。

2．招标

招标实际操作阶段主要包括以下工作：

（1）制作招标书。招标书是招标活动的核心文件。

（2）确定标底。

（3）发送招标书。要采用适当的方式，将招标书传送到潜在的投标人手中。例如，对于公开招标，可以在媒体上发布；对于邀请招标，可以用特快专递等方式直接送交所选择的投标人。许多标书需要投标者花钱购买，有些标书规定投标者要交一定的保证金之后才能得到。

3. 投标

投标人在收到招标书以后，如果愿意投标，就要进入投标程序。投标人需对投标书、投标报价进行特别认真的研究和详细的论证。这些内容要和许多供应商进行竞争评比，既要先进，又要合理，还要有利可图。投标文件要在规定的时间准备好，一份正本、若干份副本，并且分别封装签章，信封上分别注明"正本"或"副本"字样，寄到招标单位。

4. 开标

开标应按招标通告中规定的时间、地点公开进行，并邀请投标商或其委派的代表参加。开标前，应以公开的方式检查投标文件的密封情况，当众宣读供应商名称、有无撤标情况、提交投标保证金的方式是否符合要求、投标项目的主要内容、投标价格及其他有价值的内容。开标时，对于投标文件中含义不明确的地方，允许投标商做简要解释，但其所做的解释不能超过投标文件已载的范围，或实质性地改变投标文件的内容。招标人要做开标记录，其内容包括项目名称、招标号、刊登招标通告的日期、发售招标文件的日期、购买招标文件单位的名称、投标商的名称及报价、截标后收到标书的处理情况等。

5. 评标

招标方收到投标书后，不得事先开封。只有当招标会开始，投标人到达会场，才将投标书邮件交投标人检查签封是否完好，然后当众开封。开封后，投标人可以拿着自己的投标书当着全体评标小组陈述自己的投标书，并且接受全体评委的质询，如果招标会程序中设有投标辩论，投标人亦可自愿参加投标辩论，陈述或辩论完毕，投标者退出会场。

全体评标人员进行分析评比，最后投票或打分选出中标人。评标由招标人依法组建的评标委员会负责。评标委员会由招标人的代表和有关技术、经济等方面的专家组成，成员人数为5人以上单数。招标人应当采取必要的措施，保证评标在严格保密的情况下进行。评标委员会应当按照招标文件确定的评标标准和方法，对投标文件进行评审和比较。设有标底的，应当参考标底。评标委员会完成评标后，应当向招标人提出书面评标报告，并推荐合格的中标候选人。

评标方法有很多，具体的评标方法取决于采购单位对采购对象的要求。货物采购和工程采购的评标方法有所不同。货物采购常用的评标方法有以下四种：

（1）以最低评标价为基础的评标方法。该方法以价格为尺度，不是指最低报价，而是指最低评标价。最低评标价是指在报价的基础上加入了合理利润的价格。

（2）综合评标法。综合评标法是指除价格以外，还考虑其他因素的评标方法。一般采购耐用货物，如车辆、发动机等机械设备时，可采用这种评标方法。在采用综合评标法时，评标中除考虑价格外，还应考虑下列因素：①运费和保险费；②交货期；③付款条件；④零配件的供应和售后服务情况；⑤货物的性能、生产能力以及配套性和兼容性；⑥技术服务和培训费用等。

（3）以寿命周期成本为基础的评标方法。采购整套厂房、生产线或设备、车辆等在运行期内的各项后续费用（零配件、油料、燃料、维修等）很高的设备时，可采用这种评标方法。在计算寿命周期内成本时，可以根据实际情况，在标书报价的基础上加上一定运行期年限的各项费用，再减去一定年限后设备的残值。这些费用和残值都应按标书中规定的贴现率折算成净现值。

（4）打分法。评标通常要考虑多种因素，为了便于综合考虑和比较，可以按这些因素的重要性确定其在评标时所占的比例，对每个因素进行打分。打分法考虑的因素主要包括：①投标价格；②运费、保险费及其他费用；③交货期；④偏离合同条款规定的付款条件；⑤备用件价格及售后服务；⑥设备性能、质量、生产能力；⑦技术服务和培训。

6. 定标

招标人根据评标委员会提出的书面评标报告和推荐的中标候选人确定中标人，招标人也可以授权评标委员会直接确定中标人。在确定中标人后，要通知中标人。同时，对于未中标人也要给出明确通知并表示感谢。

以上是一般情况下的招标采购过程。在特殊的场合，招标的步骤和方式也可能有一些变化。

（六）招标文件与投标文件

1. 招标文件

招标文件是整个招标投标活动的核心文件，是招标方全部活动的依据，也是招标方的智慧与知识的载体。因此，准备招标文件是非常关键的环节，直接影响采购的质量和进度。

招标文件没有特别严格的格式，招标企业可以根据具体情况灵活地组织招标文件的结构。但是一般一个完整的招标文件应当有以下五个基本内容：

（1）招标邀请书/招标通告。招标邀请书，有的简称为招标书，其核心内容就是向未定的投标方说明招标的项目名称和简要内容，发出投标邀请，并且说明招标书编号、投标截止时间、投标地点、联系电话、传真、电子邮件地址等。招标邀请书应当简短、明确，让读者一目了然，并得到所需的全部基本信息。

（2）招标目标任务说明/工作说明书（SOW）。招标目标任务说明或工作说明书（SOW）应当详细说明招标的目标任务。如果目标任务是单纯的物资采购任务，那么这里就应当设置需要采购物资的一览表，以及列示供应商所应当承担的服务项目要求和所提供物资的各项具体要求。如果目标任务是寻找长期合作的物资供应商，如实施准时化采购系统等，就需要详细说明合作项目的内容、本企业和供应商企业相互应当承担的基本任务和责任要求，以及保障措施等。如果目标任务是开发一个项目，如开发计算机管理信息系统项目等，就需要详细说明功能、技术规格及数据处理方面的要求。

目标任务是一个"标的"，要求投标方能够实现这个标的，并且提出实现这个标的的技术方案和技术路线。

（3）投标须知。投标须知是向投标者告知关于投标的商务注意事项，是让投标者必须清楚了解投标的一些具体事项。投标须知实际上是要在招标过程中建立起一些规则并明确地列出来，作为招标文件的一部分，以期达成共识，作为今后双方行为的规范，在最后要声明未尽事项的解释权归谁所有，以免今后引起争议。投标须知的一些主要内容基本上是一些招投标的基本规则、做法标准等。这些内容基本上都可以从《中华人民共和国投标招标法》（以下简称《投标招标法》）中找到依据，但也可以根据自己的具体情况将其更加具体化、实用化（不可以与《投标招标法》相抵触），然后一条条列出来提供给投标人，作为与投标人的一种约定做法。

（4）合同条款。有的招标文件把这一部分又称做商务条款。其基本内容就是购销合同、任务内容明细组成、描述方式、货币价格条款、支付方式、运输方式、运费、税费处理等商务合同内容的约定和说明等。

（5）投标文件格式/投标书的编制要求。有的招标文件把这一部分称为附件。这一部分很重要，就是告诉投标人要准备的投标文件应该包括哪些文件，每种文件的格式应当如何，这样便于组织者的统计和识别。

2. 投标文件

投标文件是投标者投标的全部依据，也是招标者招标所希望获得的成果，是投标者智慧与技术的载体。投标文件主要根据招标文件要求提供的内容和格式进行准备，一般应当包括以下基本组成部分：

（1）投标书。投标书是投标者对于招标书的回应。投标书的基本内容，是以投标方授权代表的名义明确表明参加对招标方招标项目进行投标的意愿、简要说明项目投标的底价和主要条件。除此以外，还要对投标文件的组成及附件清单、正本本数、副本本数做出说明，并声明愿意遵守哪些招标文件给出的约定、规定和义务。最后要有授权代表的签字和职位。

（2）目标任务的详细技术方案。目标任务的详细技术方案是投标文件的主体文件。在这份文件中，要针对招标项目提出自己的技术方案和商务方案，还要对完成自己的方案所需要的成本费用以及需要购置的设备材料等列出详细的清单。其具体内容包括：

1）商务条款和技术规范的逐条应答。应注意，在应答中不能只说满足或不满足，而是应注明满足到什么程度，即尽可能量化，最好用数字表示。

2）对招标书中的合同条款的应答。合同条款的内容需要注意交货时间、付款方式、运输和验收、服务、技术支持等。如果项目由多个单位共同完成，还要把各单位的人员、项目分工等列表说明。

（3）投标资格证明文件。投标资格证明文件要列出投标方的资格证明文件，包括投标企业的全称、历史简介和现状说明，企业的组织结构，企业的营业执照副本、组织机构代码证、技术交易许可证等，还要有开户银行名称以及开户银行出具的资格证明书，还要对授权代理人的情况、资格等做出说明，并附授权委托证明书。

（4）公司与制造商代理协议和授权书。如果投标方是制造商的产品代理，则还要出具和制造商的代理协议复印件以及制造商的委托书。这样做的目的，是防止在招标方和投标方将来合作时可能引起的来源于制造商的纠纷。

（5）公司有关技术资料及客户反馈意见。主要是指投标方企业对自己的业务水平、技术能力、市场业绩等提出一些让招标方可信的说明以及证明材料，增加投标方对自己的信任，也是一种对自己技术资格的另一种方式的证明。在这里，可以用实例写出自己令人信服的技术能力、质量保证能力等，列出自己有关技术资格证书、获奖证书、兼职聘任证书等的复印件，还可以简述几个自己完成的具体实例，说明它们创造的效益等。

二、询价采购

询价采购是指对几个供货商（通常至少三家）的报价进行比较以确保价格具有竞争性的一种采购方式。询价采购方式具有灵活、方便、易操作等特性，既可以面向市场公开选择供应商，又可以简化流程，相对于招标采购方式来说不仅节省成本而且省时省力。然而，询价采购在实际操作中也容易出现一些问题。

（一）询价采购的程序

1. 成立询价小组

这是执行询价采购方式的重要环节。询价小组由采购人员的代表和有关专家共三人或以上的单数组成，其中专家的人数不得少于成员总数的 2/3，且要选择专业水平较高、素质全面的人士参加。询价小组应对采购项目的价格构成和评定、成交标准等事项做出规定。询价小组根据所要采购的内容初步筛选出符合相应价格条件的供应商名单，并且为询价采购做好充分的事前准备，如确定采购需求、预测采购风险等。

2. 确定被询价的供应商名单

询价小组根据所采购商品的特点及对供应商、承包商或服务提供者的要求，从供应商名单中选定三家或以上符合相应资格条件的供应商。选择时必须依据所要采购的内容，同时考察各供应商的供应能力和资格条件，做出慎重选择。

3. 发出询价单

询价小组对所选定的供应商分别发出询价单。询价单的内容除了价格以外，还应包括商品的品质、数量、规格，以及交货时间、交货方式、售后服务等内容。供应商应就询价单的内容如实填报。

4. 评价比较

采购询价小组根据各供应商回传的报价单进行比较评价，以报价最低、条件最优的一家为中标者，并将结果通知所有被询价的供应商。

5. 签订合同，履行采购

采购单位要与中标者签订合同并在规定的时间内付清货款、揽取货物。

（二）询价采购特点与操作

1. 询价采购的特点

（1）邀请报价的供应商至少为三个。

（2）每供应商或承包商只许提出一个报价，且不许改变其报价。不得同某供应商或承包商就其报价进行谈判。

（3）报价的评审应按照买方公共或私营部门的良好惯例进行。采购合同一般授予符合采购实体需求的最低报价的供应商或承包商。

2. 询价采购的适用条件

（1）采购现成的并非按采购实体的特定规格特别制造或提供的货物或服务。

(2) 采购合同的估计价值低于采购条例规定的数额。

3. 询价采购操作中存在的问题

(1) 询价信息公开面较狭窄,局限在有限少数供应商,一般很少在政府采购信息发布指定媒体上发布询价公告,满足于三家供应商的最低要求,排外现象较严重。从财政部指定的政府采购信息发布媒体上很难发现询价信息,很多询价项目信息不公开,不但外地供应商无从知晓相关的采购信息,当地的供应商也会遭遇"信息失灵"。而且,不少询价项目的金额较大,信息却处于"保密"状态,为代理机构和采购人员实施"暗箱操作"提供了极大便利,一些实力雄厚的供应商只能"望询兴叹"。

(2) 询价采购出现超范围适用。法律规定询价方式适用于通用、价格变化小、市场货源充足的采购项目,实际工作中则是以采购项目的概算大小来决定是否采用询价方式。询价并不是通用的"灵丹妙药",有着确切的适用条件。实际工作中一些代理机构和采购人员将询价作为主要采购方式,错误地认为只要招标搞不了的,就采用询价方式,普遍存在滥用、错用、乱用问题,代理机构隔三岔五做询价,忙得"不亦乐乎",被琐碎的事务缠身,采购效率和规模效应低下,还有些人借询价规避招标。

(3) 询价过于倾向报价,容易忽视对供应商资格和服务质量的考察。采购人员根据符合采购需求、质量和服务相等且报价最低的原则确定成交供应商,这是询价采购成交供应商确定的基本原则,但是不少人片面地认为,既然是询价,那么谁价格低谁就"中标"。供应商在恶性的"价格战"中获利无几,忽视产品的质量和售后服务。

(4) 确定被询价供应商的主观性和随意性大。被询价对象应由询价小组确定,但是往往由采购人员或代理机构"代劳",在确定询价对象时会凭个人好恶取舍,主观性较大。指定品牌询价现象比较突出。询价采购应从符合相应资格条件的供应商名单中确定不少于三家的供应商,而一些采购人员和代理机构怕麻烦不愿意邀请过多的供应商,只执行法律规定的"下限"数量。有的代理机构的询价资料中被询价的供应商均为三家,还有些询价项目,参与的供应商只有两家,甚至仅有一家。

(5) 询价采购的文件过于单薄,往往就是一张报价单,基本的合同条款也会被省略。原则上询价采购应制作询价通知书,而在实际询价采购活动中,询价方一般不会制作询价通知书,多采取电话或线上通知方式,即使制作询价通知书,内容也不够完整,且规范性较差,价格构成、评标成交标准、保证金、合同条款等关键性的内容表述不全,影响询价的公正性。不少询价采购结束后采购双方不签合同,权利义务不明确,引发了不必要的纠纷。

(6) 询价小组的构成常存在问题。例如,采购代理机构人员介入小组、专家数量和比例不满足法定要求等。询价小组应由采购人员代表和有关专家共三人或以上的单数组成,其中专家的人数不得少于成员总数的 2/3。但实际中,有些代理机构直接操作,既不通知采购人员代表参加,也不商请有关专家;还有些代理机构虽然依法组成了询价小组,但是小组的专业化水准很低;更多的是专家人数比例根本无法达到 2/3,让"外行"来从事询价属实让人不放心。

(7) 采购活动的后续工作比较薄弱。不做询价采购活动记录,不现场公布询价结果,询价方式随意性大。一些地方尝试采用电话询价、传真报价、网上竞价等方式进行询价采购,尽管这些有便利之处,但不宜过多地使用。法律规定在询价过程中供应商一次报出不得更改的价格，而采用非现场方式进行询价采购存在舞弊漏洞，采购方有机会随意更改任何一家供应商的报价，或者给有关供应商"通风报信"。

项目实训：某产品采购方式调查

一、实训目的
（1）通过以组为单位进行实地调查，了解各种采购方式的特点及运作模式。
（2）通过比较分析，了解各种采购方式的优缺点及其适用场合。
（3）不断培养和增强学生的分析能力、组织能力、沟通能力、团队协作精神等。

二、实训组织
（1）知识准备：各种采购方式的运作。
（2）学生分组：每个小组以3～5人为宜，小组中要合理分工，每组选出一位小组长。
（3）实训地点：各小组成员自主选择目标企业，或通过互联网调查各种不同企业的采购方式。

三、实训要求
（1）每个小组通过讨论确定所熟悉或感兴趣的产品和行业。
（2）以小组为单位到该产品生产、流通过程中涉及的某一节点企业进行实地调查。
（3）重点选择制造商的采购部进行访谈，了解其采购过程和采购方式，并做详细记录。
（4）要求各小组相互协商，尽量调查不同行业、不同产品以及不同的采购方式，以便最后可以进行比较分析。

四、实训报告
在通过实地调查获得相关资料后，以组为单位完成实训报告。实训报告题名为"××企业（或产品）采购方式调查报告"。报告中应包含以下内容：
（1）调查时间、地点、对象。
（2）调研企业所采用的采购模式，并分析企业采用该种模式的原因。
（3）了解并分析企业当前采购模式的运作流程和规范，是否有不合理之处。
（4）对比不同企业的不同采购模式，结合企业实际分析不同采购方式的优缺点。

五、实训考核
实训成绩根据个人表现和团队表现进行综合评定，考评内容包含以下几项：
（1）实训过程是否进行实地调查，获得不同采购方式的资料，且资料是否真实。
（2）采购方式分析是否透彻，是否能做到理论联系实际，举一反三。
（3）小组内部分工是否明确，组员是否有协作精神，根据个人任务完成情况由组长评分。
（4）小组总结汇报思路是否清晰、内容是否充实、重点是否突出，由教师对小组进行评分。
（5）实训报告是否按要求的规范格式完成，对个人报告或小组报告进行评分。
（6）根据个人得分和小组综合评分最终确定每个学生的实训成绩。

项目六
供应商选择与管理

工作任务及过程描述

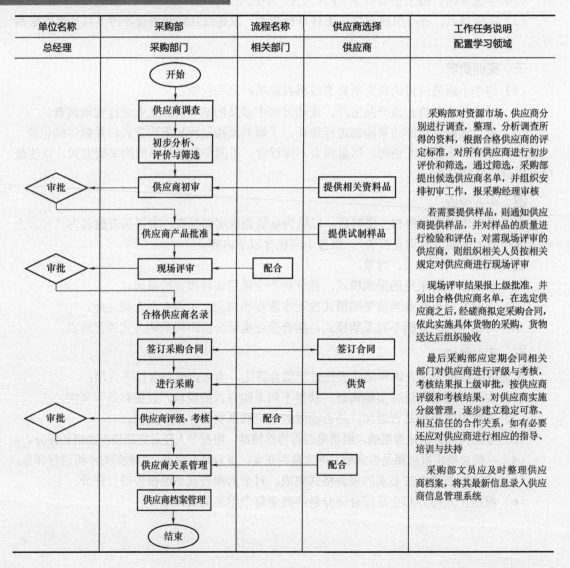

职业能力要求

1. 岗位：供应商主管

(1) 负责供应商及供应渠道的开发，并根据企业发展需要制订供应商开发计划。
(2) 维护和发展与重要供应商的关系，掌握供应商的变化情况。
(3) 创建符合企业发展需求的供应链条，建立全国的供应商开发、考核机制。
(4) 对供应商进行评价、分级，并对其进行月度、季度、年终考核的评审及淘汰。
(5) 定期对供应商数据库进行管理。
(6) 对市场行情进行调查，并给予独立的评估意见。
(7) 参与采购合同及采购过程的成本分析与审核。
(8) 安排部门的日常工作，协调本部门内部及与其他部门的关系。

2. 岗位：供应商关系专员

(1) 协助供应商主管进行供应商的维护和拓展工作。
(2) 定期对市场进行调查，收集整理市场信息，汇报供应商情况并编制分析报告。
(3) 建立与维护供应商数据库，保证数据及时更新和正常使用。
(4) 协助供应商主管处理供应商关系，以及其他行政日常事务的处理。
(5) 协助部门主管约访供应商及不定期回访合作的供应商。
(6) 配合供应商主管利用各种方式和渠道掌握供应商及市场动态。

项目导入案例

兖州煤业强化供应商管理

兖州煤业股份有限公司（以下简称"兖州煤业"）是国有特大型企业集团兖矿集团有限公司的控股上市公司，主要拥有煤炭、煤化工、电力、装备制造、物流贸易、金融投资等产业。2018年，兖州煤业销售商品煤1.14亿吨，实现营业收入1 630亿元。在生产经营活动中，兖州煤业每年消耗的材料、设备和备品备件规模庞大，有上千家供应商为其供应物资。因此，如何管理好供应商，对企业成本和效益、安全与发展有着重要的影响。

对供应商的评价和认证是采购流程中最具战略意义的采购活动之一，对提高采购绩效意义重大。兖州煤业历来重视供应商管理工作，一直实行"动态管理、过程优化、优胜劣汰"的管理方法，每年进行一次供应商的认证和评价工作，将符合条件的供应商作为合格供方，否则就会淘汰，取消供应资格；对符合条件要求加入的新供应商实行准入制度，根据需要按程序审批。

兖州煤业在对供应商的评价过程中，主要参考六项指标：供应商资质、产品质量、交付能力、服务水平、管理能力和成本。供应商资质是一个基本前提，包括营业执照、税务登记、机构代码、银行资质等情况，这是供应商开展经营活动的必备条件。产品质量是评价供应商产品满足企业功能性需要的能力，也一直是对供应商进行管理的一个关键问题。评价产品质量主要用具体指标来考核，如供应商产品满足公司规格要求的程度、合格率、各种证件资料、退货率、废品率及质量认证体系等。

兖州煤业作为煤炭企业，对产品的安全性能要求较高，凡井下生产所需的产品必须具备"三证一标志"（防爆合格证、生产许可证、产品合格证和 MA 标志），才能作为合格产品，凡具有安全隐患的产品全部禁止进入矿区。

交付能力是指供应商满足需要的程度。供应商交付的及时性和准确性是评价其能力的一个比较权威的标准，主要包括准时制供货、缩短提前期、提供长期供应保证等，同时还考虑订货批量要求、地理位置、产品生命周期、物流能力、库存能力、生产能力等。煤炭生产使用的设备配件等机电产品都具有较高的技术含量，需要供应商较高的服务水平。因此，获得什么样的潜在服务是采购活动重点要考虑的问题，也是反映供应商服务水平的重要指标。供应商的服务水平主要体现在响应速度、技术支持与培训、维护和维修水平等方面，主要参考供应商 24 小时在线服务、问题的反馈速度、是否提供产品的使用方法培训、售后技术支持和维修人员的到位时间及维修成本等因素。同时，还要考虑供应商的管理能力，因为管理决定了经营活动并影响供应商未来的竞争力，供应商管理应重点考虑企业规模、信誉、经营策略、管理团队、企业文化、信息化水平及员工素质等。

产品质量、交付能力、服务水平和管理能力是评价供应商的最基本因素，还有一个关键的因素是成本。供应商能否使公司获得一个理想的采购成本是衡量的关键，尤其是价格竞争十分激烈时，成本就显得特别重要。评价供应商成本主要看交付价格和所有权总成本。交付价格是指产品在质量有保障、其他条件满足的情况下价格最有优势。所有权总成本包括所有与采购活动相关的成本，包括采购价格、订单跟踪、催货、运输、检测、返工、存储、废物处置、保修、服务、停工损失、产品退回等造成的费用。对于煤炭企业使用的成套设备等有后续成本的采购项目，比较适合所有权总成本评估。

按照供应商评价的六项指标，兖州煤业在每年进行一次评估的基础上，合理优化，明确分类，便于在采购活动中，因人制宜，区别对待，实现效率和效益的最大化。兖州煤业将所有供应商分为战略型供应商、竞争型供应商（普通供应商）、技术型供应商、待选供应商及淘汰供应商五大类。

战略型供应商有很大一部分是资源型、紧缺型和市场变化较大的企业，其产品质量可靠、信誉好，甚至供不应求，其产品对公司生产经营的制约性很大，采购方往往没有主动权。因此，和战略型供应商建立长期合作伙伴关系是企业生产发展的保障。竞争型和普通供应商数量较大，它们经常是交叉的，其产品多数是社会长线物资，属于买方市场，竞争比较激烈，采购方有比较大的主动权。技术型供应商是指其产品技术含量较高、通用性较差、市场竞争不是很充分的供应商。待选供应商是根据生产形势对物料需求的变化，或者新产品、新技术的推广，或者产业政策变化推出的替代或更新产品，或者在现有供应商无法满足供应的情况下，为了保证生产需要，按照一定程序增加的那些符合条件的供应商。淘汰供应商主要是因为其产品质量、服务或其他原因未能满足公司要求，有的甚至为企业造成损失或影响的供应商。

兖州煤业曾进行供应体制改革，实行"三集中、五统一"的物流一体化管理体系，结合 ERP 线上系统，对供应商进行评估认证和系统优化，一次性淘汰 70% 的供应商，使原有的 3 276 家供应商数量优化为 972 家。这样便于企业合理确定供应商类别及地位，使供应商结构得到优化，为开展供应商动态管理提供基础。

在市场采购活动中，兖州煤业结合不同供应商的特点，坚持因人制宜，区别对待，采取不同的工作措施，开展比价采购"阳光工程"，规范采购行为，对采购计划、渠道、价格、合同、考核等全过程规范程序，落实责任，互相监督，努力降低采购成本，提高经济效益。"阳光工程"的实施主要涉及以下方面：

（1）与战略型供应商建立战略联盟，形成供应链关系，实行供应互保，达成保证供应和享受优惠价格的共识，并定期交流沟通，了解信息，把握市场动态，对需求物资及时做出反应。这样不但做到了货找源头、直达供货，减少了中间环节，而且保证了物料质量。这类供应商主要集中在钢材、木材、水泥、胶带等大宗材料和主要设备上，其中绝大多数物资实现了从生产厂家直接采购。

（2）对竞争型供应商采取招标议标，比价采购。对于小批量、多频率使用的物资，利用批量和买方市场的优势，集中批量进行比价和招标议标。严格规范比价和议标程序，按照公开、公平、公正的原则，组织尽可能多的供应商参与竞标，避免暗箱操作，使发布公告、投标、开标、评标和授标的工作程序规范、完整。与此同时，改变设备、配件分别招标的办法，实行关联搭配，捆绑议标，让相关业务部门合作采购，从而减少招标次数，提高单次订货金额，获得更大的价格空间。

（3）对普通供应商实行超市采购，二次比价。兖州煤业借鉴商业超市经营模式，在多处矿井生产一线建设了"物资井口超市"，将阀门、开关、工具等零星使用、多频率使用的小型物资及二三类物资、工矿配件等物资置于其中，让使用单位在超市内自主选择，形成第二次比价。为保证超市规范运作，制定了科学合理的运作流程，细致规定了供应商选择、进货验收、补货、退货等环节的操作规范。

（4）对技术型供应商实行供需见面，公开竞标。因国家专控、技术专利、单一来源等原因不具备比价条件的采购物品，在确保产品质量前提下，实行一批一议、专家评定、现场报价、面对面谈判、当场确定供货商的全过程公开议标方式，增加议标透明度。

问题一：如何对供应商进行合理的选择与评价？
问题二：如何进行有效的供应商控制与激励措施？

任务一　供应商管理认知

一、什么是供应商管理

供应商是指可以为企业生产提供原材料、设备、工具及其他资源的企业。供应商可以是生产企业，也可以是流通企业。企业要维持正常生产，就必须要有一批可靠的供应商为企业提供各种各样的物资供应。因此，供应商对企业的物资供应起着非常重要的作用，采购管理就是通过和供应商打交道而从供应商处采购获得各种物资。因此采购管理的一个重要工作，就是要做好供应商管理。

供应商管理是对供应商的了解、选择、开发、使用和控制等综合性管理工作的总称。其中，了解是基础，选择、开发、控制是手段，使用是目的。供应商管理的目的，就是要建立起一支稳定可靠的供应商队伍，为企业生产提供可靠的物资供应。

供应链的研究结果表明，在所有降低采购成本的方式中，供应商参与产品开发最有潜力，成本的降低幅度可达42%，利用供应商开展即时生产可降低成本20%，然而通过改进采购过程以及价格谈判等方式最多只能降低成本11%。因此，降低采购成本的最高境界就是"上游采购"，即在产品开发过程中就充分有效地利用供应商。因此，供应商的选择和管理对于企业至关重要。

二、供应商管理的目的和意义

1. 供应商管理的目的

对于任何一个企业，供应商都是客观存在的，而且自然地构成了企业外部环境的组成部分，必然间接或直接地对企业造成影响。因为任何供应商，不管是否已经与企业有直接关系，都是资源市场的组成部分。资源市场中物资的供应总量、供应价格、竞争态势、技术水平等，都是由资源市场的所有成员共同形成的。而企业的采购，都只能从这个资源市场中获取物资。所以企业采购物资的质量水平、价格水平都必然受到资源市场各成员的共同影响。供应商都是与采购方独立的利益主体，而且是"以追求利益最大化为目的"的利益主体。按传统的观念，供应商和采购方的利益是相互对立的，供应商希望从采购方手中多得一点，采购方希望向供应商少付一点，为此常常斤斤计较，甚至在物资商品的质量、数量上做文章，以劣充优、降低质量标准、减少数量，甚至制造假冒伪劣产品坑害采购方。为了防止伪劣、质次产品入库，采购方需要花费很多人力、物力加强物资检验，大大增加了物资采购检验的成本。因此供应商和采购方之间既互相依赖，又互相对立。对采购方来讲，物资供应没有可靠的保证、产品质量没有保障、采购成本太高，这些都会直接影响企业生产和成本效益。

相反，如果企业找到了一个好的供应商，其产品质量好、价格低，而且服务态度好、保证供应、按时交货，这样企业采购就可以非常放心，不但物资供应稳定可靠、质优价廉、准时供货，而且双方关系融洽、互相支持、共同协调，这样对企业的采购管理、生产和成本效益都会有很多好处。

为了创造出这样一种供应商关系局面，克服传统的供应商关系观念，企业要非常注重供应商的管理工作，通过多方面持续努力，以不断了解、选择、开发供应商，合理使用和控制供应商，建立起一支可靠的供应商队伍，为企业生产提供稳定可靠的物资供应保障。做好供应商管理也是企业做好采购管理所必须完成的基础工作。只有建立起一支良好的供应商队伍，企业的各种采购工作才能顺利进行。

2. 供应商管理的意义

（1）供应商管理有助于提高客户对需求和服务的满意度。加强供应商管理，使采购方与合格的供应商建立合作伙伴关系，通过信息共享，才能达到低成本、高柔性的目标。

（2）供应商管理有助于提高供应商对客户需求反应的敏捷性。零库存、准时制生产、精益物流等，逐渐成为企业竞争优势的核心要素，在这种环境下，只有加强对供应商的管理，使采购方与供应商成为合作伙伴而不是竞争对手，才能提高供应商对客户需求反应的敏捷性。

（3）供应商管理有助于保证采购质量，降低采购成本。供应商所提供产品的质量是企业生产质量和研发质量的组成部分，供应商的质量管理体系同时也是采购方的质量管理体系。所以，加强对供应商的管理，选择合适的供应商，使其在竞争的环境中提高产品质量、合理降低成本的竞争状态，对保证采购质量、降低采购成本都有积极的意义。

三、供应商管理的基本环节

供应商管理应当抓好以下几个基本环节：

（1）供应商调查。了解企业有哪些可能的供应商，各个供应商的基本情况如何，为了解资源市场以及选择正式的供应商做准备。

（2）资源市场调查。在供应商调查的基础上，进一步了解和掌握整个资源市场的基本情况和基本性质，分析是买方市场还是卖方市场，是竞争市场还是垄断市场，是成长的市场还是没落的市场，资源生产能力、技术水平、管理水平以及价格水平如何，等等，为制定采购决策和选择供应商做准备。

（3）供应商开发。在供应商调查和资源市场调查的基础上，可能会发现一些比较好的供应商，但还不一定能立即得到一个完全合乎企业要求的供应商，还需要在现有的基础上进一步加以开发，才能得到一个基本合乎企业需要的供应商。将一个现有的原型供应商转化成一个基本符合企业需要的供应商的过程，就是供应商的开发过程，具体包括供应商深入调查、供应商辅导、供应商改进、供应商考核等活动。

（4）供应商考核。供应商考核是一项很重要的工作。它分布于各个阶段，在供应商开发过程中需要考核，在供应商选择阶段需要考核，在供应商使用阶段也需要考核。不过每个阶段考核的内容和形式并不完全相同。

（5）供应商选择。在供应商考核的基础上，选定合适的供应商。

（6）供应商合作。与选定的供应商开展正常的业务活动。

（7）供应商评估。通过评估，在合作过程中进行有效的激励和控制。

任务二　供应商调查与开发

供应商管理的首要工作，就是了解供应商、了解资源市场。要想了解供应商的情况，就必须对供应商进行调查。

供应商调查，在不同的阶段有不同的要求，具体可以分成三种：初步供应商调查、资源市场调查、深入供应商调查。

一、初步供应商调查

（一）初步供应商调查的目的与方法

初步供应商调查，是指对供应商基本情况的调查。主要是了解供应商的名称、地址、生产能力，能提供什么产品，能提供多少，价格如何，质量如何，市场份额有多大，运输进货条件如何等。

进行初步供应商调查，了解供应商的一般情况的目的：①为选择最佳供应商做准备；②了解和掌握整个资源市场的情况，因为许多供应商基本情况的汇总就是整个资源市场的基本情况。

因此，初步供应商调查的特点：①调查内容浅，只需了解一些简单、基本的情况；②调查面广，最好能够对资源市场中所有供应商都有所调查和了解，从而能够掌握整个资源市场的基本状况。

初步供应商调查的基本方法,一般可以采用访谈调查法,通过访问有关人员而获取信息。例如,可以访问供应商单位的市场部有关人士,或者访问有关用户、有关市场主管人员及其他知情人士,通过访问建立起供应商卡片,卡片格式内容如表 6-1 所示。

表 6-1 供应商卡片

公司基本情况	名　称					
	地　址					
	营业执照号			注册资本		
	联系人			部门、职务		
	电　话			传　真		
	E-mail			信用度		
产品情况	产品名	规　格	价　格	质　量	可供量	市场份额
运输方式		运输时间			运输费用	
备　注						

注:表 6-1 也可以作为调查表的形式(由供应商填写)。

收集供应商卡片上的信息,是采购管理的基础工作。我们在采购工作中,经常要选择供应商,就可以利用供应商卡片来进行选择。当然,供应商卡片也要根据情况的变化,经常进行维护、修改和更新。

在实施了计算机信息管理的企业中,供应商管理应当纳入计算机管理系统。把供应商卡片的内容输入到计算机管理系统中,利用数据库进行操作、维护和利用。计算机管理系统有很多优越性,它不但便于储存、增添、修改、查询和删除,而且可以方便、快速地进行统计汇总和分析,还可以实现不同子系统之间的数据共享。

(二)初步供应商分析

在初步供应商调查的基础上,要利用供应商初步调查的资料进行初步供应商分析。其主要目的是比较各个供应商的优势和劣势,选择适合于企业需要的供应商。

初步供应商分析的主要内容包括:

(1)供应商产品的品种、规格和质量水平是否符合企业需要?价格水平如何?只有供应商产品的品种、规格、质量水平都适合于企业,才算得上企业的可能供应商,才有必要进行下面的分析。

(2)供应商的企业实力、规模如何?供应商的企业生产能力、技术水平、管理水平如何?企业信用度如何?企业信用度是指企业对客户、银行等的诚信程度。供应商的信用度表现为对自己的承诺和义务认证履行的程度,特别是在产品质量保证、按时交货、往来账目处理等方面能否以诚相待,一丝不苟地履行自己的责任和义务。

在初步调查阶段,对信用度的调查可以采用访问制,从大众访问结果中得出一个大概的、定性的结论。在详细调查阶段,可以通过大量的业务往来,统计分析供应商的信用程度,从而得到具体的、定量的结果。

(3)供应商的产品是竞争性商品还是垄断性商品?如果是竞争性商品,则供应商的竞争态势如何？供应商的产品销售情况如何？市场份额如何？产品的价格水平是否合适？

（4）供应商相对于本企业的地理交通情况如何？通过运输方式分析、运输时间分析、运输费用分析，看运输成本是否合适。

在进行以上分析的基础上，得出初步供应商分析结论，为选定供应商提供决策支持。

二、资源市场调查

（一）资源市场调查的内容

初步供应商调查是资源市场调查的内容之一，但资源市场调查不仅是供应商调查，还应当包括以下一些基本内容：

1. 资源市场的规模和需求容量

调查资源市场在过去几年中的销售总额，现在市场的需求量及其影响因素，特别要重点针对资源市场进行购买力调查、购买动机调查和潜在需求调查，从而掌握资源市场的规模和需求容量。例如，调查资源市场究竟有多大范围，有多少资源量，有多少需求量。进而了解整个资源市场的性质，比如是卖方市场还是买方市场，是完全竞争市场、垄断竞争市场还是垄断市场，是一个新兴的、成长的市场还是一个陈旧的、没落的市场，等等。

2. 资源市场的环境

政策环境和经济环境的变化、行业法律法规的实施，都对资源市场有重大影响，如资源市场的管理制度、法制建设；税收政策、银行信用情况；行业的限制、资源市场的规范化程度；资源市场的发展前景等，这也是资源市场调查不可分割的一部分。

3. 资源市场中供应商的情况

在初步供应商调查阶段已收集了相关信息，接下来要把众多供应商置于整个资源市场环境中进行分析，从而可以得出资源市场的基本情况，如生产能力、技术水平、管理水平、质量水平、价格水平、主要销售渠道、广告及推销方式等情况。

（二）资源市场分析的内容

资源市场调查的目的，就是要进行资源市场分析。资源市场分析对于企业制定采购策略以及产品策略、生产策略等都有很重要的指导意义。资源市场分析的内容主要有：

（1）判断资源市场是紧缺型市场还是富余型市场，是垄断性市场还是竞争性市场。对于垄断性市场，企业应采用垄断性采购策略；对于竞争性市场，企业应采用竞争性采购策略，如投标招标制、一商多角制等。

（2）判断资源市场是成长型市场还是没落型市场。如果是没落型市场，则企业要趁早准备替换产品，不要等到产品被淘汰了再去开发新产品。

（3）确定资源市场的总体水平，并根据整个市场水平来选择合适的供应商。通常，企业要选择在资源市场中处于先进水平的供应商，即产品质量优且价格低的供应商。

三、深入供应商调查

深入供应商调查，是指采购方对经过初步调查后、准备发展为自己的供应商的企业进行更加深入仔细的考察活动。这种考察，是深入到供应商企业的生产线、各个生产工艺、质量检验环节甚至管理部门，对现有的设备工艺、生产技术、管理技术等进行考察，看看是否能满足本企业所采购的产品应当具备的生产工艺条件、质量保证体系和管理规范要求。有的甚至要根据所采购产品的生产要求进行样品试制，试制成功才算考察合格。只有通过这样深入的供应商调查，才能发现可靠的供应商，建立起比较稳定的物资采购供需关系。

进行深入的供应商调查，需要花费较多的时间和精力，调查的成本高，且并不是对所有供应商都是必需的。它只是在以下情况下才需要进行：

第一种情况是准备发展关系紧密的供应商。例如，在进行准时化（Just In Time, JIT）采购时，供应商的产品要准时、免检，直接送上生产线进行装配。这时，供应商已经成了采购方企业一个生产车间一样的紧密关系。如果采购方开始要选择这样紧密关系的供应商，就必须进行深入的供应商调查。

第二种情况是寻找关键零部件产品的供应商。如果采购方所采购的是一种关键零部件，特别是精密度高、加工难度大、质量要求高、在采购方的产品中起核心功能作用的零部件产品，采购方在选择供应商时，就需要特别小心，要进行反复认真的深入考察审核，只有经过深入调查证明所提供产品确实能够达到要求时，才能确定将其发展为自己的供应商。

除以上两种情况以外，对于一般关系的供应商，或者是非关键产品的供应商，一般可以不必进行深入的调查，只需进行简单、初步的调查即可。

对于最高级的深入调查，在具体实施深入调查时，也可以分成三个阶段：

第一阶段：通知供应商生产样品，最好生产一批样品，从中随机抽样进行检验。如果抽检不合格，允许其改进一下再生产一批，再抽检一次，如果还是不合格，那么这个供应商就会落选，不再进入下面的第二阶段。只有抽检合格的供应商才能进入第二阶段。

第二阶段：对于生产样品合格的供应商，还要对其生产过程、管理过程进行全面、详细的考察，检查其生产能力、技术水平、质量保障体系、装卸搬运体系、管理制度等，检查有没有达不到要求的地方。如果基本上符合要求，则深入调查可以到此结束，供应商符合要求即可中选；如果检查结果不符合要求，则进入下面第三个阶段。

第三阶段：对于生产工艺、质量保障体系、规章制度等不符合要求的供应商，要协商提出改进措施，限期改进。供应商愿意改进并且在限期内改进合格者，可以中选企业的供应商。如果供应商不愿意改进或者在限期内改进不合格者，则予以淘汰。深入调查也到此结束。

任务三　供应商考核与选择

供应商管理的一个重要任务就是要进行供应商选择。供应商选择就是要从无到有地寻找新的供应商，建立起符合企业需要的供应商队伍。一批符合企业需要的供应商是企业的宝贵资源。供应商适时适量地为企业提供物资供应，保证企业生产和流通的顺利进行，这是企业最大的需要。军队打仗需要粮草，企业生产需要物资，供应商就相当于企业的后勤队伍。供应商选择和管理实际上就是企业的后勤队伍的建设。

供应商选择是一项很重要的工作，同时也是一项庞大复杂的系统工程，需要精心策划、认真组织。

一、供应商选择的条件和原则

供应商选择是供应链合作关系运行的基础。供应链采购管理强调企业之间的战略合作，对于下游企业来讲，它的上游企业——供应商的质量将直接影响它的正常生产运行质量。如今，供应商的业绩对企业的影响越来越大，在交货、产品质量、价格、提前期、库存水平、产品设计、服务等方面都影响着企业经营的成功与否。传统的供应关系已不再适应全球竞争加剧、产品需求日益更新的环境。企业为了实现低成本、高质量、柔性生产、快速反应，采购业务管理就必须做好供应商的选择。选择一批好的供应商，不但对于企业的正常生产起着决定作用，而且对于企业的发展也非常重要。因此，企业需采用各种方法选择好供应商。

供应商选择的来源是供应市场。供应商的选择对于企业来说是多目标的，选择的根据就是对供应商的评价，其中包括可见和不可见的诸多因素。实际上，供应商选择贯穿于供应商开发的全过程。供应商开发的全过程包括了几次供应商的选择。在众多的供应商中，每个品种要选择5~10个供应商进入初步调查。初步调查以后，要选择1~3个供应商进行深入调查。深入调查之后又要再做一次选择，初步确定1~2个供应商。初步确定的供应商进入试运行，并进行试运行的考核和选择，才能最后确定供应商。

（一）供应商应具备的条件

一个好的供应商的标准，最根本的就是其产品好，而产品好又表现在：①产品质量好；②产品价格合适；③产品先进、技术含量高、发展前景好；④产品货源稳定、供应有保障。这样的好产品，只有那些有实力的企业才能够生产出来。因此一个好的供应商需要具备以下一些条件：

1. 企业生产能力强

企业生产能力强表现在：产量高、规模大、生产历史长、经验丰富、生产设备好。

2. 企业技术水平高

企业技术水平高表现在：生产技术先进、设计能力和开发能力强、生产设备先进、产品的技术含量高、技术水平达到国内先进水平。

3. 企业管理水平高

企业管理水平高表现在：有一个坚强有力的领导班子，尤其是要有一个有魄力、有能力、有管理水平的一把手；有一个高水平的生产管理系统；有一个有力的、具体落实的质量管理保障体系；在全企业中形成一种严肃认真、一丝不苟的工作作风。

4. 企业服务水平高

企业服务水平高表现在：能对顾客高度负责，主动提供热诚、认真的服务，并且售后服务制度完备、服务能力强。

要选择出合乎这些要求的供应商，需要采用一些科学和严格的方法。常用的方法主要有两类：考核选择、招标选择。

（二）选择供应商的原则

许多成功企业的实践经验表明，做好目标明确、深入细致的调查研究，全面了解每个候选供应商的情况，综合平衡，择优选用，是开发新供应商的基本要点。一般而言，寻找和选择新供应商应遵循下面十条原则。

1. 总原则——全面、具体、客观原则

企业应建立和使用一个全面的供应商综合评价指标体系，对供应商做出全面、具体、客观的评价，还应综合考虑供应商的业绩、设备管理、人力资源开发、质量控制、成本控制、技术开发、用户满意度、交货协议等可能影响供应链合作关系的方面。

2. 系统全面性原则

企业应建立和使用系统、全面的综合评价体系。

3. 简明科学性原则

企业对供应商的评价、选择步骤和选择过程应力求透明化、制度化、科学化。

4. 稳定可比性原则

企业对供应商的评估体系应稳定运作，标准统一，减少主观因素。

5. 灵活可操作性原则

企业对不同行业、企业、产品需求和不同环境下的供应商评价应是不一样的，保持一定的灵活可操作性。

6. 门当户对原则

供应商的规模和层次应与企业相当。

7. 半数比例原则

企业的采购数量应不超过供应商产能的 50%，反对全额供货的供应商。

8. 供应源数量控制原则

企业同类物料的供应商数量应控制在 2～3 家，且有主、次供应商之分。

9. 供应链战略原则

企业应与重要供应商发展供应链战略合作关系。

10. 学习更新原则

企业对供应商评估的指标、标杆对比的对象以及评估的工具与技术都需要不断地更新。

二、企业供应商分类

供应商分类是指在供应市场上，采购方依据采购物品的金额、重要性以及供应商对采购方的重视程度和信赖等因素，将供应商划分成若干个群体。供应商分类是供应商关系管理的先行环节，只有在供应商细分的基础上，企业才有可能根据细分供应商的不同情况实行不同的供应商关系策略。企业可以按照以下几种方法进行供应商分类：

（一）按照采购业务的重要程度分类——模块法

供应商分类模块法是从供应市场状况、采购业务的重要程度这两个方面，依据采购业务对企业的重要性和对供应商的重要性进行矩阵分析，并据此将供应商划分为四种类型，其分类模块如图 6-1 所示。

图 6-1 供应商分类模块

在供应商分类的模块中，对于那些对供应商和企业来说均不是很重要的采购业务，相应的供应商可以很方便地选择和更换，这类供应商就是普通的"商业型供应商"。如果供应商认为企业的采购业务对其非常重要，供应商自身又有很强的产品开发能力，同时该采购业务对企业也很重要，这类供应商就是"伙伴型供应商"；如果供应商认为企业的采购业务对其无关紧要，但该采购业务对企业却是十分重要的，这样的供应商就是需要注意改进和提高的"重点型供应商"；如果供应商认为企业的采购业务对其非常重要，但该项业务对于企业却并不十分重要，这样的供应商无疑有利于企业，是企业的"优先型供应商"。由此可见，重点型和商业型供应商都会给企业采购供应带来较高的风险，应重点维护企业与这些供应商的关系，从而降低或规避采购供应的高风险。

（二）按照采购物品的价值大小分类——80/20 规则

供应商 80/20 规则分类法的基础是物品采购的 80/20 规则，其基本思想是针对不同的采购物品应采取不同的策略，同时采购工作精力也应各有侧重，相应地对于提供不同物品的供应商也应采取不同的策略。供应商 80/20 分类规则如图 6-2 所示。

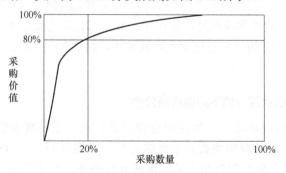

图 6-2 供应商 80/20 分类规则

从图 6-2 可以看出，通常数量 80%的采购物品（普通采购物品）价值占采购物品总价值的 20%，而其余数量 20%的物品（重点采购物品）价值则占采购物品总价值的 80%。相应地，可以将供应商依据 80/20 规则进行分类，划分为重点供应商和普通供应商，即占 80%价值的 20%的数量供应商为重点供应商，而其余只占 20%采购金额的 80%数量的供应商为普通供应商。对于重点供应商应投入 80%的时间和精力进行管理与改进。这些供应商提供的物品为企业的战略物品或需集中采购的物品，如汽车厂需要采购的发动机和变速器，电视机厂需要采购的彩色显像管以及一些价值高但供应不力的物品。而对于普通供应商则只需要投入 20% 的时间和精力同其交易。因为这类供应商所提供的物品对企业的成本、质量和生产的影响较小，如办公用品、维修备件、标准件等物品。

在按 80/20 规则进行供应商分类时，应注意几个问题：①80/20 规则分类的供应商并不是一成不变的，是有一定的时间限度的，随着生产结构和产品线调整，需要重新进行分类；②对重点供应商和普通供应商应采取不同的策略。

（三）按照供应商的规模和经营品种分类

按供应商的规模和经营品种对其进行分类，常以供应商的规模作为纵坐标，经营的品种数量作为横坐标进行矩阵分析，如图 6-3 所示。

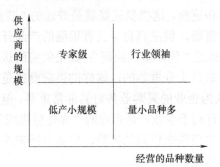

图 6-3　按供应商的规模品种分类

在这种分类方法中，"专家级"供应商是指那些生产规模大、经验丰富、技术成熟，但经营品种相对少的供应商，这类供应商的目标是通过竞争来占领和扩大市场；"低产小规模"的供应商是指那些经营规模小、经营品种也少的供应商，这类供应商生产经营比较灵活，但是增长潜力有限，其目标仅是定位于本地市场；"行业领袖"供应商是指那些生产规模大、经营品种也多的供应商，这类供应商财务状况比较好，其目标为立足本地市场，并且积极拓展国际市场；"量小品种多"的供应商虽然生产规模小，但是其经营品种多，这类供应商的财务状况不是很好，但是其潜力可培养。

（四）集成化供应链管理环境下的供应商分类

在集成化供应链管理环境下，供应商合作关系的运行需要减少供应源的数量（追求短期成本最小化，但是供应链合作关系并不意味着单一的供应源），相互的连接变得更专有（紧密合作的需要），并且企业会在全球市场范围内寻找最杰出的供应商。这样可以把供应商分为两个档次，重要供应商和次要供应商。重要供应商是少数与采购企业关系密切的供应商，而次要供应商相对较多，与采购企业关系不是很密切。供应链合作关系的变化主要影响重要供应商，而对次要供应商的影响较小。

在继续深入分析的基础上，根据供应商在供应链管理中的增值作用与竞争实力的关系对供应商做了分类，分类矩阵如图 6-4 所示。

纵坐标代表的是供应商供应产品的增值情况。对供应商来讲，如果不能增值，则无法在供应链中存在。横坐标代表该供应商与其他供应商相比竞争力的强弱，主要是设计能力、特殊工艺能力、柔性、项目管理能力等方面的竞争力。

图6-4 集成化供应链环境下的供应商分类

实际运作中,根据不同的目标选择不同类型的供应商。对于长期需求而言,要求供应商能保持较高的竞争力和增值率,因此最好选择战略型供应商;对于短期或某一短暂市场需求而言,只需选择能够满足需要的普通供应商,以保证成本最小化;而对中期需求而言,可根据竞争力和增值率对供应链的重要程度的不同,选择不同类型的供应商(有竞争力/技术水平或有影响力的供应商)。

(五)按照与供应商的目标关系分类

企业与供应商之间的目标关系大致可以分为以下五种:

1. 短期目标型

这种类型的最主要特征是双方之间的关系为交易关系。他们希望彼此能保持较长时期的买卖关系,获得稳定的供应,但是双方所做的努力只停留在短期的交易合同上,各自关注的是如何谈判,如何提高自己的谈判技巧,不使自己吃亏,而不是如何改善自己的工作,使双方都获利。供应方能够提供标准化的产品或服务,保证每一笔交易的信誉。当买卖完成时,双方关系也终止了。对于双方而言,只与业务人员和采购人员有关系,其他部门人员一般不参与双方之间的业务活动。

2. 长期目标型

采购方与供应商保持长期的关系是有好处的,双方有可能为了共同利益而想要改进各自的工作,并在此基础上建立起超越买卖关系的合作。长期目标型关系的特征是从长远利益出发,相互配合,不断改进产品质量与服务水平,共同降低成本,提高供应链的竞争力。同时,合作的范围遍及公司内的多个部门。例如,由于是长期合作,可以对供应商提出新的技术要求,而如果供应商目前还没有这种能力,采购方可以向供应商提供技术资金等方面的支持。供应商的技术创新和发展也会促进采购方企业产品的改进,所以这样做有利于企业获取长远利益。

3. 渗透型

这种关系形式是在长期目标型基础上发展起来的,其管理思想是把对方企业看成自己企业的延伸,是自己的一部分,因此对对方的关心程度也大大提高。为了能够参与对方的业务活动,有时会在产权关系上采取适当的措施,如互相投资、参股等,以保证双方利益的一致性。在组织上也采取相应的措施,保证双方派员加入对方的有关业务活动。这样做的好处是可以更好地了解对方的情况,供应商可以了解自己的产品在采购方是怎样起作用的,因此更容易找到改进的方向;而采购方也可以知道供应商是如何制造的,对此可以提出相应的改进要求。

4. 联盟型

联盟型关系是从供应链角度提出的,其特点是从更长的纵向链条上管理成员之间的关系。在难度提高的前提下,要求也相应提高。另外,由于成员增加,往往需要一个处于供应链上核心地位的企业出面协调成员之间的关系,它常常被称为"盟主企业"。

5. 纵向集成型

这种形式被认为是最复杂的关系类型,即把供应链上的所有成员整合起来,像一个集团一样,但各成员又是完全独立的企业,决策权属于自己。在这种关系中,要求每个企业在充分了解供应链的目标、要求,充分掌握信息的条件下,自觉做出有利于供应链整体利益的决策。

三、供应商选择的标准

如何与供应商建立战略伙伴关系、控制双方关系风险和制定动态的供应商评价体系,是我国采购企业普遍关心的几个问题。随着采购额占销售收入比例的不断增长,采购逐渐成为决定企业成败的关键因素。供应商的评估与选择作为供应链正常运行的基础和前提条件,成为企业的热门话题。不同企业在不同的发展阶段,对供应商的选择和评价指标也不尽相同。那么怎样才能通过量化指标来客观地评价和选择供应商呢?其基本思路是:阶段性连续评价、网络化管理、关键点控制和动态学习过程。这些思路体现在供应商评价体系的建立、运行和维护上。

1. 建立供应商阶段性评价体系

采取阶段性连续评价的方式,将供应商评价体系分为供应商进入评价、运行评价、供应商问题辅导、改进评价及供应商战略伙伴关系评价几个方面。供应商的选择不仅仅是入围资格的选择,而且是一个连续的、可累计的选择过程。建立供应商进入评价体系,首先需要对供应商管理体系、资源管理与采购、产品实现、设计开发、生产运作、测量控制和分析改进等七个方面进行现场评审和综合分析评分。对以上各项的满意程度,按照从完全不符合要求到完全符合要求且结果令人满意,分为五个分数段(0~100 分区间),根据各分项要素计算平均得分,如 80 分以上为体系合格供应商,50 分以下为体系不合格供应商,50~80 分之间为需讨论视具体情况再定的持续考核供应商。合格的供应商进入公司级的 AVL(认定供应商的流程及标准)维护体系。建立供应商运行评价体系,一般采取日常业绩跟踪和阶段性评比的方法。采取 QSTP 加权标准,即供货质量(Quality,35%评分比重)、供货服务(Service,25%评分比重)、技术考核(Technology,10%评分比重)、价格(Price,30%评分比重)。根据有关业绩的跟踪记录,按照季度对供应商的业绩表现进行综合考核。年度考核则按照供应商进入 AVL 体系的时间进行全面的评价。

供应商问题的辅导和改进工作,是通过专项专组辅导和结果跟踪的方法实现的。采购中心设有货源开发组,根据所负责采购物料特性把货源开发组员分为几个小组,如板卡组、机械外设组、器件组、包装组等,该小组的工作职责之一就是对供应商进行辅导和跟进。供应商战略伙伴关系评价是通过供应商的进入和过程管理,对供应商的合作战略采取分类管理的办法。采购中心根据收集到的信息,由专门的商务组分析讨论,确定有关建立长期合作伙伴的关系评估,提交专门的战略小组进行分析。伙伴关系不是一个全方位、全功能的通用策略,而是一个选择性战略。是否实施伙伴关系,什么时间实施,应进行全面的风险分析和成本分析。阶段性评价体系的特点是流程透明化和操作公开化,所有流程的建立、修订和发布都通过一定的控制程序进行,保证相对的稳定性。评价指标应尽可能量化,以减少主观因素的干扰。

2. 体现网络化管理

网络化管理主要是指在管理组织架构配合方面,将不同的信息点连接成网的管理方法。多事业部环境下的采购平台,需要满足不同事业部的采购需求,需求的差异性必须统一在一个更高适应性的体系内。对新供应商的认证,应由高级的质量部门和采购中心负责供应商体系的审核;而对于相关产品的差异性需求则应由各事业部的质量处和研发处提出明确的要求。建立一个评估小组来控制和实施供应商评价。评估小组从企业整体利益出发,独立于单个事业部,组员必须有团队精神,且具有一定的专业技能。网络化管理也体现在业务的客观性和流程的执行监督方面。监督机制体现在工作的各个环节,应尽量减少人为因素,加强操作和决策过程的透明化和制度化。可以通过成立业务管理委员会,采用 ISO9000 的审核办法,检查采购中心内部各项业务的流程遵守情况。

3. 关键点控制的四项原则

关键点控制包括门当户对原则、半数比例原则、供应源数量控制原则和供应链战略原则。

(1) 门当户对原则。该原则体现的是一种对等管理思想,它和合作理论并不矛盾。在非垄断性货源的供应市场上,由于供应商的管理水平和供应链管理实施的深入程度不同,应该优先考虑规模、层次相当的供应商。行业老大不一定就是首选的供应商,如果双方规模差异过大,采购比例在供应商总产值中比例过小,则对于采购方而言,往往在生产排期、售后服务、弹性和谈判力量对比等方面不能尽如人意。

(2) 半数比例原则,从供应商风险评估的角度,半数原则要求采购方购买数量不能超过供应商产能的 50%。如果仅由一家供应商负责 100% 的供货和 100% 成本分摊,则采购方风险较大,因为一旦该供应商出现问题,按照"蝴蝶效应"的发展,势必影响整个供应链的正常运行。不仅如此,采购方在对某些供应材料或产品有依赖性时,还要考虑地域风险。

(3) 供应源数量控制原则。该原则指实际供货的供应商数量不应该太多,同类物料的供应商数量最好保持在 2~3 家,且有主、次供应商之分。这样可以降低管理成本和增强管理效果,保证供应的稳定性。

(4) 供应链战略原则。采购方与供应商建立信任、合作、开放性交流的供应链长期合作关系,必须首先分析市场竞争环境,通过分析现在的产品需求、产品的类型和特征,确认是否有建立供应链合作关系的必要。对于公开和充分竞争的供应商市场,可以采取多家比价、控制数量和择优入围的原则。而在只有几家供应商可供选择的有限竞争市场和垄断货源的独家供应市场,采购方则需要采取战略合作的原则,以获得更好的品质、更紧密的伙伴关系、更低的成本和更多的支持。对于实施战略性长期伙伴关系的供应商,可以签订"一揽子协议/合同"。在建立供应链合作关系之后,还要根据需求的变化确认供应链合作关系是否也要相应地变化,一旦发现某个供应商出现问题,应及时调整供应链战略。供应链战略管理还体现在另一个方面:仔细分析和处理近期和长期目标、短期和长远利益的关系。采购方如果考虑长远目标和长远利益,可能要选择某些表面上看似条件苛刻、代价昂贵的供应商,不得不放弃短期利益，主动选择由优秀元素组成的供应链。

4. 体系的维护

供应商管理体系的运行，需要根据行业、企业、产品需求和竞争环境的不同而采取不同的细化评价。细化的标准本身就是一种灵活性的体现，短期的竞争招标和长期的合同与战略供应商关系也可以并存。采购方通过不断学习和改进，对于供应商的选择评价、评估的指标、标杆对比的对象以及评估的工具与技术都需要不断地更新。采购作为一种功能，它的发展与企业的整体管理架构、管理阶段有关系，需要根据企业的整体战略的调整而不断地调整有关采购方面的要求和策略，对于供应商选择的原则和标准亦然。

四、供应商选择的步骤

企业必须建立一个小组以控制和实施供应商选择，组员以来自采购、质量、生产、工程等与供应链合作关系密切的部门的成员为主，组员必须有团队合作精神，且具有一定的专业技能。选择小组必须同时得到采购方企业和供应商企业最高领导层的支持。选择供应商的一个主要工作是调查、收集有关供应商的生产运作等全方位信息。在收集供应商信息的基础上，就可以利用一定的工具和技术方法进行供应商选择。选择一个供应商，基本上要完成前述供应商管理七个环节的全部工作。具体来讲通常要经过以下几个步骤：

1. 产品分类

首先将采购物料进行 ABC 分类，确定关键的、重要的零部件、原材料及其资源市场。

（1）将主生产物料和辅助生产物料等按采购金额比重分成 A、B、C 三类，整理出关键物资、重点物资，进行重点管理。根据物资重要程度决定供应商关系的紧密程度：对于关键物资、重点物资，采购方要建立起比较紧密的供应商关系；对于非重点物资，采购方可以建立一般供应商关系，甚至不必建立起固定的供应商关系。

（2）按材料成分或性能分类，如塑胶类、五金类、电子类、化工类、包装类等，确定资源市场的类型和性质。

2. 供应商初步调查

根据材料的分类，收集生产各类物料的厂商资料，每类产品选 5~10 家，编制供应商调查表，也可由供应商企业自己填制并反馈给采购方。

3. 资源市场调查

走访供应商、客户、政府主管部门或经济统计部门，了解资源市场的基本情况，包括供应量、需求量、可供能力、政策、管理规章制度、发展趋势等。

4. 分析评估

（1）成立供应商评估小组。由副总经理任组长，采购、品质管理、技术部门经理、主管、工程师组成评估小组。

（2）供应商分析。对反馈回来的供应商调查表进行整理核实，如实填录供应商资料卡。将合格厂商分类按顺序统计记录。然后由评估小组进行资料分析比较和综合评估，按 ABC 物料采购金额的大小以及供应商规模、生产能力等基本指标进行分类，对每个关键物资、重点物资初步确定 1~3 家供应商，准备进行深入调查。

（3）资源市场分析。在供应商分析的基础上，结合资源市场调查的有关资料分析资源市场的基本情况，包括资源能力情况、供需平衡情况、竞争情况、管理水平、规范化程度、发展趋势等，并根据资源市场的性质，确定相应的采购策略、产品策略和供应商关系策略。例如，对于垄断性市场，采用合作和据理谈判策略；对于竞争性市场，采用招标竞争策略等。

5. 供应商深入调查

对初步调查分析合格、被选定为备选供应商的1～3家供应商，按送样检查，生产工艺、质量保障体系和管理体系等生产条件考察，生产条件改进考察三个阶段进行深入调查。

6. 价格谈判

对送样或小批量合格的产品、材料，要评定品质等级，并进行比价和议价，确定一个最优的价格性能比。

采购方进行价格谈判的指导思想是合理、"双赢"，双方都不吃亏，才能得到共同发展，才会有共同的长远合作和长远利益。要实事求是地进行计算，求出一个合理的价格。

价格谈判成功以后，双方签订试运作协议，进入物资采购供应试运作阶段，以一种供需合作的关系运行起来。试运行阶段根据情况可以是三个月至一年。

7. 供应商辅导

价格谈好以后，试运行的供应商将与采购方企业建立起一种紧密关系，参与试运作。这时企业要积极参与辅导、合作。企业应当根据自身生产的需要，也要根据供应商的可能，来共同设计规范相互之间的作业协调关系，制订相应的作业手册和规章制度。并且为使供应商适应企业的需要，要在管理、技术、质量保障等方面对供应商进行辅导和协助。

8. 追踪考核

在试运作阶段，采购方要对供应商的物资供应业务进行追踪考核。这种考核主要从以下几个方面进行：

（1）检查产品质量是否合格。可以采用全检或抽检的方式，求出质量合格率。质量合格率用质量合格的次数占总检查次数的比率描述。

（2）交货是否准时。检查供应商交货是否准时，用误时的交货次数占总交货次数的比率来描述。

（3）交货数量是否满足。用物资供应满足程度或缺货程度来描述。

（4）信用度的考核。主要考察在试运作期间，供应商是否认真履行自己承诺的义务，是否对合作事业高度认真负责，在往来账目中，是否欠账、拖账。

信用度一般可以用失信次数与总次数的比率来描述。其中，失信包含多种含义，如没有履行事先的承诺、没有按约定按时交款或还款等，都属于失信。

9. 供应商选择

以上各个指标每个月考核一次，一个季度或半年综合考核评分一次，各个指标加权评分综合，按评分等级分成优秀、良好、一般、较差几个等级，优秀者即可结束考核期，成为采购方企业正式的供应商；评价一般、较差的则不能通过试运作，应当结束考核，终止供需关系；评价良好的可作为候补，视情况处理。

10. 供应商合作

当供应商选定之后，采购方应当终止试运作期，双方签订正式的供应商关系合同，建立起比较稳定的物资供需关系。在业务运作的开始阶段，采购方要加强指导与配合，要对供应商的操作提出明确的要求，有些重要的工作原则、守则、规章制度、作业要求等应当以书面条文的形式规定下来，有些甚至可以写在合作协议中。起初，采购方还要加强对供应商的评估与考核，不断改进工作和配合关系，直到合作关系比较成熟为止。合作关系成熟后，双方也要不定期地检查、合作和协商，保持业务运行的健康、有序。

11. 供应商激励与控制

在供应商的整个使用过程中，采购方要加强激励和控制，既要充分鼓励供应商主动、积极地搞好物资供应业务工作，又要采用各种措施，约束、防范供应商的不当行为给企业造成损失，保证与供应商的合作关系和物资供应业务健康、正常进行，保证企业利益不受影响。

12. 供应商动态评估与调整

在实施供应链合作关系的过程中，市场需求将不断变化，采购方可以根据实际情况的需要及时修改供应商评价标准，或重新开始供应商评价和选择。采购方在重新选择供应商的时候，应给予原供应商以足够的时间适应变化。

五、供应商选择的方法

（一）考核选择

考核选择，是在对供应商充分调查和了解的基础上，再进行认真考核、分析比较而选择供应商的方法。

首先，是调查了解供应商。供应商调查可以分为初步供应商调查和深入供应商调查。每个阶段的调查都面临一个供应商选择的问题，而且选择的目的和依据是不同的。

初步供应商调查对象的选择非常简单，选择的基本依据就是其产品的品种规格、质量价格水平、生产能力、地理位置、运输条件等。从这些条件合适的供应商当中选择出的几个供应商，就是采购方初步供应商调查的对象。

深入供应商调查对象的选择，首先要根据采购方企业产品的 ABC 分类确定产品重要程度，其次是根据供应商企业生产能力水平的实际情况。对于采购方企业的关键产品、重要产品，包括价值高、精度高、性能优越、技术先进、稀缺品，以及采购方产品的核心零部件等，企业要对这些产品的供应商进行深入研究和考核，选择真正能够满足企业要求的供应商；对于那些不太重要的产品，如普通的或供大于求的原材料、通用件、标准件、零件部件等，可以不需要进行深入供应商调查。深入供应商调查对象的选择标准主要是供应商企业的实力、产品的生产能力、技术水平、质量保障体系和管理水平等。深入供应商调查又分成三个阶段。

初步确定的供应商还要进入试运行阶段进行考核。试运行阶段的考核更实际、更全面、更严格，因为这是直接面对实际的生产运作。在运作过程中，就要进行各个评价指标的考核评估，包括产品质量合格率、按时交货率、交货差错率、交货破损率、价格水平、进货费用水平、信用度、配合度等指标的考核和评估。在单项考核评估的基础上，还要进行综合评估即将以上各个指标进行加权平均而取得一个综合成绩，计算公式为

$$S = \frac{\sum W_i P_i}{\sum W_i} \times 100\%$$

式中 S——综合指标；

P_i——第 i 个指标；

W_i——第 i 个指标的权数，由企业根据各个指标的相对重要性而主观设定。

上述公式计算出的 S 可以作为供应商表现的综合描述，其值越高说明供应商表现越好。

通过试运作阶段，得出各个供应商的综合评估成绩，基本上就可以最后确定哪些供应商可以入选，哪些供应商被淘汰了。一般试运作阶段达到优秀级的应该入选，达到一般或较差级的供应商应予以淘汰。对于良好级的供应商，可以根据情况，将其列入候补名单，候补名单中的供应商可以根据情况处理。

从上述可以看出，考核选择供应商是一个较长时间的、深入细致的工作。这个工作需要采购管理部门牵头负责、全厂各个部门的人共同协调才能完成。

（二）招标选择

选择供应商也可以通过招标的方式选择。招标选择是指采购企业采用招标的方式，吸引多个有实力的供应商来投标竞争，然后经过评标小组分析评比而选择最优供应商的方法。

招标选择的主要工作包括：①准备一份合适的招标书；②建立一个合适的评标小组和评标规则；③组织好整个招标投标活动。

招标书是采购企业的一份目标任务书，也是一份招标操作说明书，作为目标任务书，其中有目标任务，也有对完成标的任务的一些要求。这些都是对供应商提出的要求，也就是企业选择目标供应商的一些标准；作为招标操作说明书，其中有关于本次招标的具体详细的操作方法、步骤和规则，告诉供应商如何一步步地参加投标活动。招标书是整个招标投标活动中由采购企业提供的最主要的文件，也是整个招标投标活动的核心和依据。因此，起草好一份合适的招标书，是搞好招标活动的一个关键环节。

招标活动的另一个关键环节就是要组织好评标，评标即意味着选择供应商。能不能选择一个好的供应商，关键就看评标活动的具体操作。要搞好评标活动，首先要组织一个好的评标小组，其次要拟定一个好的评标规则，最后要组织好评标活动。

投标的供应商的主要工作包括：①起草投标书参与投标竞争；②参加招标会，进行投标说明和辩论。评标小组根据各个供应商的标书以及投标陈述，进行质询、分析和评比，最后选出中标的供应商。

任务四　供应商评估与控制

为了保证日常物资供应工作的正常进行，企业要采取一系列的措施对供应商进行评估，评估的目的：①充分发挥供应商的积极性和主动性，努力搞好自己所承担的物资供应工作，保证企业的生产生活正常进行；②防止供应商的不轨行为，预防一切对企业、对社会的不确定性损失。

一、什么是供应商评估

企业因为不同采购业务的需要,而对供应商管理有着不同的挑战和要求。产品的质量、价格、交货、运输、包装、服务以及一些特殊的要求不同,决定了企业对供应商的要求也会不一样。企业要选择合适的供应商,就要对供应商做出系统、全面的评价,也就必须有一套完整、科学、全面的综合评价指标体系。只有客观、科学地评估供应商和进行供应链采购管理,才能使其为企业提供最大价值的产品和服务。

供应商管理成为关系企业物流采购质量的关键,而供应商评估则是做好供应商管理、使供应链合作关系正常运行的基础和前提条件。

在国外,物流供应链管理是企业的第三利润来源。但在中国,物流供应链管理发展尚浅。很多企业,特别是中小企业在采购管理中选择供应商时存在较多问题,主要体现在:

(1)有时企业采购人员往往根据对供应商的印象而选择供应商,存在一些个人的主观成分。

(2)企业对供应商选择的标准不全面,大多只集中在评估要素的某一方面,如产品质量、价格、交货准时性和批量等,没有形成一个全面的供应商评估指标体系,不能对供应商做出全面、具体、客观地评价。

如何进行供应商评估,建立起一整套供应商评估体系,是企业在采购过程需要解决的一个关键问题。其评估原则也已经逐渐成为企业文化的一部分。供应商评估工作在企业实施稳定的供应链采购合作关系、保证产品质量、降低生产成本、提高经济效益等方面发挥着巨大的作用。

二、供应商评估标准

(一)建立有效的评估指标体系

供应商评估指标体系是企业对供应商进行综合评价的依据和标准。不同行业、企业,不同环境下的供应商评价应是不一样的,但基本都涉及供应商的业绩、设备管理、人力资源开发、质量控制、价格、成本控制、技术开发、用户满意度、交货协议等可能影响供应链合作关系的方面。

企业建立供应商评估体系,通常要确定评估的项目、评估的标准、要达到的目标。这些问题明确以后,要有一个评估小组负责某些项目的评估工作,并能针对每一类评估项目制定合适的管理方法,才能依次建立评估体系。企业进行供应商评估的一个重要原则,就是公开、公平、公正和科学。目前,在很多企业的供应商评估工作中,个人权利太大、主观成分过多,容易产生消极的后果,而建立规范的供应商评估体系则可以有效解决这些问题。

供应商评估主要有两类:①现有的供应商;②新的潜在供应商。企业对于现有的合格供应商,每个月做调查,着重就质量、价格、交货期、进货合格率、事故率、配合度、信用度等进行正常评估,一至两年做一次现场评估。企业要接纳新的供应商,其评估过程要复杂一些。通常情况下,首先由产品设计提出新材料的需求,要求潜在的目标供应商提供基本情况,内容包括企业概况、生产规模、生产能力、给哪些企业供货、国际质量体系认证、安全认证、相关记录、样品分析等;其次就是报价;随后企业对该供应商做初步的现场考察,看看所提供的情况和实际情况是否一致,现场考察基本上按新材料采购质量认证的要求进行;最后汇总这些材料，交由采购评估小组讨论。在供应商资格认定以后，企业品质部、采购部等其他相关部门再进行正式考察，如果正式考察认为没有问题，就可以进行供货期考察，即可以开始小批量供货。

（二）保持动态平衡

在实施供应链合作关系的过程中，市场需求和供应都在不断变化，企业必须在保持供应商相对稳定的条件下，根据实际情况及时修改供应商评价标准，或重新开始供应商评估。合格的供应商队伍不应该是静态的，而是动态的。这样才能引入竞争机制，即要淘汰差的，引入好的。这也体现了市场经济的特点。

（三）确定关键的评估因素

在所有的评估要素中，毫无疑问，质量是基本前提。如果产品质量过不了关，其余一切免谈，就没有再评估的必要了。企业的产品质量要满足客户的要求，就要保证企业上游供应商提供的零部件能满足企业的品质要求。虽然价格因素相当重要，但只有在质量得到保证的前提下，谈价格才有意义。

当供应商对产品的质量有了保证，价格就成了评估的主要因素。这时企业要求新的供应商提供一个分析表，内容包括生产的某一零部件由哪些原材料组成，费用是如何构成的，其中的价格空间还有多少，如果认为有不合理的因素在里面，就应要求供应商进行调整。

在我国，供应商经营者的个人情况也被列为要素之一。然而企业的经营者素质参差不齐，所以对经营者个人进行评估在实际操作中确有一定难度，只能从与经营者接触的过程中去考察。另外，供应商在行业中的口碑也有一定的参考价值，但很难有一个统一的标准。

三、供应商评估指标体系

供应商考核，主要是指与供应商签订正式合同以后，对供应商整个运作活动的全面考核。这种考核应当比试运作期间更全面。正式运作期间应该对供应商进行以下几个方面的考核。

（一）产品质量

产品质量是最重要的因素，在开始运作的一段时间内，主要加强对产品质量的检查。检查可分为两种：①全检；②抽样检验。全检工作量太大，一般采用抽样检验的方法。产品质量的好坏可以直接用质量合格率来描述：如果在一次交货中共抽样了 n 件，其中有 m 件是合格的，则质量合格率为 $P=m/n$，显然质量合格率越高越好。

如果在 N 次的交货中，每次产品的质量合格率 P 都不一样，则可以用平均合格率来描述。有些情况下，企业采取对不合格产品退货的措施，这时质量合格率也可以用退货率来描述。退货率是指退货量占采购进货量的比率。如果采购进货 s 次，其中退货 r 次，则退货率为 r/s。显然，退货率越高，表明其产品质量越差。

（二）交货期

交货期也是一个很重要的考核指标。考察交货期主要是考察供应商的准时交货率。其计算公式为

$$准时交货率 = 准时交货的次数/总交货次数$$

(三) 交货量

考察交货量主要是考核按时交货量。按时交货情况，可以用按时交货量率来评价。其计算公式为

$$按时交货量率 = 期内实际交货量/期内应当完成交货量$$

也可以用未按时交货量率来描述：

$$未按时交货量率 = 期内实际未完成交货量/期内应当完成交货量$$

如果每期的交货量率不同，则可以求出各个交货期的平均按时交货量率：

$$平均按时交货量率 = \sum 各期按时交货量率/n$$

考核总的供货满足率或总缺货率，计算公式为

$$总的供货满足率 = 期内实际完成供货量/期内应当完成供货量$$

$$总缺货率 = 期内实际未完成供货量/期内应当完成供货量 = 1 - 总的供货满足率$$

(四) 工作质量

考核工作质量，可以用交货差错率和交货破损率来描述，计算公式为

$$交货差错率 = 期内交货差错量/期内交货总量$$

$$交货破损率 = 期内交货破损量/期内交货总量$$

(五) 价格

价格是指供货的价格水平。考核供应商的价格水平，可以和市场同档次产品的平均价和最低价进行比较，分别用市场平均价格比率和市场最低价格比率来表示：

$$市场平均价格比率 = (供应商的供货价格 - 市场平均价)/市场平均价$$

$$市场最低价格比率 = (供应商的供货价格 - 市场最低价)/市场最低价$$

(六) 进货费用水平

考核供应商的进货费用水平，可以用进货费用节约率来考核：

$$进货费用节约率 = (本期进货费用 - 上期进货费用)/上期进货费用$$

(七) 信用度

信用度主要考核供应商履行自己的承诺，不故意拖账、欠账的程度。信用度的计算公式为

$$信用度 = 期内失信的次数/期内交往总次数$$

(八) 配合度

配合度主要考核供应商的协调精神。在和供应商相处过程中，常常因为环境的变化或企业内部预料不到的情况的发生，需要对工作任务进行调整变更。这种变更可能导致供应商工作计划的调整，甚至迫使供应商做出一些牺牲。根据此时供应商的表现，企业可以有效考察

供应商积极配合的程度。另外，如果企业工作出现了困难或者发生了问题，有时也需要供应商配合才能解决，这时都可以看出供应商的配合程度。

考核供应商的配合度，主要靠相关人员的主观评分来考核。具体来讲，可找与供应商相处的有关人员，让他们根据自己的体验为供应商评分。特别典型的，可能会有上报或投诉的情况。这时可以把上报或投诉的情况也作为评分依据之一。

任务五　供应商关系管理

企业在供应链管理环境下与供应商的关系是一种战略性合作关系，提倡一种双赢机制。企业在采购过程中要想有效地实施采购策略，充分发挥供应商的作用就显得非常重要。采购策略的一个重要方面就是要做好供应商关系的管理工作，逐渐建立起与供应商的合作伙伴关系。要做好供应商关系的管理工作，应注意以下几个方面的问题。

一、建立供应商准入制度

供应商准入制度实质上是加强对供应商的资格管理。这种资格范围很广，具体包括法人资格、注册资金大小、生产能力、社会信誉、售后服务体系等。涉及资质要求的供应商应当提供由有关行政主管部门颁发的资质证书；涉及业绩情况的供应商应当提供以前在相关领域的业绩，包括项目名称、效果及用户意见等。可以认为，建立供应商准入制度是与国际规则接轨、提高国内企业采购效率的必然趋势。

对企业的正式供应商要建立档案，供应商档案除有编号、详细联系方式和地址外，还应有付款条款、交货条款、交货期限、品质评级、银行账号等，每一个供应商的档案应经严格审核才能归档。企业的采购必须在已归档的供应商中进行，供应商档案应定期或不定期地更新，并由专人管理，同时要建立供应商准入制度。重点材料的供应商必须经质检、物流、财务等部门联合考核后才能进入，如有可能要实地到供应商生产现场考核。企业要制定严格的考核程序和指标，达到标准者才能成为归档供应商。

二、合理使用供应商

供应商经过考核成为企业的正式供应商之后，就要开始进入日常的物资供应阶段。正式选用供应商的第一个工作，就是要签订一份合同。这份合同既是宣告双方合作关系的开始，又是一份双方承担责任与义务的责任状，更是将来双方合作关系的规范书。所以双方应该认真把这份合同书的合同条款协商好，然后双方签字盖章。协议生效后，即成为直接约束双方的法律性文件，双方都必须遵守。

在与供应商合作的初期，企业的采购部门应当和供应商协商，建立起供应运作机制，相互在业务衔接、作业规范等方面建立起一个合作框架。在这个框架的基础上，各自按时、按质、按量完成自己应当承担的工作。在日后与供应商合作的整个期间，供应商应当尽职尽责，完成企业规定的物资供应工作。采购企业的采购管理部门应当按合同的规定，严格考核检验供应商执行合同、完成物资供应任务的情况，既要充分使用、发挥供应商的积极性，又要进行科学的激励和控制，保证供应商的物资供应工作顺利健康地进行。

采购企业在供应商关系管理上，应当摒弃唯我主义，建立共赢思想，不能只顾自己降低成本，获取利润。供应商也是一个企业，也要生存与发展，也要适当盈利。因此合作宗旨应是使双方都能获得好处，共存共荣。从这个宗旨出发，妥善处理合作期间的各种事务，建立起一种相互信任、相互支持的友好合作关系，并把这一宗旨、这种思想落实到对供应商的激励和控制的各个环节中去。

三、建立战略性的双赢供应合作关系

双赢关系已经成为供应链企业之间合作的基础，因此要在采购管理中体现供应链的思想，对供应商的管理集中在如何与供应商建立双赢关系以及对其的维护和保持上。

（一）逐渐建立起一种稳定可靠的关系

企业应当和供应商签订较长时间的业务合同关系，如一年至三年。时间不宜太短，太短了让供应商不能完全放心，从而无法全心全意为搞好采购方的物资供应工作而尽力。只有合同时间长，供应商才会感到放心，才会倾注全力与企业合作，搞好物资供应工作。特别是当业务量大时，供应商会把采购企业看作是自己生存和发展的依靠和希望，这就会更加激励其努力与企业合作，形成一种休戚与共的关系。但是合同时间也不能太长，一方面是因为将来可能会发生变化，如市场变化导致产量变化，甚至产品变化、组织机构变化等；另一方面也是为了防止供应商产生一劳永逸和"铁饭碗"的思想而放松对业务的竞争进取精神。为了促使供应商加强竞争进取，就要使供应商有危机感。所以合同时间一般以一年比较合适，如果第二年合适，可以再续签；第二年不合适，则终止合同。这样签合同，就是既要让供应商感到放心，可以有一段较长时间的稳定工作，又要让供应商有危机感，不要放松竞争进取精神，才能保住明年的订单量。

（二）与供应商建立相互信任的关系

当供应商经考核转为正式供应商之后，应采取的一个重要措施，就是将验货、收货逐渐转为免检收货。免检，这是对供应商的最高荣誉，也可以显示出企业对供应商的高度信任。免检资格，当然不是不负责任地随意给出，而应当稳妥地进行，既要积极地推进免检考核的进程，又要确保产品质量。一般免检考核时间要经历三个月左右，在免检考核期间，起初总要进行严格的全检或抽检。如果全检或抽检的结果，不合格品率很小，则可以降低抽检的频次，直到不合格率几乎降为零。这个时候，要组织供应商有关方面的人，稳定生产工艺和管理条件，保持零不合格率。如果真能保持零不合格率一段时间，这时就可以实行免检了。当然，免检期间，也不是绝对的免检，还要不时地随机抽检一下，以防供应商的质量滑坡，影响本企业的产品质量。抽检的结果如果满意，则继续免检。一旦发现了问题，就要增大抽检频次，进一步加大抽检的强度，甚至取消免检。通过这种方式，也可以激励和控制供应商。

此外，建立信任关系还可以通过很多其他方法。例如，不定期地开展企业领导的碰头会，交换意见，研究问题，协调工作，甚至达成一些互助合作。特别是对涉及企业之间一些共同的业务、利益等有关问题，一定要开诚布公，把问题谈透、谈清楚。企业要搞好这些方面的工作，需要树立起一个指导思想，就是"双赢"，一定要尽可能让供应商有利可图，不要只顾自己，不顾供应商的利益。只有这样，双方才能真正建立起比较协调可靠的信任关系，这种关系实质上就是一种供应链关系。企业的工作，实际上就是供应链管理的工作。

(三）信息交流与共享机制

信息交流有利于减少投机行为，有助于促进重要生产信息的自由流动。为加强供应商与采购企业的信息交流，可从以下几个方面着手：

（1）在供应商与采购企业之间经常进行有关成本、作业计划、质量控制信息的交流与沟通，保持信息的一致性和准确性。

（2）实施并行工程。并行工程是指在开发设计产品的同时，同步地设计产品生命周期的有关过程，力求使产品开发人员在设计阶段就考虑到整个生命周期的所有因素，包括设计、分析、制造、装配、检验、维护、可靠性和成本等。

并行工程的具体做法是：在产品开发初期，组织多种职能协同工作的专案组，使有关人员从一开始就能够获得新产品开发的要求和资讯，积极研究涉及本部门的工作业务，并将需求提供给设计人员，使许多问题在开发早期就得到解决，从而保证了设计的质量，避免了大量的返工和浪费。实现并行工程的技术手段是利用产品模型，在计算机上进行仿真，产生软样品。通过各种职能人员对软样品的分析、评估，来改进设计。并行工程另一个对传统设计方法的改革是"逆向工程"。它从市场调研开始，充分了解顾客的要求和爱好，并分析解剖其他企业产品的结构性能，找出设计开发的突破点。它还要求从生产线上的工人那里征求意见，了解问题，然后才开始设计。并行工程克服了原来的部门分割、流程中断、部门之间互不通气、消极等待的状况，把分阶段进行的过程转变为并行的过程，使产品开发不再是产品设计一个部门的工作，而是所有对产品开发具有重要影响的部门都参与的集体工作。

（3）建立联合任务小组，解决共同关心的问题。在供应商与采购企业之间应建立一种基于团队的工作小组，双方的有关人员共同解决供应过程以及制造过程中遇到的各种问题。

（4）供应商与采购企业经常互访。供应商与企业采购部门经常互访，能够及时发现和解决各自在合作过程中出现的问题和困难，建立良好的合作氛围。

（5）使用电子数据交换（EDI）和互联网技术进行快速的数据传输。

（四）对供应商的激励机制

要保持长期的双赢关系，采购企业对供应商的激励是非常重要的。没有有效的激励机制，就不可能维持良好的供应关系。在激励机制的设计上，要体现公平、一致的原则。给予供应商价格折扣和柔性合同以及采用赠送股权等措施，使供应商和采购企业分享成功，同时也使供应商从合作中体会到双赢的好处。

采购企业应有意识地在供应商之间引入竞争机制，促使供应商之间在产品质量、服务质量和价格水平方面不断优化的努力。例如，一些企业为制造供应商之间的竞争机制，故意选两个或三个供应商，称作A、B角或A、B、C角。这也是一种激励和控制的方式。A角作为主供应商，分配较大的供应量；B角或再加上C角作为次供应商，分配较小的供应量。综合成绩为优的中选供应商担任A角，候补供应商担任B角或C角。在运行一段时间以后，如果A角的表现有所退步而B角的表现有所进步，则可以把B角提升为A角，而把原来的A角降为B角。这样无形中就造成了A角和B角之间的竞争，促使它们竞相改进产品和服务，使得采购企业获得更大的好处。应注意变换的时间间隔不要太短，最少一个季度以上。太短了不利于稳定，也不利于偶然失错的供应商纠正错误。

（五）合理的供应商评价方法和手段

没有合理的评价方法，就不可能对供应商的合作效果进行评价，将大大挫伤供应商的合作积极性和稳定性。对供应商的评价要抓住主要指标或问题，比如交货质量是否改善了，提前期是否缩短了，交货的准时率是否提高了等。通过评价，把结果反馈给供应商，和供应商一起探讨问题产生的根源，并采取相应的措施予以改进。

总之，在建立起信任关系的基础上，也要建立起合理的供应商评价方法。特别是一旦供应商出现了一些问题或者可能发生问题的苗头之后，一定要采取相应的监督控制措施。根据情况的不同，可以分别采用以下措施：

首先，对一些非常重要的供应商或是当问题比较严重时，采购企业可以向供应商单位派常驻代表。常驻代表的作用，就是沟通信息、技术指导、监督检查等。常驻代表应当深入到生产线各个工序、各个管理环节，帮助发现问题，提出改进措施，帮助供应商把有关问题彻底解决。对于那些不太重要的供应商或者问题不那么严重的供应商，则视情况分别采用定期或不定期到工厂进行监督检查，或者设监督点对关键工序或特殊工序进行监督检查，或者要求供应商自己报告生产条件情况、提供流程管制上的检验记录，让双方进行分析评议等办法实行监督控制。

其次，采购企业应加强成品检验和进货检验，做好检验记录，退还不合格产品，甚至追究赔款或罚款，督促供应商改进。

最后，组织本企业管理技术人员对供应商进行辅导，提出产品技术规范要求，使其提高产品质量水平或企业服务水平。

项目实训：手机供应商的选择

一、实训目标

（1）能熟练运用互联网和所学采购知识进行供应商调查。
（2）会根据采购商品的特点建立供应商选择指标体系。
（3）会应用合适的方法对供应商进行综合评价。
（4）不断培养和增强学生的分析能力、组织能力、沟通能力、团队协作精神等。

二、实训组织

假定你需要换一部新手机，首先在众多手机中初选出三款作为备选对象，这三款手机在价格、功能、外观等方面各有利弊，请建立相应的评价指标体系，并选择一种供应商评价和选择的方法选择出一款综合评价最高的手机。

（1）知识准备：供应商选择和评估步骤、供应商评价指标体系、供应商综合评价方法。
（2）学生分组：每个小组以 3~5 人为宜，小组中要合理分工，每组选出一位小组长。
（3）实训地点：模拟职场（教室、会议室、实训室等）。

三、实训要求

（1）各组同学尽自己的搜索能力在互联网上搜索这个产品的供应商，然后按自己的判断进行初选，初选出五家供应商（注意不要仅局限于国内品牌），当然也可课外使用其他途径，比如电话或网上咨询、参加展览会议等,方式不限。收集供应商信息可参考供应商卡片(见表6-2)。

表6-2 供应商卡片

公司基本情况	名　　称					
	地　　址					
	企业性质					
	联系人			部门职务		
	电　　话			传　　真		
	E-mail			信誉程度		
产品情况	产品名	规　格	质　量	价　格	生产规模	可供量
运输方式	代办托运	自　提	送货上门	售后服务		
备　　注						

(2)在初选的五家供应商中,对其供应价格、商品品质、运输方式、售后服务等项目进行考核,参考供应商评价表(见表6-3)。

表6-3 供应商评价表

项　目	评　价				得　分
	A	B	C	D	
商品畅销程度	非常畅销(10)	畅销(8)	普通(6)	滞销(4)	
运输方式	送货上门(15)	代办托运(10)	提供方便(8)	自提(6)	
交 货 期	准时(15)	偶误(10)	有误(7)	常误(4)	
供应价格	优惠(20)	适中(15)	较高(10)	高(4)	
销售配合	极佳(10)	佳(8)	较差(6)	差(4)	
商品品质	佳(10)	尚可(8)	较差(6)	差(4)	
售后服务	准时(10)	偶误(8)	常误(6)	极差(4)	
厂商经营潜能	极佳(10)	佳(8)	普通(6)	小(4)	

(3)统计得分情况,按分数段进行供应商评级,依据学过的采购知识,做出选择供应商的决策。

四、实训报告

(1)各小组派一位代表上台讲解本组实训任务解决的思路、步骤和结果。
(2)报告内容应包括完成任务的步骤、解决方案,并分析所选择供应商的优缺点。

五、实训考核

实训成绩根据个人表现和团队表现进行综合评定,考评内容包含以下几项:
(1)供应商选择与评估的流程和步骤是否规范。
(2)评价指标体系是否合理、客观。
(3)评价方法是否合理,逻辑是否清晰。
(4)收集供应商的资料是否真实、充足。
(5)小组内部分工是否明确,组员是否有协作精神,根据个人任务完成情况由组长评分。
(6)小组总结汇报思路是否清晰、内容是否充实、重点是否突出,由教师对小组进行评分。
(7)实训报告是否按要求的规范格式完成,对个人报告或小组报告进行评分。
(8)根据个人得分和小组综合评分最终确定每个学生的实训成绩。

项目七

采购价格与成本控制

工作任务及过程描述

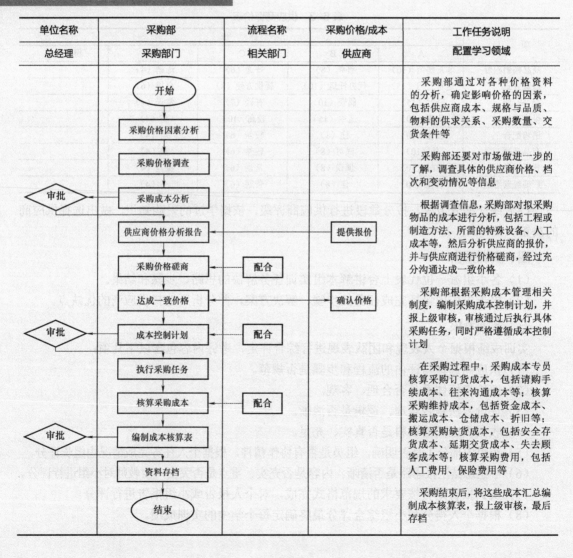

职业能力要求

1. 岗位：采购成本控制主管

（1）协助采购部经理完成采购管理的各项规章制度的建设工作。
（2）配合相关部门完成采购流程的优化设计，完善采购流程，控制采购成本。
（3）制定采购成本控制目标，编制采购成本控制计划，报主管领导审核后执行。
（4）负责采购成本目标达成的规划、实施和跟进等工作。
（5）负责采购成本目标达成工作中各相关部门的协调。
（6）负责采购成本控制计划的执行和监督。
（7）组织采购成本控制专员进行采购成本分析工作。
（8）组织采购成本核算工作。
（9）控制企业的采购费用，提出降低采购成本的方案。
（10）协助人力资源部做好下属员工的绩效考核工作。

2. 岗位：采购成本控制专员

（1）协助采购成本控制主管拟定采购成本控制目标、编制采购成本控制计划。
（2）协助采购成本控制主管完成降低采购成本方案的编制。
（3）按照主管的要求，实施采购策划工作。
（4）负责定期编制内部采购成本分析报表。
（5）按照领导要求编制采购成本分析报告。
（6）根据实际情况向其他部门提供精准的各类采购成本分析报告。
（7）负责其他与采购成本核算、分析、控制有关事项。

项目导入案例

Acreage Foods 采购番石榴浓缩汁的成本分析

Acreage Foods 是一个美国的跨国食品加工企业，这家公司在其产品生产过程中使用各种浓缩果汁、浓汤和调味料。贝蒂是这家公司负责购进生产所需水果产品的老资格采购员，她的职责之一是每年与供应商就这些配料购买合同进行磋商。其中的一种配料——番石榴在世界多个国家季节性生长和收获。

贝蒂现在正在检查一项支出。这笔支出是用于支付给一家菲律宾的番石榴种植及加工商的，Acreage Foods 已经和这个高质量的供应商合作多年了。番石榴产于菲律宾的一个偏远地区，要运到加工厂进行浓缩、包装，制成番石榴浓缩汁，然后出口海外。口味独特的番石榴系列产品以其美味著称，而其特殊口味的制成来源于供应商所采用的特殊加工过程。

番石榴浓缩汁目前离岸价（Free on Board，FOB）价格为 0.29 美元/磅，用银箔进行内包装，每包产品重 50 磅，配以纸箱外包装。这些纸箱堆在托板上，每个托板堆 40 个纸箱，以便装入集装箱。每个集装箱可装 20 个托板，通过海运运出。海运费用为每集装箱 2 300 美元。集装箱到达美国港口后，再以每箱 250 美元的运费运至本地仓库储存。美国海关收取货物本身价格（不含运费）15%的关税。该公司每个月需要一集装箱番石榴浓缩汁。

集装箱在本地存储到需要提货加工为止，月库存费用为每托板 5.5 美元。

此外，仓库还收取每托板 6 美元的进出费作为管理成本。Acreage Foods 公司的资本成本为 18%（假设一年中番石榴浓缩汁的需求不变）。

厂家需要番石榴浓缩汁时，集装箱由本地运输公司从仓库运来，每箱运价 150 美元，每托板质量控制成本约为 2 美元。公司估计由于产品的特性，购买和储存番石榴浓缩汁会有一定的损失，并入公司产品预算时，番石榴浓缩汁以 97%计，另外 3%为产品损耗，这些损耗是不可以从生产商处兑换的。

一些事前未发现的腐坏变质的番石榴浓缩汁要从商店的货架上撤掉并回收，每次产品回收发生的现付成本为 20 000 美元，供应商不承担弥补这些损失的责任。公司记录表明，这种事件平均每 8 个月发生 1 次。此外，公司会计政策要求划出全部采购总额的 15%作为管理成本。

问题一：分析采购成本结构及其影响因素。

问题二：讨论控制和降低采购总成本的有效途径。

采购价格管理是采购管理中最核心的部分之一，它与采购活动的其他环节，如采购谈判、供应商选择等是相互关联的。采购活动的最终目标就是通过一系列的业务过程采购到物美价廉的商品。

任务一　采购价格认知

在商品经济条件下，价格是实现再生产过程的重要因素之一。任何商品交易都要有价格，人们到市场上去采购商品，最关心的交易条件就是价格。但是市场环境复杂多变，使得商品价格问题变得复杂微妙。这里介绍有关采购价格的基本知识，以便在采购中把握住合理的价格，为采购决策提供准确而有用的信息，从而使采购者做出科学的决策。

一、什么是采购价格

价格可以定义为以标准货币单位为尺度衡量的商品或服务的价值，即商品的价值与货币价值的对比。在比较两笔报价单时，价格通常被用来评估每个供应商所提供的相对价值。

经济学理论表明，价格可以影响和制衡供需关系；均衡价格即表明在该点的供给和需求正好是一致的。所以也可以认为，价格是供应商和采购方之间相互妥协的结果：供应商如果想卖出更多的物品，必须不能收取太高的价格，否则就卖不出太多的物品；采购方如果想采购足够多的物品，也不能支付太低的价格，否则供货商就不愿意供货。采购价格是指企业进行采购作业时，通过某种方式与供应商之间确定的所需采购的物品或服务的价格。

在特殊的情况下，由于某些不确定因素的影响，市场价格可能暂时与均衡价格分离。当这些因素稳定之后，价格即会回到均衡状态。这表明"弹性"或者说供应和需求对价格变化的反应程度会影响需求曲线的状态。当轻微的价格变化就可以导致需求的大幅度变化时，称该商品需求为弹性需求；反之，当价格的大幅度变化只引起需求的轻微变化时，则说明该商品需求是缺乏弹性的。研究表明，在弹性需求的条件下，供应商降低较少价格便会吸引更大比例的买者，从而带来销售利润的增加，但价格要在商品本身的成本以上，因为这是其经营的基本保证。如果是缺乏弹性需求，则增加较大比例的价格仅仅引起较小比例销售量的减少，这样提高价格会带来利润的增加，供应商一般采取高价措施。

二、采购价格的种类

依据不同的交易条件，采购价格会有不同的种类。采购价格由成本、需求以及交易条件决定，一般有送达价、出厂价、现金价、期票价、净价、毛价、现货价、合约价及实价等。

1. 送达价

送达价指供应商的报价当中，包含负责将商品送达采购方的仓库或指定地点期间所发生的各项费用。以国际采购而言，即到岸价加上运费（包括在出口厂商所在地自仓库运至港口的运费）和货物抵达采购方之前的一切运输保险费，其他还有进口关税、银行费用、利息以及报关费等。这种送达价通常由国内的代理商向外国原厂进口货品后，以人民币报价方式（形同国内采购）售予采购方，一切进口手续皆由代理商办理。

2. 出厂价

出厂价指供应商的报价不包括运送责任，即由采购方雇用运输工具，前往供应商的仓库提货。这种情形通常出现在采购方拥有运输工具或供应商附加的运费偏高时，或当市场为卖方市场时，供应商不再提供免费的运送服务。

3. 现金价

现金价指以现金或相等的方式支付货款。但是"一手交钱，一手交货"的方式并不多见，按零售行业的习惯，月初送货、月中付款，或月底送货、下月中付款，即视同现金交易，并不加计延迟付款的利息。现金价可使供应商免除交易风险，采购方亦可享受现金折扣。

4. 期票价

期票价指采购方以期票或延期付款的方式采购商品。通常供应商会加计迟延付款期间的利息于售价中。如果供应商希望取得现金周转，会让计息利率超过银行现行利率，以使采购方舍弃期票价而取现金价。另外，从现金价加计利息变成期票价，可以用贴现的方式计算价格。

5. 净价

净价指供应商实际收到的贷款，不再支付任何交易过程中的费用。这点在供应商的报价单条款中通常会写明。

6. 毛价

毛价指供应商的报价，可以因为某些因素加以押让。例如，供应商会因为采购方采购金额较大，而给予其一定百分比的折扣。

7. 现货价

现货价指每次交易时，由供需双方重新议定价格，即使签订买卖合约亦以完成交易后即告终止。现货价可以让买卖双方按现时行情进行交易，不必承担以后价格可能发生大幅波动的风险或困扰。

8. 合约价

合约价指买卖双方按照事先议定的价格进行交易。合约价格涵盖的期间依契约而定，短的几个月，长的一两年。由于价格议定在先，经常造成与时价或现货价的差异，使买卖双方发生利害冲突，因此，合约价必须有客观的计价方式或定期修订，才能维持公平、长久的买卖关系。

9. 实价

实价指采购方实际上所支付的价格。特别是供应商为了达到促销的目的，经常提供各种优惠的条件给采购方，这些优待都会使采购方的采购实价低于原报价。

三、影响采购价格的因素

采购价格的高低受各种因素的影响。对于国内采购而言，尽管地区、商业环境、时间与人力关系等方面有所不同，但其价格变动性还是比较易于预测与控制的。而对于涉外采购而言，来自世界各地市场的供应关系以及其他许多因素，包括规格、服务（如机器设备的长期服务）、运输及保险、交货期限等，都对价格有相当大的影响。影响采购价格的因素主要包括以下方面：

1. 供应商成本

供应商成本是影响采购价格的最根本、最直接的因素。供应商进行生产，其目的是获得一定利润，否则生产无法继续。因此，采购价格一般在供应商成本之上，两者之差即为供应商的利润，供应商的成本是采购价格的底线。

2. 规格与品质

采购方对采购品的规格要求越复杂，采购价格就越高。采购价格的高低与采购品的品质也有很大的关系。采购人员应首先确保采购物品能满足本企业的需要，质量能满足产品的设计要求，切不能只追求价格最低而忽略了质量。

3. 供求关系

采购价格还受供求关系的影响。当供求平衡时，商品的采购价格基本上等于其价值，是商品的均衡价；当供求发生变化时，采购价格也会随之改变。当供大于求时，价格会下降；当供不应求时，价格会上升。

4. 替代产品价格

若商品 A 和商品 B 可以互相替代，则当商品 B 的价格下降时，商品 A 也不能有较高的商品价格，否则人们会购买商品 B，而不购买商品 A。

5. 生产季节与采购时机

当采购方企业处于生产的旺季时，对原材料需求紧急，因此不得不承受更高的采购价格。避免这种情况发生的最好办法是提前做好生产计划，并根据生产计划制订出相应的采购计划，为生产旺季到来提前做好准备。

6. 竞争状况

成本固然是价格的基础，但在竞争激烈的条件下，供应商可能将竞争对手的价格作为定价的基础。若自己与竞争者相比处于优势，可定高于对手的价格；反之，可略低于竞争对手的产品价格。

7. 采购数量

如果采购数量大，采购企业就会享受供应商的数量折扣，从而降低采购的价格。因此，大批量、集中采购是降低采购价格的有效途径。

8. 交货条件

交货条件也是影响采购价格非常重要的因素。交货条件主要包括运输方式、交货期的缓急等。如果货物由采购方来承运，则供应商就会降低价格；反之，就会提高价格。有时为了争取提前获得所需货物，采购方会适当提高价格。

9. 付款条件

在付款条件上，供应商一般都规定有现金折扣、期限折扣，以刺激采购方能提前用现金付款。

有些产品的供应价格几乎全部取决于成本结构（如塑胶件），而另外一些产品则几乎全部依赖于市场（如短期内的铜等原材料）。对于后一类产品，单个供应商处于完全竞争的市场，对产品价格的影响无能为力。当然，不少产品的供应价格既受市场结构影响，同时供应商又能通过成本结构来进行控制。下面列表举例，不同种类的产品的供应价格影响因素构成如表 7-1 所示。

表 7-1 不同产品的供应价格影响因素的构成

产品类别	成本结构为主	侧重于成本结构	50%成本结构、50%市场结构	侧重于市场结构	市场结构为主
原材料				√	√
工业半成品			√	√	
标准零部件		√	√	√	
非标准零部件	√	√	√		
成品	√	√	√		
服务	√	√	√	√	√

任务二　采购价格分析

在采购过程中，采购价格对供需双方都有着十分重要的意义，因此，有必要对采购价格进行分析，并科学、合理地确定采购价格。对采购价格的分析，首先应该分析商品的生产成本及其价值，这是采购价格的分析基础；其次是研究供应商的定价方法，进一步确定价格。传统的定价一般由供应商制定，定价方法主要有成本导向定价法、需求导向定价法、市场导向定价法、产品生命周期定价法和目标成本定价法等，了解这些方法有助于采购方更好地做出采购决策。

一、产品成本分析

根据价值规律，价格总是围绕价值上下波动的。采购价格也是与生产成本密切相关的。为了维持长期的业务关系，采购品应该有一个"公平的价格"。虽然各种产品的生产材料、结构工艺各异，但从根本上来讲，分析一种产品的成本主要包括直接成本、间接成本和其他成本。

（一）直接成本

直接成本通常指能够被具体而准确地归入某一个特定生产部件的成本，包括直接材料成本及直接劳动力成本。

直接材料成本是指直接用于产品生产的材料成本，具体包括标准用量和标准单位成本两方面。材料标准用量，首先要根据产品的图样等技术文件进行产品研究，列出所需的各种材料以及可能的代用材料，并要说明这些材料的种类、质量以及库存情况；其次，通过对过去用料经验的记录进行分析，采用其平均值，或最高与最低值的平均数，或最节省的数量，或通过实际测定、技术分析等数据，科学地制定用量标准。

直接劳动力成本是用经济可行的办法能追溯到最终产品上的所有劳动力成本，如机器的操作员、组装人员的劳动力成本。对同样的设备，不同的供应商所需的直接劳动力成本是不同的。

（二）间接成本

间接成本是指在工厂的日常工作中发生的，不能直接归入任何一种生产部件的成本，主要包括管理费用、间接材料成本、知识产权成本、间接制造成本和其他费用。

管理费用是指企业的行政管理部门为管理和组织经营而发生的各项费用，包括管理人员工资和福利费、公司一级折旧费、修理费、技术转让费、无形资产和递延资产摊销费及其他管理费用（办公费、差旅费、劳保费、土地使用税等）。

间接材料成本指一些在生产过程中有助于产品生产，但不构成产品实体的少量材料的成本。在实际计算中，间接材料成本一般取直接材料成本的1%~2%。

知识产权成本包括设计费和文件资料费。设计费与设备的类别、级别、结构等有密切关系，一般也可以按材料与制造费用的一定比例来计算。

间接制造成本包括质量检查、监察、热处理、包装等费用。

（三）其他成本

其他成本主要包括设备的运费、备品备件的费用，供应商的合理利润、增值税和设备移交给采购方之前的保险金等。

二、采购定价方法

（一）成本导向定价方法

1. 成本加成定价法

成本加成定价法主要是先计算产品单位平均总成本再按一定的加成率制定出产品的价格。其计算公式为

$$单位产品价格 = 单位产品总成本 \times (1 + 加成率)$$

式中　加成率——预期利润占产品总成本的百分比。

例如，单位产品总成本为 100 元，加成率为 20%，则

$$单位产品价格 = 100 \times (1 + 20\%) = 120（元）$$

这种定价方法加成比例高低悬殊比较大，即使同一行业加成率也不尽相同。此方法简便易行，应用面广，历史悠久，生产者和中间商都可使用，对产量与成本稳定的商品和供需矛盾不大的商品最适用。

但是，这种定价方法完全没有考虑市场需求一方的利益，只是保证了卖方的利益，它的基本原则是"将本求利""水涨船高"，因此，其定价缺乏科学依据。

2. 目标收益率定价法

目标收益率定价法是以企业总成本和计划的总产量或总销售量，加上按投资收益率制定的投资报酬额作为定价基础的定价方法。其计算公式为

$$单位产品价格 = \frac{总成本 + 目标利润}{预计销售量}$$

例如，某产品总成本为 2 300 元，目标利润为 61 700 元，预计销售 3 200 件，则

$$单位产品价格 = \frac{2\,300 + 61\,700}{3\,200} = 20（元/件）$$

这种定价方法的优点是可以保证实现既定的目标利润，从而实现既定的目标收益率。它的缺点是：首先，只考虑了生产者（销售者）的利益，而没有考虑到竞争和需求情况；其次，企业根据销售量倒求价格，但价格反过来也会影响销售量。

这种定价方法适用于市场占有率很高的企业或具有垄断性的企业，特别是对大型公用事业单位更为适用。

3. 收支平衡定价法

收支平衡定价法也称保本点定价法，是指在预测市场需求的基础上，企业按照生产某产品的总成本和销售收入维持平衡的原则，来制定产品的保本价格的方法。销量既定的条件下，企业产品的价格必须达到一定的水平才能做到盈亏平衡、收支相抵。既定的销量就称为盈亏平衡点，这种制定价格的方法就称为盈亏平衡定价法。科学地预测销量和已知固定成本、变动成本是盈亏平衡定价的前提。其计算公式为

$$单位产品价格 = \frac{固定成本 + 单位变动成本 \times 盈亏平衡点产销量}{盈亏平衡点产销量}$$

例如，某企业的年固定成本为 125 000 元，每件产品的单位变动成本为 25 元，若盈亏平衡点产销量为 5 000 件，则

$$单位产品价格 = \frac{125\,000 + 25 \times 5\,000}{5\,000} = 50（元/件）$$

保本价格虽无利可言，但在市场不景气或临时遇到困难时，保本经营总比停业损失要小得多，且有可回旋的余地。

4. 边际贡献定价法

边际贡献定价法是只计算变动成本，不计算固定成本，以预期的边际贡献补偿固定成本，从而获得收益的定价方法。边际贡献是指预计的销售收入减去变动成本后的收益。边际贡献定价法的计算公式为

$$单位产品价格 = \frac{总的变动成本 + 边际贡献}{总产量}$$

例如，某企业的年固定成本为 180 000 元，每件产品的单位变动成本为 50 元，计划边际贡献为 150 000 元，若销售量预计为 6 000 件，则

$$单位产品价格 = \frac{50 \times 6\,000 + 150\,000}{6\,000} = 75（元/件）$$

这种定价方法适用于供过于求、卖方竞争激烈的情况，是企业为迅速开拓市场采用的较灵活的做法。当边际贡献等于固定成本时，即可实现保本销售；当边际贡献大于固定成本时，便可盈利。

（二）需求导向定价方法

1. 理解价值定价法

理解价值定价法是根据消费者理解的某种商品的价值，也就是根据买主的价值观念，而不是根据卖主的成本来定价的方法。卖方运用各种营销手段和策略，影响买方对产品的认识，使其形成对卖方有利的价值观念，而后再根据产品在买方心目中的价值来定价，即根据市场调查资料，先确定一个能销售该产品的总的零售价，再根据它推算批发价和出厂价，因此，这种定价方法又称反向定价法。其计算公式为

商品出厂价格 = 市场可销的零售价 × （1 - 批零差率）×（1 - 进销差率）

例如，某商品经调研在市场上的零售价格为 12 元/件，批发企业与厂家的进销差率为 6%，批发企业与零售企业的批零差率为 8%，则

商品出厂价格 = 12 ×（1 - 8%）×（1 - 6%）= 12 × 0.92 × 0.94 ≈ 10.38（元/件）

理解价值定价法的关键，是卖方对买方愿意承担的价值要有正确的估计和判断，因此，要充分考虑买方的心理和需求弹性，考虑确定一个什么样的价格既可为买方所接受又能使利润最大化。需求弹性大的商品，价格应定得低一些；需求弹性小的商品，价格可定得高一些。名家名牌产品价格可定得更高一些，这样既能为买方接受，又能扩大销售量。因此，这种定价方法的优点是能够反应市场供求关系，有利于开拓销售渠道，但它对市场上可销售的零售价格难以进行准确的估计，最好先选取有代表性的地区和对象进行实销评估，以取得经验。

2. 区分需求定价法

区分需求定价法又称差别定价法，即对同一商品，按照不同需求的顾客，采用不同的价格。价格差异并非取决于成本的高低，而是取决于顾客需求差别。价格差异的基础是：顾客需求、顾客心理、产品样式、地区差别、时间差别等。

例如，对于不同的顾客群可以采用不同的价格。对学生可制定优惠价格，对老顾客给予一定的优惠。对商品的样式不同可规定不同的价格，花色陈旧的，可定价较低；款式新颖的，定价可适当高些。对不同的地区、不同的时间可以制定不同的价格。

（三）市场导向定价方法

市场导向定价方法主要以竞争对手的价格为基础，与竞争商品的价格保持一定的比例。其特点是：价格与成本和需求不直接发生关系。产品成本或需求发生变动，若竞争商品的价格没变，则仍维持原价；相反，成本和需求未变，竞争商品价格变动，也应相应调整价格。

1. 随行就市定价法

随行就市定价法是以本行业的主要竞争者的价格作为企业定价的基础。因为有些产品的需求弹性难以计算，随行就市定价可以反映行业的集体智慧和市场供求情况，也可以保持适当的收益，同时，还可以处理好同业关系。

2. 招标和拍卖定价法

招标定价法是买方引导卖方通过竞争，从中选择有利的价格成交的方法。这是社会集团（企业或事业）购买者在进行批量采购，从事大型机械设备购买或建筑工程项目投资选择承建商时常用的一种方法。这种方法包括以下三个主要步骤：

（1）招标。由买方发布招标公告，提出征求什么样的商品或劳务，引导卖方参加竞争。

（2）投标。卖方根据招标公告的内容和要求，结合自己的条件，考虑成本、赢利和竞争对手可能的报价，向买方密封提出自己的书面报价。

（3）开标。买方积极进行选标，审查卖方的投标报价、技术力量、工程质量、信誉、资本和生产经验，从而选择中标供应商，到期开标。

拍卖定价法，是由卖方预先展示出拍卖物品，买方预先看货，到时公开拍卖，由买方竞争出价，最后不再有人提出竞争的价格，即为成交价格。这是西方自古老流传下来的一种买卖方式，现在出售古董、珍品、高级艺术品或大宗商品时，仍被广泛采用。

（四）生命周期成本法

管理会计师注册协会（CIMA）将生命周期成本法定义为：以最低的成本，在产品生命周期内使具体的物理资产获得最佳利用，即所谓的"物尽其用技术"。这一实践是通过综合管理、财务、工程和其他原则来实现的。因此，生命周期成本就是那些涉及购置、使用、保养和报废物理资产的成本，具体包括可行性研究、调查、开发、设计、生产、维护、更新和报废等成本，以及在资产拥有期间相关的支持、培训和运作等成本。这种方法可以让采购者站在采购物品的整个生命周期的角度来认识物品的价格，计算其生命周期中的成本和收益，选择能带来最大生命周期收益的物品进行采购。

生命周期成本对基于技术迅速发展变化的产品是非常重要的。从生产者的角度看，科技的飞速变革意味着销售利润可能小于初期设计和开发上的投资。而从采购者的角度看，在投入资金获得回报之前，投资的产品已经或多或少地过时了。生命周期成本法对于采购价格的确定有重要的意义。它并不仅仅从初期采购价格的角度来衡量采购成本，而是把成本纳入整个生命周期中来进行衡量，具有现实意义。这一点在采购面临着多个供货商的高科技产品时表现得尤为明显。

对于采购成本高、使用周期长的物品一般采用这种方法。例如，当企业要采购某一物品时，同时有两家供应商提供该种物品，一家的价格为200万元，另一家价格为250万元。但经过计算，第一家的产品在生命周期内的成本为200万元，而第二家为100万元。假设生命周期内的收益相同（为了说明的方便），显然第二家的产品更为划算。

（五）目标成本法

管理会计师注册协会（CIMA）对目标成本法的定义是：源于市场竞争价格推导出的产品成本估算，据此不断改进和更新技术及生产程序，以降低成本。

目标成本法的含义是采购方首先依据市场供需情况预测产品的市场价格，然后扣除自己计划得到的利润，即确定了产品的目标成本。由于最终产品的市场价格是动态的，会随市场供求情况的变化而变化，因此，目标成本也不是固定不变的，而是动态的。

目标成本确定以后，采购部门就要承担起通过与供应商协调来实现这个目标价格的责任。例如，如果产品预计将以3 000元的价格出售，同时采购成本占销售收入的60%，那么采购部门就要对 3 000 元售价中的 1 800 元负责。如果考虑价格折扣对销售收入的影响，提供 10%的价格折扣能取得令人满意的结果，那么采购部门就要保证商品的材料成本部分能够降低 10%，即商品成本中的材料采购成本不能超过 1 620 元。由此就构成了价格框架中的目标材料成本。

根据以上论述得出其计算公式为

$$目标成本 = （预测的产品市场价格 - 目标利润）\times（1 - 折扣）$$

或

$$目标成本 = 预测的产品市场价格 \times（1 - 利润率）\times（1 - 折扣）$$

目标成本定价可以在企业范围内使成本降低，比如：①设计规划部门的设计成本；②生产部门的制造成本；③采购部门的采购成本。从采购主管和供应主管的角度来看，目标成本定价对于采购是有益的，因为它能够提供供应商需要的具体价格减让的文件证明，证明采购对于实现企业价格目标的贡献，并且为此提供各种产品的文件证明。

为了更有效率，目标成本定价最好在以下情况中应用：①客户对于供应链有一定影响；②在采供双方之间存在着类似于联盟企业之间的忠诚关系；③供应商也能从成本降低中有所收益。

三、采购价格决策的过程

（一）采购价格调查

1．调查的主要范围

在大型企业里，原材料种类不下千种，将全部种类都逐一进行调查是不可能的。一个企业所需使用的原材料，按其性质划分，可分为高价物品、中价物品与低价物品三类。因此，要了解帕累托定理所讲的"重要少数"，就是通常数量上仅占 20%，而其价值却占全体总值的 70%~80%的原材料。如果能掌握住 80%左右价值的"重要少数"，就可以达到控制采购成本的目的，这就是重点管理法。根据一些企业的实际操作经验，可以把以下六大项目列为主要的采购调查范围：①选定主要原材料 20~30 种，其价值占总值的 70%~80%；②常用物料、器材，尤其是属于采购项目的；③性能比较特殊的物料、器材（包括主要零配件），一旦供应脱节，可能导致生产中断的；④突发事变需紧急采购的；⑤波动性大的物资、器材；⑥计划外设备器材的采购，数量巨大，影响经济效益深远的。

上面所列六大项目，虽然种类不多，但却是所占价值比例很大，或影响经济效益甚广的。其中①②③三项，应将其每日行情的变动记入记录卡（见表 7-2），并于每周或每月进行一次"周期性"的行情变动趋势分析。由于项目不多，而其金额又占全部采购成本的一半以上，因此必须做详细细目调查的记录。至于④⑤⑥三项，则属于特殊性或例外性采购范围，价格差距极大，也应列为专业调查的重点。

表 7-2 调查记录卡

原材料名称	近日价格	昨日价格	增减幅度（%）	上周价格	上月价格

制表人： 日期：

在一家企业中，为了便于了解占总采购价值70%～80%的"重要少数"原材料的变动行情，就应当随时记录，真正做到了如指掌。

2．信息收集方式

调查采购价格信息的收集方式有三类：

（1）上游法。上游法是指了解拟采购的产品是哪些物料或由哪些物料组成，查询制造成本及产量资料。

（2）下游法。下游法是指了解拟采购的产品用在哪些地方，查询需求量及售价资料。

（3）水平法。水平法是指了解拟采购的产品有哪些类似产品，即查询替代品或新供应商的资料。

3．信息收集渠道

调查采购价格的信息收集渠道有下列五种：①期刊、报纸等媒体；②信息网络或产业调查服务业；③供货商、顾客及同行；④参观展览会或参加研讨会；⑤加入协会。

不过，由于商情范围广阔，来源复杂，加之市场环境变化迅速，因此必须筛选正确有用的信息以供决策。

4．处理调查资料

采购部门可将采购市场调查所得资料，加以整理、分析与讨论，在此基础上提出报告及建议，即根据调查结果编制物料调查报告及进行商业环境分析，向本企业提出有关改进建议，供采购时参考，以求降低成本、增加利润。

（二）市场分析

在商品经济条件下，不同商品处于不同的市场，一般按竞争和垄断的程度可将市场划分为四种类型：

1．完全竞争市场

完全竞争市场是一种竞争不受任何阻碍和干扰的市场，没有垄断，完全由买卖双方自由竞争。该类市场上有许多生产者和消费者，且规模较小，处于市场上的产品无差异，且价格由整个市场的供求关系决定。

在这种市场条件下，商品采购价格的核定往往表现为对市场价格的择优选择，可以在一定范围内讨价还价。

2．完全垄断市场

完全垄断市场是指整个行业的市场完全处于为一家厂商所控制的状态下，该独家厂商决定商品供应数量和商品的市场价格。在这种情况下，一家厂商可以实行价格歧视，即在同一时间，厂商对同一种产品向不同的采购者索取不同的价格。在完全垄断市场条件下，采购价格的核定必须考虑以下方面：①物品的需求性，即对供应商的依赖程度；②寻找替代品；③国家有关政策，如对处于完全垄断市场的物品的限价政策。

3．垄断竞争市场

垄断竞争市场（不完全竞争市场）是指既有竞争又有垄断的市场，既不是完全竞争又不是完全垄断的市场，不同厂商的产品在式样、质量、性能等方面有所差异。

在这种市场条件下，物品采购价格的核定应以名牌、优质产品的价格为标准。若选购的是非名牌的一般产品，其价格应低于名牌产品价格。

4. 寡头垄断市场

寡头垄断市场是指少数几家厂商垄断某一行业的市场，控制了该行业的供给，产品可能有差别，也可能无差别。商品的价格形成有两种情况：

（1）其中一个或少数几个厂商实力雄厚、成本低，在市场上处于支配地位，其他厂商也追随其后改变产品的价格。

（2）各寡头为了共同利益，达成统一价。在这种市场条件下，企业物品采购价格的核定较为被动，有可能的话，可考虑替代品。

总之，以上四种类型的市场中，完全竞争市场和完全垄断市场在现实生活中较少，而垄断竞争市场和寡头垄断市场广泛存在，特别是垄断竞争市场大量存在。企业的采购部门要对处于该市场中的产品认真分析，制定对策，以便获得较优的采购价格。

（三）预估底价

预估底价是指在市场调查、市场分析的基础上，根据反复地询价和比价供应商提供的成本分析表以及以往的采购价格资料所拟定的价格基准。这个底价是采购时打算支付的最高价，若供应商的报价高于底价，则要求其减价。因此，合理的底价使采购人员对价格的高低可做到心里有数，报价太高无法成交。但底价的确定要有一定的依据，而不是盲目地推测。如果定得太高，浪费企业的资金；定得太低，又会影响供应。

（四）确定价格

企业的采购部门可通过询价、招标等方法，反复比较，以适当的价格成交。所谓适当的价格是指为了买卖双方长期合作，使价格尽可能体现公平、合理的原则。一味地杀价，会使供应商失去合作的兴趣或采取一些伎俩，如故报虚价、降低产品质量等。所以成交价并不一定是最低价，允许有一个适宜的幅度。采购价格确定的方式主要包括：

1. 报价采购方式

报价采购，即采购方根据所需采购物品向供应商发出询价或征购函，请其正式报价的一种采购方法。通常，供应商需寄发报价单，内容包括交易条件及报价有效期等，有时自动提出信用调查对象，必要时另寄"样品"及"说明书"。报价经采购方完全同意接受，订立买卖契约才算成立。

2. 招标确定价格

招标方式是采购方确定价格的重要方式，其优点在于公平、合理。因此，大批量的采购一般采用招标的方式。但采用招标的方式须受几个条件的限制：①所采购的商品的规格要求必须能表述清楚、明确、易于理解；②必须有两个以上的供应商参加投标。

3. 谈判确定价格

谈判是确定价格的常用方式，也是最复杂、成本最高的方式。谈判方式适合各种类型的采购。

四、采购价格的确定

采购价格是采购方和供应商注意的焦点。供应商想尽可能地卖出好价钱,以便取得利润;采购方想尽可能地压低价格、减少采购费用的支出,以降低采购成本。因此,采购价格是采购决策的重要内容之一。

(一)采购价格

采购价格是采购活动十分关心的一个问题,在价格选择上要遵循适当的原则,既防止采购价格过高,又要避免价格越低越好的误区。价格是供求关系的表现,是买卖双方讨价还价的结果,因此,不妨可以采用以下手段获得适当的价格。

1. 公开市场采购

采购人员在公开交易或拍卖过程中随时机动地采购,因此采购大宗物料时,价格变动会比较频繁。

2. 议价采购

采购人员与厂商经讨价还价后,议定价格进行采购,一般来讲,询价、比价和议价是一起使用的,很少单独进行。

3. 询价现购

采购人员选取信用可靠的厂商讲明采购条件,询问价格或寄询价单并促请对方报价,比较后现价采购。

4. 比价采购

采购人员请数家厂商提供所购物料的价格、性能、质量等信息并进行比较,从中加以选择后进行采购。

5. 定价收购

购买物料数量巨大,几家厂商无法全部提供,如纺织厂订购棉花、糖厂订购甘蔗等,或当市场上该物料短缺时,则确定价格现款收购。

6. 招标采购

将物料采购的所有条件(如物料名称、规格、品质要求、数量、交货期、付款条件、处罚规则、投标押金、投标资格等)详细列明,进行公告。投标厂商根据公告的条件,在规定时间内交纳投标押金,参加投标。招标采购的开标按规定必须至少有三家及以上厂商从事报价投标方可开标,开标后基本以报价最低的厂商得标,但得标的报价仍高出标底时,采购人员有权宣布废标,或征得监办人员的同意,以议价方式办理。

(二)确定价格的步骤

采购方可通过以下步骤来确定一个合适的采购价格:

1. 多渠道询价

采购方应全方位探听市场行情,包括市场最高价、最低价、一般价格等。

2. 比价

采购方需分析各供应商提供材料的性能、品质要求、规格、用量等才能建立比价标准。

3. 自行估价

采购方成立由采购员、技术员、成本会计构成的估价小组，在品质合格的条件下，估算出准确的底价。

4. 议价

采购方根据底价的资料、市场的行情、供应商用料的不同、采购量的大小、付款期的长短等同供应商议定出一个双方都能合理接受的价格。

任务三　采购成本认知

一、采购成本管理的意义

采购是企业管理中"最有价值"的部分，采购成本是企业成本管理中的主体和核心部分。在工业企业的产品成本构成中，采购的物料成本占企业总成本的比例因行业而异，大体在30%～90%，平均水平在60%以上。从世界范围来讲，一个典型企业的销售额中，一般采购成本要占60%，工资和福利占20%，管理费用占15%，利润占5%。而在我国的企业中，采购成本要占销售额的70%。在现实中，许多企业在控制成本时，将大量时间和精力放在不到总成本40%的企业管理费用及工资和福利上，而忽视其主体部分——采购成本，这样做的结果往往是事倍功半、收效甚微。

例如，假设某企业每100元销售收入中物料成本占50元，其他成本占40元，税前利润为10元（假设所有的成本费用都随着销售成比例变动）。如果该企业欲将利润提高1元，可以通过提高销售额和降低成本两种途径来解决：①如果提高销售额，则销售额必须由100元提高到110元（增长率为10%）才能实现；②如果通过降低物料成本则只需将其由50元降低至49元（降低率为2%）。

在这一例子中反映出采购成本降低2%与销售额增长10%对税前利润的影响是对等的，但增加销售额要比降低采购成本付出更多的努力，而且采购成本占总销售额比例越高，这种差别也就越明显。

如今，企业之间的竞争相当激烈，为了降低经营成本，取得竞争优势，各企业都在千方百计地控制其经营成本。而企业经营成本的绝大多数都与采购活动有关，因此，采购成本的管理不仅是采购人员的工作重点，也是整个企业的工作重点。

二、什么是采购成本

（一）采购成本

采购成本是指企业在采购活动中以货币表现的，为达到采购目的而发生各种经济资源的价值牺牲或代价。采购成本有广义和狭义之分。狭义的采购成本仅指物料的价款及运杂费等采购费用。广义的采购成本不仅包括物料的价款和运杂费，还包括物料的仓储成本及品质成本。这里所讨论的是广义的采购成本。

在现代市场经济形势下，企业之间的竞争日趋激烈，各企业为了减少成本，让利顾客，采取了许多降低成本、控制成本增加的方法，加大管理的措施，防止过量的采购使商品积压而占用大量的资金。因此采购成本的控制不仅是采购管理也是企业经营管理的重点所在。

采购是企业经济活动的主要组成部分。在采购活动中，一方面通过采购获取了资源，保证了企业生产的顺利进行；另一方面，在采购过程中也会发生各种费用，这就是采购成本。

采购成本是指与采购原材料、零部件等物料相关的费用。它不仅仅是指采购物料本身的价值，还包括因采购而带来的采购管理成本和储存成本。

1. 材料成本

材料成本是指材料的进价成本，又称购置成本，是指材料本身的价值，其计算公式为

$$材料成本 = 采购单价 \times 采购数量$$

在一定时期进货总量既定的条件下，无论企业采购次数如何变动，材料的进价成本通常是保持相对稳定的，因而属于决策的无关成本。

2. 采购管理成本

采购管理成本中有一部分与订货次数无关，如专设采购机构的基本开支等，另一部分与订货次数有关，如差旅费、通信费、咨询费等费用与进货次数成正比变动，这类变动性进货费用属于决策的相关成本。更详细地讲，采购管理成本包括与下列活动相关的费用：①检查存货水平；②编制并提出采购申请；③对多家供应商进行调查比较，选择最合适的供货商；④填写并发出采购单；⑤填写、校对发货单；⑥结算资金并进行付款。

3. 储存成本

企业为持有存货而发生的费用即为存货的储存成本，主要包括存货资金占用费（以贷款购买存货的利息成本）或机会成本（以现金购买存货而同时损失的证券投资收益等）、仓储费用、保险费用、存货残损霉变损失等。与进货费用一样，储存成本可以按照与储存数额的关系分为固定性储存成本和变动性储存成本两类。其中，固定性储存成本与存货储存数额的多少没有直接的关系，如仓库折旧费、仓库职工的固定月工资等，这类成本属于决策的无关成本；而变动性储存成本则随着存货储存数额的增减成正比例变动关系，如存货资金的应计利息、存货残损或变质损失、存货的保险费用等，这类成本属于决策的相关成本。

（二）整体采购成本

在采购过程中，原材料或零部件的采购价格固然是很重要的财务指标，但作为采购人员，不只要看到采购价格本身，还要将采购价格与交货、运输、包装、服务、付款等相关因素结合起来考虑，衡量采购的实际成本。

某企业采购的电视机玻壳采购成本分析如表 7-3 所示，由表中数据可知，采购单价为 47.62 元，而实际采购单位成本则为 68.50 元，采购价格仅占采购成本的 69.52%。

表7-3 某企业电视机玻壳采购成本分析

项目	单价/单位费用（元）	该项目占总采购成本的比例
玻壳单价	47.62	69.52%
库存利息	0.97	1.42%
仓储费用	0.92	1.34%
退货包装等摊销	0.09	0.13%
不合格品内部处理费用	0.43	0.63%
不合格品退货费用	0.14	0.20%
付款利息损失	0.53	0.77%
玻壳开发成本摊销	6.20	9.05%
提供给供应商的专用模具摊销	5.60	8.18%
包装投资摊销	6.00	8.76%
总计	68.50	100%

对于非生产用原材料（如设备、服务）等采购，除以上因素外，影响采购成本的还有维修与保修、备件与附件、安装、调试、图样、文件与说明书、安全证明、使用许可证书、培训、专用及备用工具等。

整体采购成本又称为战略采购成本，是指除采购成本之外考虑到原材料或零部件在本企业产品的全部寿命周期过程中所发生的成本，具体包括采购在市场调研、自制或采购决策、产品预开发与开发中供应商的参与、供应商交货、库存、生产、出货测试、售后服务等整体供应链中各环节所产生的费用。概括起来，整体采购成本是指在本企业产品的市场研究、开发、生产与售后服务各阶段，因供应商的参与或提供的产品（服务）所导致的成本，其中包括供应商的参与或提供的产品（服务）没有达到最好水平而造成的二次成本或损失。作为采购人员，其最终目的是降低整体采购成本。

按功能划分，整体采购成本发生在开发、采购、企划、质量控制、服务等过程。

1．开发过程中因供应商介入或选择而可能发生的成本

（1）原材料或零部件影响产品的规格与技术水平而增加的成本。
（2）对供应商技术水平的审核产生的费用。
（3）原材料或零部件的认可过程产生的费用。
（4）原材料或零部件的开发周期影响本企业产品的开发周期而带来的损失或费用。
（5）原材料或零部件及其工装（如模具）等不合格影响本企业产品开发而带来的损失或费用。

2．采购过程中可能发生的成本

（1）原材料或零部件采购费用或单价。
（2）市场调研与供应商考察、审核费用。
（3）下单、跟催等行政费用。
（4）文件处理费用。
（5）付款条件所导致的汇率、利息等费用。
（6）原材料运输、保险等费用。

3. 企划（包括生产）过程中因采购而可能发生的成本

（1）收货、发货（至采购方生产使用点）费用。
（2）安全库存仓储费、库存利息。
（3）不合格来料滞仓、退货、包装、运输带来的费用。
（4）交货不及时对仓库管理等工作的影响造成的损失。
（5）生产过程中的原材料或零部件库存费用。
（6）企划与生产过程中涉及原材料或零部件的行政费用。

4. 质量控制过程中可能发生的采购成本

（1）供应商质量体系审核及质量水平确认产生的费用。
（2）检验成本。
（3）原材料或零部件不合格而对本企业的生产、交货等方面造成的损失。
（4）不合格品的返工或退货成本。
（5）生产过程中不合格采购品导致本企业产品不合格而造成的损失。
（6）处理不合格来料的行政费用。

5. 售后服务过程中因原材料或零部件而可能发生的成本

（1）零部件失效产生的维修成本。
（2）零部件服务维修点不及时造成的损失。
（3）因零部件问题严重而影响本企业的产品销售造成的损失。
（4）因零部件问题导致本企业的产品理赔等产生的费用。

在实际采购过程中，整体采购成本分析通常要依据采购物品的分类模块，按 80/20 规则选择主要的零部件进行，而不必运用到全部的物料采购中。

三、影响采购成本的因素

采购成本由各方面构成，影响采购成本的因素也很多，包括采购次数、采购批量大小、采购价格的高低，同时还受企业采购策略、企业产品成本结构和供应商成本结构、采购谈判能力等方面的影响，但最重要和最直接的影响因素还是采购的批量、批次、价格及谈判能力。

（一）采购批量和采购批次

如同批发和零售的价格差距一样，材料采购的单价与采购的数量成反比，即采购的数量越大，采购的单价就越低，企业的采购费用也就低。因此，采购批量和采购批次是影响采购成本的主要因素。

（二）采购价格及谈判能力

企业在采购过程中谈判能力的强弱是影响采购价格高低的主要因素。当前，随着社会主义市场经济体制的深入，不同市场形态在供应、需求等方面的要素也不同，企业在实施采购谈判时，必须要分析自身所处市场的现行态势，有针对性地选取有效的谈判议价手段。例如，根据市场形态呈现卖方市场、中性市场和买方市场等不同的情况，分别采取"忍""等""狠"等不同的议价策略，以取得适宜的采购价格。

四、采购成本的分类

采购成本可以按不同的标志进行分类,不同类型的成本可以分别满足企业管理的不同要求。下面简要介绍几种主要的成本分类。

(一) 成本按其核算的目标分类

现代成本核算有三个主要目标:①反映业务活动本身的耗费情况,以便确定成本的补偿尺度;②落实责任,以便控制成本,从而明确有关单位的经营业绩;③确保产品质量。成本按上述核算目标不同可依次分为业务成本、责任成本和质量成本三大类。

业务成本是以采购业务为中心,以其开支范围为半径的所有成本的集合,即广义的采购成本;责任成本是指责任中心的各项可控成本;质量成本的具体内容这里暂不讨论。区分业务成本、责任成本和质量成本有助于搞好成本核算、加强成本的责任管理,提高产品质量。

(二) 成本按其发生的时态分类

成本按其发生的时态可分为历史成本和未来成本两大类。历史成本是指以前时期已经发生或本期刚刚发生的成本,即实际成本;未来成本是指预先测算的成本,又称预计成本,如估算成本、计划成本、预算成本和标准成本等。未来成本实际上是一种成本目标和控制成本。区分历史成本和未来成本有助于合理组织事前成本的决策,事中成本的控制和事后成本的计算、分析与考核。

(三) 成本按其可控性分类

成本的可控性是指责任中心对其成本的发生是否可以事先预计并落实责任,在事中施加影响以及在事后进行考核的性质。以此为标志,成本可分为可控成本和不可控成本两大类。可控成本是指能为某个责任中心所控制的成本;不可控成本是指责任中心无法控制的成本。在不同的时期和不同的责任中心,其判断标准会有所不同。某个责任中心的可控成本可能是另一个责任中心的不可控成本。有一些成本项目,从某一特定时期看是不可控的,但放在一个较长时期看又是可控的,比如固定资产的折旧费等。对于一个成本中心来讲,应以其可控成本作为评价其业绩的主要依据,而不可控成本只作为参考指标。

(四) 成本按其性态分类

成本性态是指成本总额与特定业务量之间在数量方面的依存关系,又称为成本习性。成本按其性态分类可分为固定成本、变动成本和混合成本三大类。固定成本是指在一定条件下,其总额不随业务量变动发生任何数额变化的那部分成本;变动成本是指在一定条件下,其总额随业务量成正比例变化的那部分成本;混合成本是指介于固定成本和变动成本之间,既随业务量变动又不成正比例的那部分成本。成本按性态分类有利于进行成本分析。

(五) 成本按其经济用途分类

成本按其经济用途可分为获取成本、储存成本和品质成本。

1. 获取成本

获取成本包括:

（1）货款及相关税金。

（2）运杂费。它是指运输过程中的运费、装卸费、保险费等。

（3）请购手续成本。它是指请购所花的人工费用、事物用品费用、主管及有关部门的审查费用。

（4）事务成本。它是指估价、询价、比价、议价、采购、通信联络、事务用品等事项所产生的费用。

（5）进料验收成本。它是指检验员的验收手续所产生的人工费用、交通费用、检验仪器仪表费用等。

（6）进库成本。它是指物料托运所产生的费用。

（7）其他成本。它是指如会计入账支付款项等所产生的费用等。

2. 储存成本

物料储存成本包括：

（1）资金成本。物料的品质维持需要资金的投入。投入了资金就使其他需要使用资金的地方丧失了使用这笔资金的机会，如果每年其他使用这笔资金的地方的投资报酬率为20%，则每年物料资金成本为投入资金的20%。

（2）搬运成本。采购物料数量增加，则搬运和装卸的机会增加，搬运工人与搬运设备也增加，其搬运成本就会增加。

（3）仓储成本。它是指仓库的租金及仓库管理、盘点、维护设施的费用。

（4）折旧成本。它是指物料容易发生品质变异、破损、报废、价值下跌、呆滞库存等，这些都会给企业造成一定的费用增加。

（5）其他成本。它是指如物料的保险费用和其他管理费用等。

3. 品质成本

品质成本是指为了促使和鉴定采购物料达到合同规定的品质要求所支付的费用，以及采购未达到品质要求给企业造成的损失。品质成本不是会计中的成本概念，具有一定的隐含性，具体可分为以下三个部分：

（1）采购预防成本。它是指采购方评价供应商的品质保证能力，提出采购物料的品质要求，帮助供应商改进产品品质和完善品质体系等活动所发生的费用。

（2）采购鉴定成本。它是指采购方对采购物料进行检验鉴定所发生的费用，这种检验活动包括货源地核对和进厂检验。

（3）采购损失成本。它是指由于采购物料未达到合同规定的品质要求给采购方造成的而供应商又未能给予补偿的损失。

任务四　采购成本分析

一、采购成本分析的意义

如今，企业之间的竞争日趋激烈，为了能降低经营成本，让利于顾客，企业必须加大力度控制其经营成本。如前所述，企业经营成本中与采购活动有关的成本占很大比重，因此采购成本管理成为企业管理中的重要工作。企业要加强采购成本管理必须对采购成本进行分析，通过分析，可以实现下列目标。

（一）正确评价企业过去

通过对实际成本费用等资料的分析能够准确地说明企业过去的业绩状况，指出企业的成绩和问题及产生的原因，判断该原因是主观原因还是客观原因等，这对于正确评价企业过去的经营业绩是十分有益的。

（二）全面评价企业现状

根据不同分析主体的分析目的，采用不同的分析手段和方法，可得出反映企业在各方面现状的指标，如反映企业营运状况的指标、企业盈利能力指标等。通过这种分析，对于全面反映和评价企业的现状有重要作用。

（三）准确估价企业潜力

企业的潜力通常是指基于现有的技术水平，企业在一定资源投入情况下的最大产出，即产出潜力；或在一定产出情况下资源的最小投入，即成本潜力。通过成本分析可正确、及时地挖掘出企业采购业务的潜力。例如，通过趋势分析方法可说明企业的总体发展潜力，通过因素分析和对比分析可找出企业在采购成本管理某环节的潜力。

（四）充分揭示企业风险

企业风险包括投资风险、经营风险和财务风险等。风险的存在产生于经济中的不确定因素。成本分析，特别是对企业潜力的分析与企业风险有着密切联系。一般来讲，成本效益越差，企业的经营风险越高；反之，成本效益越好，企业的经营风险越小。

二、采购成本分析的类型

（一）根据分析主体不同分类

根据分析主体不同，采购成本分析可分为内部分析与外部分析。

1. 内部分析

内部分析是指企业内部经营者对企业成本状况的分析。内部分析的目的是判断和评价企业采购成本是否正常，及时、准确地发现采购业务的成绩与不足，为企业未来顺利开展采购业务、提高采购效益和效率指明方向。

2. 外部分析

外部分析是指企业外部的投资者及政府部门等，根据各自需要或分析目的，对企业的采购成本进行的分析。例如，政府有关部门通过对企业采购成本的分析，核算其对社会的贡献状况。在现代企业制度条件下，外部采购成本分析是采购成本分析的重要或基本形式。

（二）根据分析的内容和范围不同分类

根据分析的内容与范围不同，采购成本分析可分为全面分析和专题分析。

1. 全面分析

全面分析是指对企业在一定时期的采购总成本进行系统、综合、全面的分析与评价。全面分析的目的是找出采购过程中带有普遍性的问题，全面总结在这一时期的成绩与问题，为搞好采购业务奠定基础或提供依据。

2. 专题分析

专题分析是指根据分析主体或分析目的不同，对采购过程中某一方面的问题所进行较深入的分析。如经营者对采购过程运输环节或储存环节存在的突出问题进行分析。专题分析对解决关键性问题有重要作用。

在采购成本分析中，应将全面分析与专题分析相结合，这样才能全面、深入地揭示问题。

（三）根据分析的时期和目的不同分类

根据分析的时期和目的不同，采购成本分析可分为趋势分析、现状分析和潜力分析。

1. 趋势分析

趋势分析是指对企业某个时期各单位时间的总体成本状况或某个成本评价指标的变动情况所做的分析，借以评价企业成本管理的发展趋势。趋势分析是成本分析的基本形式之一，它不仅有利于评价过去，而且有利于指导现在和预测未来。趋势分析可广泛应用于不同的分析领域和分析目的。

2. 现状分析

现状分析是成本分析的最基本和最主要的形式，它是指对企业当期的成本活动所进行的分析。现状分析最真实地反映了企业成本管理状况，为经营者及其他有关部门和人员提供决策的直接依据。通过对不同企业现状的分析，还可反映企业成本管理水平在同行业或在社会各部门中所处的地位，发现自己的差距和不足，为企业改进成本管理工作、制定正确的成本控制目标提供依据。

3. 潜力分析

潜力分析是在趋势分析和现状分析的基础上，结合企业资源变动状况和经营目标，对企业未来发展能力的估计与判断。潜力分析对于经营者和投资者都是至关重要的。潜力分析的正确与否，决定着决策的正确与否。应当指出，潜力分析通常与风险分析是紧密相关的。因此根据潜力分析进行决策时必须考虑不同潜力的风险程度，这也就加大了潜力分析的难度和复杂性。

从上述三种形式的含义与特点可看出，趋势分析、现状分析及潜力分析是相互联系的。进行采购成本分析，不能将它们割裂开来，孤立地使用某一种形式则可能得出片面的结论。因此，对其他企业成本状况进行分析，也是企业采购成本分析组织的一项重要任务。只有建立健全各级分析组织，才能保证采购成本分析工作的顺利、有效进行。

三、采购成本分析的步骤

（一）准备阶段

成本分析准备阶段主要由以下四个步骤组成：

1. 明确采购成本分析目的

企业首先必须明确为什么要进行采购成本分析，是要评价采购管理业绩，还是要制定未来经营策略。只有明确了采购成本分析的目的，才能正确地搜集整理资料，选择正确的分析方法，从而得出正确的结论。

2. 确立采购成本分析标准

不同的分析目的，其分析的评价标准是不同的，有的可用绝对标准；有的可用相对标准；有的可采用历史标准；有的则采用预算标准等。企业只有确立正确的分析评价标准，才会得出准确的分析结论。

3. 制订采购成本分析计划

在明确采购成本分析目的与标准的基础上，企业应制订采购成本分析的计划，包括采购成本分析的人员组成和分工、时间进度安排，以及拟采用分析方法等。采购成本分析计划是采购成本分析顺利进行的保证。

4. 搜集整理采购成本分析资料

采购成本分析资料是采购成本分析的基础，资料搜集整理的及时性、完整性，对分析的正确性有着直接的影响。资料的搜集整理应根据分析的目的和计划进行。

（二）采购成本分析实施阶段

采购成本分析的实施阶段，即具体分析阶段，是在采购成本分析准备阶段的基础上进行的，主要包括以下三个步骤：

1. 整体分析

整体分析主要运用水平分析法、垂直分析法及趋势分析法等进行全面分析。

2. 成本指标分析

企业对成本指标进行分析，特别是进行成本费用利润率指标分析，是企业采购成本分析的一种重要形式。

3. 基本因素分析

采购成本分析不仅要解释现象，而且应分析原因。因素分析法就是要在整体分析和成本指标分析的基础上，对一些主要指标的完成情况，从其影响因素角度，深入进行定量分析，确定各因素对其影响的方向和程度，为企业正确进行成本评价提供最基本的依据。

（三）采购成本分析报告阶段

采购成本分析报告阶段是采购成本分析实施阶段的继续，具体又可分为三个步骤：

（1）得出采购成本分析结论。
（2）提出可行性措施建议。
（3）编写采购成本分析报告。

四、采购成本分析的方法

采购成本分析采用的技术方法是多种多样的，它可以采用会计的方法、统计的方法或数学的方法。在实际的采购成本分析工作中,使用最广泛的技术方法主要有指标对比法和因素分析法。

(一)指标对比法

指标对比法又称比较法,这是实际工作中广泛应用的分析方法。它是通过相互关联的成本指标的对比来确定数量差异的一种方法。通过对比,揭露矛盾,发现问题,寻找差距,分析原因,为企业进一步降低采购成本和提高采购成本使用效益指明方向。成本指标的对比分析可采取以下几种形式:

1. 实际指标与计划指标对比

企业进行采购成本分析时,可以将实际成本指标与计划成本指标进行比较,通过对比,说明计划的完成程度,为进一步分析指明方向。

2. 本期实际指标与前期实际指标对比

企业通过本期实际指标与前期实际指标(如上年同期或历史最高水平)对比,反映企业成本动态和变化趋势,有助于企业吸取历史经验,改进成本管理。

3. 本期实际指标与同行业先进水平对比

企业通过本期实际指标与同行业先进水平对比,可以反映本企业与国内外先进水平的差距,以便扬长避短,努力挖掘降低成本的潜力,不断提高企业的经济效益。

应该指出的是,企业采用指标对比法时,应注意对比指标的可比性,即对比指标采用的计量单位、计价标准、时间单位、指标内容和计算方法等都应具有可比的基础和条件。在同类企业比较成本指标时,还必须考虑它们在技术经济上的可比性。指标的对比可以用绝对数对比,也可以用相对数对比。

(二)因素分析法

因素分析法是将某一综合指标分解为若干个相互联系的因素,并分别计算、分析每个因素影响程度的一种方法。成本升降是由许多因素造成的,概括起来有两类,即外部因素和内部因素。外部因素来自社会,是外部经济环境和条件所造成的;内部因素是由企业本身经营管理所造成的。这样分类有利于评价企业的各方面工作质量。

因素分析法的一般做法是:①确定分析指标由几个因素组成;②确定各个因素与指标的关系,如加减、乘除关系等;③采用适当方法,将指标分解成各个因素;④确定每个因素对指标变动的影响方向与程度。

因素分析法的具体计算程序是:以采购成本的计划指标为基础,按预定的顺序将各个因素的计划指标依次替换为实际指标,一直替换到全部都是实际指标为止。将每次计算结果与前次计算结果相比,就可以求得某一因素对计划完成情况的影响。下面举例说明指标与因素的关系。

设成本指标 N 是由 A、B、C 三因素乘积所组成,其计划成本指标与实际成本指标分别为

$$计划成本\ N_1 = A_1 \times B_1 \times C_1$$

$$实际成本指标\ N_2 = A_2 \times B_2 \times C_2$$

$$差异额\ G = N_2 - N_1$$

计算程序是:计划成本指标 $A_1 \times B_1 \times C_1 = N_1$

第一次替换 $A_2 \times B_1 \times C_1 = N_3$，$N_3 - N_1 = A$ 变动的影响；
第二次替换 $A_2 \times B_2 \times C_1 = N_4$，$N_4 - N_3 = B$ 变动的影响；
第三次替换 $A_2 \times B_2 \times C_2 = N_2$，$N_2 - N_4 = C$ 变动的影响；
以上三个因素变动影响的总和为

$$(N_3 - N_1) + (N_4 - N_3) + (N_2 - N_4) = G$$

从上式可知，三个因素变动的差异之和与前面计算的实际成本指标脱离计划成本指标的总差异是相符的，这就确定了各个因素对成本指标升降的影响程度，并可以确定各个因素所占差异比重程度，为企业采购成本分析提供可靠的依据。从上例可以看出，因素分析法是在指标对比法的基础上开展的，是对比法的补充。

任务五　降低采购成本的方法

美国密西根州立大学的一项全球范围内的采购与供应链研究结果表明：在所有降低采购成本的方式当中，供应商参与企业产品开发最具潜力，采购成本降低可达 42%；利用供应商的技术与工艺，企业则可降低采购成本 40%；利用供应商开展即时生产，企业可降低采购成本 20%；供应商改进质量，企业可降低采购成本 14%；而通过改进采购过程以及价格谈判等降幅仅可达到 11%。欧洲某专业机构的另一项调查也得出类似结果：在采购过程中，企业通过价格谈判降低采购成本的幅度一般在 3%～5%，通过采购市场调研比较优化供应商平均可降低采购成本 3%～10%，通过发展伙伴型供应商并对其进行综合改进可降低采购成本 10%～25%，而供应商早期参与企业产品开发带来的采购成本降低则可达到 10%～50%。由此可见，在整体采购成本中，采购人员更应该关注"上游"采购（Upstream Purchasing），即在产品的开发过程中充分有效地利用供应商。

一、采购成本控制

采购成本控制对于一个企业的经营业绩起到非常重要的作用。采购成本下降不仅体现在企业现金支出的减少，而且直接体现在企业产品成本的下降、利润的增加，以及企业竞争力的增强。所以，控制好采购成本并使之不断下降，是一个企业不断降低经营成本、增加利润的重要和直接手段之一。如何运用有效的采购成本管理方法对企业来讲至关重要，下面将系统介绍采购成本管理方法，并对传统采购成本方法和现代采购成本方法进行评价分析。

采购工作涉及面广，并且主要是和外界打交道，因此，如果企业不制定严格的采购制度和程序，不仅采购工作无章可循，还会给采购人员创造暗箱操作的机会。做好采购成本控制，企业必须注意下列几个方面：

1. 建立严格的采购制度

企业建立严格、完善的采购制度，不仅能规范企业的采购活动，提高效率，杜绝部门之间扯皮，还能预防采购人员的不良行为。采购制度应规定采购的申请、授权人的批准权限、采购的流程、相关部门的责任和关系、各种物料的采购规定和方式、供应商报价和价格审批程序等。比如，企业可在采购制度中规定采购的物品要向供应商询价、列表比较、议价，然后再选择供应商，并把所选的供应商及其报价填在同一张请购单上；还可规定超过一定金额的采购须附上三个以上的书面报价，以供财务部门或内部审计部门稽核等。

2. 建立供应商档案和准入制度

企业的正式供应商要建立档案，供应商档案不仅要有编号、详细联系方式和地址，还应有付款条款、交货条款、交货期限、品质评级、银行账号等，每一个供应商档案应经严格审核才能归档。企业的采购活动必须在已归档的供应商中进行，供应商档案应定期或不定期地更新，并有专人管理，同时要建立供应商准入制度。重点物料的供应商必须经质检、物料、财务等部门联合考核后才能归档，如有必要，还需到供应商的生产地加以考核。企业要制定严格的考核程序和指标，对考核的问题逐一评分，只有达到或超过评分标准者才能成为正式供应商。

3. 建立价格档案和价格评价体系

企业采购部门要对所有采购物料建立价格档案，对每一批采购物品的报价，首先与已归档的物料价格进行比较，分析价格差异的原因，如无特殊原因，采购的价格不能超过档案中的价格水平，否则要做出详细的说明。采购部门对于重点物料的价格要建立价格评价体系，由企业有关部门组成价格评价组，定期收集有关的供应价格信息，分析、评价现有的价格水平，并对已归入的价格档案进行评价和更新。这种评议一般三个月或六个月进行一次。

4. 建立物料的标准采购价格，对采购人员根据工作业绩进行奖惩

财务部对重点监控的物料应根据市场的变化和产品标准成本定期制定标准采购价格，促使采购人员积极寻找货源，货比三家，不断地降低采购价格。企业可将标准采购价格与价格评价体系结合起来进行，并提出奖惩措施，对完成降低企业采购成本任务的采购人员进行奖励，对没有完成降低采购成本任务的采购人员，分析原因，采取相应的惩罚措施。

通过综上所述的四个方面的工作，虽然不能完全杜绝采购人员的暗箱操作，但在完善采购管理、提高采购效率、控制采购成本等方面确实有较大作用。

二、采购成本控制的方法

（一）传统采购成本控制方法

1. 集中采购法

集中采购法（Centralized Purchasing）是指企业将各部门的需求集中起来，采购单位便可以较大的采购筹码得到较高的数量价格折扣。商品标准化后，企业可取得供应商标准品的优惠价格，库存量也可以相对降低。如此，还可以借助统一采购作业而减少行政费用的支出。

然而，集中采购或许会给人一种僵化、没有弹性的感觉，另一个较折中的方法是由使用量最多的单位来整合所有采购数量，负责主导采购议价。这样除了可以拥有与集中采购相同的采购筹码外，还能让采购单位更靠近使用单位，更了解使用单位的需求状况。也可以运用其他类似的方法进行集中采购以降低采购成本，如由各相关部门代表组成的产品委员会、联合采购、长期合约以及总体采购合约等。

2. 价值分析法

价值分析法（Value Analysis）也是企业控制采购成本的重要方法之一。企业通过价值分析降低采购成本的途径有：将产品设计简化以便于使用替代性材料或制造程序；采用提供较

佳付款条件的供应商；采购二手机器设备而非全新设备；运用不同的议价技巧；选择费用较低的货运承揽业者（Forwarder），或考虑改变运输模式如将空运改为海运，亦可同样达到成本降低的目的。当然，前置时间（Lead-time）是否足够，是否会影响其他工作，必须先行确认，并做出周密的评估。

3. 作业成本法

作业成本法（Activity Based Costing）是企业另外一个控制成本的方法，是将间接成本（Indirect Cost）依照在某一产品上实际花费的时间进行正确配置，有别于传统会计作业将间接成本平均分摊的做法。作业成本法运用到采购管理中，即将采购间接成本按不同的材料、不同的使用部门等进行分配，从而科学地评价每种材料、每个部门等实际分摊的采购间接费用。它可以让管理阶层更清楚地了解间接采购成本的分配状况。不过，分析的过度细化，往往容易导致越想全面掌控却越抓不到重点的情形。所以，适时地利用如帕累托分析（Pareto Analysis）等工具来找出关键的成本是非常必要的。

4. 目标成本法

目标成本是指企业在新产品开发设计过程中，为了实现目标利润而必须达到的成本目标值，即产品生命周期内的最大成本允许值。目标成本法的核心工作就是制定目标成本，并且通过各种方法不断地改进产品与工序设计，以最终使得产品的设计成本小于或等于其目标成本。这一工作需要由包括营销、开发与设计、采购、工程、财务与会计，甚至供应商与顾客在内的设计小组或工作团队来共同完成。

产品的目标成本确定后，可与企业目前的相关产品成本相比较，确定成本差距。而这一差距就是设计小组的成本降低目标，也是其所面临的成本压力。设计小组可把这一差距从不同的角度进行分解，如可分解为各成本要素（原材料和辅助设备的采购成本、人工成本等）或各部分功能的成本差距；也可按上述设计小组内的各部分（包括零部件供应商）来分解，以使成本压力得以分配和传递，并为实现成本降低目标指明具体途径。采购部门则要根据每种材料的目标成本去进行采购，以保证最终产品的成本能达到目标成本的要求。

5. 供应商成本结构分析法

在实际操作中，企业通过了解供应商成本结构可以在谈判过程中取得合理的价格。企业控制、降低采购成本的一个基本手段是要求供应商提供尽量详细的报价单，即将供应商提供的产品按固定费用及可变费用细项展开计算，逐项核定其准确合理性。

6. 谈判法

企业在对供应商的成本结构及其业绩进行详细分析后，还需在此基础上进行谈判。谈判是降低采购成本的重要渠道之一，但有研究表明，通过谈判降低采购成本的幅度是有限的，企业还要配合集中采购、目标成本、供应商成本结构分析等方法的运用，综合考虑如何降低采购成本。

（二）现代采购成本控制方法

现代企业发展需要企业能在全球化环境下不断提高自身竞争力，企业采购范围也突破了传统的区域限制范围。企业采购需要站在企业发展战略的高度，从企业整体价值链上进行控制,这一方面是因为全球化环境要求企业在实施走出去战略时,必须首先实施采购全球化战略,用战略采购的思路来代替传统的局部和短期成本控制方法;另一方面现代信息技术和网络技术为企业价值链管理提供了科学的工具,从而使供应链管理得以实施。

1. 战略采购成本控制方法

企业通过战略性采购来加强企业营运能力及市场定位的系统方法——战略采购方法被引入成本控制过程,可以有效地降低物料价格、简化供应链程序并改进市场反应速度,进而产生大量的成本节约。

战略采购是一种控制成本的工具,在降低采购产品及服务总成本方面表现突出。在此,引入"总成本"而不是发票成本的概念,因为它代表了企业拥有这些物料的总成本。运用"总成本"的概念有助于企业将管理重点引向获得所有权的总成本。为了以更低的总成本购得物料,战略采购运用一种以数据分析为基础的方法,帮助企业针对各类目物料制定采购战略。一旦企业采购战略定下来,就可以运用多种策略加以执行,并能更有效地处理供应商的确认、挑选、谈判及供应商关系管理等事项。通过运用全球采购和采购量集中等策略,企业可以开拓更大的供应基地,并增强对各个供应商的影响力。另外,运用重建供应商关系、改善合作过程等策略,企业可以简化采购过程,加强企业与供应商的关系,从而降低交易成本。

企业通过战略采购不仅在于压价,其本质上也是达到战略性决策的目的。企业战略采购的重点在于开发一个战略性供应基地,从而加强企业的竞争力,使企业能在高速发展的经济中成长壮大。为达到这个目标,战略采购运用一种系统性的、以数据分析为基础的方法,帮助企业更了解外部供应市场状况及内部需求。通过这种认识,企业能对其采购成本、内部需求控制、采购战略、供应基地联盟做出战略性决策。

战略采购帮助企业重新理解如何与供应商交易,如何永久降低成本和提高供应商的价值贡献。在专业化和产品分组化的情况下,很多企业扩大其供货商的责任范围,包括设计和研究开发等。这种战略性关系需细心设计和维持,才能确保双方在互惠的情况下达成交易。战略采购须对供货商的生产能力、生产量、战略方向、发展潜力及在竞争性市场上的定位做出系统性的评估。企业采用战略采购而降低生产成本和提高竞争能力,平均来讲,战略采购能为企业降低采购物料成本的10%~20%。在一些类目中,物料的价格降幅更高达50%。除了降低物料的价格,战略采购也使企业在运作上的灵活度大大提高。例如,更新采购程序和与供应商的协调而降低库存,使部分营运资金能被有效地分配使用。

尽管战略采购方式是一种有力的工具,但它仍有不足之处。战略采购的关键问题是从开始到结束需要很长时间。对每个类目可能需要六个月至一年的时间才能完成战略采购。但随着互联网的普及,战略采购可以在网上进行,将每个类目战略采购过程缩短至三个月甚至更短的时间。这种在线战略采购除了可降低采购的成本,还能比离线战略采购更早获得成本节约的效果。因此,我国企业的发展方向应该是,绕过传统的离线战略采购方法而直接使用这种降低成本的工具——电子采购法,并战略性地利用采购职能来加强企业市场定位和市场竞争力。

企业的采购战略成本核算流程一般由以下四个步骤组成:

(1) 估计供应商的产品或服务成本。企业采购人员可以通过参观供应商的设施,观察并适当提问来获取大量有用的数据,以估计供应商的成本。而要估计供应商的成本,采购人员必须了解产品的用料、制造该产品的人员数量以及所有直接用于生产过程的设备的总投资额。

企业组建团队参观供应商设施时，该团队至少应有3个人，其中包括来自工程部、采购部和生产部等关键部门各一人。参观前，小组成员应先碰头，确定每个人承担的角色及参观重点。每个人分配一个成本动因，即物料、总投资和人工中的一个，并且就该动因收集尽可能多的信息。由于工程部人员对设备最为熟悉，通常会指派该成员去了解生产产品所用的全部生产设备以及这些设备的供应商；采购人员的任务则是深入了解用于制造这些产品的物料；而生产部人员则通常去了解生产流程以及人员配置。

了解供应商的基本成本情况以后，企业就可以规划一个使自己能够在价格上获利的谈判。但最佳的战略选择应是企业如何与供应商一起降低比重最大的成本，从而降低企业的物料成本，提高收益。就谈判而言，要始终争取双赢的局面，即要尽量从谈判中获得双方都有利的最佳结果。如果企业试图与供应商建立长期的关系，就不能在谈判中把供应商逼到赔钱的地步；与此同时，企业自己也不能做太多的让步。

（2）估计竞争对手的产品和服务成本。采购人员对竞争对手的估测能提供必要的信息，使企业在市场中占据主动地位。这种先发制人的姿态能使企业保持业界的领先地位，并最终使其保持盈利性，长久地生存下来。

竞争力评估不仅是要瞄准业界同行的标杆，还要对竞争对手的业务、投资、成本、现金流做出细致的研究，并找出其长处和弱点。这些信息虽来之不易，但能使企业领导层做出可靠的商业决策，保持企业的竞争力，成为"群雄之首"。

例如，专利中往往包含丰富的信息，从专利资料中，企业可以获得所用的物料和制造流程两条主要信息。有了来自专利的信息，加上对制造流程的了解，企业的工程人员就能编写流程图，并对制造设备的购置投资做出评估。

细分市场概述、企业财务资料、管理人员简介以及企业历史也能为企业提供有关竞争对手的丰富信息。通过查阅含有主要销售数据和市场等信息的商务期刊和网站，企业能对市场有所了解。一旦掌握这些资料，企业就可以估计竞争对手的产品和服务成本。

（3）设定企业的目标成本。企业在估算竞争对手的成本后，可以根据竞争情况，将其与自己的优势或劣势的成本领域相比较。企业通过确定竞争对手与自身在产品或服务成本上的差异，就能建立目标成本。这就是战略成本核算的用意，即战略性地估计出自己的目标成本，以尽可能实现利润最大化。如果竞争对手的优势在于物料、劳务以及管理方面的成本，则企业的最佳策略是制订计划来研究上述领域的状况，如果计划难以奏效，或者不认为企业能大大降低这些成本，那么最佳策略也许是不要再在研究和发展上做任何投资；如果竞争对手的薄弱环节主要表现在水电、维修、折旧、财产或保险方面，这些领域跟总投资直接相关，意味着竞争对手拥有更高的自动化程度或更为流水线化的流程。

（4）确定哪些流程与产品能持续改进及其对企业的价值。战略成本核算要求企业发现需要改进的领域，分析实现这些目标所需付出的努力，并计算实现这些改进给企业带来的价值。企业做出的任何改进都可能从短期效果和长期效果两方面考虑。要发现改进对财务状况的长期影响，可以参考现金流。现金流是企业资金流入量减去流出量后的金额，比单单的净利润更能映射全局。现金流入的主要来源是销售收入；现金流出则包括企业运营、购买新的固定设施或设备以及支付税金等一切必要的现金开支。

现金流对于企业，就如同血液对于人体，人体缺血会死亡。如果企业现金流出量大于流入量，企业就会"不健康"，甚至可能"死亡"。现金"缺血"在小企业当中尤为常见，它们一般没有大量的现金储备。可以运用现金流分析，确定一个企业的健康程度。通过计算年度实际或预测的现金流入和流出，企业可制订相应的财务计划，保证财务顺利运行；通过预测本企业和竞争对手的现金流，也可以了解到战略规划效果在财务上的反映。

这些规则适用于当今市场上的所有企业。企业只有在战略上走在成本控制的前列，降低成本，了解竞争对手情况，在扩大或缩小规模方面做出明智的决策，才能赢得竞争的胜利。

2. 供应链采购成本管理方法

供应链管理（Supply Chain Management）作为一种企业成本管理技术，其定义是：在满足服务水平需要的同时，为了使系统成本最小而采用的把供应商、制造商、仓库和商店有效地结合成一体来生产商品，并把正确数量的商品在正确的时间配送到正确的地点的一套方法。

供应链管理的作用在于通过系统地设计与管理各供应环节，使企业达到两个目的：①供应链系统的总成本最优；②更能满足客户需要。这样，供应链管理必然对企业成本管理的诸多方面带来比较大的影响，主要体现在：供应链管理使企业成本管理的目标具有两重性；供应链管理使企业成本管理活动具有层次性；供应链管理使企业成本管理活动具有整体性；供应链管理使企业成本管理更重视信息技术的应用和信息的收集工作。

供应链管理的实现主要通过利用信息技术和供求信息在企业间的整合。因此，这个电子化的供应链系统方案应包括客户关系管理系统（CRM）、企业资源规划系统（ERP）、供应链管理系统（SCM）、产品资讯系统（PDM）、全球采购管理（GPM）、全球需求管理（GDM）和电子商务（e-Commerce）。实施供应链管理需要耗费大量的时间和财力，但实施这项管理的收益也是巨大的。从国外的经验看，实施供应链管理成功的例子明显多于失败的例子。目前，国内绝大多数企业供应链成本管理还处在较低的层次上。

相对于传统采购理念，现代采购理念体现在：共同承担全面产品开发过程的责任；从追求功能到追求协作过程；从追求利润到追求可获利能力；从产品到用户服务；从注重交易到注重关系的建设；从交易产品清单到交易信息。

对于国内企业，需要考虑我国国情和企业自身情况，量力而行，从本企业的实际出发，切实采用合适的采购成本管理方法进行企业成本管理，以提高自身竞争力。

项目实训：企业采购成本分析

一、实训目的

（1）了解采购成本的构成，能够恰当运用 ABC 分类法及价值分析法来分析采购成本。

（2）通过各种方式取得价格信息，进行价格调查，能够提出恰当的采购策略。

（3）进一步理解如何降低成本，进行采购成本的控制。

（4）不断培养和增强学生的分析能力、组织能力、沟通能力、团队协作精神等。

二、实训组织

（1）知识准备：采购成本的构成、采购成本控制和分析方法。

（2）学生分组：每个小组以 3~5 人为宜，小组中要合理分工，每组选出一位小组长。

(3) 实训地点：产学研合作单位、教学基地或自主选择调查企业。

三、实训要求

(1) 对相关采购部门采购物料种类、数目、成本等方面的资料进行调查并做相应记录，从而为采购成本分析做好相应的准备工作。

(2) 在收集资料时，主要根据采购部门的实际项目开展活动，任课教师调控整个过程。

(3) 各小组对所收集的采购信息进行分析、讨论，了解所调查采购部门采购成本的构成。

(4) 将所学的两种成本分析法适当地加以应用，最后提出合适的采购策略。

四、实训报告

对超市或其他采购部门进行调查，了解采购成本方面的相关资料。以小组为单位对所收集的资料进行分析并组织研讨，比如，哪些商品的采购价格比较合理？哪些价格存在不合理的现象？其影响因素是什么？能否降低本月的采购成本？应用哪些方法？在充分讨论的基础上，以组为单位完成调查并撰写一份降低采购成本的分析报告，报告中应包含以下内容：

(1) 调查时间、调查企业。

(2) 根据调查收集的资料，以该企业某采购商品为例，分析说明其采购价格是否合理及影响因素。

(3) 根据调查资料，以上述采购商品为例，进行采购成本分析。

五、实训考核

实训成绩根据个人表现和团队表现进行综合评定。考评内容包含以下几项：

(1) 相关资料是否通过实地调查获得，调查资料是否翔实、准确、具体。

(2) 调查结果描述是否清楚，有没有通过搜集到的企业实例进行说明。

(3) 分析结果是否深入、全面，采购策略或降低采购成本的措施是否具有可操作性。

(4) 小组内部分工是否明确，组员是否有协作精神，根据个人任务完成情况由组长评分。

(5) 小组总结汇报思路是否清晰、内容是否充实、重点是否突出，由教师对小组进行评分。

(6) 实训报告是否按要求的规范格式完成，对个人报告或小组报告进行评分。

(7) 根据个人得分和小组综合评分最终确定每个学生的实训成绩。

项目八
采购谈判与合同管理

工作任务及过程描述

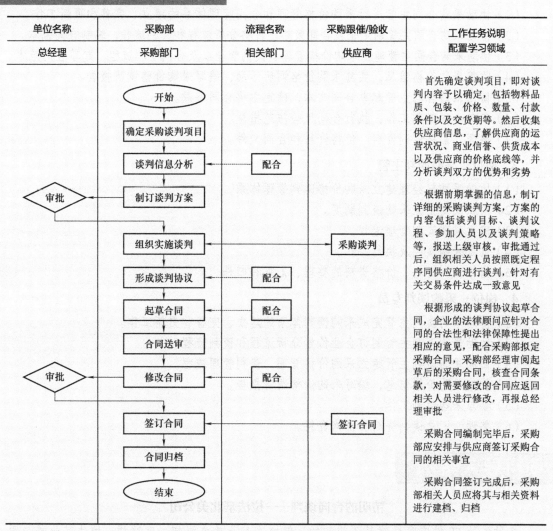

职业能力要求

1．岗位：采购合同主管

（1）协助采购部经理建立采购价格和合同管理体系，为实施采购建立执行、控制机制。
（2）组织制定企业采购合同管理制度、采购价格管理制度以及谈判制度。
（3）建立采购价格管理、谈判管理及合同管理流程，编制和统一合同范本。
（4）组织实施合同价格调研与分析，开展询价和议价工作。
（5）负责合同谈判、合同签署以及合同执行工作。
（6）检查合同执行情况，预测合同履行风险，并制订风险防范措施。
（7）指导谈判资料、价格资料和合同文件的整理、汇总和归档。

2．岗位：合同管理专员

（1）协助采购合同主管进行采购价格管理和合同管理体系的建立、完善和更新工作。
（2）协助采购合同主管制定企业合同策略、价格分析流程和谈判流程，编制合同范本。
（3）协助采购合同主管建立采购价格管理、谈判管理以及合同管理流程，起草合同范本。
（4）收集采购价格信息，实施采购价格调研活动，编写采购价格调研报告。
（5）协助采购合同主管起草合同文本，确定主要合同条款。
（6）参与合同谈判工作，执行合同风险防范措施。
（7）整理、汇总谈判资料、价格资料和合同文件。

3．岗位：采购谈判主管

（1）协助采购部经理建立采购价格谈判管理体系。
（2）组织制定企业采购谈判制度。
（3）建立采购谈判管理流程。
（4）负责采购谈判及执行工作。
（5）指导谈判资料、价格资料的整理、汇总和归档。

4．岗位：采购谈判专员

（1）协助采购谈判主管完成采购谈判体系的建立、完善和更新工作。
（2）协助采购谈判主管制订企业价格分析流程和谈判流程。
（3）协助采购谈判主管建立采购价格管理、谈判管理流程。
（4）收集采购价格信息，编写采购价格调研报告。
（5）参与采购谈判工作。
（6）整理、汇总谈判资料和价格资料。

项目导入案例

精明的合同谈判——拉法基北美公司

多付钱给IT供应商显然是不明智的，但拉法基北美公司却一度这样。拉法基北美公司

（以下简称"拉法基"）是由法国拉法基集团控股的一家私人公司，该公司主要生产混凝土、石膏、铺路材料及其他建筑材料，年销售额达60亿美元。

拉法基IT副总裁兼CIO（首席信息官）Patrick Kys当初觉得，他们公司并未从AT&T、惠普和微软等主要的IT供应商那里得到应有的定价优势。Kys表示，自己及其他几名高级经理并不知道应该得到哪种幅度的折扣，因而不确信自己在谈判过程中是否体现出了应有的强势态度。"技术经理个人很难获得相关的可靠信息，不清楚供应商的价格底线。供应商合同常常规定：客户不得讨论价格。在谈判桌上与供应商进行周旋和谈判确实需要经验和技巧。"Kys说。

为了应对这一难题，拉法基聘请了NPI财务咨询公司（以下简称"NPI"），专门进行开支管理咨询。NPI用了几周时间审阅拉法基与AT&T及其他IT供应商的合同，最后得出的结论是：拉法基付给IT供应商的费用过多。于是，NPI马上着手洽谈更优惠的交易。

NPI为许多客户提供咨询服务，也替一些客户去谈判；它收集了各行各业供应商报价方面的基准数据，同时对每个客户的数据予以保密。Kys说："他们了解内幕。"

NPI的代表指导拉法基如何谈判，有时也会直接介入，替拉法基与对方谈判。拉法基的IT审计员Sepehr Kousha说："NPI在替拉法基与AT&T谈判合同时，要求这家供应商在价格方面'优惠些'；在与惠普洽谈之前，NPI提供了基准数据，对我们大有帮助。"

拉法基大量使用了惠普的产品，包括惠普台式电脑、笔记本电脑、服务器、打印机、存储产品和各种实用软件。Kousha表示，拉法基与惠普续订维护和服务协议时，NPI用了两周时间，将拉法基目前的合同与第三方提供商提供的类似条款、条件和价格进行了一一对照，还与惠普提供给其他客户的服务做了对照。

Kousha说："这不但帮助我们降低了当年度的价格，还谈成了一笔多年协议，那样我们的价格不会在接下来的24个月被定死。"这些谈判花了大约6个月的时间，确定高昂的软件价格确实很复杂。

在与AT&T新签订的网络和数据电信协议中，拉法基省下了"7位数的费用"。Kys表示，节省的幅度比自己原先预料的还多20%，这完全归功于NPI。电信合同谈判起来通常很费劲，但由于掌握了更多信息，拉法基避免了被对方宰一刀。"对方试着把你拖垮，不会很快拿出一个最终价格。他们就是想让你放弃，我们则采取了与对方磨到底的战术。"Kousha说。接下来，摆在Kousha和Kys面前的是存储设备合同以及思科的Smartnet技术支持合同。

Kys劝告CEO，应当为技术部门增加一名审计员或者财务经理。大多数IT经理与供应商的谈判"纯属业余"，缺乏成功谈判的种种战术。Kousha向Kys直接报告，与公司财务主管则是间接报告关系。

问题一：如何组织采购谈判？
问题二：采购合同的执行与签订应注意哪些问题？

任务一　采购谈判认知

一、采购谈判

（一）采购谈判的概念

谈判（Negotiation）是指人们为了达到彼此的目的而进行相互协调和沟通，并在某些方面达成共识的行为和过程。作为协调各方关系的重要手段,谈判既是一门科学,又是一门艺术,它可以应用于政治、军事、外交、经济、科技等各个领域,并发挥着独特的作用。

商务谈判是指不同国家、不同经济体之间为了彼此的利益,通过沟通、协商、妥协最终达成一致,把一种可能的商机确定下来的过程。

采购谈判是商务谈判中的一种,是指企业为采购商品,作为买方,与卖方厂商对购销业务有关事项,如商品的品种、规格、技术标准、质量保证、订购数量、包装要求、售后服务、价格、交货日期与地点、运输方式、付款条件等进行反复磋商,谋求达成协议,建立双方都满意的购销关系。另外,在采购过程中,由于业务操作失误发生的货损、货差等货物质量和数量问题如在赔偿上产生争议,也要进行谈判,也属于采购谈判。

在采购谈判中,谈判双方主要就以下几项交易条件进行磋商:①品质条件;②价格条件;③数量条件;④包装条件;⑤交货条件;⑥货款支付条件;⑦货物保险条件;⑧检验与索赔条件;⑨不可抗力条件;⑩仲裁条件。

商品的品质、价格、数量和包装条件是谈判双方磋商的主要交易条件。只有明确了商品的品质条件,谈判双方才有谈判的基础,即谈判双方首先应当明确双方希望交易的是什么商品。在规定商品品质时,可以用规格、等级、标准、产地、型号和商标、产品说明书和图样等方式来表达,也可以用一方向另一方提供商品实样的方式表明己方对交易商品的品质要求。

在国内货物买卖中,谈判双方在商品价格问题上主要就价格的高低进行磋商。而在国际货物买卖中,商品价格的表示方式除了要明确货币种类、计价单位以外,还应明确以何种贸易术语成交。国际商会制定的《2020版国际贸易术语解释通则》介绍并解释了11种贸易术语,它们清楚地表达了买卖双方各自应当承担的风险、手续责任和相关的费用。

在磋商数量条件时,谈判双方应明确计量单位和成交数量,在必要时订立数量的机动幅度条款。在货物买卖中,大部分货物都需要包装。因此,谈判双方有必要就包装方式、包装材料、包装费用等问题进行洽谈。

商品交货条件的磋商是指谈判双方针对商品的运输方式、交货时间和地点等进行的磋商。而货运保险条件的确定则需要买卖双方明确由谁向保险公司投保,投保何种险别,保险金额如何确定,以及依据何种保险条款办理保险等。

货款的支付问题主要涉及支付货币和支付方式的选择。在国际货物买卖中使用的支付方式主要有汇付、托收、信用证等。不同的支付方式,买卖双方可能面临的风险大小不同,在进行谈判时,应根据情况慎重选择。

检验、索赔、不可抗力和仲裁条件,有利于买卖双方预防和解决争议,保证合同的顺利履行,维护交易双方的权利,是国际贸易谈判中必然要商议的交易条件。

(二)采购谈判的类型

从形式角度划分,采购谈判分为横向谈判和纵向谈判。横向谈判是综合的、全面铺开的一种谈法,纵向谈判是一个问题接一个问题地谈。

从立场角度划分,采购谈判分为硬式谈判、软式谈判和价值式谈判。硬式谈判也称立场式谈判,是指在谈判中始终坚持自己的立场,并将这种立场置于利益之上;软式谈判也称让步式谈判,强调建立一种协作关系,表现为适当的让步和妥协;价值式谈判注重人际关系,以尊重对手为出发点,寻求双方利益上的共同点,在此基础上设想各种使双方各有所获的方案。

从目的角度划分，采购谈判分为赢—赢谈判、赢—输谈判和输—输谈判。

（三）采购谈判的重要性

企业进行采购谈判的目的是：①获得供应商质量好、价格低的产品；②获得供应商比较好的服务；③在发生物资差错事故损失时获得合理的赔偿；④当发生纠纷时能够妥善解决，不影响双方的关系。

采购谈判在采购活动中的重要性如下：

1. 可以争取降低采购成本

企业通过采购谈判，可以以比较低的价格获取供应商的产品，降低购买成本；可以以比较低的进货费用获取供应商的送货服务，降低采购进货的费用；最终可以降低采购成本。

2. 可以争取保证产品质量

在进行采购谈判时，产品质量是一项重要的内容，通过谈判可以让供应商对其产品提供质量保证，使企业能够获得质量可靠的产品。

3. 可以争取采购物资及时送达

通过采购谈判，可以促使供应商保证交货期、按时送货、及时满足企业物资需要，从而降低企业的库存量，提高其经济效益。

4. 可以争取获得比较优惠的服务项目

伴随产品购买会有一系列的服务内容，如提供送货服务、技术咨询服务、售后安装、调试、使用指导、运行维护以及售后保障等。这些服务项目，供应商都需要花费成本，供应商希望越少越好，而企业希望越多越好，这就需要通过谈判来解决。

5. 可以争取降低采购风险

采购进货过程风险大，途中可能发生事故，造成货损、货差甚至人身、车辆、货物的重大损失，只有通过谈判，才可以让供应商分担更多风险、承担更多风险损失。这样企业就可以减少甚至避免采购风险，从而减少或者消除风险损失。

6. 可以妥善处理纠纷

采购过程中极易发生各种纠纷，通过谈判可以妥善处理纠纷，维护双方的效益，维护双方的正常关系，为以后的继续合作创造条件。

总之，通过谈判，可以争取降低采购成本和采购风险、及时满足企业物资需要、保证物资质量、获取优惠服务、降低库存水平、提高采购的效益。如果能够谈判成功，则对企业是非常有利的。

二、采购谈判的原则与特点

（一）采购谈判的原则

1. 公平与合作性原则

供应方和采购方是两个既对立又必须相互合作的经济独立体。双方要想发生交易，必须本着合作的原则进行谈判。双方平等互利，协商所需，但非利益均分。

2. 诚信原则

谈判人员要重视作为谈判对方的每一个客户，要采取一切措施，使对方对谈判保持极大的兴趣。通过给予对方心理上更多的满足来增强谈判的吸引力。例如，在谈判中注意表现出个人的独特气质，给对方树立诚实、可信、富于合作精神的形象，使对方产生可信赖、可交往的感觉，缩短对方心理上的距离；或在谈判中注意留有余地，让对方感受到通过洽谈可以获得的成功，使其保持良好的情绪和信心，从而使对方不轻易中断与己方的谈判。

3. 充分准备原则

在进行正式谈判前，应在条件许可的情况下，事先掌握谈判对方的企业现状，如企业的信誉、优势和劣势等；弄清本次谈判的利益何在、问题是什么、谁是对方的决策人物等有关资料。只有充分了解对方，才能有针对性地制订谈判策略，击中对方的要害，使己方处于优势。

注意信息的收集、分析和保密。在信息时代，信息收集是至关重要的一环，掌握的信息越多，越有机会在谈判中处于主动；把握信息越快，越可能在谈判中占据优势。这就要求参与谈判的时候，只有在十分必要的情况下，才能将有关的真实想法一点一滴地透露出去，绝不要轻易暴露自己已知的信息和正在承受的压力，并且应想方设法多渠道地获取有关信息，以便及时调整己方的谈判方案。

4. 求同存异原则

要与对方所希望的目标保持接触，适当妥协以寻求双方整体的利益。在采购谈判中，应与对方所希望的目标保持恰当的接触，如果发现己方的要求和对方的要求之间差距较大，则应及时发出信号。例如，通过与旁人进行闲谈，故意把信号传递给对方，或通过中间人的联系，把己方的意图告诉对方，以避免加大不必要的谈判成本。

5. 多听、多问、少说原则

在谈判中应多听、多问、少说。谈判不是演讲，演讲的目的是要把自己的主张和想法告知听众，而谈判的目的是通过语言交流实现自己的谈判目标，分得更多的"蛋糕"份额。这就要求谈判人员尽可能多地了解和获悉对方的意图。倾听是发现对方需要的重要手段；恰当的提问是引导谈判方向、驾驭谈判进程的工具，所以谈判能手往往是提问的专家。而说得过多则会产生不应有的失误，所谓"言多必失"，极易使自己陷于被动。同时，多听、多问有助于发现事情的真相，探索对方的动机和目的，迫使对方更多地提供信息反馈，从中获悉新的情况，以确立和调整己方的策略、措施和方法。

不要急于向对方摊牌或展示己方的实力。让对方摸不到己方的底牌是谈判的重要计策之一，所以不要轻易把己方的要求和条件过早地、完整地、透彻地告诉对方，可采取有效的暗示方式，如通过第三方的影响或舆论的压力。沉着应战，使对方陷入疲惫状态，当对方的耐心被攻破时，谈判就会有极大的转机，就会向着对己方有利的方向发展。

6. 分级实现目标原则

谈判时不宜使自己表现出在谈判结果上毫无退让之势。一般来讲，谈判目标可分为三级，即最低目标、可接受目标和最高目标。最高目标是应努力争取的，最低目标是退让妥协的底线，可接受目标是可谈判的目标。具体的策略应根据己方在谈判中所处的地位而定。当想获取时，应提出比原预想的目标还高些的要求；当要付出时，应提出比原预想的目标还低些的要求。虽然没有适当的让步，谈判就无法进行下去，但让步是要有原则的，其原则是：让步要稳，要让在明处；要步步为营，小步实施；要让对方知道，提醒对方注意。如果是单方面让步，其危害性不仅仅在于让步的大小，还在于它削弱了己方的谈判地位。让步之后要大肆渲染，即告知对方自己因让步所做出的牺牲和所受到的损失，希望对方予以关注，并要求对方予以补偿。

在采购谈判中，谈判双方虽然站在各自的立场，处于对立的状态，但双方的最终目的都是希望谈判能获得成功，为此，双方都尽量遵守合作原则以显示自己的诚意，确保谈判的顺利进行。但由于种种原因，如谈判策略的需要、各自的立场不同等，谈判双方又经常违反某些原则，这时，双方就需揣度彼此的弦外之音、言下之意，以决定己方的应对之策，这不仅仅是智慧的较量，也是语言运用和理解能力的较量。

（二）采购谈判的特点

采购谈判属于商务谈判的范畴，它具有商务谈判的基本特点，但同时也具有自己的特殊性。

（1）采购谈判中采购方的目的是最终获取本单位或部门所需物资，保障本单位或部门及时、持续的外部供应。

（2）采购谈判讲求经济效益。在谈判中，买卖双方争议最激烈的问题往往是商品的价格问题。对采购方来讲，当然是希望以最低的价格或者最经济地获得所需商品。

（3）采购谈判是一个买卖双方通过不断调整各自的需要和利益而相互接触，最终争取在某些方面达成共识的过程。

（4）采购谈判蕴涵了买卖双方"合作"与"冲突"的对立统一关系。双方都希望最终能够达成协议，这是合作的一面；但各方同时又希望通过协议能够获得尽可能多的利益，这是冲突的一面。正是由于买卖双方的这种对立统一关系，才体现出了采购谈判的重要性以及在谈判中采用适当策略和技巧的必要性。

（5）在采购谈判中，最终达成的协议所体现的利益主要取决于买卖双方的实力和当时的客观形势。另外，谈判结果还在一定程度上受主观条件的制约，如谈判人员的素质、能力、经验和心理状态以及在谈判中双方所运用的谈判策略与技巧等。

（6）采购谈判既是一门科学，又是一门艺术。掌握谈判的基本知识和一些常用策略技巧能使谈判者有效地驾驭谈判的全过程，为己方赢得最大的利益。

在采购谈判的实际组织实施中，要综合考虑采购谈判的上述特点，并结合实际情况，制订合适的谈判计划、方案和策略等。

三、采购谈判的影响因素

在合作经济中，任何企业都不可能完全独立运营，而要进行大量的商务谈判。有效的谈判不仅可以使企业最大程度获得正当利益,而且可以使对方也对谈判结果感到满意,并能够改善企业间的关系,为日后双方进一步合作奠定良好的基础。

采购谈判是一种"双赢"和"互利"的过程,谈判各方当事人之间的关系不是"敌人",而是"合作的伙伴"。但是,这并不意味着双方利益上的平均,而是意味着利益上的均衡,因而为获得更多有形和无形的利益,形成了谈判双方的"对立",因此,采购谈判也是一种既"合作"又"对立"的过程。为了在谈判中取得优势,处于主动地位,获得更多符合企业自身的经济利益,企业必须重视加强谈判实力。谈判实力指的是影响谈判双方在谈判过程中的相互关系、地位和谈判最终结果的各种因素的总和以及这些因素对各方的有利程度。一般来讲,影响谈判实力强弱的因素有七个方面:

(一)谈判时机

虽然谈判双方都希望能够交易成功,但是就交易成功的渴望程度而言,谈判双方是不一样的,交易本身对谈判双方的重要性也不是完全相同的。如果交易对某一方更重要,则该方在谈判中就会处于弱势。例如,秋季将至,零售商为准备新式的服装,急需将过季的夏装销售出去,然而,对于提供新式秋装的供应商而言却并不急于将过季服装销售罄尽。所以,在供应商和零售商的谈判中,零售商就处于不利的地位,谈判实力相对较弱。

(二)交易条件

交易中某一方对所承诺交易条件的满足程度越高,其在谈判中的实力就越强。例如,在货物买卖谈判中,如果卖方对买方关于质量、数量、交货时间、交货地点以及售后服务等方面的要求都能充分予以保证和满足,则其谈判实力较强;反之,则谈判实力较弱。

(三)谈判时间

在谈判过程中,如有一方时间紧迫,希望早日结束谈判,达成交易,则时间的局限会削弱其谈判实力;反之,更有耐心的一方能够承受旷日持久的谈判,谈判实力就更强。

(四)行情的了解

商业信息是无形的资源,但也是值得重视的资源,它可以转化为财富。谈判双方谁掌握的商业行情更多,了解的情况更详细,谁就能在谈判中占据主动、有利地位,谈判实力也就更强。

(五)市场竞争态势

在采购交易中,如果出现一对多的供应态势,则有利于处于垄断地位的供方,可以增强该方的谈判实力;而需方在谈判中的实力就会大打折扣。反之,对于处于多对一的供应态势,则会增强需方的谈判实力。从微观经济学的角度讲,即完全垄断的市场有利于卖方,卖方往往拥有物以稀为贵的优势;相反,完全竞争的市场则有利于买方,买方可以挑选卖方的产品和服务。

(六)企业的信誉和实力

从总体上来看,企业实力是指企业规模、技术水平、员工素质、市场占有率等。企业实力虽不等同于谈判实力,但它是形成谈判实力的基础。企业的商业信誉越高,社会知名度越大,企业实力就越强,支持和影响谈判的因素就越多,谈判实力也就越强。

(七)谈判的艺术和技巧

谈判人员如果能充分调动有利于己方的各种因素,避免不利因素,就能加强谈判实力。所以谈判人员必须外塑形象,内强素质。素质高,谈判技巧娴熟,就能增强谈判的实力;反之,则会影响谈判实力的发挥。

任务二 采购谈判组织与实施

一场谈判是否能够取得圆满的结果,取决于多方面的因素。但企业采购部门是否对谈判组织周密严谨,谈判前是否做了充分准备,谈判中是否能够灵活运用有关策略技巧等,对谈判能否成功起着重要的决定作用。下面分别针对采购谈判的准备阶段、开始阶段、进行阶段和结束阶段做详细的介绍。

一、采购谈判的准备阶段

准备工作做得如何在很大程度上决定着谈判的进程及结果,有经验的谈判人员都十分重视谈判前的准备工作。一些规模较大的重要谈判,有关人员往往提前几个月甚至更长的时间就开始着手进行精心的准备。

总体上讲,前期的准备工作主要从谈判有关资料的收集、谈判方案的制订、谈判队伍的组建等方面展开。

(一)采购谈判资料的收集

通过对谈判有关资料信息的收集、整理、分析和研究,谈判人员就会有较为充分的思想准备,明确谈判的主客观环境,预测在谈判中可能会出现的问题。

1. 采购需求分析

采购需求分析是指要在采购谈判之前弄清楚企业需求什么、需求多少、需求时间,最好能够列出企业物料需求分析清单。

2. 资源市场调查

在做出采购需求分析之后,就要对资源市场进行一番调查分析,获得市场上有关物资的供给、需求等信息资料,为采购谈判的下一步决策提供依据。资源市场调查通常包括以下内容:

(1)产品供应、需求情况。企业通过对所需产品在市场上的总体供应状况的调查分析,可以了解该产品目前在市场上的供应情况。即对于该产品来讲,目前市场上是供大于求、供小于求,还是供求平衡。面对不同的市场供求状况,买卖双方需制订不同的采购谈判方案和策略。例如,当市场上该产品供大于求时,对于己方来说讨价还价就容易些;供小于求的情况则相反。

另外,通过对所要采购的产品在市场上的需求情况的调查分析,还可以了解该产品目前在市场上的潜在需求者,它们或者是生产本企业同种产品的市场竞争者,或者是生产本企业产品替代品的潜在市场竞争者。企业也要时刻注意它们对于该产品的采购价格、政策等。

（2）产品销售情况。作为买方，企业通过调查所采购产品在市场上的销售情况，可以了解该类产品各种型号在过去几年的销售量及价格波动情况；该类产品的需求程度及潜在的销售量；其他购买者对此类新、旧产品的评价及要求，等等。通过对产品销售情况的调查，谈判人员可以大体掌握市场容量、销售量，有助于确定未来具体的购进数量。

（3）产品竞争情况。产品竞争情况的调查包括生产同种所需产品供应商的数目及其规模；所要采购产品的种类；所需产品是否有合适的替代品及替代品的生产厂商、此类产品的各重要品牌的市场占有率及未来变动趋势；竞争产品的品质、性能与设计；各主要竞争对手所提供的售后服务方式，以及中间商对这种服务的满意程度，等等。

通过产品竞争情况的调查，谈判人员能够掌握供应己方所需同类产品竞争者的数目、强弱等有关情况，寻找谈判对方的弱点，争取以较低的成本费用获得己方所需产品；也能预测对方产品的市场竞争力，使自己保持清醒的头脑，在谈判桌上灵活掌握价格弹性。

（4）产品分销渠道。产品分销渠道的调查包括各主要供应商采用何种经销路线，当地零售商或制造商是否聘用人员直接推销，其使用程度如何；各种类型的中间商有无仓储设备；各主要市场地区的批发商与零售商的数量、各种销售推广、售后服务及存储商品的功能，等等。

调查商品的分销路线，谈判人员不仅可以掌握谈判对方的运输、仓储等管理成本的状况，在价格谈判上做到心中有数，而且可以针对供应商售后服务的弱点，要求对方在其他方面给予一定的补偿，争取更多的利益。

3．对方情报收集

（1）资信情况。企业调查供应商的资信情况包括：①调查对方是否具有签订合同的合法资格；②调查对方的资本、信用和履约能力。在对对方的合法资格进行调查时，企业可以要求对方提供有关的证明文件，如营业执照、法人资格等，也可以通过其他的途径进行了解和验证。

对对方的资产、信用和履约能力的调查，资料的来源可以是公共会计组织对该企业的年度审计报告，也可以是银行、资信咨询机构出具的证明文件或其他渠道提供的资料。

（2）对方的谈判作风和特点。谈判作风是指谈判人员在多次谈判中表现出来的一贯风格。了解谈判对方的谈判作风，对预测谈判的发展趋势和对方可能采取的策略，以及制订己方的谈判策略可提供重要的依据。

此外，还可以收集供应商要求的货款支付方式及谈判最后期限等方面的资料。

4．资料的整理与分析

在通过各种渠道收集到以上有关信息资料以后，还必须对它们进行整理和分析。这里主要做两方面的工作：

（1）鉴别资料的真实性和可靠性，即去伪存真，这是一个整理的过程。在实际工作中，由于各种各样的原因和限制因素，在收集到的资料中往往存在着某些资料比较片面、不完全，有的甚至是虚假的、伪造的，因而必须对这些初步收集到的资料做进一步的整理和甄别。例如，由于在资料收集过程中存在一定的难度，有些收集到的资料就有可能不是第一手的资料，或者是收集人员做出的估计或预测，那么这些资料的可靠性就值得怀疑，因此必须对这些资料进行整理与鉴别，使其能够为己方谈判所用。

（2）鉴别资料的相关性和有用性，即去粗取精，这是一个分析的过程。在资料具备真实性和可靠性的基础上，结合谈判项目的具体内容与实际情况，分析各种因素与该谈判项目的关系，并根据它对谈判的相关性、重要性和影响程度进行比较分析，并依此制订出具体的、切实可行的谈判方案与对策。

（二）采购谈判方案的制订

谈判方案是指在谈判开始前对谈判目标、谈判议程、谈判对策等预先所做的安排，是指导谈判人员行动的纲领，在整个谈判过程中起着重要的作用。

1. 采购谈判目标的选择

谈判目标指参加谈判的目的。一般可以把谈判目标分为三个层次：必须达到的目标、中等目标和最高目标。对于采购谈判来讲，采购方首先是为了获得原材料、零部件或产品，所以谈判就以能满足本企业（地区、行业或单位）对原材料零部件或产品的需求数量、质量和规格等作为谈判追求的目标，即谈判必须达到的目标；其次采购谈判还要以价格水平、经济效益水平等作为谈判的目标，这可以作为中等目标；最后采购谈判还要考虑供应商的售后服务情况，如供应商的送货、安装、质量保证、技术服务等，这是采购谈判追求的最高目标。

2. 采购谈判议程的安排

谈判议程安排包括对谈判的主题、时间安排和双方针对哪些事项进行磋商等内容的说明。

（1）采购谈判主题的确定。要进行一次谈判，首先就要确定谈判的主题，不能漫无边际地进行谈判。一般来讲，凡是与本次谈判相关的、需要双方展开讨论的问题都可以作为谈判的议题。可以把它们一一罗列出来，然后根据实际情况，确定应重点解决哪些问题。

对于采购谈判来讲，最重要的就是采购产品的质量、数量、价格水平、运输方式等，所以应把这些问题作为谈判议题重点加以讨论。

（2）采购谈判时间的安排。采购谈判时间的安排是要确定谈判在何时举行，为期多久，若是一系列的谈判需要分阶段进行，还应对各个阶段的谈判时间做出安排。

一般来讲，在选择谈判时间时，要考虑下面几个方面的因素：①准备的充分程度，要注意给谈判人员留有充分的准备时间，以免仓促上阵；②对方的情况，不要把谈判安排在对对方明显不利的时间进行；③谈判人员的身体和情绪状况，要避免在身体不适、情绪不佳时进行谈判。

（3）谈判备选方案的制订。通常情况下，在谈判过程中难免会出现意外的事情，令谈判人员始料不及，影响谈判的进程。为了预防这种情况的发生，在接到一个谈判任务时，谈判人员应对整个谈判过程中双方可能做出的一切行动做正确的估计，并依此设计出几个可行的备选方案。

在制订谈判备选方案时，可以注明在出现何种情况下使用此备选方案，以及备选方案的详细内容、操作说明等。

当然，任何一种估计都可能是错误的，这就要求谈判人员不仅在分析、讨论问题时须以事实为依据,按照正确的逻辑思维来进行,而且在谈判过程中也要注意对谈判对手的观察和对谈判形势的分析判断,对原定的方案进行不断地修正,并结合具体情况灵活运用。

(三)采购谈判队伍的组建

采购谈判能否取得预期的效果,取决于谈判人员能否审时度势,正确、合理地运用谈判策略。采购谈判队伍的组建是指在对谈判对手情况以及谈判环境等因素进行充分分析研究的基础上,根据谈判的内容、难易程度选择谈判人员,组织高效、精悍的谈判队伍。

1. 谈判队伍组建的原则

为了保证谈判达到预期的目标,提高谈判的成功率,应根据以下原则来选择不同的人员组成队伍。

(1)根据谈判的内容、重要性和难易程度组织谈判队伍。在确定谈判队伍阵容时,应着重考虑谈判主体的大小、重要性和难易程度等因素,依此来决定派选的人员和人数。一般而言,对于较小型的谈判,谈判人员可由2~3人组成,有时甚至由1人全权负责;而对于内容较为复杂且较重要的大型谈判,由于涉及的内容广泛、专业性强、资料繁多,组织协调的工作量大,所以配备的人员数量要比小型谈判多很多。

(2)根据谈判对方的具体情况组织谈判队伍。在对谈判对方的情况做了基本了解以后,就可以依据谈判对方的特点和作风来配备谈判人员。一般可以遵循"对等原则",即己方谈判队伍的整体实力与对方谈判队伍的整体实力相同或对等。

2. 谈判人员的素质要求

在组织谈判队伍时,关键的一步就是谈判人员的选择。在实际工作中,可以依据以下对谈判人员素质的要求择优选取,从而确定具体的谈判人员。

(1)在政治素质方面,谈判人员必须遵纪守法,廉洁奉公,努力维护国家、本企业(单位)的利益。这一点是谈判人员必须具备的首要条件。

(2)在业务素质方面,谈判人员要具有良好的专业基础知识和合理知识结构。谈判人员应对谈判所涉及的有关专业知识比较熟悉,还必须受过特定的谈判技巧训练,或有谈判的实践经验等。

总体而言,谈判人员应当具有以下几个方面的知识和能力:

1)熟知我国有关贸易的方针政策及我国政府颁布的有关法律和规则。

2)具有丰富的产品知识。这包括:与本单位采购物料相关的各种产品的性能、特点和用途;产品的技术要求和质量标准;所采购产品在国内外的生产状况和市场供求关系;产品价格水平及其变化趋势的信息;产品的生产潜力及其发展的可能性。

3)熟悉不同供应商的谈判人员的风格和特点;懂得谈判心理学和行为科学;有丰富的谈判经验,能应付谈判过程中突然出现的复杂情况等。

4)懂得国外相关法律知识,包括贸易法、技术转让法、外汇管理法及国家税法的有关知识;国际贸易和国际惯例的有关知识等。

(3)在心理素质方面,谈判人员首先应具有强烈的事业心、进取精神和高度的责任感,只有具备了这种基本的心理素质要求,谈判人员才能在谈判中充分发挥自己的聪明才智,努力争取谈判成功并使己方从中获得最大的收益;其次,谈判者要具有随机应变的处事能力,特别是在激烈的谈判中,谈判人员要根据当时的实际情况随机应变,既要坚持原则,又要有一定的灵活性,具有创新精神;最后,谈判人员要具有较强的自控力和适应能力。自控力是指谈判人员在激烈的谈判中控制、调整自己的情绪,克服心理障碍,维护本企业(单位)利益的能力。在谈判过程中,谈判人员应尽可能保持稳定的心理状态,避免忽喜、忽忧或言行过激等行为,同时应善于同己方谈判人员相处和沟通,并善于和不同的谈判对手进行谈判。

(4)在文化素质方面,谈判人员首先应具有良好的语言表达技能,从而能准确地向对方表明自己的意图,达到说服和感染对方的目的;其次,谈判人员还要具有一定的文学修养水平,言谈举止要落落大方、风趣幽默;此外,谈判人员还要注重自己的服饰仪表,因为个人的形象在某种意义上就代表着本企业(单位)的形象,同时这对谈判的成功率也有一定的影响。

3. 谈判人员的选择与配备

在通常情况下,参加采购谈判的人数往往超过一人,并形成谈判小组。因为对于复杂的、较为重要的谈判来讲,形成谈判小组首先可以满足谈判中多学科、多专业的知识需求,取得知识结构上的互补与综合优势;其次,可以群策群力,集思广益,形成集体的进取与抵抗的力量。实际谈判活动中,对于谈判人员的选择与配备工作应注意:

(1)在确定具体谈判人选时,总体上以上述对谈判人员的素质要求为指导思想,尽量选择"全能型的专家"。"全能"即通晓技术、经济、法律和语言等方面的知识,"专家"即指能够专长于某一个方面。

(2)在确定谈判小组具体人数时,要以上述谈判队伍组选的原则为指导思想,合理确定谈判小组的规模,同时也要兼顾谈判小组的工作效率。一般情况下,谈判小组由3~5人组成。

4. 谈判成员的分工与合作

在确定了具体谈判人员并组成谈判小组之后,就要对其内部成员进行分工,确定主谈与辅谈。主谈是指在谈判的某一阶段,或者对某一方面或几个方面的议题,以其为主进行发言,阐述己方的观点和立场。除主谈以外的小组其他成员及处于辅助配合位置的人员,合称为辅谈。

但是,主谈与辅谈人员、辅谈与辅谈人员在谈判过程中并不是各行其是,而是在主谈人员的指挥下,互相密切配合。总之,既要根据谈判的内容和个人的专长进行适当的分工,明确个人的职责,又要在谈判中按照既定的方案伺机而动,彼此呼应,形成目标一致的有机谈判统一体。

(四)采购谈判的其他准备工作

1. 谈判地点的选择

一般而言,谈判地点的选择无外乎有三种情况:己方所在地、对方所在地、双方之外的第三地。对于最后一种情况往往是双方在参加产品展销会时进行的谈判。这三种地点的选择各有利有弊。

在己方所在地进行谈判,其优点主要是:以逸待劳,无须熟悉环境或适应环境这一过程;随机应变,可以根据谈判形式的发展随时调整谈判计划、人员、目标等;创造气氛,可以利用地利之便,通过热心接待对方,关心其谈判期间生活等问题,显示己方的谈判诚意,创造融洽的谈判氛围，促使谈判成功。其缺点主要是：要承担烦琐的接待工作；谈判可能常常受己方领导的制约，不能使谈判小组独立地进行工作。

在对方所在地进行谈判，其优点主要是：不必承担接待工作，可以全心全意地投入谈判之中；可以顺便实地考察对方的生产经济状况，取得第一手的资料；在遇到敏感性问题时，可以推说资料不全而委婉地拒绝答复。其缺点主要是：要有一个熟悉和适应对方环境的过程；谈判中遇到困难时，一时难于调整自己，容易产生不稳定的情绪，进而影响谈判结果。

在双方之外的第三地进行谈判，对于双方来讲，在心理上都会感到较为公平、合理，有利于缓和双方的关系。但由于双方都远离自身的所在地，因此在谈判准备上会有所欠缺，谈判中难免会产生争论，影响谈判的成功率。

2. 谈判现场的安排与布置

在己方所在地进行谈判时，需要承担谈判现场的安排与布置工作。在做此项工作时，也要讲求科学和艺术，充分利用上述优点，为己方创造便利条件。具体操作时应注意：

（1）最好能够为谈判安排三个房间：一间作为双方的主谈判室，另外两间作为双方各自的备用室或休息室。主谈判室作为双方进行谈判的主要场所，应当宽敞、舒适、明亮，并配备应有的设备和接待用品。备用室或休息室作为双方各自单独使用的房间，最好靠近主谈判室，也要配备应有的设备和接待用品，同时也可以适当配置一些娱乐设施，以便双方缓和一下紧张的气氛。

（2）谈判双方座位的安排也应认真考虑。通常有两种座位安排方式：双方各居谈判桌一边，相对而坐；双方谈判人员随意就座。两种安排方式各有千秋，要根据实际情况加以选择。

3. 模拟谈判

为了提高谈判工作的效率，使谈判方案、计划等各项准备工作更加周密，更具针对性，在谈判准备工作基本完成以后，谈判小组应对此项工作进行检查。在实践中行之有效的方法就是进行模拟谈判。模拟谈判的双方可以由己方谈判人员与己方非谈判人员组成，也可以将己方谈判小组内部成员分为两方进行。有效的模拟谈判可以预先暴露己方谈判方案、计划的不足之处及薄弱环节，检验己方谈判人员的总体素质，提高他们的应变能力，达到减少失误、实现谈判目标的目的。

二、采购谈判的程序

采购谈判是由一系列谈判环节组成的，一般包括询盘、发盘、还盘、接受和签订合同五个程序（环节）。其中，询盘不是正式谈判的开始，而是联系谈判的环节。正式谈判是从发盘开始的，中间经历的还盘是双方的讨价还价阶段，持续时间较长。如果一项交易达成，那么接受就意味着结束。当然，达成交易的谈判可以不经过还盘环节，而只经过发盘和接受两个环节。下面对谈判各个环节的基本含义做详细说明。

（一）询盘

询盘是指交易一方为出售或购买某项商品而向交易的另一方询问有关该商品交易的各项条件。在国内贸易中，询盘一般没有特定的询盘对象，一般是利用线上或线下媒体公开询盘。在国际贸易中，由于距离远、信息传递不方便，一般有特定的询盘对象。

询盘的目的，主要是寻找买主或卖主，而不是同买主或卖主洽商交易条件，有时只是对市场的试探。在急需买卖时，也可将自己的交易条件稍加描述，以求尽快找到买主或卖主。但询盘只是询问，是正式谈判的先导。询盘可以是口头，也可以采用书面形式。它既没有约束性，也没有固定格式。

（二）发盘

发盘是指交易一方为出售或购买某种商品而向交易的另一方提出该商品的各种交易条件，并表示愿意按这些交易条件订立合同。发盘可以由买方发出也可以由卖方发出，但实际中多数由卖方发出。

按照发盘人对其发盘在受盘人接受后是否承担订立合同的法律责任来分，可将发盘分为实盘和虚盘。实盘是对发盘人有约束力的发盘，即表示有肯定的订立合同的意图，只要受盘人在有效期内无条件地接受，合同即告成立，交易即告达成。如果在发盘的有限期内，受盘人尚未表示接受，发盘人不能撤回或修改实盘内容。虚盘是对发盘人和受盘人都没有约束力的发盘。对于虚盘，发盘人可随时撤回或修改内容。受盘人如果对虚盘表示接受，还需要发盘人的最后确认，才能成为对双方都有约束力的合同。

（三）还盘

受盘人在接到发盘后，不能完全同意发盘的内容，为了进一步磋商交易，对发盘提出修改意见，用口头或书面形式表示出来，即构成还盘。发盘人如果对受盘人发出的还盘提出新的意见，并再发给受盘人，则称为再还盘。

在国际贸易中，一笔交易的达成往往要经历多次还盘和再还盘的过程。

（四）接受

接受是继询盘、发盘、还盘之后又一个重要的谈判环节。接受是指交易的一方在接到另一方的发盘或还盘后，表示同意。接受在法律上称为承诺，一项要约（发盘）经受约人有效承诺（接受）时，合同成立。也就是说，一方的发盘或还盘一旦被对方有效地接受，合同即告成立，交易双方就须履行合同。

（五）签订合同

买卖双方通过交易谈判，一方的实盘被另一方有效地接受后，交易即达成。但在商品交易过程中，一般都可通过书面合同来确认。合同经双方签字后即成为约束双方的法律性文件，双方都必须遵守和执行合同规定的各项条款，任何一方违背合同规定，都要承担法律责任。因此，合同的签订也是采购谈判的一个重要环节。如果这一环节发生失误或差错，就会给以后的合同履行留下引起纠纷的把柄，甚至会给交易带来重大损失。只有对这一工作采取认真、严肃的态度，才能使整个商务谈判达到预期的目的。对这一环节工作的基本要求是：合同内容必须与双方谈妥的事项及要求完全一致，特别是主要的交易条件都要明确、肯定。拟订合同时所涉及的概念不应有歧义，前后的叙述不能自相矛盾或出现疏漏差错等。

三、采购谈判的实施

开始谈判时，双方应先彼此熟悉一下，并针对谈判的目标、计划、进度和参加人员等问题进行讨论,尽量取得一致意见,最后在此基础上就本次谈判的内容分别发表陈述。它是在双方已做好充分准备的基础上进行的。通过这种初步商谈,可为以后具体议题的商谈奠定基础。在这一阶段,要注意营造良好的谈判气氛,并为正式谈判做好预备工作。一方主谈人员可以以协商的口气对对方主谈人员提出有关谈判进程方面的一些问题。例如:"××先生,在正式谈判之前,我们想就时间安排问题征求您的意见。"或者"××先生,我想先与您谈谈本次谈判的议程问题,您看如何?"等。

进入正式谈判阶段(或称实质性谈判阶段),双方各自提出自己的交易条件,并且尽量提出有说服性的理由,进行磋商,争取达成一致。当然,双方的意见可能会存在某些分歧和矛盾。因此,谈判可能要进行多轮。双方为了解决分歧和矛盾,就必须进行讨价还价,反复磋商。磋商的结果要么是己方放弃某些利益,要么是对方放弃某些利益,也可以双方进行利益交换。谈判过程中,谈判人员一方面要充分阐述己方的观点,坚持己方合理的观点,维护己方的利益;另一方面,也要认真听取对方的意见,分析对方意见是否合理,若合理,则可适当调整己方的观点立场。这时,谈判人员要随时比较己方调整后的方案与谈判前预订的目标方案之间的差距是否可以接受,如果能够接受,则可以调整;如果不能接受,就不要轻易调整;如果一下子没有把握,也可以暂时休会,会下再好好思考或召集己方人员仔细讨论一下,或者电话请示己方领导之后,做出决定,把决定后的方案再拿到谈判桌上讨论磋商,经过一系列反反复复的磋商,使彼此的立场和观点接近或趋于一致,从而达成一致的协议。

总之,谈判过程中,谈判双方都是力求维护本企业的利益,想方设法让对方让步。如果双方都不让步,谈判就无法进行,即谈判破裂失败;如果双方能够适当让步、协调,最后大体上实现利益均衡,则谈判双方意见达成一致,谈判即获得成功,谈判就此结束。

谈判结束阶段的主要任务是:尽快达成交易;签订书面协议或合同;谈判资料的回收和整理等。

任务三 采购谈判策略与技巧

一、采购谈判的指导思想

采购谈判最基本的指导思想是谋求买卖双方的"皆大欢喜"。这个指导思想被一些学者和企业家称为"双赢"原则。其含义是采购谈判应兼顾买卖双方的利益,将谈判成功的希望放置于双方需求的基础上,并在此基础上追求对双方都有利的结果。

贯彻"双赢"的指导思想,就要在谈判过程中努力去寻求满足共同利益的解决方案。在制订谈判目标、计划、策略时,谈判人员应当从双方的需求出发考虑问题,以这样的思想去指导谈判活动,才能提高成功率。反之,如果在谈判中只顾自身利益,不顾对方利益,最后就很可能以谈判失败告终。

此外,在采购谈判中,买卖双方还要以诚实守信、平等互惠、心胸宽广等思想来指导自己的言行。诚实守信就是在谈判中买卖双方互相信任,以诚待人,各方认真遵守和履行己方在谈判过程中所做的承诺,不失信于人;平等互惠是指不论买卖双方企业的大小、社会知名度等客观因素如何,在谈判中双方都应平等对待彼此,遵循在相互平等的基础上实现各方经济利益原则,这是谈判最终能够达成一致的前提条件,同时也是市场经济的规律所决定的;

心胸宽广是指在谈判中买卖双方要有较强的忍耐性，豁达大度，相互包容，能进能退。由于各种因素的制约，谈判并不能完全按照各方预料的那样发展下去，这就要求双方要根据谈判的实际情况决定下一步的做法，善于把谈判的原则性与灵活性有机结合起来，以便使谈判获得最终的成功。

二、采购谈判的策略

在采购谈判中，为了使谈判能够顺利进行和取得成功，谈判人员应善于灵活运用一些谈判策略和技巧。谈判策略是指谈判人员通过何种方法达到预期的谈判目标，而谈判技巧则是指谈判人员在实际谈判工作中用什么具体行动执行该策略。谈判人员应根据不同的谈判内容、谈判目标和谈判对手等具体情况，选用不同的谈判策略和技巧。

（一）投石问路策略

投石问路策略，是指在采购谈判中，当买方对卖方的商业习惯或有关诸如产品成本、价格等方面不太了解时，买方主动提出各种问题，并引导卖方做出较为全面的回答，然后从中得到有用的信息资料。买方运用这种策略一方面可以达到尊重卖方的目的，使卖方感觉自己是谈判的主角和中心；另一方面，买方又可以摸清卖方底细，争得主动。

例如，当采购方需向供应商购买5 000件产品时，可以先向供应商询问如果购买1 000件、2 000件、3 000件、4 000件和4 500件产品的单价分别是多少。当供应商做出回答之后，采购方就可以从中获取有关的信息资料，进而分析研究出供应商产品的生产成本、生产能力、产品的价格政策等。最后，采购方就能够以较低的成本费用从供应商那里获得本企业所需的产品。

运用该策略时，关键在于买方应给予卖方足够的时间并设法引导卖方对所提出的问题做出尽可能详细的正面回答。为此，买方在提问时应注意：问题要简明扼要、具有针对性；尽量避免暴露提问的真实目的或意图。在一般情况下，买方可以提出以下问题：如果我们订货的数量增加或者减少，如果我们让你方作为我们固定的供应商，如果我们有临时采购需求，如果我们分期付款，等等。

当然，这种策略也有不适用的情况。比如，在谈判双方出现意见分歧时，买方使用此策略则会让卖方感到买方有意刁难，没有诚意，谈判也许就不能成功。

（二）避免争论策略

1. 冷静地倾听对方的意见

在采购谈判中，听往往比说更重要。它不仅表现出谈判人员良好的素质和修养，也表现出对对方的尊重。谈判人员多听少讲可以掌握更多资料，探索并揭示对方的动机，预测对方的行动意向。在倾听过程中，即使对方讲出你不愿听的话，或对己方不利的话，也不要立即打断对方或进行反驳。最好的方法是让对方陈述完毕之后，首先表示同意对方的意见，承认自己在某方面的疏忽，然后提出就对方的意见进行重新讨论。这样，在重新讨论问题时，双方才能心平气和地进行，才能使谈判达成双方都比较满意的结果。

例如，在谈到价格问题时，卖方提出："你方给我方××产品的价格太低，不提价无法达成协议。"这时买方最好的办法不是立刻讨价还价，而是表示歉意，可以真诚地对卖方说：

"我们也认为××产品的价格定得低了一些，但由于它的成本低，所以报价时只考虑了自己的生产成本和盈利指标，忽视了你们的承受能力，这是我们的疏忽。对此，我们表示歉意。大家谁也不会为了亏本来谈判，因此，我们愿就价格问题专门进行磋商。"这样一来，卖方就不会觉得买方是为了夺取他们的利益，而是真诚地想要继续合作。在重新讨论价格时就会显得更加宽容和大度。

2. 婉转地提出不同意见

在采购谈判中，当不同意对方的意见时，切忌直接提出自己的否定意见。这样做会使对方在心理上产生抵触情绪，反而千方百计地维护自己的观点。如果有不同意见，最好的方法是先同意对方的部分意见，然后再做探索性的提议。

3. 分歧产生之后谈判无法进行，应立即休会

如果在谈判中，某个问题使洽谈无法顺利进行下去，双方为了捍卫各自的原则和利益，就会各持己见，互不相让，使谈判陷入僵局，此时应立即休会。休会的策略为固执型谈判人员提供了请示上级的机会，同时，也为己方创造了养精蓄锐的机会。

谈判实践证明，休会策略不仅可以避免僵持局面和争论的发生，而且可以使双方保持冷静并调整思绪，平心静气地考虑对方的意见，达到顺利解决问题的目的。休会是国内外谈判人员经常采用的基本策略。

（三）情感沟通策略

如果与对方直接谈判的希望不大，则应该采取迂回的情感沟通策略。情感沟通策略是指先通过其他途径接近对方，彼此了解，联络感情，在沟通了情感后，再进行谈判。在谈判中利用情感因素去影响对方也是一种可取的策略，通过增进了解，联络感情，建立友谊，从侧面促进谈判的顺利进行。

（四）货比三家策略

在采购某种商品时，企业往往会选择几个供应商进行比较分析，最后择优签订供销合约，这种做法被称为货比三家策略，在实际工作中非常常见。

在采用该策略时，企业首先应选择几家生产同类型己方所需产品的供应商，并向供应商提供自己的谈判内容、谈判条件等，同时也要求供应商在限定的时间内提供产品样品以及产品的性能、价格等相关资料，然后依据这些资料比较分析供应商在谈判态度、交易条件、经营实力、产品性价比等方面的差异，最终选择其中的一家供应商与其签订供销合同。

另外，在运用此策略时，企业应注意选择实力相当的供应商进行比较，以增加可比性，提高签约效率，从而更好地维护己方的谈判利益。同时企业还应以平等的原则对待所选择的供应商，以严肃、科学、实事求是的态度比较分析各供应商的总体情况，从而寻找企业的最佳供应商合作伙伴。

（五）声东击西策略

声东击西策略是指谈判人员为达到某种目的和需要，有意识地将洽谈的议题引到无关紧要的问题上故作声势，转移对方的注意力，以求实现己方的谈判目标。具体做法是在无关紧

要的事情上纠缠不休，或在己方不成问题的问题上大做文章，以分散对方对己方真正要解决的问题的注意力，从而在对方无警觉的情况下顺利实现己方的谈判意图。

例如，对方最关心的是价格问题，而己方最关心的是交货时间。这时，谈判的焦点不要直接放到价格和交货时间上，而是放到价格和运输方式上。在讨价还价时，己方可以在运输方式上做出让步，而作为交换条件，要求对方要在交货时间上做出较大让步。这样，对方感到满意了，己方的目的也达到了。

（六）最后通牒策略

处于被动地位的谈判人员，总有希望谈判成功、达成协议的心理。当谈判双方各持己见、争执不下时，处于主动地位的一方可以利用这一心理，提出解决问题的最后期限和解决条件。期限是一种时间性通牒，可以使对方感到如不迅速做出决定，就会失去机会。因为从心理学角度讲，人们对得到的东西并不十分珍惜，而对要失去的本来在其看来并不重要的某种东西，却会一下子觉得很有价值。在谈判中采用最后期限的策略就是借助人的这种心理给对方造成压力，同时又给对方一定的时间考虑。随着最后期限的到来，对方的焦虑会与日俱增，因为谈判不成功损失最大的还是自己。因而，最后期限的压力能够迫使对方快速做出决策，一旦其接受了这个最后期限，交易就会很快且顺利地结束。

（七）其他谈判策略

除以上介绍的谈判策略和方法以外，在实际谈判活动中还有许多策略可以采用，如多听少讲策略、先苦后甜策略、讨价还价策略、欲擒故纵策略、以退为进策略等。只要谈判人员善于总结、善于观察，并能理论结合实践，就能创新出更多、更好的适合自身的谈判策略，并灵活地将它们用于指导实际谈判。

三、采购谈判的技巧

（一）入题技巧

谈判双方刚进入谈判场所时，难免会感到拘谨，尤其是谈判新手，在重要谈判中，往往会产生忐忑不安的心理。为此，谈判时必须讲求入题技巧，具体有以下几种：

1. 迂回入题

为避免谈判时单刀直入、过于暴露，影响谈判的融洽气氛，谈判人员可以采用迂回入题的方法。例如，先从题外话入题，从介绍己方谈判人员入题，从"自谦"入题，或者从介绍本企业的生产、经营、财务状况入题等。

2. 先谈细节问题，再谈原则性问题

围绕谈判的主题，先从洽谈细节问题入题，条分缕析，环环相扣，待各项细节问题谈妥之后，也就自然而然地在原则性问题上达成了一致。

3. 先谈原则性问题，再谈细节问题

一些大型的经贸谈判，由于需要洽谈的问题千头万绪，双方高级谈判人员不应该也不可能介入全部谈判，往往要分成若干等级进行多次谈判。这就需要采取"先谈原则性问题，再谈细节问题"的谈判方法。一旦双方针对原则性问题达成了一致，那么洽谈细节问题也就有

了依据。

4. 从具体议题入手

大型谈判总是由一次次的具体谈判组成的，在每一次的具体谈判会中，双方可以首先确定本次会议的谈判议题，然后从这一议题入手进行洽谈。

（二）阐述技巧

1. 开场阐述

谈判入题后，接下来就是双方进行开场阐述，这是谈判的一个重要环节。

（1）开场阐述的要点具体包括：①开宗明义，明确本次会谈所要解决的主要问题，以集中双方的注意力，统一双方的认识；②表明己方通过洽谈应当得到的利益，尤其是对己方至关重要的利益；③表明己方的基本立场，可以回顾双方以前合作的成果，说明己方在对方所享有的信誉，也可以展望或预测今后双方合作中可能出现的机遇和障碍，还可以表示己方可采取何种方式为共同获得利益做出贡献等；④开场阐述应是原则性的，而不是具体的，应尽可能简明扼要；⑤开场阐述的目的是让对方明白己方的意图，以创造和谐的洽谈气氛，因此，阐述应以诚挚和轻松的方式来表达。

（2）对对方开场阐述的反应具体包括：①认真、耐心地倾听对方的开场阐述，归纳理清对方开场阐述的内容，思考并理解对方的关键问题，以免产生误会；②如果对方开场阐述的内容与己方意见差距较大，不要打断对方的阐述，更不要立即与对方争执，而应当先让对方说完，认同对方之后再巧妙地转移话题，从侧面进行谈判。

2. 让对方先谈

谈判人员在采购谈判中，当对市场态势和产品定价的新情况不太了解，或者尚未确定购买产品，或者无权直接决定购买与否的时候，一定要坚持让对方首先说明可提供何种产品、产品的性能如何、产品的价格如何等，然后再审慎地表达己方观点意见。有时即使对市场态势和产品定价比较了解，有明确的购买意图，而且能直接决定购买与否，也不妨先让对方阐述利益要求，报价和介绍产品，然后在此基础上提出自己的要求。这种后发制人的方式，常能收到奇效。

3. 坦诚相见

谈判中应当提倡坦诚相见，不仅是将对方想知道的情况坦诚相告，而且可以适当透露己方的某些动机和想法。

但是应当注意，与对方坦诚相见，难免要冒风险。对方可能利用你的坦诚逼你让步，己方可能因为坦诚而处于被动地位，因此，坦诚相见是有限度的，并不是将一切和盘托出，而是以既赢得对方的信赖又不使自己陷于被动、丧失利益为度。

4. 注意正确使用语言

（1）准确易懂。在谈判中，所使用的语言要规范、通俗，使对方容易理解，不致产生误会。

（2）简明扼要，具有条理性。由于人们的记忆能力有限，对于大量的信息，在短时间内只能记住有限的、具有特色的内容。因此，谈判人员在谈判中一定要用简明扼要而又有条理性的语言来阐述己方的观点。这样才能在洽谈中收到事半功倍的效果；反之，如果信口开河，不分主次，不仅不能使对方及时把握要领，还会使对方感到厌烦。

（3）第一次要说准。在谈判中，当对方索要资料时，第一次要说准确，不要模棱两可，含混不清。如果对对方要求提供的资料不甚了解，应延迟答复，切忌脱口而出。要尽量避免使用含上下限的数值表述，以防止偏差。

（4）语言富有弹性。谈判过程中谈判人员使用的语言应当丰富、灵活、富有弹性。对于不同的谈判对手，应使用不同的语言。如果对方谈吐优雅，己方用语也应十分讲究，做到出语不凡；如果对方语言朴实无华，那么己方用语也不必过多修饰。

（三）提问技巧

通过提问可摸清对方的真实需要，掌握对方的心理状态，表达自己的意见与观点。

1. 提问的方式

提问的方式包括：封闭式提问、开放式提问、婉转式提问、澄清式提问、探索式提问、借助式提问、强迫选择式提问、引导式提问、协商式提问等。

2. 提问的时机

（1）在对方发言完毕时提问。
（2）在对方发言停顿、间歇时提问。
（3）在自己发言前后提问。
（4）在议程规定的辩论时间提问。

3. 提问的其他注意事项

（1）注意提问速度。
（2）注意对方心境。
（3）提问后给对方足够的答复时间。
（4）提问时应尽量保持问题的连续性。

（四）答复技巧

答复不是一件容易的事情，因为回答的每一句话，都会被对方理解为是一种承诺，都负有责任。一般的答复技巧包括：

（1）不要彻底答复对方的提问。
（2）针对提问者的真实心理答复。
（3）不要确切答复对方的提问。
（4）降低提问者追问的兴趣。
（5）让自己获得充分的思考时间。
（6）礼貌地拒绝不值得回答的问题。
（7）找借口拖延答复。

（五）说服技巧

1. 说服原则

（1）不要只说自己的理由。

(2) 研究分析对方的心理、需求及特点。
(3) 消除对方戒心、成见。
(4) 不要操之过急、急于奏效。
(5) 不要一开始就批评对方,把己方的意见、观点强加给对方。
(6) 说话用语要朴实亲切,不要过多地讲大道理。
(7) 态度诚恳,平等待人,积极寻求双方的共同点。
(8) 认可对方的合理意见,满足对方的自尊心。
(9) 向对方说明如果接受己方意见,对方可获得哪些利益。

2. 说服具体技巧

(1) 讨论先易后难。
(2) 多向对方提出要求,传递信息,影响对方意见。
(3) 强调一致,淡化差异。
(4) 先谈好后谈坏。
(5) 强调合同有利于对方的条件。
(6) 待讨论出赞成和反对意见后,再提出己方的意见。
(7) 说服对方时,要精心设计开头和结尾,以给对方留下深刻印象。
(8) 结论要由己方明确提出,不要让对方揣摩或自行下结论。
(9) 多次重复某些信息和观点。
(10) 充分了解对方,以对方习惯的、能够接受的方式和逻辑去说服对方。
(11) 先做铺垫、循序渐进,不要奢望对方一下子接受你突如其来的要求。
(12) 强调互惠互利、互相合作的可能性,激发对方在追求自身利益的基础上来接纳己方意见。

任务四 采购合同签订与跟踪

一、采购合同概述

(一) 采购合同的概念

合同又称契约,有广义、狭义之分。广义的合同是指发生一定债权债务的协议;狭义的合同是双方当事人之间为实现某特定目标而确定、变更、终止双方债权债务关系的协议。

合同的特点是:

(1) 订立合同的双方当事人法律地位平等。这是合同作为民事法律关系的一个重要特征。当事人法律地位平等体现在:①要求主体双方在平等的基础上充分协商,自愿订立合同,合同的内容要反映当事人的真实意志,而不允许一方当事人强迫对方与自己订立合同;②合同当事人无论是法人、其他组织还是公民,也无论其所有制和隶属关系如何,在订立合同时双方的法律地位都是平等的;③要求合同双方当事人平等地享受权利、承担义务。

(2) 合同是双方当事人之间意思表示一致的结果。

(3) 订立合同是一种法律行为,合同的内容必须合法,否则合同自始至终无效。

（4）合同具有法律约束力，双方必须全面履行合同中所规定的各自的义务。合同的法律效力主要表现在：①合同一经依法成立，就受到国家法律的保护，当事人必须全面履行；②对于依法成立的合同，当事人任何一方均不得擅自变更或解除，否则须承担违约责任。

采购合同，是指物资流通企业根据市场需要，向物资的生产企业或其他物资流通企业购买某种物资而签订的协议。采购合同是具有权利义务内容的经济合同。物资的采购方向物资出卖方支付一定的金额，而物资的出卖方按照约定时间、期限、数量、质量、规格交付物资给采购方。物资采购有时涉及订购物资的生产周期较长，相应的合同期限也会较长，有时是分期分批地成交。

（二）采购合同的特征

采购合同具有合同的一般法律特征，这些特征表现了合同的共同属性。但是，采购合同还具有自己的个别属性，使其又与其他种类的合同相区别。采购合同主要有以下特征：

1. 采购合同是转移财产所有权或经营权的合同

转移财产所有权是指双方当事人在采购合同中，约定一方当事人在交付物资时，同时将该物资的财产所有权（即占有权、使用权和处分权）转移给另一方当事人。这样，一方当事人就失去财产所有权，而另一方当事人获得财产所有权。转移经营权是指在国有企业之间发生采购合同关系时，由于财产属于全民所有，因此，一方交付物资，只是向对方转移财产的经营管理权，所有权仍属于国家。这一特征是采购合同的主要的和本质的法律特征。

2. 采购合同是典型的双方有偿合同

双方有偿合同是指合同当事人双方相互享有权利、互相负有义务的合同。按照等价有偿的原则，一方须给予对方相应的利益方可取得自己的利益；如果一方不给予对方相应的利益则无权取得对方的相应利益。

3. 采购合同是诺成合同

诺成合同是指双方当事人意思表示一致即告成立的合同，即双方当事人就采购合同的主要条款，通过协商取得一致意见，合同即告成立。此外，根据法律规定或当事人约定，须经鉴证、公证或主管机关核准登记，才能产生法律效力的合同，通常认为也是诺成合同。

4. 采购合同受国家宏观调控计划的指导和制约

实行社会主义市场经济并不意味着就不要计划，市场经济仍需国家计划的宏观调控。因此，采购合同也要受国家宏观调控计划的制约。采购合同的订立有的是依据国家指导性计划，有的要接受国家计划指导，有的虽不直接受国家计划约束，但也应在国家宏观调控范围内进行，并在一定程度上反映国民经济总体规划的要求。否则，企业的经济发展和经济效益就可能达不到预期目标。

（三）采购合同的种类

按照不同的分类标准可以对采购合同进行不同的分类。

1. 按照合同的有效性分类

按照合同的有效性可以把采购合同分为有效的、效力待定的、无效的和可撤销的采购合同。

（1）有效的采购合同。有效的采购合同是指采购方与出卖方订立的合同是符合国家法律要求、具有法律效力、受国家法律保护的采购合同。采购合同有效的条件有三个：①合同的当事人符合法律的要求，即签订合同的主体具有相应的民事行为能力；②意思表示真实，即合同表达的是当事人内心的真实想法；③合同的内容不能违反法律和社会公共利益，否则不会受到法律保护。有效的采购合同的成立时间与生效时间是一致的。

（2）效力待定的采购合同。效力待定的采购合同是指合同已经成立，但因其不完全符合合同生效的条件，其效力能否发生尚未确定的合同。《中华人民共和国合同法》（以下简称《合同法》）主要规定以下三种效力待定的采购合同：

1）限制民事行为能力人订立的合同。限制民事行为能力人是指10周岁以上的未成年人，以及不能完全辨认自己行为的精神病人。限制民事行为能力人订立的合同，经法定代理人追认后有效。相对人（即与限制民事行为能力人签订合同的人）可以催告法定代理人在一个月内予以追认。法定代理人未做表示的，视为拒绝追认。

2）无代理权人以他人名义订立的合同。这是一种无权代理行为，具体包括行为人没有代理权、行为人超出代理权和代理权被终止后以被代理人名义签订合同的三种情况。无代理权人以他人名义订立的合同，未经被代理人追认，对被代理人不发生效力，由行为人承担责任。相对人（即与无代理权人签订合同的人）可以催告被代理人在一个月内予以追认。被代理人未做表示的，视为拒绝追认。

3）无处分权人处分他人财产的采购合同。财产处分包括财产的赠予、转让、设定抵押等，财产只能由享有处分权的人处分。经权利人追认或者无处分权人订立合同后取得处分权的，该合同有效。

（3）无效的采购合同。无效的采购合同是指当事人虽然协商订立，但因为违反法律，国家不承认其法律效力，不受法律保护的合同。具体包括以下五种情况：

1）一方以欺诈、胁迫手段订立合同，损害国家利益的采购合同。

2）恶意串通，损害国家、集体或者第三人利益的采购合同。

3）以合法形式掩盖非法目的的采购合同。

4）损害社会公共利益的采购合同。

5）违反法律、行政法规强制性规定的采购合同。

（4）可变更或撤销的采购合同。可变更或撤销的采购合同是指在订立合同时，当事人的意思不真实，或一方当事人使对方在违背真实意思表示的情况下签订的合同。这是一种相对无效的合同，当事人一方（受损害方）有权请求人民法院或仲裁机构变更或撤销。主要有以下三种情况：

1）因重大误解订立的采购合同。

2）在订立时显失公平的采购合同。

3）一方以欺诈、胁迫的手段或者乘人之危，使对方在违背真实意思的情况下订立的采购合同。

2. 几种特殊的采购合同

《合同法》还规定了以下几种特殊的采购合同：

（1）分期付款的采购合同。分期付款的采购合同是指在合同订立后，出卖人把标的物转移给买受人占有、使用，买受人按照合同的约定，分期向出卖人支付价款的合同。这类合同的特殊性在于，买受人不是一次性付清全部货款，而是按照约定的期限分期付款，这就增加了出卖人的风险。因此，这类合同往往约定：如果买受人不及时支付到期货款，出卖人享有保留标的物所有权并要求支付全部货款等权利。

（2）凭样品采购的采购合同。样品是从一批商品中抽取出来的或者生产、加工、设计出来的，用以反映和代表整批商品品质的少量实物。凭样品采购，即以样品表示标的物质量，并以样品作为交货依据的采购关系。在样品采购中，采购方应当封存样品以备日后对照，必要时应在公证处封存样品。同时，当事人可以用语言、文字对样品的质量等状况加以说明，卖方交付的标的物应与样品及其说明的质量相一致，否则即构成违约。

（3）试用的采购合同。这种合同是卖方将标的物交给采购方，由采购方在一定时期内试用，并在试用期内有权选择购买或退回的一种采购合同。试用的采购合同是一种附加停止条件的合同。《合同法》第一百七十、一百七十一条规定：试用买卖的当事人可以约定标的物的试用期间。对试用期间没有约定或者约定不明确，依照《合同法》第六十一条（补充协议）的规定仍不能确定的，由出卖人确定。试用买卖的买受人在试用期内可以购买标的物，也可以拒绝购买。试用期间届满，买受人对是否购买标的物未做表示的，视为购买。

（4）招、投标的采购合同。招标是订立合同的一方当事人采取招标通知或招标广告的形式，向不特定主体发出的要约，邀请其参与投标；投标是投标人按照招标人提出的要求，在规定时间内向招标人发出的以订立合同为目的的意思表示。招、投标的采购合同，具有公开、公平、公正的特点，能够提高采购的透明度。

二、采购合同的内容

采购合同的内容，也称采购合同的条款，是指合同双方当事人的具体权利和具体义务。一份完整的采购合同通常由首部、正文、尾部构成。

（一）首部

采购合同的首部主要包括名称、编号、签约日期、买卖双方的名称（姓名）和地址、合同序言等。

（二）正文

合同正文是供需双方议定的主要内容，是采购合同的必备条款，是供需双方履行合同的基本依据。合同正文主要包括以下内容：

1. 商品名称

商品名称是指所要采购物品的名称。按照国际惯例，合同中的品名条款通常都是在"商品名称"或"品名"的标题下，列明交易双方成交商品名称，或在合同中直接写明双方交易的商品的具体名称。

2. 质量

质量是指商品所具有的内在质量与外观形态的结合，包括各种性能指标和外观造型。

（1）质量条款的基本内容。合同中的质量条款，通常应列明商品名称、规格或等级、标准、品牌名等。

（2）品质机动幅度和品质公差。为了避免交货品质与采购合同不符，可以在合同的品质条款中做一些变通的规定，其常见的做法是规定品质机动幅度和品质公差。

（3）在订立品质条款时应注意以下问题：①要根据商品特性确定表示品质的方法；②要准确、具体地描述品质要求，既忌笼统含糊，如大约、左右，又忌绝对化；③重视品质机动幅度和品质公差在表示品质方面的作用，凡是能采用和应该采用品质机动幅度和品质公差表示的商品，一般都要注明具体的机动幅度或公差允许值，以免日后产生争议。

3. 价格

价格包括单价和总价。单价是指交易物品每一计量单位的货币数值；总价指全部商品价值的总和。

与国内采购相比，国际采购的价格条款要复杂得多，虽然合同中的价格条款也是单价和总价两项内容，但单价要由计价货币、单位商品货币金额、计量单位、价格术语四部分组成。因此，在订立价格条款时，买卖双方应针对如何确定价格、如何选择货币、价格术语做出正确判断，并明确加以规定。

作价方法：价格条款中，对单价的表述除了较多地使用固定作价外，也可以采用较为灵活的浮动价格和暂定价格。

（1）固定作价。在国际货物购销中，如果没有特殊规定，合同中的价格一般理解为固定价格，即从订约到付款这段时间内的价格是不变的，任何一方不得以市场发生巨大变化为由更改原定价。这就要求双方订立合同时，尽量能预测到市场会发生的变化，交货期也不要拉得太长。有时，购销双方为了进一步明确其价格的固定性，防止以后发生争议，也可在价格条款中对此做出明确规定，如"合同签订的任何一方不得调整价格"。

（2）暂定价格和浮动价格。暂定价格是指合同中约定的价格极不稳定，难以预测。订约时，买卖双方暂时确定一个价格，待日后交货前一段时间再由双方按当时的市场情况商定一个价格，作为最终结算价格。

浮动价格是指某些货物由于价格极不稳定、交货期较长或交货时间较远，为了避免任何一方因此遭受巨大损失，而采用浮动作价的方法。采用这一方法作价时，必须在合同中规定一个基础价格，并明确价格上浮或下浮依据。例如，"以结算时的物价指数为依据加价或减价若干"或"以结算时某交易所的价格为基础调整价格"。

计价货币的选择：在国际贸易中，买卖双方使用何种货币，主要依据双方自愿进行选择，一般说来有三种情况：①使用卖方国家货币；②使用买方国家货币；③使用第三国货币。对任何一方来讲，使用本国货币，承担的风险较小，使用外币则可能承担外汇汇率变动所带来的风险。当今国际金融市场普遍实行浮动汇率制，汇率上下浮动是必然的，任何一方都有可能因汇率浮动遭受损失。因此，在国际购销业务中，购销双方都必须考虑如何选择货币，以最大限度地减少外汇风险。

价格术语的选用：国际贸易中，可供购销双方选用的价格术语很多，由于各种价格术语都有其特定的含义，不同的价格术语，买卖双方所承担的责任、义务和风险也不同，价格术语选择正确与否直接关系到购销双方的经济利益。因此，我们在选择价格术语时应考虑以下因素：

1）体现我国的对外政策，按照平等互利的原则在双方自愿的基础上选择价格术语。

2）选择双方熟悉的，对购销双方都较为便利的价格术语，如 FOB（Free on Board，离岸价）、CFR（Cost and Freight，成本加运费）、CIF（Cost Insurance and Freight，成本、保险费加运费）三种价格术语，双方风险划分界限明确有利于双方履行合同，已成为各国商人经常使用的价格术语。

3）选择价格术语时要考虑我国保险业、运输业的情况，应有利于促进我国保险业和运输业的发展。

4）选用价格时应考虑运费因素。运费在价格中占有很大比重，因此，在选择价格术语时应事先预算运费，采用节约运费的价格术语。

4. 数量

数量条款是构成交易的组成部分，是购销双方交接货物对数量评价的依据，也是处理有关数量争议的依据。

（1）不同商品的计量单位也不同，通常有以下六类计量单位：

1）按重量计算，如吨、公斤、磅、盎司等，多应用于天然产品及制品，如矿砂、钢铁、羊毛等商品。

2）按个数单位计算，如件、双、套、打、罗、令等，多用于一般杂货及工业制品。

3）按长度计算，如米、英尺、码等，多应用于金属、绳索、纺织品等商品。

4）按面积计算，如平方米、平方英尺等，多用于纺织品、玻璃等商品。

5）按体积计算，如立方米、立方英尺等，按体积成交的商品不多，仅适用于木材、化学气体等商品。

6）按容积计算，如公升、加仑、蒲式耳等，多用于小麦等谷类及大部分液体商品。

（2）规定交易方法。

1）净重。净重即去皮重，仅为商品本身的重量。

2）毛重。毛重指连皮的重量，即为净重与皮重之和。

3）以毛作净。即以毛重作为净重，计量计价。当包装材料与商品价值相近时，可采取以毛作净的方法。

4）公量。如生丝、羊毛、棉花易于吸收水分，可采取抽样将水分烘干，再加上双方议定的一定百分比的标准水分，计算出重量。

5）理论重量。如马口铁、钢板等有固定的规格尺寸，只要尺寸符合，其重量大致相同，根据张数或件数推算出的重量为理论重量。

（3）规定数量的方法。

1）定量法。规定准确的数量，不多不少。单位价格高、清点容易的商品多采用定量法。

2）约量法。在一定限度内可多交或少交。在国际市场上这种多交或少交的幅度由有关商业协会或贸易惯例所规定。例如，在谷物交易中上下可差 5%，在木材交易中不多至 10%，一般商品通常为 3%～5%。

（4）在规定数量条款时应注意：

1）数量条款的规定，包括计算数量的单位和方法，都要明确具体，避免用"约"字。

2）要正确处理成交数量和合同价格的关系。大批量成交，价格应有优惠；小批量成交，价格可以略高。

3) 根据商品的特点，规定溢短装条款，但不是所有商品都要加溢短装条款。例如，进口 1 000 辆轿车，就不应有溢短装条款。

5. 包装

包装条款一般应包括包装方式和运输标志两方面内容。

(1) 包装种类和方式。

1) 商品的包装包括外包装和内包装。外包装又包括单件运输包装和集合运输包装两类。单件运输包装常用的有箱、桶、袋、筐、篓、坛、瓶等；集合运输包装常用的有集装袋、托盘、集装箱。

2) 散装。如煤、矿砂、木材、盐、大豆等商品，没有包装，直接装船、车。

3) 裸装。"裸装货"是指成件的商品，不加包装而运输，如汽车、内燃机车等。

(2) 关于运输标志。按照国际惯例，运输标志一般由供方决定，而不必在合同中具体规定，但如果购方要求使用其指定的运输标志，则应在合同中明确规定运输标志的具体式样和内容，或规定购方提供运输标志式样和内容的期限，以免延误供方按时交货。

6. 装运

装运是指把货物装上运载工具，并将其运到交货地点。该条款的主要内容有运输方式、装运地点与目的地、装运方式（一次装运还是分批装运，直达还是中转）。

(1) 运输方式。海洋运输有班轮运输、租船运输；铁路运输有国内铁路运输、国际铁路运输及国际多式联运；航空运输有国内航空运输、国际航空运输等。

(2) 装运时间。又称装货期，是指供方按购销合同规定将货物交付给购方或承运人的期限。这是合同的主要条款，如果供方违反这一条件，购方有权撤销合同并要求供方赔偿损失。履行 FOB、CFR、CIF 合同时，供方只需在装运港将货物装上船，取得代表货物所有权的单据，即完成交货任务。

(3) 装运港和目的港。合同通常分别规定一个装运港和一个目的港，按照实际需要，也可分别规定两个或两个以上港口。

(4) 分批装运和转运。分批装运是将同一合同项下的货物分若干批次装运；转运指货物在装运港装船后，在中途将货物卸下装上其他运输工具，以完成运输任务。

7. 到货期限

到货期限是指规定的最晚到货时间，以不延误企业生产经营为准，但亦不可提前太多，否则将增加购方的库存费用。

8. 到货地点

到货地点是指货物送达的目的地。

9. 检查和验收

检查和验收涉及数量、质量、包装等条款。在国际采购商品中，检验指由商品检验机构对进出口商品的质量、数量、包装、残损、环保等进行检验、分析与公证并出具检验证明。进出口合同中的检验条款包括：有关检验权的规定；检验或复验的时间、地点；检验机构；检验检疫证书等。

10. 付款方式

国际贸易中的支付是指采用一定的手段，在指定的时间、地点，使用正确的方式支付货款。它包括的内容有：

（1）支付工具。支付工具包括货币和票据两种。但货币作为一种支付工具较少使用，在国际贸易中主要的支付工具是票据。票据是各国通行的结算工具和信用工具，主要包括汇票、本票和支票。

汇票是出票人向付款人签发的，要求付款人在见票时或者在指定日期无条件支付确定金额给收款人或持票人的票据。

本票是出票人签发的，承诺自己在见票时，无条件支付确定金额给收款人或持票人的票据。

支票是出票人签发的，委托办理支票存款业务的银行或其他金融机构，在见票时，无条件支付确定金额给收款人或持票人的票据。

（2）付款方式。银行提供信用方式（如信用证）或银行不提供信用，但可作为代理方式（如直接付款和托收）。

（3）支付时间。预付款、即期付款或延期付款。

（4）支付地点。付款人指定银行所在地。

11. 保险

保险是指企业向保险公司投保，并交纳保险费，货物在运输过程中受到损失时，保险公司向企业提供经济上的补偿。该条款的主要内容是，确定保险类别及其保险金额，指明投保人并支付保险费。根据国际惯例，凡是按 CIF、CIP（Carriage and Insurance Paid to，运费、保险费付至目的地）条件成交的出口货物一般由供应商投保；按 FOB、CFR、CPT（Carriage Paid to，运费付至目的地）条件成交的进口货物，由采购方办理保险。

12. 仲裁

仲裁是指发生争议的双方当事人，根据其在争议发生或争议发生后所达成的协议，自愿将该争议提交中立的第三方进行裁判的争议解决制度和方式。仲裁协议是仲裁条款的具体体现，其主要内容是仲裁机构适用的仲裁程序、仲裁地点、解决效力等。

13. 不可抗力

不可抗力是指合同执行过程中发生的不可预见的、人力难以控制的意外事故，如台风、洪水、地震、战争等，遭遇不可抗力的一方可因此免除合同责任。该条款包括的主要内容有不可抗力的含义、适用范围、法律后果、双方的权利义务能力等。

（三）尾部

合同尾部的主要内容有合同的份数、使用语言及效力、附件、合同的生效日期、双方签字盖章等。

三、采购合同的签订

采购合同的签订，是指双方当事人依据法律规定就合同所规定的各项条款进行协商，达成意思表示一致而确立合同关系的法律行为。在实际签订过程中，合同的双方当事人必须针对合同的主要内容，反复磋商，直至取得一致意见，合同才告成立。

(一) 合同签订前的准备工作

合同当事人应调查对方的资信能力，了解对方是否有签订合同的资格，或者代理人是否有代理资格。具有法人资格的企业、农村集体经济组织、国家机关、事业单位、社会团体可以作为合同的当事人。而不具备法人资格的社会组织、车间、班组、总厂的分厂、总公司的分公司、学校内部的系和企事业单位的科室均不能以当事人身份签订采购合同。个体经营户、农村专业户、承包经营户等独立承担经济责任的经济实体也可成为经济合同的主体。

(二) 签订采购合同的程序

签订合同，是当事人双方的法律行为。合同的成立，必须由当事人相互做出意思表示并达成合意。实践中，当事人相互协商签订合同的过程通常分为两个阶段，即提出订立合同的建议和接受订立合同的建议，民法学上称为"要约"与"承诺"。我国《合同法》规定："承诺生效时合同成立。"

1. 要约

要约是希望和他人订立合同的意思表示。做出该意思表示的人为要约人，另一方为受要约人或相对人。要约的对象一般有三种：①指定的对象；②选定的对象；③任意的对象。采购合同的要约具有下列特征：

（1）要约必须是向特定人发出的。要约的作用是换得相对人的承诺，从而与之订立合同，所以，要约必须是对于相对人做出的行为。

（2）要约必须是特定人的行为。提出订立合同建议的，须是客观上已确定的自然人、法人或其他组织。上述特定人一般都由订立后的合同表示出来，如采购合同，提出要约的特定人即是合同中标的一方（供方或需方）当事人。

（3）要约必须含有可以订立合同的主要条款，如标的物的名称、规格、数量、价格等，这些内容须具体、明确、肯定和真实。若内容不明确具体，相对人就难以表示肯定或否定，合同也就不能成立。

（4）要求受要约人做出答复的期限。要约的形式分口头形式与书面形式。一项要约有法律约束力且会产生法律后果，要约有效期间内，要约人不得随意撤销或变更要约。如要撤回或变更要约，其通知（新要约）应在受要约人做出承诺之前送达。受要约人在接到要约后即有做出承诺的权利，但一般情况并不负有答复的义务，超过要约期限不予答复只是丧失承诺的资格，并不负什么责任。要约在出现下列情况时失效：①拒绝要约的通知到达要约人；②要约人依法撤销要约；③承诺期限届满，受要约人未做出承诺；④受要约人对要约的内容做出实质性变更。

2. 承诺

承诺是受要约人同意要约的意思表示。做出这种意思表示的人称为承诺人。要约人的要约一经受要约人（即承诺人）的有效承诺，合同即告成立。

采购合同的承诺具有下列特征：

（1）承诺必须是针对要约做出的同意的答复。从合同制度的传统原则来讲，承诺人须是无条件地、无任何异议地接受要约，才能构成有效的承诺，才与要约人构成合同关系。如果受要约人表示愿意与要约人订立合同，只是在承诺中对要约某些非要害条款做了增加、删改，即并非实质性改变要约,仍应视为承诺;如果受要约人对要约的内容做出根本性改变,则不是承诺,应视为拒绝原要约而提出新要约。

(2)承诺须是受要约人向要约人做出的答复。如前所述,在采购合同中受要约人须是特定人,因此,非受要约人做出的或受要约人向非要约人做出的意思表示都不是承诺。

(3)承诺必须在要约的有效期限内做出。如前所述,要约对于要约人是有约束力的,但这种约束力不是毫无限制的。受要约人只有在要约的有效期限内做出同意要约的意思表示,才是承诺。一般情况,要约没有规定期限的,属于对话要约,受要约人须立即承诺;属于非对话要约的,受要约人应在一般认为应做出答复的期限内承诺。承诺一经生效即产生法律效力,即要约人接到有效承诺时合同成立。

承诺和要约一样,也是一种法律行为。承诺人必须立即承担自己承诺的合同义务。因此,承诺人在进行承诺时,必须严肃认真,在对要约的内容进行充分的了解、考虑之后,再向要约人做出承诺。

在法律上承诺是允许撤回的。但是,撤回承诺的通知应当在承诺通知到达要约人之前或与承诺通知同时到达要约人。如果承诺人撤回承诺的通知迟于承诺到达,则通知无效,承诺仍发挥效力。

签订合同的谈判过程实质上就是当事人双方进行要约和承诺的过程。在实践中,往往不可能通过一次协商就达成协议,可能要经过反复协商,即要约—新要约—再新要约—承诺。在谈判过程中,订约当事人应遵循下列原则:①必须遵守国家的法律、政策,不得利用合同进行违法活动;②必须坚持平等互利、协商一致、公平合理的原则,任何一方不得强制另一方把自己的意思强加于人,当事人的意思表示必须真实。

(三)合同的草签与正式签订

合同主要条款协商确定后,当事人双方可以先草签合同。待其他次要条款约定后,再正式签订合同。

签订合同时应当确认对方当事人有权签订合同。法定代表人是依法代表法人组织行使民事权利、履行民事义务的主要负责人,其有权以法人的名义对外签订采购合同而不需要特别的授权委托,但法定代表人在签订合同时也必须具备合法的手续即法定代表人的身份证明。合法代理人也可签订采购合同,但代理人必须持有法人的授权委托书,方能以法人的名义签订合同。代理人签订采购合同必须在授权范围内进行,如超越代理权所签合同,被代理人(委托人)不承担由此产生的权利与义务关系。授权委托书应包括代理人姓名、年龄、单位、职务、委托代理事项、代理权限、有效期限、委托者的名称、营业执照号码、开户银行、账号、委托日期,最后是委托者及其法定代表人的签章。

(四)合同的公证与鉴证

1. 合同的公证

为了确保合同的真实性与合法性,采购合同一般应予公证。合同的公证,是指国家公证机关即公证处,代表国家行使公证职能,根据当事人的申请和法律的规定,依照法律程序,证明采购合同真实性和合法性的活动。采购合同公证的意义在于,通过公证对合同进行法律审查,明确哪些内容是合法的、哪些是不合法的,避免合同的违法,有利于防止经济犯罪现象，维护合同当事人的合法权益。通过合同的公证，可以使合同规范化，对一些不明确或不具体的条款予以修改、完善，预防纠纷和减少诉讼。

采购合同的公证主要审查合同是否具备下列条件：
（1）当事人必须具有行为能力。
（2）合同的订立必须贯彻平等互利、协商一致、等价有偿的原则。
（3）合同内容不得违反国家的政策、法律法规，公共利益和社会主义道德准则。
（4）合同的内容必须清楚、具体、齐全。

合同的公证实行自愿原则。但规定合同必须公证的，公证后合同才有法律效力。公证时，双方当事人应到公证处提出公证申请，公证员受理审查认为符合公证条件且合同真实、合法，制作公证书，发给当事人。如要变更、解除已经过公证的合同，则变更或解除仍应至公证处办理证明。公证处还可办理强制执行合同的公证，债权人可凭此直接向法院申请强制执行。

2. 合同的鉴证

采购合同的鉴证是合同监督管理机关根据双方当事人的申请，依法证明合同的真实性和合法性的一项制度。鉴证的特点包括：
（1）鉴证行为主体是合同监督管理机关。其他机关和单位无权鉴证合同。
（2）鉴证依据合同双方当事人的自愿申请实施。这里包括两层含义：①合同监督管理机关不是主动鉴证，而是依据当事人的申请；②须是双方当事人的申请，一方当事人的申请不能予以鉴证。
（3）鉴证的内容是审查合同的真实性和合法性。合同的真实性，是指合同双方当事人意思表示真实，合同主要条款完备，文字表述准确；合同的合法性，是指合同双方当事人具有合法的主体资格，合同的内容符合国家的法律、政策的要求。

除国家法律法规特别规定外，采购合同的鉴证一般采取自愿原则。合同鉴证的意义在于：通过合同鉴证，可以及时发现和纠正在合同订立过程中出现的不合理、不合法现象，提请当事人对合同中缺少的必备条款予以补充，对显失公平的内容予以修改，对利用合同进行违法活动予以制止和制裁，对约定义务超过承担能力的予以消减，从而减少和避免许多不必要的纠纷，为合同的履行奠定基础。

合同的鉴证一般由合同签订地或履行地的市场监督管理局办理。合同鉴证收费标准为采购合同价款的万分之二。

四、采购合同的跟踪

采购合同的跟踪是监督供应商如期执行合同、保证采购正常进行的控制过程，合同跟踪的目标是保证订单尤其是有很长备货周期的订单得到定期检查。备货周期越长，如果采购方在此期间不做任何监督工作，订单就越容易延迟抵达。定期的检查使采购企业能够在供应商遇到困难的时候，及时获悉并采取适当的行动来保证交货日期和计划尽可能地接近。

合同跟踪有两个方面的含义：①采购企业的合同管理职能部门（如采购部）对供应商的执行部门（如生产部）的履行情况进行的跟踪、监督和检查；②供应商的执行部门（如生产部）本身对合同计划的执行情况进行的跟踪、检查与对比。在合同实施过程中二者缺一不可。

合同跟踪的重要依据首先是合同以及依据合同而编制的各种计划文件；其次，要依据各种实际采购和生产的文件，如原始记录、报表、验收报告等；另外，还要依据管理人员对生产现场情况的直观了解，如现场巡视、交谈、会议、质量检查等。

（一）合同跟踪的内容

为了更好地监督和督促采购订单合同的执行情况，避免不必要的品质问题或订单延期交货情况的发生，采购部对所有订单合同负有协调和管理的责任，负责提供各种的采购业务跟踪。采购方必须对这些供应商及其所负责的订单合同进行跟踪检查，协调关系，提出意见、建议或警告，保证采购质量和进度；考察供应商是否及时、完整地提供了生产供应的实施条件，是否及时安排了生产，每次跟催是否都答复和确认等；防止因供应商的管理失误而影响正常供应。

对采购合同的跟踪而言，应该掌握合同跟踪的以下三方面内容：

1. 采购供料情况分析

对供应商的供货情况进行分析。分析企业给某一供应商的采购订单量有多少，已到货量有多少，未到货量有多少，使采购部能及时了解到订单合同的执行情况，及时督促供应商按时交货。

2. 延期交货合同督促

采购人员应对已经到了交货期，但还没完成的订单合同提出警告，以便及时督促供应商按时交货；或者对不能交货的，尽早提出解决问题的方案，将企业的损失降到最小。

3. 采购合同执行情况实时跟踪

对已有采购合同签订的业务，采购部应实时进行合同执行情况的跟踪及提醒。如跟催人员根据采购合同的分批到货时间、分批付款时间条款，及时提醒采购部和财务部相关人员办理收货手续或付款手续。并且，当每一次的收货或付款完成后，跟催人员应将到货信息或付款信息反映在采购合同跟踪表里，使采购部和财务部能实时掌握采购合同的执行情况。

（二）加强合同跟踪的具体措施

1. 加强合同履行的监管，全面推行合同跟踪管理制度

及时、全面地掌握采购合同的进展情况和合同履约情况，严密跟踪供应商准备物料的详细过程，保证采购正常进行。如果发现问题要及时反馈，需要中途变更的要立即解决。通过激励和惩戒机制，维护与供应商的合作关系，确保采购质量稳定、交期不延误。

2. 健全合同跟踪管理机构，配备专职合同管理人员

一方面，采购合同跟踪管理是采购部门的重要工作，要建立经常性的跟踪管理检查机制，明确专人负责，定期或不定期地进行跟踪检查，并将检查情况如实记入合同跟踪管理手册；另一方面，引导采购供应商内部也要建立合同跟踪管理机构，配备专职合同管理人员，建立合同归档、统计、检查和报告制度，提高采购合同管理水平。

3. 强化采购和供应联动管理，诚实守信追求双赢甚至多赢

采购企业如遇紧急订单，需要供应商紧急供货，采购人员应立即通知供应商并进行协调，

必要时还应该为供应商提供支持和帮助，保证需求物料的准时供应。如遇市场需求突然萎缩，采购企业决定延缓或取消相应的物料供应，采购人员也应立即通知供应商并进行沟通，重新确认交货时间，或者终止相应的采购合同，同时应该考虑给供应商带来的损失并承担相应责任，把双方损失尽量降到最低。

4. 抓好合同履行跟踪管理人员的知识培训

培训应是全方位的，不仅要对供应商的合同管理人员培训，还要对采购企业的合同管理人员培训，建议采取培训合格上岗制度，提高供应与采购双方的合同管理水平和业务能力，促进合同管理工作的不断深入。

（三）合同实施的偏差分析

通过合同跟踪，可能会发现合同实施中存在着偏差，即供应商的实际生产情况偏离了采购计划和目标，应该及时分析原因，采取措施纠正偏差，避免给企业带来损失。合同实施偏差分析的内容包括以下几个方面：

1. 产生偏差的原因分析

通过对合同执行实际情况与实施计划的对比分析，不仅可以发现合同实施的偏差，而且可以帮助供应商探索引起差异的原因。原因分析可以通过鱼刺图、因果关系分析图（表）、成本量差、价差、效率差分析等方法定性或定量地进行。

2. 合同实施偏差的责任分析

合同实施偏差的责任分析即分析产生合同偏差的原因，应该由谁承担责任。责任分析必须以合同为依据，按合同规定落实双方的责任。

3. 合同实施趋势分析

针对合同实施偏差情况，可以采取不同的纠偏措施，应分析在不同措施下合同执行的可能结果与趋势，主要包括：

（1）最终的供应状况，包括交期的延误、总成本的超支、所能达到的质量标准等。

（2）供应商将承担的后果，如被罚款、被淘汰，甚至被起诉等。

（3）采购商将承担的后果，如缺货失销，以及对企业形象、经营战略的影响等。

（四）合同实施偏差处理

根据合同实施偏差分析的结果，供应商与采购商应该共同采取相应的调整措施，具体包括：

（1）组织措施，如增加人员投入，调整人员安排，调整工作流程和工作计划等。

（2）技术措施，如变更技术方案，采用新的高效率的生产方案等。

（3）经济措施，如增加资金投入，采取经济激励措施等。

（4）合同措施，如进行合同变更，签订附加协议，采取索赔手段等。

供应商在交货过程中，可能会出现一些问题，偶发性的小问题在所难免，可由采购人员或者现场检验人员与供应商进行联系解决。倘若发生合同争议，应首先分清供方、需方或运输方的责任。如企业在采购活动中因供应商或运输方的责任蒙受了经济损失，可以通过与其协商交涉进行索赔。

项目实训：采购谈判全程模拟

一、实训目的

（1）能够制订采购谈判计划。
（2）了解谈判的具体内容。
（3）学会运用价格谈判策略和技巧。
（4）不断培养和增强学生的应变能力、组织能力、沟通能力、团队协作精神等。

二、实训组织

（1）知识准备：采购谈判的组织实施、采购谈判的策略、采购合同的洽谈与签订。
（2）学生分组：每个小组以 3~5 人为宜，小组中要合理分工，每组选出一位小组长。
（3）实训地点：模拟职场（教室、会议室或实训室）。

小组成员通过充分讨论后，统一认识、统一口径、基本统一谈判标准，最后选出 2~3 人为谈判代表。在教师的指导下，先是每个小组进行谈判准备方案，选出较好的两个小组进行最后的模拟谈判，也可不同小组模拟采购谈判的不同阶段。

三、实训要求

1. 计划阶段

（1）内容：某汽车制造商生产的 A 型轿车的轮胎一直是从米其林公司采购，而另一款价位略低的 B 型轿车的轮胎则是从固特异公司采购，因为米其林公司生产的轮胎价格高于固特异公司生产的轮胎。现在该汽车制造商采购部希望与米其林公司通过采购谈判，进一步合作，使 B 型轿车也能采用米其林轮胎，但米其林公司给出的报价仍然是每只 100 元，于是双方展开谈判（假设该汽车公司全年生产 B 型轿车需用轮胎 4 000 只，储存费率为 10%，供应商报价每只轮胎 100 元，每次订货成本为 50 元）。

（2）要求：将参加实训的学生分成若干谈判小组，分别代表汽车制造商和米其林公司，首先进入采购谈判的准备阶段，组成谈判队伍并进行分工。

2. 开局阶段

（1）内容：在收集双方的相关信息后，双方商量选定地点、时间，营造采购谈判的气氛，制定开局的策略。

（2）要求：两组学生快速进入模拟角色，进入正式谈判的摸底阶段——介绍各自来意、谈判人员的情况、企业历史、产品信息。

3. 谈判阶段

（1）内容：汽车制造商与米其林公司在谈判过程中，在价格上发生争执，汽车制造商想让对方降低价格，但米其林公司一直不肯妥协，最后才提出如果增加订货量，可以考虑给予折扣。经过一番谈判，双方消除分歧，确定了采购数量和采购价格。

（2）要求：谈判小组运用价格谈判策略和技巧，尽可能为己方争得利益。

四、实训报告

（1）收集资料，全面了解和分析谈判产品的信息（主要是产品质量、交货及价格条款）。

(2) 对谈判进行详尽的规划（可以分预测、学习、分析与谈判四部分进行）。

(3) 总结出规律性、技巧性，确定谈判技巧和方法。

五、实训考核

实训成绩根据个人表现和团队表现进行综合评定，考评内容包含以下几项：

(1) 采购谈判计划的制订是否详细、周到、灵活。

(2) 采购谈判过程的组织是否规范。

(3) 价格谈判策略和技巧的运用是否恰当。

(4) 小组内部分工是否明确，组员是否有协作精神，根据个人任务完成情况由组长评分。

(5) 小组谈判过程准备是否充分，是否很好地执行了预设谈判方案，由教师对小组进行评分。

(6) 实训报告是否按要求的规范格式完成，对个人报告或小组报告进行评分。

(7) 根据个人得分和小组综合评分最终确定每个学生的实训成绩。

六、采购合同范本

××采购合同

购货单位：_____，以下简称甲方。

供货单位：_____，以下简称乙方。

经甲乙双方充分协商，特订立本合同，以便共同遵守。

第一条 产品的名称、品种、规格和质量。

1．产品的名称、品种、规格：_____（应注明产品的牌号或商标）。

2．产品的技术标准（包括质量要求），按下列第_____项执行：

(1) 按国家标准执行。

(2) 按部颁标准执行。

(3) 由甲乙双方商定技术要求执行。

第二条 产品的数量和计量单位、计量方法。

1．产品数量：_____。

2．计量单位、计量方法：_____。

3．产品交货数量的正负尾差、合理磅差和在途自然减（增）量规定及计算方法：_____。

第三条 产品的包装标准和包装物的供应与回收：_____。

第四条 产品的交货单位、交货方法、运输方式、到货地点（包括专用线、码头）。

1．产品的交货单位：_____。

2．交货方法，按下列第_____项执行：

(1) 乙方送货。

(2) 乙方代运（乙方代办运输，应充分考虑甲方的要求，商定合理的运输路线和运输工具）。

(3) 甲方自提自运。

3．运输方式：_____。

4．到货地点和接货单位（或接货人）：_____。

第五条 产品的交（提）货期限：_____。

第六条 产品的价格与货款的结算。

1．产品的价格，按下列第_____项执行：

（1）按照甲乙双方的商定价格。

（2）按照订立合同时履行地的市场价格。

（3）按照国家定价履行。

2．产品货款的结算：

（1）验单付款。

（2）验货付款。

第七条 验收方法：_____。

第八条 对产品提出异议的时间和办法：_____。

本合同自_____年_____月____日起生效，合同执行期内，甲乙双方均不得随意变更或解除合同。合同如有未尽事宜，须经双方共同协商，做出补充协议，补充协议与合同具有同等效力。本合同正本一式两份，甲乙双方各执一份；合同副本一式___份，分送甲乙双方的主管部门、银行（如经公证或签证，应送公证或签证机关）等单位各留存一份。

购货单位（甲方）：　　　（公章）	供货单位（乙方）：　　　（公章）
法定代表人：　　　　　（公章）	法定代表人：　　　　　（公章）
地址：	地址：
开户银行：	开户银行：
账号：	账号：
电话：	电话：
年　月　日	年　月　日

项目九 采购过程控制

工作任务及过程描述

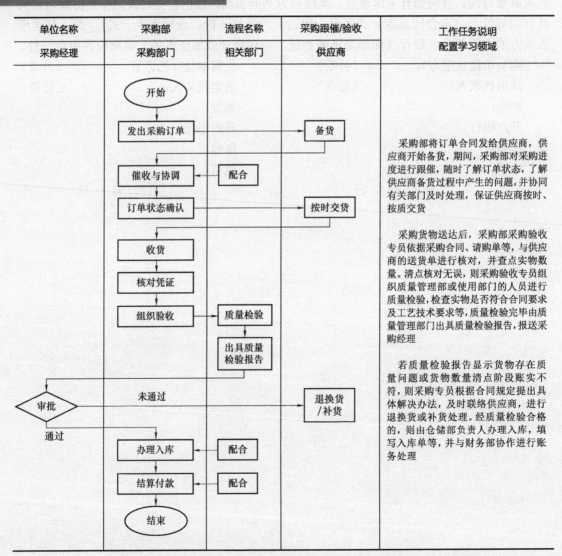

职业能力要求

1. 岗位：采购检验专员

（1）协助采购主管制定各类采购货物的检验标准和检验规范。
（2）协助采购主管编制具体采购货物的质量检验方案并实施。
（3）按照相关质量检验标准，协同使用部门人员对采购货物进行质量检验。
（4）按照企业规定的程序实施检验工作，防止不合格产品入库并投入使用。
（5）识别和认真记录各类货物的质量问题，填写检验报告单，做好质量原始记录。
（6）定期对所检货物的质量情况进行统计分析，形成报告并上报领导。
（7）协助采购专员定期对供应商进行评估，向供应商提出质量改进建议。
（8）对不合格产品提出处理意见。
（9）检验仪器、量规和试验设备的维护和保养。

2. 岗位：采购跟催专员

（1）保证供应商按时交货，了解供应商，有选择地与供应商建立良好的合作关系。
（2）协助采购主管对各项采购作业环节进行客观的预测和合理的规划，避免要求的供应时间过短。
（3）对于重要物资的采购，要求对供应商进行实地查证，并约定实地查证的时间。
（4）要求供应商提供生产计划或生产日程表，据此掌握和督促进度。
（5）定期将供应商累计交货的结果，包括数量、质量等，以报表形式反馈给供应商，以督促供应商按时交货。
（6）如果供应商不能按时交货，联系供应商，获得确切交货时间，及时通知物料需求部门。
（7）定期或不定期常驻供应商，对供应商进行技术指导、监督检查。

项目导入案例

供应商交货纠纷：交期与质量

2019年7月，无锡某丝绸公司要求海安某服饰公司为其加工服装共计2 973件，双方确定每件加工费为12元。服饰公司按约履行了加工义务后，通知丝绸公司提货。丝绸公司于同年7月16日提走加工完毕的服装1 046件。同时要求服饰公司对余下有质量问题服装予以返修。同年7月18日，服饰公司整理好返修服装后通知丝绸公司带款提货，丝绸公司于同年7月20日再次提走加工完毕的服装857件。至此，丝绸公司在未支付加工费的情况下两次共提走服装1 903件。余下1 070件服装，服饰公司于同年7月23日通知丝绸公司提货，丝绸公司于同日回函要求服饰公司将货送到其公司验收合格后再付加工费。同年8月30日，服饰公司又向丝绸公司发出律师函，再次通知丝绸公司带款提货。丝绸公司既不付款，也不提走成衣。

2019年10月13日，服饰公司将丝绸公司告上了海安法院，并诉称：丝绸公司在未支付加工费的情况下两次分别提走加工完毕的服装1 046件和857件，承诺第三次提货时一并带款结算。此后，丝绸公司对我公司的提货通知置之不理，致使我公司加工费无着落。现要求丝绸公司支付加工费 35 676 元。

丝绸公司答辩并反诉称：我公司以每件加工费 12 元的价格委托服饰公司加工服装共计 2 973 件，并分两次提走加工合格的服装计 1 903 件，尚有 1 070 件服装服饰公司未按约交付，这个事实无异议。但是，没有支付加工费是因为服饰公司拟交付的服装不符合约定的质量标准，给我公司造成经济损失 56 134.88 元。

服饰公司对丝绸公司的反诉答辩称：反诉所指的损失，是丝绸公司与外商在交易过程中形成的损失，不是丝绸公司履行合同中形成的损失。请求驳回反诉人的反诉请求。

海安法院审理后认为：服饰公司与丝绸公司之间口头约定的加工承揽关系合法有效，应受法律保护。由于双方没有签订明确的书面合同，导致双方对加工服装的质量要求、检验标准和方式、报酬支付时间、交货方式等主要条款约定不明确。按《合同法》规定，本案合同的履行应当在服饰公司驻所地。丝绸公司将交货方式改变为要求服饰公司送货，但该改变没有得到服饰公司的同意，丝绸公司因此拒绝提货，责任在丝绸公司。据此，判决丝绸公司给付服饰公司加工物价款 35 676 元；驳回丝绸公司对服饰公司的反诉请求。

问题一：分析案例中供应商交货不及时的原因。

问题二：在采购活动中，采购质量和交货哪个更重要？

任务一　采购商品质量控制

一、什么是采购质量管理

质量管理的实质是企业通过一系列的管理工作来保证和提高产品质量，从而让客户满意放心。因此，采购质量管理是指企业采购部门对采购质量的计划、组织、协调和控制，通过对供应商质量的评估和认证，建立采购管理质量保证体系，保证企业的物资供应活动。采购质量管理的主要内容首先是对采购部门本身的质量管理，其次是对供应商的质量评估以及建立质量保证体系、采购认证体系等，最终建立采购质量管理保证体系。

（一）采购质量管理的作用

商品采购是企业取得物质资料的源头。抓住源头，对采购商品质量进行严格的控制，是确保最终产品质量、不间断生产和安全生产的重要条件，也是杜绝假冒伪劣产品和防止欺诈行为的必要措施。采购质量管理对于企业的作用主要表现为：

（1）有利于提高企业产品质量。
（2）有利于保证企业生产有节奏、持续地进行。
（3）有利于保证企业产品生产和使用环节的安全。

采购质量管理是企业质量管理中不可忽视的一个环节，对于企业的发展有着重大作用。

（二）采购质量管理的内容

采购质量管理的目标是保证采购的物料和生产设备符合规定的要求，即保证采购的物料和生产设备能够达到企业生产所需要的质量标准。要实现这一目标，采购部门的工作内容主要包括三个大的方面：①采购部门本身的质量管理；②对供应商的认证、评估、监督以及产品的验收；③采购质量管理体系验证体系的建立和运转。

1. **采购部门本身的质量管理**

采购部门本身的质量管理是企业质量管理的一项基本活动，其主要任务是根据生产的需要，保证采购部门在合适的时间，以合适的数量，按照合适的质量向生产部门提供各种所需的材料，做到方便生产、服务生产，提高经济利益。

（1）物料采购的质量管理。采购部门要进行需求分析，在面对较复杂的采购情况时，一般是在多品种、多批次的需求情况下，涉及企业各个部门和各种工序的材料、设备、工具及办公用品等各种物资，需要进行大量的、彻底的统计分析，这是一项比较烦琐的工作。因而只有建立在科学的统计分析基础上，才能编制出科学的采购计划，使后续采购工作有章可循。

（2）物料采购的组织工作。采购部门依照物料采购计划，按照规定的品种、规格、质量、价格、时间等标准，与供应商签订合同或直接购置。物料组织工作主要涉及运输和组织到货、验收、存储、供应生产等。

（3）物料采购供应的协调工作。采购部门和生产部门有时会由于各种各样的情况发生矛盾和冲突，这时候，各个部门都要本着一切从企业的目标和利益出发的原则，进行良好的沟通和协调。只有这样，才能及时发现问题、解决问题，优化沟通机制，减少发生冲突的可能性，从而提高产品质量和企业经济效益。

（4）物料采购供应的控制工作。采购活动涉及资金的流动和各方的利益关系，在客观上要求必须减少采购活动中的舞弊行为，维护企业利益。因此，采购部门必须加强采购控制工作，建立采购预计划制度、采购请示汇报制度、采购绩效评价制度、资金使用制度、到货付款制度、保险制度等。

采购部门是企业各项采购活动实施的平台，采购部门的质量管理是采购质量管理能够顺利实施的基础。因此，在采购质量管理工作中采购部门本身的质量管理是不容忽视的一部分。

2. **供应商认证与评估**

商品采购是采购方与供应商之间进行的交易活动。所采购的商品是由供应商提供的，所以采购商品的质量与供应商的管理水平和质量保证能力有很大关系。为了保证采购商品的质量，对供应商进行认证和评估是采购部门必须认真完成的工作。只有这样才能更好地控制供应商提供的产品质量。

3. **产品检验**

尽管已经对采购质量的管理做了各种各样的工作，但是产品检验这个环节依然是必不可少的，主要是出于以下方面的考虑：

（1）产品在储运过程中可能发生某些变化。

（2）产品通过流通环节，质量可能发生变化（采购商品并不是全部从生产厂进货，有时是通过中间商或商品流通企业进货，会增加流通环节）。

(3) 供应商的成品检验和发货检验难免出现失误。

(4) 防止不法供应商恶意的质量欺诈。

产品检验环节要遵循正确、及时、公正的原则，以确保入库的物料都是合乎生产要求的，保证最终产品的质量。产品检验这一环节的作用主要体现在以下四个方面：

(1) 严把进货质量关，确保最终产品质量。采购的各种商品的质量对最终产品质量产生直接影响，因此应严把进货验收关，对于不合格品不接收、不入库，更不能投入使用或加工。这样才能保证投入使用的生产设备、原材料、外购件、协作件等都是合格品，以确保最终产品质量。

(2) 进行质量验证，对供应商实施事后质量监督。进货检验是对供应商提出产品的质量验证，通过检验取得第一手资料。与对供应商提出的质量要求相对照，看其是否全面达到合同提出的质量要求，从而判断供应商的质量管理水平、质量保证能力和质量信誉，作为以后选择供应商的依据之一。

(3) 发现问题，分清责任。通过进货检验可及时发现采购商品的质量、数量及其他问题，如发现商品规格品种不符、商品本身或包装出现破损、数量缺少等情况，应及时查明原因，分清责任，妥善处理。因为出现这些问题，责任不一定在供应商，也可能是承运部门的责任甚至是采购方的责任，但无论是谁的责任，一定要及时划分清楚。这样做一方面可要求责任方及时处理，另一方面也有利于企业及时改善自己的采购活动。

(4) 摸清进货质量状况，有利于保管和维护。通过对所购商品入库前的验收，能掌握该批采购商品的质量和数量状况，使库管人员心中有数。如验收中未发现问题，可及时办理入库手续，入库保管；若发现商品受潮可进行晾晒，在不影响使用的情况下亦可入库保管；对验收中发现有问题的商品，应单独保管，不能办理入库手续。

产品质量检验工作的成效关系着企业后续环节的工作能否正常高效地进行，因此必须做好这一环节的控制工作。对产品质量检验环节的工作程序和方式的选择，企业会根据具体情况做出不同的工作安排。

二、产品质量认证与 ISO9000 质量管理体系

(一) 产品质量认证

1. 产品质量认证的含义

产品质量认证也称产品认证，国际上称合格认证。ISO（国际标准化组织）对其的定义是：由可以充分信任的第三方证实某一产品或服务符合特定标准或其他技术规范的活动。产品认证分为强制认证和自愿认证两种。一般来讲，对有关人身安全、健康和其他法律法规有特殊规定者为强制性认证，即"以法制强制执行的认证制度"。其他产品实行自愿认证制度。根据《中华人民共和国产品质量认证管理条例》，产品质量认证是"由认证机构证明产品、服务、管理体系符合相关技术规范、相关技术规范的强制性要求或者标准的合格评定活动"。

产品质量认证的依据是认证机构对产品质量进行检验、评定所依据的标准和相应的技术要求。由于我国的标准体系中有国家标准、行业标准、地方标准、企业标准，不同产品有不同的特征及特性要求，所以认证机构在开展产品质量认证工作时，其主要依据也有所不同。

实行产品质量认证的目的是保证产品质量，提高产品信誉，保护用户和消费者的利益，促进国际贸易和发展国际质量认证合作。其意义具体表现在以下方面：

（1）提高产品质量信誉和在国内外市场上的竞争力。企业获得产品的质量认证证书和认证标志并通过注册加以公布后，可以在激烈的国内、国际市场竞争中提高自己产品质量的可信度，有利于占领市场，提高企业经济效益。

（2）提高产品质量水平，全面推动经济的发展。产品质量认证制度的实施，可以促进企业进行全面质量管理，并及时解决在认证检查中发现的质量问题；可以加强国家对产品质量的有效监督和管理，促进产品质量水平不断提高。同时，已取得质量认证的产品，还可以减少重复检验和评定的费用。

（3）提供产品信息，指导消费，保护消费者利益，提高社会效益。消费者购买产品时，可以从认证注册公告或从产品及其包装上的认证标志中获得可靠的质量信息，经过比较和挑选，购买到满意的产品。

2. 产品质量认证的种类

产品质量认证分为安全认证和合格认证。

（1）安全认证。凡根据安全标准进行认证或只对产品标准中有关安全的项目进行认证的，称为安全认证。它是对产品在生产、储运、使用过程中，是否具备保证人身安全与避免环境遭受危害等基本性能的认证，属于强制性认证。实行安全认证的产品，必须符合《中华人民共和国标准化法》（以下简称《标准化法》）中有关强制性标准的要求。

（2）合格认证。合格认证是依据产品标准的要求，对产品的全部性能进行的综合性质量认证，一般属于自愿性认证。实行合格认证的产品，必须符合《标准化法》规定的国家标准或者行业标准的要求。

3. 产品质量认证的标志

认证证书是证明产品质量符合认证要求和许可产品使用认证标志的法定证明文件。认证委员会负责对符合认证要求的申请人颁发认证证书，并准许其使用认证标志。认证证书由国务院标准化行政主管部门组织印刷并统一规定编号。证书持有者可将标志标示在产品铭牌、包装物、产品使用说明书、合格证上。使用标志时，须在标志上方或下方标出认证委员会代码、证书编号、认证依据的标准编号。

我国认证机构设计并发布的产品质量认证标志目前主要有以下几种：

（1）方圆标志。方圆标志认证包括质量合格认证、安全认证等。其中，质量合格认证适用范围主要是一般工农业产品；安全认证标志适用范围主要是有安全要求的工业产品。方圆标志认证属自愿性产品认证。

（2）CCC 认证标志。CCC 认证（中国强制性产品认证）适用于中国国家认证认可监督管理委员会《强制性产品认证目录》中的产品。

（3）CQC 认证标志。CQC 认证适用于经中国质量认证中心认证合格的产品，认证范围涉及机械设备、电力设备、电器、电子产品、纺织品、建材等 500 多种产品。

此外，一些较有影响的国际机构和外国的认证机构按照自己的认证标准，也对向其申请认证并经认证合格的我国国内生产的产品颁发其认证标志。例如，国际羊毛局的纯羊毛标志、美国保险商实验室的 UL 认证标志等，都是在国际上有较大影响的认证标志。

（二）ISO9000 质量管理体系

ISO9000 质量管理体系是由 ISO/TC 176（国际标准化组织质量管理和质量保证技术委员会）制定的一系列国际标准。

1. ISO9000 标准对采购质量控制的要求

ISO9001、ISO9002 质量保证标准和 ISO9004-1 质量管理标准都对采购质量规定有要求。两类标准对采购质量控制要求，虽然条款的提法不同，但基本内容是一致的，可归纳为以下三个方面：

（1）要求供方（企业）对分供方进行质量评价，选择合格的分供方，建立合格分供方名录。

（2）准备采购文件，签订采购协议；协议应包括"质量保证""验证方法"和解决争端的规定。

（3）建立进货检验程序，实施进货检验，做好记录，控制进货质量。

2. 采购质量控制的工作范围

根据 ISO9000 族标准的要求以及国内企业多年实践的经验，企业要搞好采购质量控制，至少应做好以下几方面工作：

（1）建立采购机制，配备人员。

（2）通过分析对外购货品进行质量重要度分级。

（3）建立采购质量政策和采购质量控制程序。

（4）准备采购质量文件和资料。

（5）选择合格的分供方，建立合格分供方名录和档案。

（6）制订采购合同和质量（技术）协议。

（7）对分供方进行质量审核和帮助。

（8）进货检验，做好记录。

（9）做好采购过程（进厂后）的控制。

三、采购质量管理的实施

采购部门在品质管理方面的作业要点可分为事前规划、事中执行与事后考核三大部分。每个部分的详细内容如表 9-1 所示。

表 9-1　采购质量管理作业要点

事前规划	事中执行	事后考核
决定品质标准并制订公平的规格 买卖双方确认规格及图样 了解供应商的承制能力 要求供应商实施品质管理制度 准备核正检验工具或仪器	检视供应商是否按照规范施工 提供试制品以供品质检测 派驻检测员抽查在制品的品质 品质管理措施是否落实	解决买卖双方有关品质分歧 严格执行验收标准 提供品质异常报告 要求卖方承担保证责任 淘汰不合格供应商

（一）采购质量管理的事前规划

在事前规划方面，主要着重于产品规格的制订、供应商的选择和合约控制等。

1. 制订产品规格

针对制订规格而言，应同时考虑设计需求、生产要素、行销及商业性四种不同的因素。

设计需求的考虑，即尽可能在不改变原设计的情况下，获得符合需求的原物料规格；生产要素的考虑即为配合机器设备的操作要求，选择适当规格的物料；行销因素的考虑则着重于消费者的接受程度，如环保要求及购买力等；考虑到商业性采购因素时，采购人员必须进行下列几项调查：①研究品质的需求状况；②确定品质需求已经完整且明确地在规格说明上有所规定；③调查供应商的合理成本；④确定品质是以一般通用的规格写成，让有潜力的供应商也能参与竞争；⑤决定合适的品质是否可由现有的供应商来制造；⑥确定监督与测试的方法，维护良好的品质水准。

规格设计有如下一些基本原则可供依循。

（1）通用原则。一般性物料，尽量采用国际性及通用性的规格，其理由如下：

1）符合标准化要求，可保证品质优良。

2）假如不使用通用规格，必须特别加工，势必提高成本。

3）容易把握料源，后续补充也容易。

（2）新颖原则。规格设计力求新颖，并以适应新发明的原料及制造方法为原则，这是因为：

1）寿命周期较短，且旧产品可能不再供应。

2）符合时代要求，因为旧产品性能落伍，必被淘汰或沦为二流产品。

（3）标准公差原则。

1）易于获得。没有合理的公差，供应商多不愿承制。

2）可获得较合理的价格。无公差的产品，供应商无交货把握，则会提高报价以避免风险。

3）可迅速交货。有了合理公差，更容易掌握制造品质，容易控制时效。

（4）区分规格原则。主要规格力求清晰、明确；次要规格应具有弹性，避免严苛。这是因为：主要规格如不明确，订得过于简单粗陋，不但失去设定品质标准的意义，而且供应商亦失去其制造的依据，日后交货检验，必生争端；而对于次要规格，避免有不必要的限制，如果指定厂牌，一般供应商无法供应。规格恰当与否是采购成败的关键因素之一，然而，制订规格并不容易，因此，可以参考一些通用的规格，其采用的顺序如下所述。

1）国内采购规格选用顺序：①国家标准，凡有国家标准可用者，原则上不应使用其他规格采购；②各公会或协会制定的标准，如无国家标准可用时，则可考虑使用国内各公会或协会、委员会制定的标准。

2）国外采购规格选用顺序：①国际通用规格，凡有国际通用规格可采用者，不得使用其他规格采购；②美国联邦规格或其他国家规格且具有通用性者；③美军军品规格而且为其他国家采用者。

3）补助规格的使用及限制：①厂商设计规格。如买方本身无能力编订规格时，可考虑国内具有工业水准及检验能力的厂商代为设计规格。其他厂商代为设计的规格，最好先经过专业人员审订后再采用。②以产品性能采购。采购时，如无规格可供采用，可以性能作为采购物的要求条件，要求厂商先行提供规格，经选定可用规格后，再要求规格可用的厂商进行比价，决标签约。经选定的厂商规格，决标、签约、交货情形良好者，此种规格可列为日后采购的参考。③蓝图、照片、说明书，仅能作为规格的补助资料，不能单独作为采购的唯一依据。

当品质标准与规格确定之后，应予以书面化，形成"规格说明书"或"规格规范手册"，作为买卖双方签订契约的依据。

2. 选择优秀的供应商

采购在品质管理事前规划的另一个重点是供应商的选择。许多企业能够将其原料品质问题减至最低，是因为在一开始就选择了有能力而且愿意合作的供应商，因此品质水准得以维持和提升。

3. 合约控制

企业与供应商之间应通过合约控制来保证产品质量符合要求，主要措施如表9-2所示。

表9-2 合约控制的主要措施

协议名称	目的	具体内容
质量保证协议	明确规定供应商应负的质量保证责任	信任供应商的质量体系 随发运的货物提交规定的检验/试验数据及过程控制记录 由供应商进行100%的检验/试验 由供应商进行批次接收抽样检验/试验 实施本企业规定的正式质量体系 由本企业或第三方对供应商的质量体系进行定期评价 内部接收检验或筛选
验证方法协议	与供应商就验证方法达成明确的协议，以验证产品是否符合要求	规定检验项目 检验条件 检验规程 抽样方法 抽样数据 合格品判断标准 供需双方需交换的检测资料 验证地点
解决争端协议	解决本企业和供应商之间的质量争端，就常规问题和非常规问题的处理做出规定	常规问题，即不符合产品技术标准的一般性质量问题 非常规问题，即产品技术标准范围之外的质量问题或成批不合格或安全特性不合格等 规定疏通本企业和供应商之间处理质量事宜时的联系渠道和措施等

（二）采购质量管理的事中执行

品质检验不只是生产与品质管理部门的责任，采购部门也必须恪尽职守，不仅要检视供应商是否按照规范施工，还要派驻检验员抽查供应商在制品的品质并要求其提供试制品以供品质检测，以及检视供应商的品质管理措施是否落实，确保采购原物料的品质没有异常状况。

采购部门对执行品质管理必须有所依据，这是与供应商签订合作契约中的主要部分。在契约书中必须提到"品质保证协定"。这份协定主要是买卖双方为确保交货物品的品质，相互规定必须实施的事项，并根据这些事项执行品质检验，对于双方的合作、生产效率与利润的提高均有助益。

在品质保证协定中，首先要把品质规格的内容说明清楚，包括有关材料、零部件的品质规格及其检验标准与方法；其次，双方必须成立能充分实施品质管制的组织，在采购、制造、检验、包装、交货等作业中，建立彼此协调的标准作业程序，以便双方能按照作业标准来完成合作事宜。

1. 供应商的品质检验作业

供应商的品质检验作业一般包括下面三个阶段：

（1）进料检验。供应商为了提供买方所需物品，而外购的材料、零件，必须实施验收。当买方想了解进货的品质时，供应商应提供相关资料。对买方而言，应及时追踪供应商购料的品质，以确保物品的品质水准。

（2）制造过程中的品质管制。买方应对供应商加工及设备的保养、标准化作业的实行及其他必要的项目实施检查，防止制造过程中发生不良产品，即要派驻检验员抽查在制品的品质并检视供应商是否按照规范施工。

（3）制成品出货的品质管制。采购部门在供应商进行大量生产以前，可以要求供应商提供试制品供工程人员进行品质检测，供应商在制成品出货时，必须按照双方谈好的标准实施出货检验，并且要附上相关材料（如制造商的试验检查表），使品质管制能够环环相扣。

一般而言，采购部门对于供应商运送来的物料，会先进行检验才可入库。但是，若事先对供应商的品质管制做得相当彻底，就可以省略此步骤而直接入库，以便节省人力与检验成本。当然，这种做法是建立在彼此对质量管理都非常严谨并且合作无间的基础上的。目前盛行的全面质量管理就是试图达到这样的地步，但大部分的采购部门对于送达的物品仍进行检验。

2. 采购方进货检验

在进货检验中，有以下几项重点：

（1）制定抽样检验的标准与程序，作为双方配合的依据。

（2）根据检验标准，针对供应商发来的物品进行检验、比对，以决定合格、退回修改或退回废弃。

（3）在检验时，发现有不合格的地方，应要求供应商迅速调查原因，并报告处理对策。

（三）采购质量管理的事后考核

采购部门对于供应商品质量管理的考核，在于严格执行验收标准，提供品质异常报告，要求供应商承担保证，以积极的态度解决买卖双方有关质量分歧的问题。考核的结果可作为淘汰不合格供应商的依据。因此，买卖双方在签订合作契约之前，要保持正确的品质管理信念，了解彼此的要求，共同研讨相关规范，避免日后产生品质方面的争端。下列10项品质管理原则是买卖双方在制订品质保证协议时应该遵守的重要准绳。

（1）买方和卖方具有相互了解对方的品质管理体制并协力实施品质管理的责任。

（2）买方和卖方务必互相尊重对方的自主性（双方对等、相互尊重）。

（3）买方有责任提供给卖方有关产品的充分信息。

（4）买方和卖方在交易开始时，对于有关质量、数量、价格、交货期、付款条件等事项，须订立合理的契约。

（5）卖方有责任保证产品品质可满足买方要求，必要时有责任提供相应的客观资料。

（6）买方和卖方在订立契约时，务必制定双方可接受的评价方法。

（7）买方和卖方对于双方之间的各种争议解决方法及程序，务必于订约时订定。

（8）买方和卖方应相互站在对方的立场，交换双方实施品质管理所必需的信息。

（9）买方和卖方为了双方的合作能够圆满顺利，对于订购作业、生产管制、存货计划等，应做妥善管理。

（10）买方和卖方在交易时，都应充分考虑最终消费者的利益。

买卖双方根据上述品质管理的原则建立彼此认同的品质规范，并据此进行日后的考核与评价。

品质考核的目的在于通过对供应商的奖惩，期望其品质能日益精良，对于绩效优的厂商给予荣誉奖牌，提前付款，提高订购量，或当有新产品开发时将其列入优先考虑的合作对象；对于绩效差的厂商则加强辅导，扣款，降低订购量，甚至淘汰。

四、采购质量管理体系的构建

采购环节的质量是影响最终产品质量的重要因素之一，它直接关系到企业的兴衰成败。因此，在采购全过程中实行强而有力的质量管理与控制，构建全新的采购质量管理体系，是企业发展和振兴的一贯宗旨。

（一）培植现代质量管理理念，强化采购质量意识

随着经济一体化进程的加快以及 ISO9000 族标准的普遍采用，质量管理领域发生了观念上的变革，一些新的质量管理理念不断涌现。为此，企业应培植现代质量管理理念，强化采购质量意识。而要做到这点，就要求企业领导在组织商品生产经营活动时，企业采购人员、质量管理人员、质量检验人员在从事采购商品质量管理与控制活动中，都必须树立和强化"质量第一""预防为主""持续改进""协作精神""注重质量效益""顾客至上"等理念，增强关心采购质量和保证质量的自觉性。质量意识的形成与提高是一个长期的过程。

（二）加强采购全过程质量管理

采购过程涉及供应商的选择、与供应商谈判及成交、对供应商进行质量管理与控制、对供应商商品质量进行验证、进货检验与验收等活动，必须对每一个环节进行控制，实行全过程质量管理，严格把好每一个环节上的质量关口。这也是全面质量管理思想的应用。具体应做到以下几方面：

（1）明确各部门的质量职责，建立相应的质量控制程序。

（2）建立健全采购质量管理制度。

（3）加强对供应商的动态管理。

（4）严格把好质量检验关。

（5）加强不合格品的控制。

（三）努力做好采购质量管理的基础工作

1. 掌握采购质量相关信息

采购商品质量信息的搜集、加工、存储和传递工作是一项复杂而烦琐的工作，但是企业必须对其足够重视，因为采购商品的质量信息是进行采购质量决策的依据，是改进采购商品质量、改善采购各环节工作的最直接的原始数据，也是进行质量控制的基本依据。

2. 重视提高采购人员的素质

采购工作是一项技术性和业务性都比较强的工作，要求采购人员不但要有高度的事业心和责任感，遵纪守法，坚持原则，秉公办事，而且要熟悉采购业务，掌握商品学、材料学方

面的基础知识,具有一定的"识货"技能。一个好的采购团队能在很大程度上保障企业的采购质量。

3. 做好采购的标准化工作

全面质量管理的基础工作之一就是标准化工作。标准化是指在经济、技术、科学及管理等社会实践中,对重要性事物和概念通过制定、颁布和实施标准达到统一,以获得最佳秩序和社会效益的活动。在采购环节实施标准化,是健全和完善采购质量管理体系的需要,是提高采购质量、增加经济效益的需要,也是实施全面质量管理的需要。企业实施标准化采购之后可选择的供应商就会更多,还可以提高企业的采购效率,降低采购成本,有助于提高最终产品的竞争力。

采购环节标准化工作必须坚持两个原则:①"顾客第一"原则,即顾客的要求就是"标准",这里的"顾客"是指采购所要服务的部门;②"系统性"原则,即标准协调统一、完整配套。

4. 建立采购质量管理保证体系

采购质量管理保证体系通常记录在企业质量手册中,质量手册中主要包括采购质量标准的制定、评估、控制和保证,采购质量控制方法,供应商的选择评估及考核等内容。采购质量管理保证体系应包括以下方面:

(1) 明确的采购质量目标、采购质量计划和采购质量标准。
(2) 严格的采购质量责任制。
(3) 专职的采购质量管理机构。
(4) 采购管理业务标准化和管理流程程序化。
(5) 高效、灵敏的采购信息及采购系统。
(6) 供应商的质量保证活动。

其中,供应商的质量保证活动是采购质量管理保证体系的重点,也是开展全面质量管理的重要组成部分。

采购质量管理要想获得成功,离不开相关部门和人员的通力合作,要将采购质量管理融入企业的全面质量管理,要以顾客满意作为采购质量管理的最终目标。

任务二 采购商品检验与验收

一、什么是商品检验

(一) 商品检验的概念

检验是指对产品或服务的一种或多种特征进行测量、检查、试验、度量,并将这些特性与规定的要求进行全面比较以确定其符合性的活动。商品检验就是根据商品标准和合同条款规定的质量指标,确定商品质量高低和商品等级的工作。

商品检验的主体是商品的供货方、购货方或者第三方。商品检验的对象是商品的各种特性,如商品的质量、规格、重量、数量以及包装等方面。商品检验的依据是合同、标准或国际、国家有关法律、法规、惯例等对商品的要求。

商品检验的目的是在一定条件下，借助科学的手段和方法，对商品进行检验后，做出合格与否或判定是否通过验收；或为维护买卖双方合法权益，避免或解决各种风险损失和责任划分的争议，便利商品交接结算而出具各种有关证书。

商品的质量检验是商品检验的中心内容，狭义的商品检验即指商品的质量检验。

（二）质量检验的基本类型

实际的检验活动可以分成以下三种类型：

1. **进货检验**

进货检验是对外购货品的质量验证，即对采购的原材料、辅料、外购件、外协件及配套件等进行入库前的接收检验。为了确保外购货品的质量，进厂时的收货检验应由专职质检人员按照规定的检查内容、检查方法及检查数量进行严格的检验。

进货检验的深度主要取决于需方对供方质量保证体系的信任程度。需方可制定对供方的质量监督制度，如对供方的定期质量审核，以及在生产过程的关键阶段派员对供方的质量保证活动进行现场监察等。需方对供方进行尽可能多的质量验证，以减少不合格品的产出，是需方保证进货物品质量的积极措施。

进货必须有合格证或其他合法证明，否则不予验收。供方的检验证明和检验记录应符合需方的要求，至少应包括影响货品可接受性的质量特性的检验数据。

进货检验有首件（批）样品检验和成批进货检验两种形式。

（1）首件（批）样品检验。首件（批）样品检验是指需方对供方提供的样品的鉴定性检验认可。供方提供的样品必须有代表性，以便作为以后进货的比较基准。

首件（批）样品检验通常用于以下三种情况：

1) 供方首次交货。
2) 供方产品设计或结构有重大变化。
3) 供方产品生产工艺有重大变化。

（2）成批进货检验。成批进货检验是指需方按购销合同的规定对供方持续性后继供货的正常检验。成批进货检验应根据供方提供的质量证明文件实施核对性的检查。针对货品的不同情况，有如下两种检验方法：

1) 分类检验法。对外购货品按其质量特性的重要性和可能发生缺陷的严重性，分成 A、B、C 三类。A 类是关键货品，必须进行严格的全项检查；B 类是重要货品，应对必要的质量特性进行全检或抽检；C 类是一般货品，可以凭供货质量证明文件验收，或做少量项目的抽检。

2) 接受抽样检验。对正常的大批量进货，可根据双方商定的检验水平及抽样方案，实行抽样检验。

2. **工序检验**

工序检验有时称为过程检验或阶段检验。工序检验的目的是在加工过程中防止出现大批不合格品，避免不合格品流入下道工序。因此，工序检验不仅要检验在制品是否达到规定的质量要求，还要检定影响质量的主要工序因素，以决定生产过程是否处于正常的受控状态。工序检验的意义并不是单纯剔出不合格品，还应看到工序检验在工序质量控制乃至质量改进中的积极作用。

工序检验通常有以下三种形式：

（1）首件检验。首件，是指每个生产班次刚开始加工的第一个工件，或加工过程中因换人、换料、换货以及换工装、调整设备等改变工序条件后加工的第一个工件。对于大批量生产，"首件"往往是指一定数量的样品。实践证明，首件检验的制度是一项能够尽早发现问题，防止系统性质量因素导致产品成批报废的有效措施。

（2）巡回检验。巡回检验要求检验人员在生产现场对制造工序进行巡回质量检验。检验人员应按照检验指导书规定的检验频次和数量进行，并做好记录。工序质量控制点应是巡回检验的重点，检验员人员需将检验结果标志在工序控制图上。

（3）末件检验。末件检验是指主要靠模具、工装保证质量的零件加工场合，当批量加工完成后，对最后加工的一件或几件进行检查验证的活动。末件检验的主要目的是为下批生产做好生产技术准备，保证下批生产时能有较好的生产技术状态。

3．完工检验

完工检验又称最终检验，是全面考核半成品或成品质量是否满足设计规范标准的重要手段。完工检验是供方验证产品是否符合顾客要求的最后一次机会，是供方质量保证活动的重要内容。

完工检验必须严格按照程序和规程进行，严格禁止不合格零件投入装配。对有让步回用标志的零件经确认后才准许装配。只有在程序中规定的各项活动已经圆满完成，有关数据和文件已经齐备并得到认可后，产品才准许发出。

二、采购进货检验流程及内容

在现今的采购活动中，实施工序检验和完工检验的情况并不普遍，绝大多数企业对外购产品质量实施进货检验控制。通常的验收作业流程及内容如下：

1．验收准备

在仓库接到到货通知后，应根据商品的性质和批量做好验收前的准备工作，准备工作大致包括以下内容：

（1）人员准备。安排好负责质量验收的技术人员或用料单位的专业人员及配合数量验收的装卸搬运人员。

（2）资料准备。收集并熟悉待验收商品的有关资料，如技术标准、订货合同等。

（3）器具准备。准备好验收用的检验工具，如衡器、量具等，并校验准确。

（4）货位准备。确定验收入库时的存放货位，计算和准备堆码苫垫材料。

（5）设备准备。大批量商品的数量验收，必须有装卸搬运机械的配合，应提前申请设备的调用。

此外，对于一些特殊商品的验收，如有毒品、腐蚀品、放射品等，还要准备相应的防护用品。

2．核对凭证

入库商品必须具备下列凭证：

（1）入库通知单和订货合同副本。这是仓库接受商品的凭证。

（2）供货单位提供的材质证明书、装箱单、磅码单、发货明细表等。

(3) 商品承运单位提供的运单。若商品入库前发现残损情况，还要有承运部门提供的货运纪录或普通纪录，作为向责任方交涉的依据。

3. 实物验收

实物验收就是根据入库单和有关技术资料对数量和质量进行检验。

(1) 数量检验。数量检验是保证物资数量不可缺少的重要步骤，一般在质量验收之前，由仓库保管职能机构组织进行。按商品性质和包装情况，数量检验分为三种形式，即计件、检斤、检尺求积。

1) 计件是指按件数供货或以件数为计量单位的商品，数量验收时清点件数。

2) 检斤是指按重量供货或以重量为计量单位的商品，数量验收时进行称重。

3) 检尺求积是指以体积计量的商品，如木材、矸石等，先检尺，后求体积。

(2) 质量检验。质量检验包括外观检验、尺寸检验、机械物理性能检验和化学成分检验四种形式。

1) 商品的外观检验。外观检验是指通过人的感觉器官，检验商品的包装外形或装饰有无缺陷；检查商品有无损伤；检查商品是否被雨、雪、油污等污染，有无受潮、霉腐、生虫等。

2) 商品的尺寸检验。进行尺寸检验的商品，主要是金属材料中的型材、部分机电产品和少数建筑材料。

3) 理化检验。理化检验是指对商品内在质量和物理、化学性质进行检验。通常主要是对进口商品进行理化检验。对商品内在质量的检验，要求具备一定的技术知识和检验手段，因此一般由专门的技术检验部门进行。

应当指出的是，以上的质量检验是商品交货时或入库前的验收，仅此是不够的，因为检验中一旦发现产品存在质量问题，会给供需双方带来巨大的经济损失，所以单靠交货时的事后控制是不够的，在条件允许的情况下，采购产品的质量管理应当提前到产品生产的加工和装配阶段，如果供需双方是供应链上的战略合作伙伴关系就更应如此。

三、质量缺陷与不合格品管理

(一) 产品质量缺陷严重性分级

产品加工制造过程中不可能完全避免质量缺陷。对于不能满足预期使用要求的质量缺陷，在质量特性的重要程度、偏离规范的程度以及对产品适用性的影响程度等方面客观上存着或大或小的差别。对这些质量缺陷实施严重性分级有利于有效发挥质量检验职能，提高质量管理的综合效用。

检验用产品质量缺陷严重性分级原则的模式如表 9-3 所示，供实践中参考。

表9-3 检验用产品质量缺陷严重性分级原则的模式

涉及的方面	缺陷的级别			
	致命缺陷（A）	严重缺陷（B）	一般缺陷（C）	轻微缺陷（D）
安全性	影响安全的所有缺陷	不涉及	不涉及	不涉及
运转及运行	会引起难于纠正的非正常情况	会引起易于纠正的非正常情况	基本不会影响运转及运行	不涉及

（续）

涉及的方面	缺陷的级别			
	致命缺陷（A）	严重缺陷（B）	一般缺陷（C）	轻微缺陷（D）
寿命	会影响寿命	可能影响寿命	基本不影响寿命	不涉及
可靠性	必然会造成产品故障	可能会引起易于修复的故障	基本不会引起故障	不涉及
装配	必然会造成装配困难	可能会影响装配	基本不会影响装配	不涉及
使用安装	必然会造成产品安装困难	可能会影响产品的安装	不涉及	不涉及
外观	一般外观缺陷构不成致命缺陷	使产品外观难于接受	对产品外观影响较大	对产品外观有影响
下道工序	必然造成下一道工序的混乱	给下一道工序造成较大困难	对下一道工序影响较大	可能对下一道工序有影响
本系统内处理权限	总质量师	检验部门负责人（处长、科长）	检验工程师	检验站、组长
检验严格性	100%严格检验 加严检验	严格检验 正常检验	一般正常检验 抽样检验	抽样检验 放宽检验

（二）质量检验指导书

质量检验指导书是产品检验规范在某些重要检验环节上的具体化，是产品检验计划的构成部分。编制质量检验指导书的目的在于为重要的检验作业活动提供具体的指导。通常，对于工序质量控制点的质量特性的检验作业活动，以及关于新产品特有的、过去没有类似先例的检验作业活动都必须编制质量检验指导书。其基本内容如下：

1. 检验对象

受检物的名称、图号及其在检验流程图上的位置（编号）。

2. 质量特性

规定的检验项目、需鉴别的质量特性、规范要求、质量特性的重要性级别、所涉及的质量缺陷严重性级别。

3. 检验方法

检验基准（基面）、检测程序与方法、检测中的有关计算方法、检测频次、抽样检验的有关规定及数据。

4. 检测手段

检验使用的工具、设备（装备）及计量器具，这些器物应处的状态，使用中必须指明的注意事项。

5. 检验判断

正确指明对判断标准的理解、判断比较的方法、判定的原则与注意事项、不合格品的处理程序及权限。

6. 记录与报告

指明需要记录的事项、方法和记录格式，规定要求报告的内容与方式、程序与时间要求。

7. 其他内容

对于复杂的检验项目，应给出必要的示意图表并提供相关的说明资料。

（三）不合格品管理

不合格品的管理是质量检验，也是整个质量管理中的重要问题。

1. 不合格品的确定

ISO9000 标准中对不合格的定义为"未满足要求"。在质量检验工作中，对可疑的不合格品必须认真加以鉴别。

对质量的鉴别有两种标准：①符合性标准，即产品是否符合规定的技术标准。这种鉴别有明确的标准可以对照，是质量检验人员及机构的经常性工作。②适用性标准，即产品是否符合用户要求。用户要求往往因人、因时、因地而异，较多个性而较少共性，因此，产品质量的适用性标准可能会超出质量鉴定的范畴。从现代质量管理来看，产品质量的符合性标准和适用性标准在本质上应该是一致的，但在实际工作中这两种标准未必总能合拍。对于一个完全符合质量标准的产品，某些用户可能会觉得并不称心如意；而对于一个不完全符合质量标准的产品，某些用户反而会觉得其性能和质量正合心意。但不管怎样，为了真正发挥质量检验的把关和预防职能，任何情况下都应坚持质量检验的"三不放过"原则，即"不查清不合格原因不放过，不查清责任者不放过，不落实改进措施不放过"。

2. 不合格品的管理

不合格品的管理不仅包括对不合格品本身的管理，还包括对出现不合格品的生产过程的管理。

当生产过程的某个阶段出现不合格品时，决不允许对其做进一步的加工。同时，根据"三不放过"原则，应立即查明不合格的原因。如果是生产过程失控造成，则在采取纠正措施前，应暂停生产过程，以免产生更多的不合格品。根据产品质量缺陷的性质，可能还需对已生产的本批次产品进行复查全检。

对于不合格品本身，应根据不合格品管理程序及时进行标志、记录、评价、隔离和处置。其中，对不合格品的标志和记录，应按产品特点和质量体系程序文件的规定进行。对不合格品的标志应当醒目清楚，并应采用不能消除或更改的标志方法。对不合格品及其标志必须按统一的格式认真做好记录。

对已做了标志和记录的不合格品，供方应在等候评审和最终处置期间，将其放置在特定的隔离区，并实行严格控制，以防在此之前被动用。

3. 不合格品的处置

对不合格品（产品、原材料、零部件等）应通过指定机构负责评审。经过评审，对不合格品可以做出如下处置：

（1）返工（Rework）。可以通过再加工或其他措施使不合格品完全符合规定要求。例如，机轴直径偏大，可以通过机械加工使其直径符合公差范围，成为合格品。返工后，必须经过检验人员的复验确认。

（2）返修（Repair）。对不合格品采取补救措施后，仍不能完全符合质量要求，但能基本满足使用要求，判为让步回用品。在合同环境下，修复程序应得到需方的同意。修复后，必须经过复验确认。

（3）让步（Concession）。不合格程度轻微，不需采取返修补救措施，仍能满足预期使用要求，而被直接让步接收回用。这种情况必须有严格的申请和审批制度，并得到需方的同意。

（4）降级（Regrade）。根据实际质量水平降低不合格品的产品质量等级或作为处理品降价出售。

（5）报废（Scrap）。如不能采取上述种种处置，则只能报废。报废时，应按规定开出废品报告。

任务三　采购跟踪与进度控制

一、采购跟踪的内容

采购跟踪是对采购合同的执行、采购订单的状态、接收货物的数量、退货情况等的动态跟踪。采购跟踪的目的在于促使合同正常执行，协调企业和供应商的合作，满足企业的货物需求的同时又能保持最低的库存水平。其内容包括：

（一）跟踪供应商的货物准备过程

采购方应严密跟踪供应商准备货物的过程，以保证订单按时、按量、优质完成。尤其是供应商未按照合同要求进行生产，废品率太高，替换原材料或因故不能按时交货等情况，负责跟踪的人员要及时反馈，双方商议对策，第一时间解决问题。

（二）跟踪进货过程

货物准备完毕之后，要进行包装、运输。无论是供应商负责送货，还是采购方自提货物，都要对进货过程进行跟踪。运输过程是很容易发生风险的过程，要注意运输工具的选择是否得当、货物有无特殊要求，避免在运输过程中发生货损。尤其对于远洋货物长途运输，跟踪进货过程更显得重要。

（三）控制好货物的检验与接收

货物到达订单规定的地点交由采购方控制时，采购方的检验人员要根据订单对到货的物品、规格、数量等进行一一核对，确保所交货物符合订单要求。采购人员需跟踪此过程，如果检验过程中发现诸如缺货、货损、质量不合格等问题，采购人员有责任与供应商进行协商解决，进行补货、退货等处理。

（四）控制好库存水平

货物检验完毕之后就要入库，库存是采购物流中的重要环节，它是企业正常运转的调节器。库存量太小不能满足生产、销售要求,而库存太大又会占用资金,造成浪费,两种结果都会影响企业的正常运转。因而,控制一个合理的库存水平十分重要。在长期的原材料采购中,库存的控制问题尤为明显。采购部门应该以采购为导向,兼顾生产水平和供应商对订单的反应速度,来确定最优的订货周期和订货量,从而维持一个较低的库存水平,节约资金,防止浪费。

(五)督促付款

货物入库后,财务部门要凭一系列单据办理对供应商的付款。采购部门有义务及时提交单据,并督促财务部门按照流程规定按期付款,以维护企业的声誉。

二、采购进度控制的意义与原因

在物品的采购活动中,采购员并不是发出订单后就万事大吉了,还必须对采购过程进行全程跟催,确保供应商在适当的时间内交货,因此采购进度控制在现实中非常重要。

(一)采购进度控制的意义

1. 采购进度控制可以降低交货延迟增加的成本

交货期的延迟,毫无疑问会阻碍企业生产或经营活动的顺利进行,对生产、运营等有关部门带来有形或无形的不良影响。交货延迟会因以下情况增加成本:

(1)由于所采购物品进库的延迟,发生空等或耽误而导致效率下降。
(2)为恢复原状(正常生产、经营),或需安排加班或例假出勤,增加人工费用。
(3)货物的交期延迟,使企业失去客户的信任,导致订单减少。
(4)导致生产流程的修改或产品的误制。
(5)延误的频度高,需增员来督促。
(6)使作业人员的工作意愿减退。

2. 采购进度控制也可以降低提早交货增加的成本

很多企业认为提早交货的不良影响不如延迟交货,实际上两者都会成为企业成本增加的原因。以下两点为其主要理由:

(1)容许提早交货则会发生其他物品交货的延迟(供应商为资金调度的方便会优先生产高价格的物品以提早交货,所以假如容许其提早交货,就会造成低价格物品的延迟交货)。
(2)不急于用的物品的提早交货,必定会增加存货而导致资金运用效率的降低。

因此,确保交货日期按计划做到准确无误,对企业生产经营是非常重要的。

(二)供应商交货期延误的原因

采购员要掌握采购进度,首先必须对供应商延期交货的原因进行分析。具体地分析交货延误的原因,有助于采购员有针对性地制定进度控制的措施。引起供应商交货期延误的原因主要有以下方面。

1. 采购人员的原因

采购人员造成交货延误的原因如下:

（1）紧急订购。由于人为的或客观的因素，前者如库存数量计算错误或发生监守自盗的情况；后者如水灾或火灾等自然灾害，使库存材料毁于一旦，因此必须紧急订购，但供应商可能没有多余的生产能力来消化临时追加的订单，企业就必须等待一段时间。

（2）选错订购对象。采购员有时可能因为贪图低价，选择没有制造能力或材料来源困难的供应商，或者所选供应商缺少如期交货的责任心，导致不能按期交货。

（3）跟催不积极。采购物品在市场上出现供不应求时，供应商很有可能看谁催得紧、逼得凶，或是谁的采购价格出得高，物品就先给谁。此时如果本企业采购员对已下订单不积极进行跟催，则很容易出现供应商延期交货甚至交不出货的情况。

2. 供应商的原因

供应商造成交货延误的原因如下：

（1）超过生产能力。由于供应商的预防心理，其所接受的订单常会超过其生产设备的生产能力，以便有部分订单取消时，还能维持正常生产的目标；一旦原订单期间未有取消，就会造成生产能力不足而难以应付交货数量的情况。

（2）制造能力不足。供应商对需求状况及验收标准未详加分析，即接受订单后，等真正生产制造的时候才发现力所不及，根本无法制造出合乎要求的产品。

（3）转包不善。供应商常由于设备、技术、人力、成本等因素限制，除承担产品的一部分制造过程外，另将部分制造工作转包给他人。若承包商未尽职责，导致产品无法组装完成，就会延误交货的时间。

（4）缺乏责任感。有些供应商争取订单时态度相当积极，可是一旦拿到订单后，似乎有恃无恐，对制造工作漫不经心，缺乏如期交货的责任感，视迟延交货为家常便饭。

（5）制造过程或品质不良。有些厂商因为制造过程设计不良，以致产出率偏低，必须花费许多时间对不合格的制品加工改造；另外也可能因为对产品质量的控制欠佳，导致最终产品的合格率偏低，无法满足交货的数量。

（6）物品欠缺。供应商也会因为物品管理不当或其他因素造成其物品短缺，以致拖延了生产制造时间，进而延误了交货日期。

（7）报价错误。若供应商因报价错误或承包的价格太低，以致还未生产就已预知面临亏损或利润极其微薄，因此交货的意愿低落，或将其生产能力转移至其他获利较高的订单上，也会延迟交货时间。

3. 采购企业的原因

采购企业造成交货延误的原因如下：

（1）购运时间不足。由于请购单位提出请购需求的时间太晚，比如，国外采购在需求日期前三天才提出请购单，这样会令采购单位措手不及；或由于采购单位在询价、议价、订购的过程中，花费太多的时间，当供应商接到订单时，距离交货的日期已不足以让他们有足够的购料、生产制造和装运的时间。

（2）规格临时变更。生产制造中的物品或施工中的工程，突然接到企业变更规格的通知，因此物品可能需要拆解重做，工程也可能半途而废。若因规格变更，需另行设计、试制或更换新的材料，也会使得交货延迟情况更加严重。

（3）生产计划不正确。由于企业产品销售预测不正确，导致列入生产计划的产品缺乏市场需求，而未列入生产计划或生产日期排列在后期的，市场需求却相当旺盛，因此紧急变更生产计划，使供应商一时之间无法充分配合，产生供应延迟的情况。

（4）未能及时供应材料或模具。有些产品必须委托其他厂商加工，因此，企业必须提供足够的装配材料或充填用的模具。但企业因采购不及时，以致承包的供应厂商无法正常进行工作，导致交货延迟。

（5）技术指导不周。外包的产品有时需要由买方提供制作的技术，买方因指导不周全，供应商花费大量的时间自行摸索，不得不延迟交货。

（6）低价订购。由于订购价格偏低，供应商缺乏交货意愿，甚至借延迟交货来胁迫买方提高价格，甚至取消订单。

4. 其他原因

其他造成交货延误的原因如下：

（1）供需部门缺乏协调配合。采购企业需求部门的使用计划、采购部门的采购计划，与供应商的生产计划缺乏协调配合；或是生产或需求部门的日程计算过于保守，没有把市场变动等可能导致交货延误的因素考虑在内，即没有设定正常的延误时间，造成实际交货时间与计划交货时间不符。

（2）采购方法运用欠妥。以招标方式采购，虽然相对公平、公正，但对供应商的供应能力及信用等问题，均难以事先做详细了解，中标之后，供应商也许没有能力进料生产，也许无法自行生产而予以转包，更为恶劣的是为增强利润而优先生产新争取的订单，故意延误交货期。

（3）偶发不可抗拒的因素。偶发因素多属事先无法预料或不可抗力因素，如自然灾害、战争、劳资纠纷或经济危机、通货膨胀以及汇率（利率）变动等，影响供应商的生产进度故导致延迟交货。

三、采购进度控制措施与方法

（一）采购前的进度控制措施

1. 制订合理的购进时间

将请购、采购、供应商准备、运输、检验等各项作业所需的时间，予以合理规划，避免造成供应商生产无法开展，不能如期交货。

2. 销售、生产与采购部门加强联系

由于市场的状况变化莫测，因此生产计划若有调整的必要，必须及时告知并征询采购员的意见，以便采购员对停止或减少采购的数量、应追加或新订的数量做出正确的判断，并尽快通知供应商，使其减少可能的损失，以提高其配合的意愿。

3. 准备替代来源

供应商不能如期交货的原因颇多，且有些属于不可抗力。因此，采购员应未雨绸缪，多

联系其他来源;平时也可留意、寻求相关的替代品,以备不时之需。

4. 预定流程进度

采购方在与供应商签订合同时,应在采购订单或合同中明确规定供应商应编制预定时间流程进度表。

预定时间流程进度表,应包括筹划供应作业的全部过程,如企划作业、设计作业、采购作业、工厂扩充、工具准备、组件制造、次装配作业、总装配作业、完工试验及装箱交运等。此外,采购方应明确规定供应商必须编制实际进度表,将进度并列对照,并说明延误原因及改进措施。

5. 加强双方沟通

关于供应商准时交货的管理,采购员还可使用"资源共享计划",即供需双方应有综合性的沟通系统,使企业的需要一有变动,可立即通知供应商;供应商的供应一有变动,也可立即通知企业,交货适时问题即能顺利解决。

6. 利用奖惩

采购员在与供应商签订买卖合约时,可加重违约罚款或解约责任,使供应商不敢心存侥幸。若需求急迫时,对如期交货的供应商则应向企业申请给予奖励或较优厚的付款条件。

(二)采购过程中的进度控制措施

1. 一般的监视

采购员在开立订单或签订合约时,便应决定监视的程度。如果采购物品并不是重要项目,则仅做一般的监视即可,通常只需注意是否确能按规定时间收到验收报表,可通过电话或网络查询;但如果采购物品较为重要,可能影响企业的经营,则应考虑另做较周密的监视步骤。

采购员应审核供应商的计划供应进度,并分别从各项资料中获得供应商的实际进度,如供应商的制程管制资料、生产汇报中所得资料,或供应商按规定送交的定期进度报表等,与其计划供应进度进行对比。

2. 生产实地查证

对于重要物品的采购,除要求供应商按期报送进度表外,采购人员还应实地前往供应商工厂访问查证。此项查证应明确在合约或订单内,必要时需驻厂监视。

3. 拟订跟催步骤

(1)下单后采购人员应请供应商提供生产计划或生产日程表,据以掌握并督促进度。

(2)按时线上或电话查询进度或采购人员自己前往查看或由供应商提供目前实际进度状况报告。

(3)建立跟催表或管制卡,切实掌握实际进度。

(4)将目前累计交货的结果(数量、品质等),以报表或通知告知供应商,促其改善。

以下是某企业的"催货通知单",供采购人员工作中参考运用。

催货通知单

敬启者：

　　查_____贵_____与本公司签订的下列合同业已到期迄未交货，请于文到一周内迅予交清为荷。

　　此致

查照

启
年　月　日

附：到期未交货物品一览表

时　间	合同时间	货品名称及规格	数　量	单　位	延误原因	备　注

（三）采购进度落后的应对措施

要做好物品跟催作业，采购员应有"预防重于治疗"的观念。因此，事前应慎重选择有责任感及交货意愿的供应商，并规划合理的采购时间，使供应商能够从容生产。

采购员在订购后，一定要主动检查供应商备料及生产速度，不可等到超过交货期才开始查询。一旦供应商发生交货延迟，如果短期内不能得到改善或解决，采购方应立即寻求其他支援或来源。

如果物品供应进度落后，会影响正常的生产运作，此时要及时采取以下措施：

（1）与供应商联系，得到确切的进货时间。

（2）通过物品控制人员，告知准确的进货时间。

（3）与技术人员和物品控制人员协商，寻求替代品。

（4）在必要的情况下改变生产计划。

另外，针对不同供应商也可以制订不同的应对策略：

（1）对一些非常重要的供应商，或者是经常出现问题的供应商，可以派驻常驻机构和人员到供应商处，常驻人员要深入生产线、工序和管理过程，及时发现问题，沟通信息，提出规范要求，进行技术指导、监督检查。

（2）对于一般的供应商，可以采取定期和不定期检查的办法，或者通过供应商提供的检验记录、质量检验报告来进行跟踪管理。

（四）采购进度控制的具体方法

1. 订单跟催

订单跟催是按订单预定的进料日期提前一定时间进行跟催，包括：

（1）联单法。将订购单按日期顺序排列好，提前一定的时间进行跟催。

（2）统计法。将订购单统计成报表，提前一定的时间进行跟催。

2. 定期跟催

定期跟催是于每周固定时间，将要跟催的订单整理好，制成报表统一定期跟催。

3. 善用物品跟催表

物品跟催表可据以掌握供料状况，跟催对象明确，确保进料。具体格式如表9-4所示。

表9-4 物品跟催表

物料名称	规　格	订购量	实际入厂		供应商	备　注
			数　量	交　期		

4. 运用物品跟催箱

运用物品跟催箱控制的方法，即在采购人员的办公室内设置一个物品跟催箱来取代传统的翻页打钩法，如图9-1所示。这个物品跟催箱设计成32格，前面的31格用来存放当月预定进料日期的采购单，第1格代表当月的第1天，第2格代表当月的第2天，第3格代表当月的第3天，以此类推，而第32格则是急件处理格。

采购员按照所发出的采购单的预定进料日期，将这张采购单放入适当的格子内。例如，某零件的预定进料日期是9日，则将该零件的采购单放在第9格内；当该零件入库后，就把这张采购单抽出来归档。物品跟催箱内还存在的单据，则表示相应的物品尚未入库，采购员可据此进行跟催。

	催 品 看 板	年　　月
1	12	23
2	13	24
3	14	25
4	15	26
5	16	27
6	17	28
7	18	29
8	19	30
9	20	31
10	21	急　件
11	22	

图9-1 物品跟催箱

有时，采购员已经尽了力，但某些物品还是催不到货，这时就可以将相应的采购单抽出来，放到第32格内做急件处理，让企业相关部门人员来协助跟催。

5. 编制采购进度控制表

采购方要事先对整个采购进度进行监督和控制，一般应以购货订单说明书、合同、订单为依据。填写采购进度控制表时可以以一项大宗采购为单位，也可以一段时间为单位，这样比较容易衡量某项采购或某段时间内的采购工作绩效；如果进行供应商评估，还可以一段时间内某家供应商对订单的履行情况为基础填写。采购进度控制表的参考格式如表9-5所示。

表9-5 采购进度控制表

订购单号	料号	品名	订购日期	厂商	项目	计划入库	实际入库	备注
					日期			
					数量			
					累计			
					日期			
					数量			
					累计			
					日期			
					数量			
					累计			
					日期			
					数量			
					累计			

任务四　采购风险识别与控制

一、采购风险的识别

（一）采购风险的内涵

采购风险通常是指采购过程中，由于人为因素、不可抗力或外部环境变动引起采购环节的损失的可能性。例如，采购预测不准导致物料难以满足生产要求或超出预算、供应商产能下降导致供应不及时、货物不符合订单要求、采购人员工作失误、供应商之间存在不诚实甚至违法行为等，这些情况都会影响采购预期目标的实现。

由于环境的变化是必然的，因此完全消除采购风险是不现实的。但是，可以通过风险控制尽量消除由于人为因素导致的采购风险；也可以通过对风险的准确预测，降低风险发生的可能性；或通过合理的风险应对机制，减少风险带来的损失。

（二）采购风险的类型

采购风险按照发生的动因可以分为外因型风险和内因型风险。

1. 外因型风险

外因型风险主要包括意外风险、价格风险、采购质量风险、技术进步风险和合同欺诈风险。

（1）意外风险。意外风险是指在采购过程中，由于自然、经济、政策、价格等因素的意外变动而造成的风险。

（2）价格风险。价格风险出现的可能性主要有两种：①供应商操纵价格，如在投标前相互串通，有意抬高价格，使企业采购蒙受损失；②企业在价格合理的情况下批量采购，但该种物资可能出现跌价而引起采购风险。

（3）采购质量风险。采购质量风险的类型有两种：①供应商提供的物资质量不符合要求，而导致加工产品未达到质量标准，或给用户造成经济、技术、人身安全、企业信誉等方面的损害；②产品质量不合格直接影响企业的加工进程、交货期，也有可能降低企业信誉和产品竞争力。

（4）技术进步风险。技术进步风险常见的有两种：①企业制造的产品由于社会技术进步造成贬值、无形损耗甚至被淘汰，已采购原材料积压或者因质量不符合要求而造成损失；②采购物资由于新项目开发周期缩短而发生贬值。

（5）合同欺诈风险。合同欺诈风险主要有四种：①以虚假的合同主体身份与他人订立合同，以伪造、假冒、作废的票据或其他虚假的产权证明作为合同担保；②接受对方当事人给付的货款、预付款、担保财产后逃之夭夭；③签订空头合同，而供货方本身是"皮包公司"，将骗来的合同转手倒卖，从中谋利，而采购物资则无法保证；④供应商设置合同陷阱，如供应商无故中止合同，或违反合同规定等可能造成损失。

2. 内因型风险

内因型风险主要包括计划风险、合同风险、验收风险、存量风险和责任风险。

（1）计划风险。计划风险发生的可能性有两种：①因市场需求发生变动，影响采购计划的准确性；②采购计划的方式不尽科学，使其与目标发生较大偏离，导致采购计划风险。

（2）合同风险。此处的合同风险与外因风险中的合同欺诈风险不同，主要指的是由于采购方自身在签订合同过程中的某些错误行为导致的风险。例如，合同条款不清楚，盲目签约；违约责任约束不明确，口头承诺；采购人员受贿，提前泄露采购标底；合同日常管理混乱等。

（3）验收风险。验收风险主要指在验收过程中因验收人员未发现问题而引发的风险，常见问题有如下几种：①在数量上缺斤短两；②在质量上鱼目混珠，以次充好；③在品种规格上"货不对路"，不合规定要求；④在价格上产生偏差等。

（4）存量风险。存量风险主要是指由于对采购价格或采购量控制不准确导致的风险，主要有三种：①采购量不能及时供应生产之需要，生产中断造成缺货损失；②物资过多，造成积压，大量资金沉淀于库存中，失去了资金的机会利润，形成存储损耗风险；③物资采购时对市场行情估计不准，盲目进货，造成价格风险。

（5）责任风险。责任风险是一种人为风险，主要是指由于工作人员责任心不强而导致的风险，如合同审核不完全带来的合同纠纷等。

二、采购风险管理

（一）采购风险管理策略

采购风险管理的策略主要包括风险自留、风险后备、风险转移、减轻风险、风险回避、风险预防。

1. 风险自留

风险自留主要是指企业自己承担风险，用内部资源弥补损失。风险自留既可以是有计划的，也可以是无计划的。无计划的风险自留产生的原因有：

（1）风险部位没有被发现。

（2）不足额投保。

（3）保险公司或者第三方由于偿付能力不足等原因，未能按照合同的约定来补偿损失。

（4）原本想以非保险的方式将风险转移至第三方，但发生的损失却不包括在合同的条款中。

（5）由于某种危险发生的概率极小而被忽视。

在这些情况下，一旦损失发生，企业必须以其内部的资源来加以补偿。如果该企业无法筹集到足够的资金，则只能面临停业。因此，非计划的风险自留不能称为一种风险管理的措施。而有计划的风险自留也可以称为自保，是一种重要的风险管理手段。该方法是指风险管理者察觉到风险的存在，估计出该风险造成的期望损失，决定以其内部的资源来对损失加以弥补。在有计划的风险自留中，对损失的处理存在多种方法，有的会立即将其从现金流量中扣除，有的则将损失在较长的一段时间内进行分摊，以减轻对单个财务年度的冲击。

2. 风险后备

风险后备是指拟订应急预案及运行其他方案，充分做好先期准备。与风险后备相关的是采购风险应急体系的构建，通过对采购风险的预期判断制订相关的预警应急方案，及时控制损失发生的程度，减轻采购风险给企业带来的危害。

3. 风险转移

风险转移主要指通过合同或非合同方式将风险转嫁给他方。一般说来，风险转移的方式可以分为非保险转移和保险转移。非保险转移是指通过订立经济合同，将风险以及与风险有关的财务结果转移给别人。在经济生活中，常见的非保险风险转移有租赁、互助保证基金制度等。而在采购风险管理中，最常见的风险转移方式就是将采购成本、质量等方面的风险转移给供应商。合同保险转移是指通过订立保险合同，将风险转移给保险公司（保险人）。在面临风险时，可以向保险人交纳一定的保险费，将风险转移。一旦投保的风险发生并且造成了损失，则保险人必须在合同规定的责任范围之内给予经济赔偿。

4. 减轻风险

减轻风险是指采取有效措施，尽可能减少风险损失。与后备措施相比，减轻风险没有事前的计划，强调事后采用合适的方法减少损失。

5. 风险回避

风险回避是指主动放弃或拒绝实施可能导致损失的方法。这种方法强调考虑影响预定目标达成的诸多风险因素，结合决策者自身的风险偏好和风险承受能力，做出中止、放弃某种决策方案或调整、改变某种决策方案的风险处理方式。风险回避的前提在于企业能够对自身条件、外部形势、客观存在的风险属性和大小具有准确的认知。严格意义上的风险回避可以分为积极的风险回避和消极的风险回避。两者的相同之处在于都认为企业自身的实力不足以承受可能遭受的风险损失，希望能够尽可能地在风险发生之前，减少其发生的可能性；但积极风险回避和消极风险回避对风险认知的能动性不同。对于每一个风险决策者,其心目中都有一个决策方案的评价标准,进而产生不同的风险预期。

6. 风险预防

风险预防具体指采取预防措施减少损失发生的可能性及程度。风险预防被广泛运用于企业、政府等机构中,关于采购的风险预防将在本节"三、采购风险控制"中做详细介绍。

(二)采购风险管理体系

采购风险存在于采购的全过程,采购风险管理体系的构建需要根据企业自身情况设计,但总体上主要包括下列内容:

(1)明确采购目的。
(2)建立供应商资格审查制度。
(3)建立保证金制度。
(4)完善采购信息公开制度和程序公开制度。
(5)建立健全企业内部控制管理制度。
(6)制订"采购道德规范",规范采购行为。
(7)对采购人员进行专业知识和技能的培训与学习。
(8)推行采购人员资格认证制度。
(9)选择合适的采购方式,包括议价、比价、招标等。
(10)建立采购合同会签制度。

(三)各采购风险层级处理方法

不同程度的采购风险对企业的影响不同,企业对不同程度的风险应采用的策略也是不同的。如图9-2所示,当采购风险发生概率高,且对企业的影响较大时,一定要进行全面的风险评估和全过程的风险监控,投入较多的资源以保证采购的顺利实施;如果风险影响小、发生概率低,则可以投入较少的资源,降低总风险控制成本;如果采购风险发生的概率低,但是一旦发生则会对企业产生重大影响,则企业应给予该风险适当的关注,并具备事前确定的控制体系,防止此类风险的发生;对于虽然发生概率高,但是对企业影响不大的采购风险,企业也应采取相应措施降低风险,但此时降低总成本的优先度较大。

图9-2 各层次采购风险对组织的影响

三、采购风险控制

采购风险在很大程度上影响着企业采购乃至企业的整体运营能否顺利进行,因此,采购风险控制是采购活动中非常重要的内容。

(一)采购风险控制的主要对策

1. 明确采购目的

采购的最优状态是达到以更少的采购支出获得更高的采购效率、更好的采购质量和更大的效用。所以,采购部门在进行采购活动之前应明确,压缩成本不是采购的最终目标,物料的质量、交货时间在某些时候可能比成本更重要。只有在明确了需要全面考量采购结果时,才能保证整个采购工作向正确的方向发展。

2. 规范采购行为

采购过程中应合法、合理地规范采购行为,因此,做好制度保障至关重要。

(1)建立供应商资格审查制度。在正式采购之前,需要制定供应商资格审查制度,对参加投标的所有供应商进行资格审查。整个过程包括资格预审、资格复审、资格后审,以便企业在采购活动的初期即可控制后期可能由供应商选择不当带来的损失。

其中资格预审的内容主要是审查潜在供应商的基本情况,过去完成类似合同的经验,财务、人员及设备能力等方面。通过初审剔除资格条件不符合合同要求的供应商,减少后期工作量及投入。

资格复审主要是为了确定供应商在资格预审时提交的材料是否仍然有效和准确。通过复审,采购方能够进一步了解供应商,发现其各种不轨行为,避免后续采购过程中供应商可能带来的采购风险。

资格后审是在确定了供应商以后,对其是否有能力完成合同的进一步调查。

(2)建立保证金制度。法律要求采购机构将供应商的招标保证金作为投标竞争和签订合同程序的一部分,其中,对于建筑和工程项目的采购而言,投标保证金的使用将持续到合同完全履行;对设备和服务的采购而言则不一定要使用保证金制度。

采购保证金主要包括防止供应商投标后撤标的投标保证金、保证物料及时供应的支付保证金、防止供应商不履行合同的履约保证金。

(3)建立采购人员监督管理制度。

1)建立和完善采购信息和程序公开制度。有关采购信息要公之于众,便于供应商及时了解采购合同的条件。同时,招标程序、投标程序等也要公开,做到相关信息透明的同时还要做好采购活动的记录,以备事后核查。

2)制订采购道德规范条例。鉴于采购人员在商业活动中的特殊地位,加之特殊利益的存在,采购部门的采购人员很可能做出为了一己之私而损害企业利益的行为,给企业埋下采购风险。在帮助采购人员树立高度责任感及主人翁精神的同时,企业还应制订类似采购道德规范条例之类的文件以指导采购人员的正确决策。条例中应包含公正、诚实、忠诚等原则。

3)积极组建采购专业协会和推行采购人员资格认证制度。由于采购自身的复杂和重要性,采购人员需要具备较高的职业素养才能圆满完成任务。为了降低采购风险,应提高采购人员的知识、能力及个人职业道德。

为了实现上述目的，采购人员应积极组织和参加各种专业采购协会，例如美国的全国政府采购研究所、全国采购管理协会等。另外，对采购人员进行资格认证，保证采购人员的基本素质是对其进行管理的重要内容，也是控制采购风险的一个重要途径。例如，美国一些采购专业组织提供的专业公共采购员、注册采购管理员等采购人员资格认证称号。中国相应的认证体系也处于构建完善中。

（4）建立健全内部控制制度。内部控制制度是强化企业内部管理的一种自律行为，是企业进行采购风险控制的重要内容。针对企业存在的风险，可以建立"预付款管理措施""合同管理措施""采购作业标准"等内部控制制度，建立健全资金使用、运输进货控制体系。另外，实际工作中要严格执行相应制度，落实到位，并定期对采购活动进行追踪、检查、考核，规范采购风险管理，强化执行力度。

3. 建立采购质疑、申诉机制

供应商质疑和申诉是采购活动中常有的情况。如果不能正确处理这些问题，将影响采购活动的正常进行，既不利于采购货源的培养，也不利于采购方与供应商之间维持长期良好的合作关系，增加了采购风险。

通过在企业内部建立供应商服务机构能够较好地解决上述问题。企业通过设立专门机构，能够在回答供应商疑问的同时了解供应商的需求，维持与供应商之间的良好关系，避免供应商"有苦没处说"的困境。

（二）采购风险控制的注意事项

进行采购风险控制时，需要注意以下方面：

1. 明确降低采购风险的关键因素

企业要降低针对质量、交期、价格、售后服务、财务等方面的采购风险，最关键的是与供应商建立并保持良好的合作关系，通过双方的交流、协作，降低采购成本，实现共同利益最大化。

2. 选择合适的采购方式

企业在具体的采购活动中，要注意选择合适的采购方式，对复杂且成本高的采购项目要进行详细的调研工作。同时，通过广泛的调研及分析，掌握有关采购物料在国内外市场的最新情况，了解物料的来源、价格、质量、性能和可靠性，并提出切实可行的采购计划，为采购的进一步开展提供指导依据。

3. 针对不同风险采取不同措施

正确的风险控制方式需要企业针对不同特点的采购风险采取不同的措施。例如，针对预付款风险，企业可以采取的措施是对产品质量好、信誉好、规模大的供应方实行预付款，并加强跟踪，防止欺诈；针对存货风险，企业应实施以销定购、适时控制、盘活库存等适合企业自身特点的优化库存方法。

4. 签订合同和履行合同过程中的风险防范

企业在签订合同之前要明确供应商的各方面资格、信用状况。采购人员应该到供应商经营场所进行考察，不能仅依靠电话、网络等远程方式。订立合同时，要确认供应商的身份、资格及相关的书面证明，注意关键条款是否陈述清楚，合同条款的商榷、取舍应取得双方的同意。合同要公证或是由律师见证，公证后公证机关或是鉴证机关要对其行为负责，这样合同的有效性将进一步加强。

签订合同之后，还应监督合同的履行，在出现意外情况时要根据合同条款的规定及时向责任方索赔，防范由履约不当引起的风险。

5. 全球采购风险规避

在面对全球采购风险时，采购商应保有主动积极的态度，根据对未来风险大小的认识和把握，预先主动地采取一些保护性条款，咨询有关机构以获取有利的数据信息，通过资本市场的运营，为自身争取利益，尽量降低风险。

对于全球采购提前期的风险规避，采购商可以依靠整条供应链反应速度的提高。制造型企业更多地采用准时化生产或柔性生产系统，借助计算机辅助决策系统，如ERP等系统的实施，严格按照顾客的订单需求进行生产，缩短采购提前期，进一步减少预测误差，降低全球采购风险。

对于全球采购合同风险，采购商应注意规范采购合同范本，根据自身条件和环境设定合同保护性条款，针对可能出现的特殊情况，在相关商业票据的规范和采购合同中加以说明。例如，在某项合同中规定由人民币支付的商业发票和增值税发票应由国家税务部门统一印制，但国外厂商仅在所提供的计算机制单的商业发票上列出货款，未同时提供专用的增值税发票，这将导致采购方无法支付该部分增值税，易有偷税漏税之嫌。

项目实训：采购质量与交期控制

一、实训目的

（1）了解采购质量保证体系文件。
（2）掌握各种跟催方法的具体应用。
（3）掌握物料的检验方式以及验收工作程序。
（4）能够独立设计出采购物料的检验程序，提高制定商品验收规则的能力。
（5）不断培养和增强学生的分析能力、组织能力、沟通能力、团队协作精神等。

二、实训组织

（1）知识准备：采购质量检验方法、交期跟催方法、延误交货的处理方法、ISO系列产品的质量说明书。
（2）学生分组：每个小组以6~8人为宜，小组中要合理分工，每组选出一位小组长。
（3）实训地点：产学研合作单位、教学基地或自主选择调查企业。

三、实训要求

组织学生考察学校所在城市的大型制造企业，调研采购部门，听取企业相关人士对采购质量控制和验收过程等具体环节的介绍，跟踪其作业流程。

（1）收集企业采购文件与单据样本（如物料跟催表、催货通知单、采购验收表、检验报告单、质量控制表等）。

（2）对质量控制、采购跟催等环节进行跟踪，并尽量顶岗实践。

（3）通过调研，了解企业的采购物料检验制度、跟催制度。

（4）了解检验方案编制、质量检验事前准备、采购凭证核对、采购质量检验实施、采购检验记录单填写等环节。

四、实训报告

在通过实地调查获得相关资料后，以组为单位完成调查报告。调查报告题名为"××企业采购交期和质量控制方法及流程的调查报告"，报告中应包含以下内容：

（1）调研时间、调研企业。

（2）根据查阅的资料，列出我国对商品检验中的相关规定。

（3）根据查阅的资料，找出针对调研企业中出现的商品列出检验规则。

（4）根据企业中商品的特点，编写可行的验收报告。

（5）针对该检验规则，编写有关的检验、验收成本核算报告。

（6）对调研中发现的问题进行分析、总结并形成最终报告。

五、实训考核

实训成绩根据个人表现和团队表现进行综合评定，考评内容包含以下几项：

（1）相关资料是否通过实地调查获得，调查资料是否翔实、准确、具体。

（2）调查结果描述是否清楚，有没有通过搜集到的企业实例进行说明。

（3）制定检验规则和跟催方法时，是否结合企业实际情况。

（4）小组内部分工是否明确，组员是否有协作精神，根据个人任务完成情况由组长评分。

（5）小组总结汇报思路是否清晰、内容是否充实、重点是否突出，由教师对小组进行评分。

（6）实训报告是否按要求的规范格式完成，对个人报告或小组报告进行评分。

（7）根据个人得分和小组综合评分最终确定每个学生的实训成绩。

项目十 采购绩效评估

工作任务及过程描述

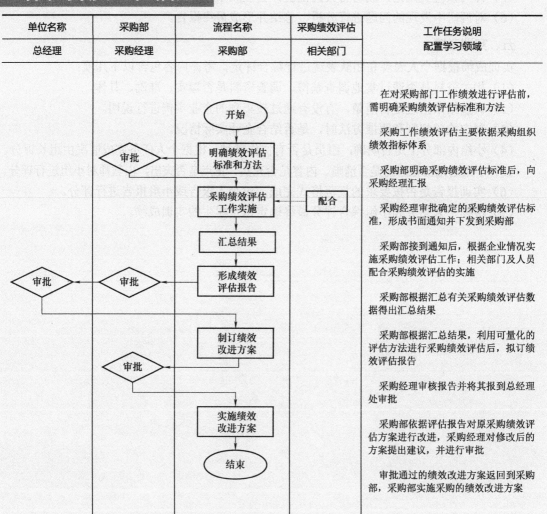

单位名称	采购部		流程名称	采购绩效评估	工作任务说明
总经理	采购经理	采购部		相关部门	配置学习领域
		开始			在对采购部门工作绩效进行评估前,需明确采购绩效评估标准和方法
	审批	明确绩效评估标准和方法			采购工作绩效评估主要依据采购组织绩效指标体系
		采购绩效评估工作实施		配合	采购部明确采购绩效评估标准后,向采购经理汇报
		汇总结果			采购经理审批确定的采购绩效评估标准,形成书面通知并下发到采购部
审批	审批	形成绩效评估报告			采购部接到通知后,根据企业情况实施采购绩效评估工作;相关部门及人员配合采购绩效评估的实施
					采购部根据汇总有关采购绩效评估数据得出汇总结果
	审批	制订绩效改进方案			采购部根据汇总结果,利用可量化的评估方法进行采购绩效评估后,拟订绩效评估报告
					采购经理审核报告并将其报到总经理处审批
		实施绩效改进方案			采购部依据评估报告对原采购绩效评估方案进行改进,采购经理对修改后的方案提出建议,并进行审批
		结束			审批通过的绩效改进方案返回到采购部,采购部实施采购的绩效改进方案

项目十 采购绩效评估

职业能力要求

1．岗位：采购绩效主管

（1）协助人力资源部经理制定绩效考核管理制度，经批准后组织实施。

（2）组织、指导各部门建立或调整目标考核制度，以确保考核制度合理、公平、科学。

（3）组织、指导各部门绩效考核的实施，协助解决考核过程中出现的争议。

（4）组织、指导各部门领导进行绩效考核面谈，并提出改善目标和建议。

（5）根据绩效考核结果和相关规定，报相关领导审批后，对相关人员实施奖惩。

（6）负责各部门、员工绩效申诉工作的受理。

（7）汇总各项考核信息，撰写考核分析报告并报人力资源部经理审批。

（8）协助人力资源部经理进行企业薪酬体系的建立与日常薪酬福利的管理。

（9）根据企业实际情况，提出绩效考核改善建议，经批准后进行修订。

2．岗位：采购绩效专员

（1）参与绩效管理制度、方案的制订与完善，并推动其实施。

（2）设计与优化绩效考核标准。

（3）协助绩效考核主管做好企业的考核工作。

（4）对考核过程进行跟踪并对考核过程中出现的问题予以解决。

（5）负责绩效管理的培训，并向员工解释各种相关制度。

（6）受理员工绩效考核申诉，对不能解决的问题及时上报绩效主管。

（7）及时根据企业需要提供绩效数据支持。

（8）对考核结果、考核制度等资料做好分类、归档等管理工作。

项目导入案例

如何对采购员进行绩效考核

考核不但是调动员工积极性的主要手段，而且是防止业务活动中非职业行为的主要手段，在采购管理中也是如此。可以说，绩效考核是防止采购腐败的最有力的武器。好的绩效考核可以达到这样的效果：采购人员主观上必须为企业的利益着想，客观上必须为企业的利益服务，没有为个人谋利的空间。

如何对采购人员进行绩效考核？跨国企业有许多很成熟的经验可以借鉴，其中的精髓是量化业务目标和等级评价。每半年，跨国企业都会集中进行员工的绩效考核和职业规划设计。针对采购部门的人员而言，就是对采购管理的业绩回顾评价和未来的目标制定。在考核中，交替运用两套指标体系，即业务指标体系和个人素质指标体系。

业务指标体系主要包括：

（1）采购成本是否降低？卖方市场的条件下是否维持了原有的成本水平？

（2）采购质量是否提高？质量事故造成的损失是否得到有效控制？

（3）供应商的服务是否增值？
（4）采购是否有效地支持了其他部门，尤其是营运部门？
（5）采购管理水平和技能是否得到提高？

当然，这些指标还可以进一步细化，如采购成本可以细分为购买费用、运输成本、废弃成本、订货成本、期限成本、仓储成本等。将这些指标一一量化，并同上一个半年的相同指标进行对比所得到的综合评价，就是业务绩效。

应该说，这些指标都是硬性指标，很难加以伪饰。所以这种评价有时显得很"残酷"，那些只会搞人际关系而没有业绩的采购人员这时就会"原形毕露"。

在评估完成之后，将员工划分成若干个等级，或给予晋升、奖励，或维持现状，或给予警告或辞退。可以说，这半年一次的绩效考核与员工的切身利益是紧密联系在一起的。

对个人素质的评价相对就会灵活一些，因为它不仅是对现有能力的评价，还包括进步的幅度和潜力。其主要内容包括谈判技巧、沟通技巧、合作能力、创新能力、决策能力等。这些能力评价都是与业绩的评价联系在一起的，主要是针对业绩中表现不尽如人意的方面，如何进一步提高个人能力。为配合这些改进，那些跨国企业为员工安排了许多内部的或外部的培训课程。

在绩效评估结束后，安排的是职业规划设计。职业规划设计包含下一个半年的主要业务指标和为完成这些指标需要的行动计划。这其中又有两个原则：①量化原则，这些业务指标能够量化的尽量予以量化，如质量事故的次数、成本量、供货量等；②改进原则，大多数情况下，仅仅维持现状是不行的，必须在上一次的绩效基础上有所提高，但提高的幅度要依具体情况而定。

在下一次的绩效考核中，如不出现不可抗力的，必须以职业规划设计中的业务指标为基础。

实际工作中，一些供应商会暗中给采购员"好处费"，甚至带采购员出入高级娱乐场所，他们无非是想提高价格或在质量、效率方面打折扣。如果采购员参与这些腐败行为，也许具体情节不为人知，但必然体现在其业务绩效上，如果没有绩效考核这个"紧箍咒"，采购腐败的机会就会大得多。所以，绩效考核是减少采购腐败主观因素的法宝。

当然，绩效考核更多的作用是提高员工的工作积极性，但对于防止采购腐败行为仍不失为有效的措施。

问题一：如何建立采购绩效指标评价体系？
问题二：采购绩效评估的流程和方法是什么？

任务一　采购绩效评估认知

一、采购绩效评估的含义与目的

（一）采购绩效评估的含义

采购绩效，简单来讲，就是采购工作质量的好坏；具体来讲，是指从数量和质量上评估采购的职能部门和采购工作人员达到规定目标和实现具体目标的程度。企业采购工作在一系列的作业程序完成之后,是否达到了预期的目标,企业对采购绩效是否满意,都需要经过考核评估之后才能下结论。采购绩效评估是为了全面反映和检查采购部门工作实绩、工作效率和效益,运用科学、规范的绩效评估方法,对照一定的标准,按照绩效的内在原则,对企业采购行为过程及其效果进行科学、客观、公正的衡量比较和综合评价。采购绩效评估,即对企业采购活动组织实施、监督管理等全过程进行分析、评价和提出改进意见的专项评估和考核行为。

采购绩效评估可以分为对整个采购部门的评估和对采购人员个人的评估。对采购部门绩效评估可以由高层管理者来进行,也可以由外部客户来进行;而对采购人员的评估常由采购部门的负责人来进行。

采购绩效评估是围绕采购的基本功能来进行的。采购的基本功能可以从两方面描述:①把所需的商品及时买回来,保证销售或生产的继续进行;②开发更优秀的供应源,降低采购成本,实现最佳采购。

(二)采购绩效评估的目的

采购作业作为企业生产运作的一个重要环节,它的绩效对企业整体目标的实现起着很重要的作用。采购人员在制定了采购战略、目标并为实现相应目标编制了行动计划后,还需有相应的绩效评估指标,用于对采购过程进行检查控制,并在一定的阶段对工作进行总结,在此基础上再提出下一阶段的行动目标与计划,这样循环往复不断改进。

采购绩效评估是对采购工作进行全面、系统的评价。通过采购绩效评估,通常可以达到以下目的:

1. 确保采购目标的实现

不同的企业有着不同的采购目的,如政府采购的目的偏重于"防弊",采购作业以"按期、按质、按量"为目标;而企业的采购则注重于"盈利",采购工作除了维持正常的产销活动外,还非常重视成本的降低。

2. 提供改进绩效的依据

只有认识以前的工作,才能对未来的工作进行改进,而采购绩效考核与评估制度为采购的评估工作提供了一个客观的标准。在衡量采购目标是否达成的同时,也可以衡量采购部门目前的工作表现如何。正确的绩效评估有助于发现采购作业的缺陷所在,据此拟定改进措施,达到以评促改、以评促建的功效。

3. 个人或部门奖励的参考

员工或部门在工作中的业绩需要一个公平的考核体系。良好的绩效考核与评估,能正确体现采购部门的绩效,反映采购人员的个人表现,并作为考核采购人员的依据。

4. 人员甄选与训练

根据采购绩效考核与评估的结果,可得出采购人员在德、能、勤、绩诸多方面的评价,并针对现有采购人员中出现的问题拟订改进计划。比如,哪些人员表现出色,可以委以重任;哪些人员存在一定问题,需要参加专业性教育训练;还有哪些人员不适合做采购工作,应转岗或辞退。

5. 促进部门间的合作

采购活动不是一个部门就可以解决的,采购部门的绩效高低和其他部门能否密切配合有很大关系。所以,采购部门的职责是否明确,表单和流程是否简单、合理,付款条件及交货方式是否符合企业管理制度,各部门的目标是否协调一致等,均可通过绩效考核与评估予以判断,并可促进部门之间的合作,增强企业整体的运作效率。

二、采购绩效评估的要求

美国采购专家威尔茨对采购绩效评估的问题,曾提出以下要求:
(1) 采购主管必须具备对采购人员工作绩效进行评估的能力。
(2) 采购绩效评估必须遵循以下原则。
1) 绩效评估必须持续进行,要定期审视目标的达成程度。当采购人员知道会定期地评估绩效,自然能够致力于绩效的提升。
2) 必须从企业整体目标的角度出发来进行绩效评估。
3) 评估必须持续不断而且长期进行。
4) 明确评估尺度。评估时,可以采用过去的绩效为尺度,也可以采用与其他企业的采购绩效相比较的方式来进行评估。

三、采购绩效评估涉及的人员及部门

采购绩效评估涉及很多人员和部门,其评估过程比较复杂,要求参与的人员和部门主要有:

(一)采购部门主管

采购部门主管对所管辖的采购人员最为熟悉,而且所有工作任务的指派,以及工作绩效的优劣,都在其直接监督之下。因此,由采购部门主管负责评估,可以注意到采购人员的表现,体现公平客观的原则。但是采购部门主管的评估会包含很多个人情感因素,而使评估结果出现偏颇。

(二)财务部门

当采购金额占企业总支出的比例较高时,采购成本的节约对公司利润的贡献非常大。尤其在经济不景气时,节约采购成本对资金周转的影响也十分明显。财务部门不但掌握企业产销成本数据,对资金的获得与付出也进行全盘管制,因此,财务部门也可以对采购部门的工作绩效进行评估。

(三)工程部门或生产主管部门

当采购项目的品质与数量对企业的最终产品质量与生产影响重大时,也可以由工程或生产主管人员评估采购部门绩效。

(四)供应商

有些企业通过正式或非正式渠道,向供应商探询其对本企业采购部门或人员的意见,以间接了解采购作业绩效和采购人员素质。

(五) 外界专家或管理顾问

为避免企业各部门之间的本位主义或门户之见，可以特别聘请外部采购专家或管理顾问，针对企业全盘的采购制度、组织、人员及工作绩效，做客观的分析与建议。

任务二　采购绩效评估指标体系

一、采购绩效评估的影响因素

影响采购绩效评估的因素有很多，但是，其中一个重要的因素是管理人员如何看待采购业务的重要性及其在企业中的地位。早在1962年，美国的海斯和雷纳德就提出，管理人员对采购业务的不同期望会对所采用的评价方法和技术产生重要的影响。

不同的企业在采购绩效评估方面的做法是不同的，其主要原因是各企业的管理风格、组织程度、委托采购商分配的职责不同。归纳起来影响采购绩效评估的因素主要有以下几种：

(一) 业务管理活动

评估采购业务的绩效主要取决于与现行采购业务有关的一些参数，如订货量、订货间隔期、积压数量、安全库存量、保险库存量、采购供应率和现行市价等。

(二) 商业活动因素

采购业务是一种商业活动，管理人员主要关注采购所能实现的潜在节约。采购部门的主要目的是降低价格以减少成本支出。采购时要关注供应商的竞争性报价，以便保持一个令人满意的价位。采购绩效评估采用的主要参数是采购中的总体节约量、市价的高低、差异报价和通货膨胀报价等。

(三) 物流因素

采购往往被视为综合物流的一部分。企业采购管理人员也清楚追求低价格有一定的缺陷，它可能导致次优化决策。太关注价格会引诱客户因小失大。降低产品的价格通常会使供应商觉得产品的质量可能会同步降低，并会降低供应的可信度。因此企业采购管理人员要向供应商们介绍产品质量改进目标情况，尽量减少到货时间延迟并提高供应商的供货可信度。

(四) 经营策略因素

采购业务对于决定企业的核心业务及提高企业的竞争力能够产生积极作用，因为采购业务可以为产品是自制还是购买决策的研究做出重要贡献。地区性供应商已卷入到国际竞争之中，在这种情况下，管理人员评价采购绩效主要考虑以下方面：基本供应量的变化量，新的、有联系的（国际）供应商的数量以及已实现的节约成本的贡献大小等。

企业结构体系中，采购部门所处的地位不同，用于评价采购绩效的方法也有很大差别。如表10-1所示，当采购被视为一项业务职能时，采购绩效的评价方法主要是从特征上进行定量的管理性分析。另一方面，当采购被视为一项策略时，则会采用更加定性和评判性的方法。这种情况下，通常使用复杂的程序和指导体系来监督采购过程，提高采购效率，防止背离特定的采购计划。

表 10-1 管理层如何看待采购

可代替观点	采购业务的等级地位	绩效评价方法
采购被视为一项业务	在组织中的地位低	订单数量、订货累计额、供应到货时间管理、授权、程序等
采购被视为一种商业活动	向管理人员报告	节约额、降价程度、ROI（投资回报率）测量、通货膨胀报告、差异报告
采购被视为综合物流的一部分	采购与其他的材料相关业务构成统一的整体	节约额、成本节约额、货物供应的可靠程度、废品率、供应到货时间的缩短量
采购被视为一项战略性经营活动	采购者进入高层次管理团队	应有成本分析、早期介入的供应商数量、自制还是购买决策、供应基本额的减少

哪些因素决定当前比较流行的采购绩效评估模式呢？由于外在因素的影响，那些将采购视为一项商业策略的企业必须思考这个问题。这些外在因素主要有价格和毛利上的压力、丧失市场份额的压力、材料成本显著降低的要求、采购市场上价格剧烈波动等。这些问题迫使企业必须关注高水平的采购绩效。另外，一些内在因素也会影响企业高层管理人员对采购业务所持有的观点。

二、采购绩效指标体系的设定

商品采购绩效指标体系设定包括：①选择合适的衡量指标；②绩效指标的目标值要充分考虑；③确定绩效指标要符合有关原则。

采购绩效指标的选择要同企业的总体采购水平相适应。对于采购体系尚不健全的企业，刚开始可以选择批次质量合格率、准时交货等指标来控制和考核供应商的供应表现，而平均降价幅度指标则可用于考核采购部门的采购成本业绩。随着供应商管理程序的逐步健全、采购管理制度的日益完善、采购人员的专业水平及供应商管理水平的不断提高，商品采购绩效指标也就可以相应地系统化、整体化并且不断深化。

确定商品采购绩效指标目标值时要考虑以下前提：①兼顾内外顾客的需求，尤其是要满足下游顾客，如生产部门、品质管理部门等的需要。原则上，供应商的平均质量、交货等综合表现应高于本企业内部的质量与生产计划要求。只有这样，供应商才不至于影响本企业内部生产与质量，这也是"上游控制"原则的体现。②所选择的目标以及绩效指标要同本企业的整体目标保持一致。③具体设定目标时既要实事求是、切实可行，又要具有挑战性，要以过去的表现作为参考，更加重要的是与同行中的佼佼者进行比较。

商品采购绩效指标体系的选择是否适当，可应用 SMART 原则进行检查，即符合明确（Specific）、可测量性（Measurable，即尽量量化）、可接受性（Acceptable，即能让自己、顾客及相关的人员认同）、现实可行性（Realistic）以及时间性（Time-bound）等要求。

三、采购绩效评估的指标

（一）采购绩效的衡量

商品采购绩效的衡量可根据采购工作范围的划分、采购能力与采购结果等概括为采购效率指标及采购效果指标两大类。商品采购效率指标是指与采购能力相关的，衡量采购人员、行政机构、方针目标、程序规章等指标；而采购效果指标是指与采购结果，如采购成本、原材料质量、交货等相关的指标。商品采购绩效衡量的主要范围如图10-1所示。

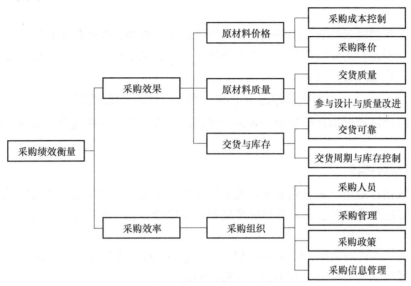

图 10-1 采购绩效衡量的主要范围

（二）采购绩效评估指标体系的建立

采购人员绩效评估应以"5R"为核心，即适时、适质、适量、适价、适地，并用量化指标作为考核的尺度。根据采购专家的经验，具体可以把采购部门及人员的考核指标划分为以下五大类：

1. 数量绩效指标

当采购人员为争取数量折扣，以达到降低价格的目的时，可能导致存货过多，甚至发生呆料、废料的情况。

（1）储存费用指标。储存费用是指存货利息及保管费用之和。企业应当经常将现有存货利息及保管费用与正常存货水准利息及保管费用之差额进行考核。

（2）呆料、废料处理损失指标。呆料、废料处理损失是指处理呆料、废料的收入与其取得成本的差额。存货积压的利息及保管的费用越大，呆料、废料处理的损失越高，显示采购人员的数量绩效越差。不过此项数量绩效，有时受到企业经营状况、物料管理绩效、生产技术变更或投机采购的影响，并不一定完全归咎于采购人员。

2. 质量绩效指标

质量绩效指标主要是指供应商的质量水平以及供应商所提供的产品或服务的质量表现，主要包括供应商来料质量、质量体系等方面。

（1）来料质量。来料质量包括批次质量合格率、来料抽检缺陷率、来料在线报废率、来料免检率、来料返工率、退货率、对供应投诉率及处理时间等。

（2）质量体系。质量体系有：通过ISO9000的供应商比例、实行来料质量免检的供应商比例、来料免检的价值比例、实施统计过程控制（Statistical Process Control，SPC）的供应商比例、产品协调（Project Support & Control，PSC）控制的物料数比例、开展专项质量改进（围绕本企业的产品或服务）的供应商数目及比例、参与本企业质量改进小组的供应商人数及比例等。

同时，采购的质量绩效可由验收记录及生产记录来判断。验收记录指供应商交货时，为企业所接受（拒收）的采购项目数量或百分比；生产记录是指交货后，在生产过程发现质量不合格的项目数量或百分比。

进料验收指标 = 合格（拒收）数量/检验数量

若以进料质量控制抽样检验的方式进行考核，拒收或拒用比率越高，显示采购人员的质量绩效越差。

3. 时间绩效指标

时间绩效指标是用以衡量采购人员处理订单的效率及对于供应商交货时间的控制。延迟交货，固然可能形成缺货现象，但是提早交货，也可能导致买方发生不必要的存货储存费用或提前付款的利息费用。

（1）紧急采购费用指标。紧急采购费用主要是指因紧急情况采用紧急运输方式（如空运）的费用。对紧急采购费用与正常运输方式的差额进行考核。

（2）停工断料损失指标。停工生产车间作业人员工资及有关费用的损失。

除了前述指标所显示的直接费用或损失外，还有许多间接损失。例如，经常停工断料，造成顾客订单流失、员工离职以及对恢复正常作业的机器必须做的各项调整（包括温度、压力等）；紧急采购会使购入的价格偏高，质量欠佳，连带也会产生赶工时间，必须支付额外的加班费用。这些费用与损失，通常都没有估算在此项指标内。

4. 价格绩效指标

价格绩效是企业最重视且最常见的衡量标准。透过价格指标，可以衡量采购人员议价能力以及供需双方势力的消长情形。采购价差的指标，通常有下列几种：

（1）实际价格与标准成本的差额。即企业采购商品的实际价格与企业事先确定的商品采购标准成本的差额，可反映企业在采购商品过程中实际采购成本与采购标准成本的超出额或节约额。

（2）实际价格与过去移动平均价格的差额。即企业采购商品的实际价格与已经发生的商品采购移动平均价格的差额，可反映企业在采购过程中实际采购成本与过去采购成本的超出额或节约额。

（3）使用时的价格与采购时的价格之间的差额。即企业在使用材料时的价格与采购时的价格的差额，可反映企业采购材料物资时是否考虑市场价格的走势。企业如果预测未来市场的价格走势是上涨的，则应在前期多储存材料物资；如果预测未来市场的价格走势是下跌的，则不应过多储存材料物资。

（4）动态指标。将当期采购价格与基期采购价格之比率与当期物价指数与基期物价指数之比率相互比较，该指标是动态指标，主要反映企业材料物资价格的变化趋势。

5. 采购效率指标

以上质量、数量、时间及价格绩效是针对采购人员的工作效果来衡量的，企业采购绩效还可针对采购效率来衡量。

（1）年采购金额。即企业一个年度内商品或物资的采购总金额，包括生产性原材料与零部件采购总额、非生产采购总额（包括设备、备件、生产辅料、软件、服务等）、原材料采购总额占总成本的比例等。其中最重要的是原材料采购总额，它可以按不同的材料进一步细分为包装材料、电子类零部件、塑胶件、五金件等，也可按采购付款的币种分为人民币采购额及其比例，还可以按采购成本结构划分为基本价值额、运输费用及保险额、税额等。此外，年采购额还可分摊到各个采购员及供应商，算出每个采购人员的年采购额、年人均采购额、各供应商年采购额、供应商年平均采购额等。

（2）年采购金额占销售收入的百分比。即企业在一个年度里商品或物资采购总额占年销售收入的比例，可反映企业采购资金的合理性。

（3）订购单的件数。即企业在一定时期内采购商品的数量，主要是按 ABC 管理法，对 A 类商品的数量进行反映。

（4）采购人员的人数。即反映企业专门从事采购业务的人数，它是反映企业劳动效率指标的重要因素。

（5）采购部门的费用。即一定时期内采购部门的经费支出，可反映采购部门的经济效益指标。

（6）新供应商开发个数。即企业在一定时期内采购部门与新的供应商的合作数量，可反映企业采购部门工作效率。

（7）采购计划完成率。即一定时期内企业商品实际采购额与计划采购额的比率，可反映企业采购部门采购计划的完成情况。

（8）错误采购次数。即一定时期内企业采购部门因工作失职等原因造成错误采购的数量，可反映企业采购部门工作质量的好坏。

（9）订单处理的时间。即企业在处理采购订单的过程中所需要的平均时间，可反映企业采购部门的工作效率。

四、采购绩效评估的标准

有了绩效评估的指标之后，必须考虑依据何种标准作为与目前实际绩效比较的基础。一般常见的标准如下：

（一）以往绩效

选择企业以往的绩效作为评估目前绩效的基础，是相当有效的做法。但企业采购部门，无论组织、职责或人员等，均应在没有重大变动的情况下，才适合使用此项标准。

（二）预算或标准绩效

若过去的绩效难以取得或采购业务变化很大，则可以预算或以标准绩效作为衡量基础。标准绩效的设定有以下三种原则：

（1）固定的标准。标准一旦建立，则不再更改变动。

（2）理想的标准。理想的标准是指在完美的工作条件下，应有的绩效。

（3）可达成的标准。可达成的标准是指在现状下，应该可以做到的水平，通常依据当前的绩效设定。

(三) 同行业平均绩效

若其他同行业企业在采购组织、职责和人员等方面,均与本企业相似,则可以与其绩效进行比较,以辨别彼此在采购工作成效上的优劣。若个别企业的绩效资料不可得,则以整个同业绩效的平均水准来比较。

(四) 目标绩效

预算或标准绩效是代表在现状下,应该可以达到的工作水平;而目标绩效则是在现状下,需经过一番特别努力,否则无法完成的较高境界。目标绩效代表公司管理层对工作人员追求最佳绩效的期望值,常以同业最佳绩效水准为标杆。

不论企业采取何种采购绩效评估标准,一般都应列出具体指标,然后制定相应的绩效标准,如表 10-2 所示。

表 10-2 绩效指标和标准实例

指标类型	具体指标	绩效标准
定量指标	年销售额 年采购费用	年销售额为 20 万元～50 万元 年采购费用控制在 2 万元～3 万元
定性指标	对于供应商服务的满意度	满意或者不满意

任务三 采购绩效评估的程序和方法

一、采购绩效评估的程序

通常,可以把采购绩效评估体系的发展分为三个阶段,依次为以控制为导向、以发展为导向和以经营为导向的阶段。但是请注意,这里强调的是,当高阶段也即更成熟的阶段出现后,前一阶段并未被取代。也就是说,这三种导向的绩效考核都普遍存在于大大小小的企业或政府机构当中。表 10-3 对这三种导向的绩效评估进行了区分。

表 10-3 三种导向的绩效评估比较

区分点	控制导向	发展导向	经营导向
关注核心	员工/部门	员工/部门	组织
主要目的	激励(如绩效工资)	绩效改进	战略沟通
沟通信息	少	多	多
实施者	人力资源经理/采购经理	人力资源经理/采购经理	企业中高层经理的共同参与
组织影响程度	中	高	极高

控制导向的绩效评估关注的方面比较狭窄,仅将绩效考核结果作为发放工资、晋升调职的一个依据,与员工、部门和组织的绩效改进和战略实现是相脱节的;而以发展为导向和以经营为导向的绩效考核则直接与员工、部门、企业的目标、战略实现相关联,是真正意义上的绩效考核评估,其流程设计基本上是相同的,只不过后者借助了关键绩效指标、平衡记分卡等方法来突出重点、分解战略目标。

采购绩效评估的一般流程如图 10-2 所示。采购绩效评估通常被看成一个循环，这个循环分为以下步骤：绩效计划、绩效实施、绩效考核、绩效反馈与改进以及绩效结果的运用。

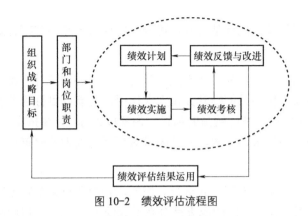

图 10-2　绩效评估流程图

（一）绩效计划

绩效计划是整个评估过程的起点。企业的战略要落实，必须先将战略分为具体的任务或目标，落实到各个部门和岗位上。这一步主要包括根据企业战略目标明确部门和个人职责、部门和个人的目标、确定考核指标与标准、选择考核人员等。

（二）绩效实施

在制订好绩效计划之后，被评估者即开始按照计划开展工作。在工作过程中，管理者要对被评估者的工作进展进行指导和监督，对发现的问题及时予以处理，并随时根据实际情况对绩效计划进行修订调整。

（三）绩效考核

工作绩效考核可以根据具体情况和实际需要进行月考核、季度考核、半年考核和年度考核。工作绩效考核是一个按事先确定的工作目标及其衡量标准，考查部门或员工实际完成情况的过程。值得注意的是，绩效考核不只是在月末、季末、半年末和年末进行的，而是与其他几个流程相结合的一个部分。

（四）绩效反馈与改进

绩效评估并不是为绩效考核打出一个分数就结束了，负责人还要与部门或员工进行一次甚至多次交谈，使部门或员工了解组织和高层管理人员对他们的期望，了解自己的绩效，认识自身有待改进的方面，然后针对需要改进的地方提出改进计划。

（五）绩效评估结果运用

当绩效评估完成之后，评估结果并不是可以束之高阁、置之不理的，而是要与相应的其他管理环节相衔接。绩效评估主要有以下管理接口：部门或个人奖金的分配、部门员工的调配与晋升、通过反馈沟通提升绩效、培训再教育。

二、采购绩效评估方式与方法

(一)评估方式

采购部门或人员工作绩效的评估方式,可分为定期方式和不定期方式。

1. 定期方式

定期评估主要以人的表现,如工作态度、学习能力、协调精神、忠诚程度为考核内容。其对采购人员的激励及工作绩效的提升并无太大作用,若能以目标管理的方式,即从各项工作绩效指标中,选择年度重要性比较高的项目定为考核目标,年终按实际达成程度加以考核,则能有效提升个人或部门的采购绩效,并且因以对事不对人为考核重点,比较客观、公正。

2. 不定期方式

不定期的绩效评估,常以专案方式进行。例如,企业要求某项特定产品的采购成本降低10%。当设定限期一到,评估实际的成果是否高于或低于10%,并以此给予采购人员适当的奖惩。这种评估方式对于采购人员的士气有相当大的鼓舞作用,特别适用于新产品的开发计划、资本支出预算、成本降低专案等。

(二)采购绩效评估方法

采购绩效评估方法直接影响评估计划的成效和评估结果的正确与否。常用的评估方法有:

1. 直接排序法

在直接排序法中,考核负责人按绩效表现从好到坏的顺序依次给被考核者排序,这种绩效表现既可以是整体绩效,又可以是某项特定工作绩效。

2. 两两比较法

两两比较法是指在某一绩效标准的基础上,把每一个被考核者与其他被考核者相比较来判断谁"更好",记录每一个被考核者和所有其他被考核者比较时被认为"更好"的次数,根据次数的多少给被考核者排序。

3. 等级排序法

等级排序法能够克服上述两种方法的弊病,这种方法由评估小组或主管先拟订有关的评估项目,按评估项目对被考核者的绩效做出粗略的排序。

4. 利润中心法

利润中心法适用于对采购部门的考核,这种方法把采购职能看作是企业的一部分,它能够控制企业的资产,不仅负责企业的开支,也负责企业的收入。这一方法的目的是要表明采购职能是一个利润中心而不是成本中心。

这种方法涉及要建立一个控制企业资产的集中化的从事采购的机构。采购职能的集中化处理是十分有利的,因为采购部门采购到的货物和服务以高于相应的实际直接成本价为内部财务转账到其他的职能部门。事实上是采购部门以转账价卖给了其他职能部门。因此,采购部门要执行基于利润原则的决定,并由职能部门所产生的利润来衡量。

5. 目标管理法

目标管理（Management by Objective，MBO）的目的是确定目标，即要求被考核对象在给定的时间内达到目标，也就是说，在该时间段结束时，实际的绩效能与期望的结果进行比较。目标也能与期望的结果进行比较。目标是有关负责人与被考核者商议后确定的。

实现目标管理的一种方法是关键结果分析（Key Results Analysis），它要求职能部门的负责人确定他们的关键任务、绩效标准和管理控制等信息，所有这些是为了对他们个人的绩效如何改进提出意见和建议。这种分析将构成他们直接与上级和下级讨论的基础。与上级的讨论是为了确定职能部门的目标。当这些都达成一致意见后，与下级的讨论将决定：如果职能部门要达到总目标，每个人必须达到什么样的目标。因此，总的目标可以贯穿整个组织机构，自上而下逐级地分解下去。同时，因为职能部门和个人都参与了目标的制定，所以MBO既有"从底部向上"的工作方式，又有"从顶部向下"的工作方式。

三、采购绩效评估的实施

在实践中，采购绩效评估的实施通常可以参照以下步骤进行：

（一）明确采购绩效评估的原则

采购绩效评估的关键原则有：①衡量指标要做到明确、量化，要能得到企业、顾客及相关的人员的认同，要切实可行；②绩效指标的目标值要合理并与本企业的经济发展目标保持一致，做到实事求是、客观可行。

（二）了解采购绩效评估的流程

采购绩效评估可通过自我评估、内审、管理评审等方式进行。评估审核一般依据事先制定的评估标准或表格，对照本企业的实际采购情况逐项检查、打分，依据实际得分对照国内外同行平均或最好水平，找出薄弱环节，并据此进行相应改进。

（三）确定采购绩效评估的标准

按评估指标体系制定出一套合理的评估标准。制定标准要求客观、有效，能够充分展现采购绩效，并对评估对象有指导作用，且能够真正地发挥出采购绩效评估的监督、激励、惩罚的作用。在实践中，常可以采用把以往绩效、标准绩效、行业绩效、目标绩效四个方面综合起来制定现行的评估标准。

（四）实施采购绩效评估

实施采购绩效评估，需要解决好以下几个问题：

（1）参与评估的人员。在实际工作中，可以选择采购部门主管、财务会计部门、工程或生产主管部门、供应商、外界专家或管理顾问这几类部门和人员参与评估。因为评估人员的选择与评估目标有着密切的联系，要选择最了解采购工作情况的人员，以及与评估目标实现关联最紧密的部门参与评估。

（2）选择评估方式。对采购人员的工作绩效评估可以定期或不定期地进行。定期绩效评估一般以目标管理的方式进行，使用这种方法主要是以工作业绩为考核重点，比较客观、公正。但应避免采购人员会特意追求考核目标的提高，而忽略其他方面，因此目标要定得高一些，选择要全面。不定期绩效评估一般以特定项目方式进行，适用于新产品开发计划、成本降低专项方案等。

任务四　采购绩效的改进措施

中国加入 WTO 之后，国内外企业在同样的市场环境中开展竞争，优胜劣汰的情况不可避免。在这种背景下，采购部门所承担的责任越来越大，这就迫使采购部门和采购人员要想办法提高绩效，以便对企业的商品采购绩效进行改进。

因此，企业有了采购绩效计划、采购绩效实施环节和采购绩效考核环节，这些并不是最终目的，最终目的是通过以上环节不断改进采购绩效。一般来讲，改进采购绩效的途径主要有以下几种：

1. 营造采购绩效改进的工作氛围

如果采购组织内部存在激烈的矛盾，采购人员与供应商之间互不信任，缺乏诚实合作的基础，采购人员首先感觉是"如履薄冰，处处小心行事"，本应将全部精力投入工作，但实际上却分散了注意力。因此，任何采购组织，包括供应商，融洽、和谐、流畅的工作气氛是搞好各项工作的基础。采购人员要经常把自己的业绩和同行业高水平比较，特别是有过跨国采购经验的高级职员，他们的经验值得借鉴学习。

2. 通过强化内部治理提升采购绩效

管理的根本是管人，一个企业最宝贵的资产是它的员工，而不是价值上亿元的先进设备和雄伟气派的厂房，再先进的设备若没有合格的人去操作也不过是一堆废铁。

从管理的角度提升商品采购绩效主要有以下方面：

（1）在企业内组建合格的采购队伍与团队，提供必要的资源。

（2）选聘合格人员担任采购人员，给予必要的培训。

（3）给采购部门及采购人员设立有挑战性，但又可行的工作目标。

（4）对表现优异的采购人员给予物质和精神上的奖励。

3. 推行物料需求计划系统

物料需求计划（Material Requirement Planning，MRP）是当代国际上一种成功的企业管理理论和方法。其基本思想就是通过运用科学的管理方法和现代化的计算机技术，规范企业各项管理，根据市场需求的变化，对企业的各种制造资源和整个生产、经营过程，实行有效组织、协调、控制，在确保企业正常进行生产的基础上，最大限度地降低库存量，缩短生产周期，减少资金占用，降低生产成本，提高企业的投入产出率等，从而提高企业的经济效益和市场竞争能力。物料需求计划的核心是：确定各种物料的需求量、需求时间，解决企业生产什么、需用什么、现有什么、还缺什么、何时需要等基本问题。

4. 使用条码与供应商进行电子数据交换

现在多数产品的包装上都使用了条码，这一串排列整齐的小线条可以包含物料名称、物料编号、价格、制造商等信息，工作人员只需要用读码器扫描一下就可以得到这些信息并自动输入到计算机中。对于采购来说,条码在收货时特别有用,不仅迅速、快捷而且避免了手工输入容易出错的缺点。

与供应商之间建立电子数据交换(Electronic Data Interchange,EDI)系统可极大地缩小采供双方的时空距离,从而更容易地将企业内部优秀管理延伸到供应商,把供应商作为企业的一个部门来管理。

EDI 可以为企业解决以下问题:①节约时间和降低成本。由于单证在贸易伙伴之间的传递是完全自动的,所以不再需要重复输入、传真和电话通知等重复性的工作。从而可以极大地提高企业的工作效率、降低运作成本,使沟通更快、更准。②提高管理和服务质量。将 EDI 技术与企业内部的仓储管理系统、自动补货系统、订单处理系统等企业管理信息系统(Management Information System,MIS)集成使用之后,可以实现商业单证快速交换和自动处理,简化采购程序、降低营运资金及存货量、改善现金流动情况等。也使企业可以更快地对客户的需求进行响应。③满足业务发展的需要。目前,许多国际和国内的大型制造商、零售企业、跨国公司等对于贸易伙伴都有使用 EDI 技术的需求。当这些企业评价一个新的贸易伙伴时,其是否具有 EDI 能力是一个重要指标,甚至会减少和取消给那些没有 EDI 能力的供应商的订单。因此,采用 EDI 系统是企业提高竞争能力的重要手段之一。

5. 采用新技术提升采购绩效

科学技术的发展为电话、传真、信函等传统通信手段增添了新的生命力。除电子数据交换、电子商务采购外,大数据、云计算、物联网、区块链、人工智能等新技术使采购作业也步入了新的阶段,这给从网上获得供应商信息或发布采购信息的采购部门或人员提供了很多方便,也为采购人员展示了更大规模、更多元化的虚实结合的国际采购市场,合理利用它可以有效提高采购效率。

以上改进采购绩效的方法和途径都是如何从企业内部去挖掘潜力,在如今供应链管理理念越来越普及的时代,要提高采购绩效更应把重点放在与供应商的合作方面,因为供应商的表现在很大程度上制约着采购绩效的提升。在供应链管理的环境下,企业之间建立起战略合作伙伴关系,企业与供应商之间共享信息、共担风险、共同获利。企业成功地与供应商建立战略合作伙伴关系,可以增加相互之间的信任度,减少采购信息的失真与延迟。比如,让供应商参与产品设计环节,与供应商共同制订可行的成本降低计划,与供应商签订长期的采购协议等,从而减少采购或生产不确定性产生的风险,因此也可以减少企业间的产品检验成本,缩短采购周期,最终提高采购绩效水平。

项目实训:采购绩效评估方案设计

一、实训目的

(1)了解企业采购绩效评估的作用和意义。
(2)掌握采购绩效评估的步骤和方法以及绩效评估的标准和指标体系。
(3)能够正确运用各种指标对采购绩效进行正确的评估。
(4)能够提出改进采购绩效的方法。
(5)不断培养和增强学生的分析能力、组织能力、沟通能力、团队协作精神等。

二、实训组织

（1）知识准备：采购绩效评估的方法、步骤、指标体系。

（2）学生分组：每个小组以 6～8 人为宜，小组中要合理分工，每组选出一位小组长。

（3）实训地点：产学研合作单位、教学基地或自主选择调查企业。

三、实训要求

（1）分析与采购相关的人员以及物料采购绩效方面的内容，了解企业采购部门如何进行采购绩效的评估。

（2）注意在调查过程中，应尽量与被调查采购部门的需要不冲突，教师可以予以指导、调控。

（3）对所收集的采购绩效评估方面的资料进行分析、讨论，并能依据各种指标对所调查采购部门的绩效情况进行恰当的评估，最后观察能否进一步改进其采购活动。

（4）在教师统一指导下，对有关采购部门（如超市）进行调查，了解采购绩效方面的相关资料，并以小组为单位组织研讨、分析，在充分讨论基础上，形成小组的课题报告。

四、实训报告

在通过实地调查获得相关资料后，以组为单位完成调查报告。调查报告题名为"××企业采购绩效管理和评估方法的调查报告"，报告中应包含以下内容：

（1）调研时间、调研企业。

（2）分析与采购相关人员以及物料采购绩效方面的内容，了解企业采购部门如何进行采购绩效的评价。

（3）对所收集的采购绩效评价方面的资料进行分析、讨论，并能够依据各种指标对所调查采购部门的绩效情况进行恰当的评价，最后观察能否进一步改进采购。

五、实训考核

实训成绩根据个人表现和团队表现进行综合评定，考评内容包含以下几项：

（1）相关资料是否通过实地调查获得，调查资料是否翔实、准确、具体。

（2）评估指标体系设计是否合理，评估指标是否具有可操作性。

（3）绩效评估的方法是否符合企业实际情况。

（4）针对绩效问题提出的改进措施或方案是否有实践价值。

（5）小组内部分工是否明确，组员是否有协作精神，根据个人任务完成情况由组长评分。

（6）小组总结汇报思路是否清晰、内容是否充实、重点是否突出，由教师对小组进行评分。

（7）实训报告是否按要求的规范格式完成，对个人报告或小组报告进行评分。

（8）根据个人得分和小组综合评分最终确定每个学生的实训成绩。

项目十一

采购管理创新

工作任务及过程描述

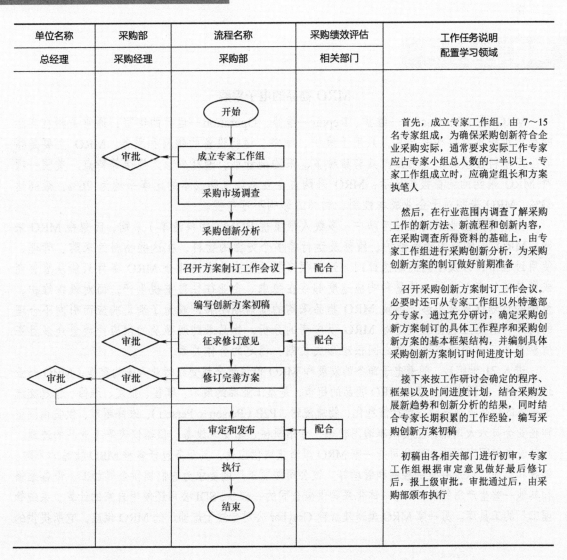

职业能力要求

岗位：采购主管、采购专员

（1）根据企业业务发展特点，创新和完善采购制度，完成采购整体流程体系的搭建。

（2）积极收集和梳理采购业务、采购需求，对现有采购的方式方法提出优化建议，推行采购创新方案及体系落地。

（3）搭建采购创新管理体系，通过对采购过程管理及诊断，发现其中的痛点及风险点，并提出解决方案。

（4）分析采购需求并给出建议，通过市场调研、升级采购渠道、改变采购模式及采购创新等措施有效控制、降低采购成本。

（5）制订采购创新工作方案和具体实施办法，并组织实施和监督管理。

（6）积极推动采购创新管理工作，指导与采购有关的部门及供应商配合进行采购创新管理工作。

项目导入案例

MRO 物品的电子采购

MRO 是 Maintenance—维护、Repair—维修、Operation—运行的缩写，通常是指在实际的生产过程不直接构成产品，只用于维护、维修、运行设备的物料和服务。MRO 主要是指非生产原料性质的工业用品，具有品种多、采购批量小、消耗少且无规律等特点。美国一项对 MRO 采购的调查报告显示，MRO 采购占企业总体采购成本的比率平均为 26%，最高达 63%。MRO 采购对于企业成本控制、利润的影响不可忽视。

在以前的企业采购管理活动中，多数人很重视 BOM（物料清单）采购，而忽视 MRO 采购。MRO 采购范围涵盖维护、维修及运行等多个方面的物料，在这些物料的采购、管理、使用过程中，涉及不同的职能部门。过去很多制造型企业中的部分 MRO 备件只能从零售商或贸易商处直接采购，质量和响应速度都存在隐患。企业往往更重视生产，而对设备维护、维修的计划性重视不够，导致 MRO 物品采购的提前期不够，或为了满足响应而引发不合理的高库存。企业也普遍缺乏对 MRO 供应商的分析，物品采购所涉及的供应商数量众多且资质参差不齐，企业与供应商之间很难形成长期、稳定的合作关系。

进入 21 世纪后，随着电子商务的发展和 MRO 价值越来越受到行业人士的重视，MRO 行业迅速发展。美国有专门经营 MRO 物品的超市，是集工业品的展示、零售、批发、维修、信息交流于一体的综合流通平台，包括信息化、物流配送、P2P（Person to Person）、维修超市、供货商同盟和企业会员六大网络，主要从事通用机械、专用机械、输变电设备、仪器仪表等工业品的流通。总部设在美国宾州的 SDI 公司是一家 MRO 渠道集成供应商，其业务包括各种 MRO 物品的采购、接收和供应，以及存货的控制和管理等。该公司按照工厂的要求为它们提供金属加工、设备维修和其他一些生产用物料，作为一体化采购供应合同的一部分，SDI 公司还使用自家的计算机系统管理工厂的工具库。另一家 MRO 渠道集成商 Graybar 公司专注于炼油厂的 MRO 供应，它所提供的采购管理增值服务有：努力帮助客户识别用量大的产品以寄销存货的方式来保证供应（包括大约 500 种电工器材），并在存货控制和满足供应方面取得了令人满意的平衡；保证客户能够及时了解各个炼油厂有关电工器材的采购支出情况；与产品的制造商一起设法保持产品价格的竞争性并为炼油厂引进专业技术支持，如邀请电器材产品制造商到炼油厂专门就有关产品的技术问题开展培训。此外还有一些网上的 MRO 采购平台，产品门类齐全，在线下可以有规模很大的仓储基地、高效的物流管理、完善的售后服务。MRO 物品，例如维修工具、PPE（个人防护工具）、研磨工具、胶黏剂、电气电机类、仪器仪表等，均可实现在网上直接进行选型、采购、付款、配送等一站式采购流程。

我国的 MRO 采购和管理与发达国家相比尚有较大的差距，但 MRO 服务和 MRO 采购日益得到各行业用户的重视。目前国内比较知名的 MRO 工业品服务商主要有：震坤行工业超市、沃的工业城、拜优、阿里巴巴（工业品商城）、工品汇、昕江实业、固安捷、陌贝网、特立捷、益金行、找工业 MRO 平台等。

问题一： MRO 电子采购平台选哪种模式比较合适？
问题二： 如何设计 MRO 电子采购平台？
问题三： MRO 电子采购平台需要哪些功能模块？

任务一　电子化采购

利用电子商务这一先进的经营模式来提高企业的经营效率、降低经营成本、开拓国际国内市场，从而显著地提高企业的竞争力已成为我国企业应对加入世贸组织和迎接网络经济挑战的一项重要举措。电子化采购作为实施电子商务的基本内容，已成为企业采购的一种新的发展趋势。

一、什么是电子化采购

电子化采购最先兴起于美国，它的最初形式是一对一的电子数据交换系统（Electronic Data Interchange, EDI），该电子商务系统大幅度地提高了采购效率，但早期的解决方式价格昂贵、耗费庞大，且由于其封闭性仅能为一个买家服务，尤其令中小供应商和普通买家却步。为此，联合国制定了商业 EDI 标准，但在具体实施过程中，关于标准问题在行业内及行业间的协调工作举步维艰，因此，真正商业伙伴间 EDI 并未广泛开展。90 年代中期，电子采购目录开始兴起，供应商通过将其产品上传到网络来提高自身的信息透明度以及市场涵盖面。如今，已有越来越多的全方位综合电子采购平台出现，并通过广泛连接买卖双方的方式来进行电子采购服务。

电子化采购是指利用计算机网络和信息技术为采购人员提供快速采购的工具系统。借助这个工具系统，采购人员能够通过互联网在全球范围内实时地同其他供应商进行通信和交易。电子化采购也称网上采购，基本内容包括在网上寻找供应商、寻找商品、网上洽谈贸易、网上订货以及在网上支付货款等。电子化采购具有费用低、效率高、速度快、业务操作简单、对外联系范围宽广等特点，因而成为当前应用非常广泛的企业管理工具之一。

二、电子化采购的优势

为了能在竞争激烈的商业环境里生存与发展，企业必须在生产管理中不断地降低成本，提高生产率，这是当今企业都必须考虑的战略问题。虽然，目前我国许多企业已经实现了办公自动化,但是仍有部分企业在间接采购领域仍然使用手工操作,如以电话、传真、直接见面等方式进行信息交流。这样致使企业在生产过程中,常常因采购效率低而烦恼。

电子化采购可以从根本上解决这些问题,它不仅将间接商品和服务采购过程自动化,极大地提高了效率,降低了采购成本,而且使企业在一定程度上避免了因信息不对称引起的资源浪费,有利于社会资源的有效配置,从此使企业实现战略采购。电子化采购主要有以下优点:

(一)潜在市场大

电子化采购的信息交流和管理是建立在互联网基础上的,互联网自由开放的特性,为电子化采购的迅速发展提供了可能和前提。企业可以迅速、及时地收集大量的供求信息,进行集中分类整合,以集中采购的形式获得更优惠的价格,降低综合成本。对于供应商来讲,利用互联网开展网络营销具有突出的优势,商家的产品目录、新品推荐、网上广告等公共信息可以被网络上的所有用户浏览。因此,能够将产品说明、市场调查、广告宣传、顾客服务、促销和公关等多种营销活动有机地整合在一起,实现营销组合的综合效益。采购企业也可以对产品的性能、外观、价格进行详细的了解和比较,还可以在网上与商家沟通交流,不受空间和时间的限制。所以,伴随着企业网络营销活动的不断扩展和延伸,网络上的卖主也以较大的规模迅速增加,电子化采购的选择余地也不断扩大。

(二)降低采购成本,减少采购环节,提高采购效率

首先,电子化采购是依靠互联网的电子商务,面对的是全球市场,可以突破传统采购模式的局限,货比多家,在比质量、比价格的基础上找到满意的供应商,大幅度地降低采购成本。而且电子化采购实现了采购信息的数字化和电子化、数据传输的自动化,减少人工重复录入的工作量,使人为失误的可能性降低,业务处理时间缩短,从而提高采购效率。由于互联网是开放的,网上的竞争是透明的,采购方可以在全网寻找低价商品,所以电子化采购还能使企业获取廉价供应,节约采购成本,并进一步实现其采购活动的合理化。其次,通过实施电子商务可以更加有效地组织企业内部资源,进行集中采购,减少采购环节。另外,采购人员利用电子商务平台进行供应商选择、产品询价、订货等活动,不需要出差,可以大幅降低采购费用。通过网站信息的共享,可以实现无纸化办公,大大提高采购效率。

(三)优化了采购过程,为实行供应链管理奠定了基础

电子化采购管理为采购企业提供了有效的监控手段。电子化采购在提高效率的同时,使各部门甚至个人的任何采购活动都在实时监控之下,能有效堵住管理漏洞,减少采购的随意性,变事后控制为过程控制。同时,还能为企业实行供应链管理提供帮助。电子化采购的实施,使企业的采购计划性加强,周期缩短,货物能够根据计划时间更准确地到达现场,实现零库存生产。另外,电子化采购系统的实施为处于零散分布的企业采购供应提供了集成的机会,为进一步实施供应链管理打下基础。只有实行供应链管理,才能实现运作过程的重组和优化,加快信息传递,共享信息资源,从而有效地协调和控制物料的流动,更好地满足顾客的需求并尽可能地降低经营成本,最终提高企业的经济效益。电子化采购为企业进一步利用现代信息网络改善物流管理、实行供应链管理奠定了基础。

(四)加强了对供应商的评价管理

电子化采购提供一套商家信用评估体系,采购方和供应商可以就双方交易的过程和结果

在网上发表意见，采购企业可以对商家的产品和售后服务进行打分，通过自己的数据库进行分析评估，得出供应商的交易诚信得分，对于信誉差的供应商禁止其投标、报价。另外，供应商静态数据库的建立也为企业采购提供了方便的查询手段，帮助采购企业及时、准确地掌握供应商的变化，可以提前预见供应商的供货能力，及早采取措施降低风险。

（五）增强了服务意识，提高了服务质量

质量可靠的原材料、零部件是企业产品质量的基本保证。由于电子化采购能做到公开透明，即能在一定程度上杜绝人情关系、回扣等因素的影响，促进供应商的公平竞争，有利于在原材料供应上提高质量和增强服务。

三、电子化采购模式

（一）电子化采购分类

一般来讲，电子化采购模式分类主要有三种：卖方模式、买方模式、电子市场模式。

1. 卖方模式

卖方模式是指供应商在互联网上发布其产品的在线目录，采购方则通过浏览来取得所需的商品信息，然后做出采购决策。在这种模式里，采购方能够比较容易地获得所需采购的产品信息，但为了进行供应商选择，必须寻找并浏览大量的供应商网站，这些网站有各自的界面、布局、格式，不便于进行迅速的比较。如果购销双方能够使用相同的系统标准，电子化采购系统与后端的企业内部信息系统可以很好地集成，将会极大地简化此过程。

2. 买方模式

买方模式是指采购方在互联网上发布所需采购的产品信息，由供应商在采购方的网站上进行投标，供采购方评估，通过进一步的信息沟通和确认，完成采购业务的全过程。在此模式中，采购方通过限定采购产品目录中的种类和规格、给不同的员工设定访问权限和决策权限来控制整个采购流程。供求双方通过采购方的网站进行文档传递，因此有利于对采购网站与后端的信息系统进行有效的连接，使这些文档能够流畅地被后台系统识别并加以处理。

3. 电子市场模式

电子市场模式是指供应商和采购方通过第三方设立的专业采购网站进行采购。在这个模式里，无论是供应商还是采购方都只需在第三方网站上发布提供或需要的产品信息，第三方网站负责对这些信息进行归纳和整理，然后反馈给用户使用。

企业究竟选择何种采购模式，主要取决于两方面的因素：

（1）企业规模的大小。大型企业由于规模较大、财力雄厚，通常拥有较成熟的 ERP 系统或 MRP Ⅱ 系统，有实力进行更深、更广的信息系统开发。相对来讲，中小企业的规模和财力都较小，一般不具备整套的 ERP 或 MRP Ⅱ 系统，也无能力进行深入的信息系统开发。

（2）企业采购物料的种类和数量。采购的物料主要分为直接物料和 MRO 物料。直接物料是指与生产直接有关的物料，如原材料、生产设备等，特点是数量大、价值高，需求有一定的周期性和可预测性，采购时要分析较多的技术参数，供应商选择过程也比较复杂。因此，直接物料的供应商数目通常较少，且比较固定，一般不轻易更换。

MRO 物料指那些无法结合进企业最终产品里的材料，以设备维护、修理、生产运行所

需物资为主，也包括办公设备、办公用品和其他非生产性材料。因此，MRO 物料通常都是低值物品，种类繁杂而且采购量不定。

（二）电子化采购三种模式的比较和选择

1. 大型企业的直接物料采购

大型企业依靠成熟可靠的企业信息管理系统，使电子采购系统与之有良好的集成性，能够保持信息流的快速流转。一般来讲，大型企业在供应链上往往处于优势地位，有比较稳定的供应商，双方的合作关系也十分密切。同时，大型企业也有能力承担建立、维护和更新产品目录的工作。因此，对于大型企业来说，建立买方模式的电子采购系统对直接物料进行集中采购比较合适。

2. 大型企业的 MRO 物料采购

第三方电子市场模式是进行 MRO 物料采购的最佳模式，不仅能够满足大型企业对系统集成性的要求，完成非常复杂的产品目录工作，同时能提供完整的供应商目录，方便进行多品种、小批量的 MRO 物料采购。因此，对于企业内部通用的 MRO 物料可以实行集中采购，而其他 MRO 物料则可由下属单位根据情况分散采购。

3. 中小企业的直接物料采购

由于中小企业不具备完整的企业信息系统，所以是否有很高的系统集成性不是决定直接物料采购模式的关键因素，此时，采购方与供应商之间的实力和关系成为决定问题的关键。如果供应商是一家大企业，采购方的采购量只是供应商销售量的一小部分，则采购方一般最好采用卖方模式；如果供应商也是一个中小企业，则可采用卖方模式或买方模式，具体视双方实施信息化的程度而定。

4. 中小企业的 MRO 物料采购

对于众多中小企业来讲，第三方市场模式是进行 MRO 物料采购的唯一理想途径。

电子化采购作为实施电子商务的重要内容，相对利用网络开展电子商务活动来讲，投入少、难度小，而见效十分明显，通过实施电子化采购对促进企业全方位实施电子商务有重要的意义。电子化采购顺应了电子商务发展潮流，对提高企业的市场竞争力和经济效益有很大的促进作用，我国企业尽快建立起一套完善的电子化采购体系是十分必要的。

四、电子化采购方案的实施

电子化采购是一个可行且有较高价值的商业运作方式，在电子商务和软件技术的推动下，电子化采购得以广泛应用。尽管电子化采购系统可以促进企业的进步和发展，但电子化采购不仅仅是信息网络和信息技术的简单应用，企业必须有明确的应用目标和必要的成本效益规划，选择适当的应用形式，并进行详细论证后，确定电子化采购的实施方案。

（一）实施电子化采购的技术支持

电子化采购集计算机技术、多媒体技术、数据库技术、网络技术、安全技术、密码技术、管理技术等多种科学技术于一体，要实现电子化采购必须依靠下列技术支持：

1. 数据库技术

实施电子采购需要快速准确地获得相关信息、数据。建立合理、完善的数据库，对采购活动进行数据库管理有助于快速查找信息。数据库的作用在于存储和管理各种数据、支持决策，数据库技术在电子商务和信息系统中占有重要的地位，是实现电子采购必不可少的技术条件。

2. EDI 技术

电子化采购中，企业与企业之间的交易谈判、交易合同的传送、商品订货单的传送等都需要 EDI 技术。EDI 是指具有一定结构特征的数据信息在计算机应用系统之间进行的自动交换和处理，这些数据信息称为电子单证。EDI 的目的就是以电子单证代替纸质文件，进行电子贸易，达到提高商务交易的效率并降低费用的目的。在 EDI 中，计算机系统是生成和处理电子单证的实体；通信网络是传输电子单证的载体；生成的电子单证必须经过标准化处理，即按规定格式进行转换以适应计算机应用系统之间的传输、识别和处理。

3. 金融电子化技术

电子化采购过程包括交易双方在网上进行货款支付和交易结算，金融电子化为企业之间进行网上交易提供保证。在全球供应链网络中，交易双方可能相隔很远，双方货款只能通过银行系统进行结算，银行在企业间的交易中起着重要的作用，它们处理业务的效率将直接影响企业的资金周转，构成影响供应链的资金流动的因素之一。

4. 网络安全技术

在电子化采购中，必须考虑以下安全问题：①现在的电子化采购活动大多是通过互联网进行的，所以首先涉及提供服务的供应商网站的网络安全问题。一旦"黑客"攻入服务器，就会篡改各种数据（如银行账户等），而使企业遭到巨大的损失。②电子采购行动在买卖双方之间通常需要交换大量的关键数据，在互联网上如果没有特殊的保护措施就很容易失密。电子商务系统运作的一个至关重要的问题就是维护网络安全。

网络安全是指网络系统的硬件、软件及其系统中的数据受到保护，不受偶然的或者恶意的原因而遭到破坏、更改、泄露，保证系统连续、可靠、正常地运行，网络服务不中断。

网络安全技术涉及计算机网络的各个层次，解决电子商务安全问题主要采取访问控制、授权、身份认证、防火墙、加密存储及传送、内容控制等措施，主要涉及的技术包括防火墙、加密技术、密钥分配、数字签名技术、认证技术和虚拟专用网等。

（二）实施电子化采购的步骤

企业实施电子化采购的步骤一般可以从以下几方面考虑：

1. 前期培训

很多企业只在系统开发完成后才对使用者进行应用技术培训。但是国外企业和国内一些成功企业的做法表明，事先对所有使用者提供充分的培训是电子化采购成功的一个关键因素。

2. 建立数据源

建立数据源是为了在互联网上实现采购和供应管理功能而积累数据。其内容主要包括供应商目录、供应商的原料和产品信息、各种文档样本、与采购相关的其他网站、可检索的数据库和搜索工具等。

3. 成立正式的项目小组

项目小组需要由高层管理者直接领导，其成员应当包括项目实施的整个进程所涉及的各个部门的人员,包括信息技术、采购、仓储、生产、计划等部门,甚至包括互联网服务提供商,以及应用服务提供商、供应商等外部组织的成员。项目小组的作用就是全面处理与电子化采购有关的事宜。通常要成立两个项目小组,一个负责制定采购的操作规程,协调企业内部的运作以及与供应商之间的运作;另一个负责培训。

4. 广泛调研,收集意见

为做好电子采购,在实施前应广泛听取各方面的意见,包括技术人员、管理人员、软件供应商等。同时要借鉴其他企业行之有效的做法,在统一意见的基础上,制订和完善有关的技术方案。

5. 建立企业电子采购网站

建立企业电子采购网站,在网站中设置电子采购功能板块,使整个采购过程中的管理层、相关部门、供应商及其他相关内外部人员可以保持动态的实时联系。网站应包括如下内容:

(1) 提供给供应商的内容。主要包括:网站任务阐述;公司或者组织的地址与采购目录;供应商注册过程;供应商政策;标准形式的文档,如报价单;如何实现购买的帮助信息;采购信息链接等。

(2) 内部人员访问的内容。主要包括:内部政策和运作程序;与内部目录和供应商目录的链接;完整的合同模板;采购申请信息和工具;与其他采购工具和网站的链接;内、外部所需的文档模板(以便于快速更新)。

6. 应用之前的测试

在电子化采购系统正式应用之前,必须对所有的功能模块进行测试,因为任何一个功能模块如果存在问题,都会对整个系统的运行产生很大的影响。进行测试时,可以先从某种产品或某条生产线的功能模块开始。

7. 后期培训

测试成功后,对电子采购系统的实际操作人员进行培训十分必要,这样才能确保电子化采购系统能得以很好的实施。另外,在此培训过程中,还应做好供应商的培训。电子化采购是供需双方共同的业务活动,单靠采购部门的努力是不够的,供应商也要对电子化采购的策略和运作方法有所认识和理解,只有这样双方才能获得相互的支持与配合。因此,对供应商进行培训也是十分必要的。通过培训,大家取得一致的目标,相互之间才能很好地协调,共同做好网上电子采购工作。

8. 发布采购招标计划

利用电子商务网站和企业内部网收集企业内部各个单位的采购申请,对这些申请进行统计整理,形成采购招标计划,并在电子采购平台上进行发布。

任务二 准时化采购

准时化采购,又称JIT(Just in Time)采购,是准时化生产系统的重要组成部分。准时化生产是20世纪60年代由日本企业创立的一种生产管理方式,最早使用这一方式的公司是丰田汽车公司。第二次世界大战后的日本汽车工业都在学习美国福特的大量生产方式,但丰田公司的管理者发现,这种方式并不完全适合日本当时的经营环境:一方面,日本的汽车消费市场、劳动力供给等与美国不同，且企业面临资金短缺，没有条件像福特公司那样维持很大的生产规模；另一方面，美国的生产方式是少品种、大批量生产，通过规模经济来降低成本，而市场需求的发展却是多样化的，如何有效组织多品种、小批量的生产才是提高企业发展水平和提高竞争力的途径。准时化生产方式就是在这样的时代需求下创造出来的，逐步形成了一套完整的管理体系。而制造业的采购特点是由生产特点决定的，因此，准时化采购是准时化生产管理模式的必然要求。

一、准时化采购的原理

（一）基本思想

准时化（JIT）采购是一种先进的采购模式，是为了消除库存和不必要的浪费而进行的持续性改进。它的基本思想是"杜绝浪费""在恰当的时间、恰当的地点，以恰当的数量、恰当的质量提供恰当的物品"。

传统的采购都是一种基于库存的采购，即采购的目的是补充库存，以一定的库存来应对用户的需求。采购部门并不关心企业的生产过程，不了解生产的进度和产品需求的变化。虽然这种采购也进行库存控制，但是由于机制问题，其压缩库存的能力是有限的。所以传统采购的特点是大批量采购、物料的标准化程度高、采购功能相对简单；采购的重点是比较各供应商的价格、质量、交货时间和交货方式。而在准时化采购模式下，采购批量规模小，同时要求全过程各阶段都要具有高水平的质量、良好的供应商关系，以及对最终产品需求的准确预测。准时化采购意味着在必要的时候供应必要的物料，不要过量采购。和准时化生产一样，准时化采购不但能够更好地满足用户需要，而且可以最大限度地消除库存、避免浪费，从而极大地降低企业的采购成本和经营成本，提高企业的竞争力。

（二）主要原理

准时化采购的方法体现了准时化的管理思想。其驱动方式是拉动作业，即只有在下道工序有需求时才开始按需用量安排生产，按生产批量采购和投产，把库存降到最低限度。准时化采购的基本原理是以需定供，体现在以下方面：

（1）准时化采购是一种直接面向需求的采购模式，它的采购送货是直接送到需求点上的。

（2）品种配置上，保证品种有效性。用户需要什么，就送什么，品种规格符合客户需要，拒绝不需要的品种。

（3）数量配置上，保证数量有效性。用户需要多少就送多少，不少送，也不多送，拒绝多余的数量。

（4）时间配置上，保证时间有效性。用户什么时候需要，就什么时候送货，不能晚送，也不早送，确保准时，拒绝不按时的供应。

（5）质量配置上，保证质量有效性。用户需要什么质量，就送什么质量，品种质量符合客户需要，拒绝次品和废品。

（6）地点配置上，保证送货上门的准确性。用户在什么地点需要，就送到什么地点。

以上就是准时化采购的主要原理，它既可以很好地满足企业对物资的需求，又能使企业的库存量达到最小，只要在生产线旁边有少许临时存放，当天的任务完毕，这些临时存放就会消失，实现零库存。

二、准时化采购的特点和优势

（一）准时化采购与传统采购的区别

在传统的采购模式中，采购的目的是补充库存，即为库存采购。而在准时化采购模式中，用户的需求订单驱动制造订单，制造订单驱动采购需求订单，使供应链系统在准时响应用户需求的同时，也能较大地降低库存成本。准时化采购与传统采购的区别如表 11-1 所示。

表 11-1　准时化采购与传统采购的区别

项　目	传 统 采 购	准时化采购
采购动因	补给库存	客户需求
驱动方式	生产被动引导	订单主动引导
供应商选择	短期合作，多源供应	长期合作，单源供应
协商内容	获得最低价格	长期合作，产品质量，合理价格
采购批量	大批量，低频率送货	小批量，高频率送货
库存要求	安全库存	零库存
信息交流	一般要求	快速，可靠
运输	成本较低，卖方负责安排	准时送货，买方市场
包装	普通包装，无特定说明	标准化容器包装

（二）准时化采购的特点

准时化采购与传统采购在采购批量、供应商选择、运输、包装、信息交流等多个方面都存在着不同之处，具有以下几个特点：

1. 较少的供应商

准时化采购认为，每一种原材料或外购件，只有一个供应商是最理想的状态。一方面，供应商数量少则对其管理比较方便，可使供应商获得内部规模效益和长期订货，从而降低原材料和外购件的采购价格；另一方面，单源供应可以使制造商成为供应商非常重要的客户，加强了双方的关系，有利于供需之间建立长期稳定的合作，质量上比较容易保证。

2. 供应商选择的标准发生变化

准时化采购的单源供应决定了对供应商的选择非常重要。能否选择到合格的供应商是准时化采购能否成功实施的关键。在准时化采购模式中，供应商选择要按照一定标准进行综合评价，这些标准应包括产品质量、交货期、价格、技术能力、应变能力、批量柔性、交货期与价格的均衡、价格与批量的均衡、地理位置等，而不像传统采购那样主要依靠价格标准。双方建立起互利合作关系后，一方面采购方可以帮助供应商降低成本，从而使价格降低；另一方面，很多工作可以简化以至消除，从而减少浪费，降低成本。

3. 小批量采购

小批量采购是准时化采购的一个基本特征。准时化生产需要小批量进行，因此要求供应也是小批量。企业生产对原材料和外购件的需求是不确定的，而准时化采购旨在消除库存，为了保证准时、按质、按量供应所需的原材料和外购件，采购必然是小批量的。

4. 准时交货

准时化采购的一个重要特点是要求交货准时，这是实施准时化生产的前提条件。交货能否准时取决于供应商的生产与运输条件。为了准时交货，供应商要不断改善企业的生产条件，提高生产的连续性和稳定性，减少由于生产过程不稳定导致的延迟交货，供应商也可采用准时化的生产模式。另外，为了提高交货准时性，采购方和供应商都应考虑好运输问题并进行有效的计划和管理，使运输过程准确无误。

5. 保障采购质量

实施准时化采购后，企业的原材料和外购件的库存很少以至为零。为了保障生产，采购质量必须从根源上抓起，质量问题应由供应商负责而不是采购方。供应商必须参与制造商的产品设计过程，制造商也应帮助供应商提高技术能力和管理水平。例如，IBM公司战略中的重要环节之一，就是帮助供应商建立供应体系，详细了解供应商的生产流程，介入产品设计、生产、质量控制等过程，为其产品线找出竞争优势。

6. 送货可靠

送货可靠是实施准时化采购的前提条件。准时化采购消除了原材料和外购件的缓冲库存，供应商交货失误和送货延迟将导致采购方停工待料。送货的可靠性常取决于供应商的生产能力和运输条件。

7. 加强信息交流

准时化采购要求供应与需求双方信息高度共享，保证供应与需求信息的准确性和实时性。双方基于战略合作关系，对生产计划、库存、质量等各方面的信息都可以及时进行交流，以便出现问题时能够及时处理。只有供需双方进行可靠而快速的双向信息交流，才能保证所需的原材料和外购件的准时、按量供应。例如，沃尔玛和宝洁公司合作后，双方以结盟的方式实现数据共享。宝洁公司借助沃尔玛的数据库，及时了解自己产品在沃尔玛的销售量、库存量和价格等，使其及时制订出符合市场需求的生产和研发计划，也能对沃尔玛的库存做到连续补货；同时，沃尔玛向宝洁公司反馈市场信息，直接指导宝洁调整产品结构，改进产品质量，双方形成一种双赢的局面。

（三）准时化采购的优势

准时化采购作为一种理想的物资采购方式，不但可以克服传统采购的缺陷，提高物资采购的效率和质量，还可以提升企业的管理水平，带来巨大的经济效益。准时化采购的优势主要包括以下方面：

1. 大量减少库存

通过准时化采购，可以大量减少原材料和外购件的库存，减少流动资金的占用，加速流动资金周转，同时也有利于节省保管空间和保管费用，从而降低库存成本。例如，美国的惠普公司在实施准时化采购模式一年后其库存降低了40%，施乐欧洲公司采用准时化采购后其仓库库存从三个月的供给下降到半个月。据国外专业机构测算，准时化采购可以使原材料和外购件的库存降低40%～80%。

2. 提高采购质量

准时化采购对质量要求极高。当企业采用准时化采购时，供应商参与制造商的产品设计与制造过程，可以在原材料和外购件的性能方面提供有关信息，为实施产品开发创造条件，从而提高采购质量。

3. 降低采购价格

实施准时化采购后，供应商和制造商通过密切合作和长期订货，能够实现规模经济，消除采购过程中的一些浪费（如订货、装卸、检验等），缩短交货时间，节省采购过程中的费用消耗，使原材料和外购件的采购价格降低。

4. 消除不增值过程

在企业采购中，存在大量的不增加产品价值但却非常烦琐的过程，如订货、收货、装卸、开票、质检、点数、入库等。准时化采购可以大大地精简采购流程，消除这些不增值的活动，避免不必要浪费，提高工作效率。

5. 暴露隐藏的问题

过高的库存不仅会增加库存成本，还会掩盖许多生产或管理上的问题，使问题得不到及时解决，严重影响企业的生产效率。准时化采购设置了一个最高标准，即原材料和外购件的库存为零，质量缺陷为零。为了实现这个目标，准时化采购提供了一个不断改进的有效途径，即降低库存→暴露问题→解决问题→降低库存，从而形成一种良性循环。

准时化采购可以使企业实现需要什么物资就能供给什么物资、什么时间需要就能什么时间供应、需要多少就能供给多少的零库存运营模式，使企业能够灵活适应市场需求变化，具有真正的柔性。

三、准时化采购的实施

（一）实施准时化采购的注意事项

要实施准时化采购，需要注意以下四点：①准时化采购成功的基石是选择最佳的供应商，并对供应商进行有效管理；②准时化采购成功的钥匙是供应商与用户的紧密合作；③准时化采购成功的保证是有效的采购过程质量控制；④准时化采购最实用有效的手段是看板管理。

（二）实施准时化采购的步骤

实施准时化采购，需要按照以下步骤进行：

1. 创建准时化采购团队

准时化采购团队除了企业采购供应部门有关人员之外，还要有本企业以及供应商企业的生产管理人员、技术人员、搬运人员等。准时化采购团队主要负责寻找货源、商定价格、发展与供应商的协作关系并不断改进。该团队要对供应商的信誉、能力进行评估，并负责培训与指导供应商，以减少采购过程中不必要的活动。

2. 制订准时化采购实施计划

企业在与供应商取得共识的基础上，明确采购策略，改革当前采购方式，制定分阶段改进当前采购模式的具体措施，包括减少供应商的数量、完善对供应商的评价、向供应商发放签证等内容。企业要与供应商一起协商准时化采购的目标和有关措施，保持经常性的沟通。

3. 选择供应商，建立伙伴关系

根据物料在企业中的重要性和供应风险对物资进行分类，在此基础上确定不同类别物资的主要供应商，并根据供应商与企业的相互需求程度、供应商的规模和专业化程度、企业采

购的短期和长期目标等，选择少数几个最佳供应商，并与之建立互利共赢的伙伴关系。在这种关系的基础上，发展共同的目标，分享共同的利益，加强与其之间的业务关系。

4. 进行供应商的培训，确定目标

准时化采购是供需双方共同的业务活动，单靠采购部门的努力是不够的，需要供应商的配合，通过培训、协商使双方取得一致的共识、目标，相互协调并努力做好准时化工作。

5. 进行试点工作，逐步展开

准时化采购的试点工作，可以先从企业的某种产品或某些特定原材料开始。在试点过程中，取得企业各个部门特别是生产部门的支持非常重要。通过试点总结经验，为全面实施准时化采购打下基础。在积累了经验且管理水平达到一定程度时再逐步展开全面的准时化采购。

6. 实施并行工程

在产品设计和生产计划阶段让供应商参与进来，使其在物料生产供应、库存方面和在时间上配合采购方的准时化采购，提高采购活动的效率，同时也利于采购方把用户价值及时转化为对供应商提供的原材料和零部件的质量与功能要求。在此过程中，供需双方可采用先进的数据传输方式传递信息，并确定配合采购方需求和生产进度的交货方式等。

7. 继续改进，扩大成果

准时化采购是一个不断完善和改进的过程，需要在实施过程中总结经验教训，从提高交货的准时性、提高产品质量、降低供应库存等各个方面进行改进，不断提高准时化采购的运作绩效。

（三）实施准时化采购的风险及防范

实施准时化采购虽然可以给企业带来降低库存、提高采购质量、降低采购价格等好处，但有时也存在着一定风险。从企业自身角度观察，供应链中实施准时化采购主要有以下四方面的风险：

1. 质量风险

准时化采购要求采用较少的供应商，甚至单源供应，这意味着一旦供应商出现质量问题，将导致采购方所有生产出来的产品全部存在质量问题；准时化采购中，需求方会给供应商发免检证书，可能把有质量问题的原材料带到生产车间，生产出质量有问题的产品。这给企业带来了质量风险。

为了控制质量风险，采购方在选择供应商时除了考虑短期供应因素，应更多地考虑供应商长期供货的影响因素，例如，供应商的质量认证体系、供应商生产的稳定性、供应商资质认证和准入的更高要求等。同时，采购方应建立起供应商日常监测机制，监测供应商的质量情况是否稳定，通过对供应商的过程监控降低质量风险。

2. 断货风险

在准时化采购中，生产企业或者是供应商都有可能出现生产中断的意外情况。如果制造商的生产中断，会产生在制品库存增多的风险；而如果是供应商的生产中断，则会使制造商面临缺货的风险。

为了降低断货风险的影响，采购方应进行风险分析，制订应急计划，与供应商改善关系以确保供应；也可以通过改进产品标准和设计规格，尽可能使用标准化程度高、供应来源广

的部件或材料；还可以尝试某种资源的多轨制供应，例如，选择双供应源。

3. 信息泄露风险

供应链管理和准时化采购都有信息共享和交流的需求，包括制造商向供应商提供的生产计划和作业数据等信息。这些是企业得以生存和维持竞争力的重要私有信息，将其在合作伙伴中共享会产生信息泄露的风险。

为了防范信息泄露，一方面要加强供应商管理，利用合作机制中双方签订的协议约束供应商；另一方面要给予供应商合理的利益分配，也可以考虑进行垂直整合，在一定程度上控制供应商。

4. 合作风险

供应链环境下，制造商和供应商是互利的合作战略伙伴关系，这导致供应商对提升自身业务水平的兴趣下降；同时，准时的采购品交付总是会增加供应商的库存成本，使采购方的库存成本相应减少，因而供应商缺乏必要的主动性，这给企业带来了合作风险。

为了降低合作风险，可以引入动态的供应商考核、激励和惩罚机制；还可以拉近与供应商之间的距离以降低供应商库存。

任务三　供应链采购

供应链的概念最早来源于彼得·德鲁克提出的"经济链"，后经迈克尔·波特发展成为"价值链"，最终演变为"供应链"。成功的供应链管理能够协调并整合供应链中所有的活动，最终成为无缝连接的一体化过程。在供应链管理模式中，采购管理是供应链上游控制的主导环节，在供应链背景下的采购管理活动和传统采购也有较大的不同。这里主要讨论供应链环境下的企业采购活动有何特点，如何进行。

一、什么是供应链采购

英国学者哈里森将供应链定义为："供应链是执行采购原材料，将它们转换为中间产品和成品，并将成品销售到用户的功能网链。"美国经济学家史蒂文斯认为："通过增值过程和分销渠道控制从供应商的供应商到用户的用户的流就是供应链，它开始于供应的源点，结束于消费的终点。"国家标准《物流术语》（GB/T 18354—2006）将供应链定义为"生产及流通过程中，涉及将产品或服务提供给最终用户的上游与下游企业所形成的网链结构"。

无论哪种提法，我们都能看到企业的采购工作处于供应链管理的上游环节，连接着供应商和企业。同时，采购的最终目的和供应链上的其他环节一样，都是更好地响应最终用户的需求。

供应链采购是指供应链内部企业之间的采购，即供应链内部的需求企业向供应商企业订货，供应商企业将货物供应给需求企业。

二、供应链采购的特点和优势

（一）供应链采购与传统采购的区别

在传统采购中，采购重点通常放在如何与供应商进行商业交易上，即重视交易过程中供应商价格的比较，通过供应商的相互竞争选择价格最低的作为合作者。在采购中，交货质量、交货时间是重要考虑的因素，但都是通过事后把关的办法来进行控制的，如到货验收等，交易过程的重点在于价格的谈判。因此,供应商与采购部门经常要进行报价、问价、还价等来回谈判,最后从多个供应商中选择一个价格最低的供应商签订合同,订单才能决定下来。

在供应链采购模式下,采购方和供应商是合作伙伴关系,供应商是通过采购方资格认证的。在采购环节中通过电子商务方式,将采购方的采购订单自动转换为供应商的用户订单。而双方协议的产品质量标准由供应商负责保证,这样就可以省去第二次检验的环节。由于信息集成和对等,可以采用供应商管理库存(VMI)方式,将供应商的产成品库与采购方的材料库合并,仅在有需要时才把供应商的产品直接发到采购方的生产线上,这样就省去了供需双方各自入库的环节。供应链采购与传统采购的区别如表11-2所示。

表11-2 供应链采购与传统采购的区别

项 目	传 统 采 购	供应链采购
基本性质	基于库存的采购 需求方主动,需求方全流程采购 竞争型采购	基于需求的采购 供应方主动,需求方无采购操作 合作型采购
采购环境	对抗的竞争环境	友好的合作环境
信息关系	信息不畅、保密	信息传输、共享
库存关系	需求方管理库存 需求方设仓库、高库存	供应商管理库存 需求方可无仓库、零库存
送货方式	大批量、少批次进货	小批量、多频率连续补货
双方关系	供需关系对立 责任自负、利益此消彼长、互相竞争	供需关系友好 责任共担、利益共享、协调配合
采购质量	严格验收、质检	前端质量控制、免检

(二)供应链采购的特点

供应链管理是一种现代的、集成的管理思想和方法,覆盖了从供应商到供应商、从客户到客户的全部过程。为了在竞争中取得优势,现代采购管理逐步从"简单购买"转向"合理采购"。在供应链管理的环境下,企业的采购方式和传统采购方式有所不同,呈现出以下特点:

1. 从为库存而采购到为订单而采购的转变

传统的采购模式是企业为了补充库存而进行采购,因此制订的采购计划具有滞后性。而在供应链采购模式下,根据销售订单确定生产订单,再根据生产订单确定采购订单,从而降低了双方的库存成本,提高了库存周转率和市场响应速度。这种订单驱动的采购有几个特点:①签订供应合同的手续大大简化,不再需要双方的询盘和报盘的反复协商,交易成本也因此大为降低;②制造计划、采购计划、供应计划能够并行进行,缩短了用户响应时间,实现了供应链的同步化运作;③采购物资直接进入制造部门,减少采购部门的工作压力和不增加价值的活动过程,实现供应链精细化运作;④信息传递方式发生了变化,供应商能共享采购方的信息,以提高其应变能力,减少信息失真,同时在订货过程中不断进行信息反馈,修正订货计划,使订货与需求保持同步;⑤简化了采购工作流程,实现了面向过程的作业管理模式的转变,为实现精细采购提供基础保障。

2. 采购管理向外部资源管理转变

外部资源管理是现代供应链管理的一个重要步骤,即将采购活动渗透到供应商的产品设计和产品质量控制过程中。企业之所以实行外部资源管理,是因为在传统的采购模式中,供应商对采购部门的要求不能得到实时响应；关于产品的质量控制也只能进行事后把关，不能进行实时控制，这些缺陷使供应链企业无法实现同步化运作；实施外部资源管理也是实施精细化生产、零库存生产的要求。

采购方在实施外部资源管理时应注意以下问题：①和供应商建立一种长期的、互惠互利的合作关系；②通过质量保证获得教育培训支持，在供应商之间促进质量改善和质量保证；③参与供应商的产品设计和产品质量控制过程；④协调供应商的计划，建立一种新的、有不同层次的供应商网络，并逐步减少供应商的数量，致力于与优秀的供应商建立战略协作伙伴关系。

供应商在实施外部资源管理时应注意以下问题：①帮助用户（下游企业）拓展多种战略，保证高质量的售后服务；②对下游企业的问题做出快速反应；③及时报告所发现的可能影响用户服务的内部问题；④基于用户的需求，不断改进产品和服务质量；⑤在满足自身能力需求的前提下，适当向下游企业提供能力外援。

3. 从一般买卖关系到战略协作伙伴关系的转变

在传统的采购模式中，供应商与需求企业之间是一种简单的买卖关系，因此无法解决一些涉及全局性、战略性的供应链问题。而基于战略伙伴关系的供应链采购方式为解决这些问题创造了条件，主要包括以下方面：

（1）库存问题。在供应链管理模式下，通过双方的战略协作，供应与需求双方可以共享库存数据，使采购的决策过程变得更加透明，减少了需求信息的失真现象。

（2）风险问题。供需双方通过战略协作，可以降低由于不可预测的需求变化带来的风险，比如运输过程的风险、信用的风险、产品质量的风险等。

（3）便利问题。战略协作伙伴关系可以为双方共同解决问题提供便利条件，双方可以为制订战略性的采购供应计划而共同协商，而不必为日常琐事消耗时间与精力。

（4）降低采购成本问题。通过战略协作伙伴关系，供需双方都为降低交易成本而获得好处。信息的共享避免了信息不对称决策可能造成的成本损失。

（5）组织障碍问题。战略协作伙伴关系消除了供应过程的组织障碍，为实现准时化采购创造了条件。

（三）供应链采购的优势

供应链内部企业之间的采购活动比一般的采购活动更能给企业带来优势，这种优势源于供应链中的上下游企业对彼此的需求了解程度更深，由于双方建立了比一般买卖关系更为紧密的合作关系，在响应需求、降低采购成本、提高资金周转及改善企业管理等方面更具有优势。

1. 成本控制

降低原料成本可直接引起企业利润率的提高。例如，某企业的采购成本占50%，人力成本占20%，管理费用占20%，利润为10%。显然采购是成本控制中最有效的部分。在供应链环境下，这种采购的利润杠杆效应更为明显。一方面，买卖双方已经建立了合作伙伴关系，在供应链采购中，双方可以节省大量的交易成本，降低采购中烦琐的行政管理工作产生的费用；另一方面，双方形成了较为稳定的供需关系，合同周期长，长期的规模经济效益明显，并且降低了企业因采购不当带来的其他成本，如质量成本等。

2. 提高资金周转率

供应链管理的主要目标之一就是加快物料和信息的流动，缩短资金周转率。作为供应链的重要一环，优化的采购管理是保证供应链通畅必不可少的条件。例如，100 元的资金投入经过采购、制造和销售过程可产生 10 元的利润，假设一个周转期是一个月，一年可以周转 12 次，那么每年的利润是 12×10=120（元）。如果这个周期缩短至一半，那么年利润也将翻倍，达到 240 元。提高生产效率，降低每个周期所需投资，也可达到提高资金周转率的效果。在供应链采购中，企业可以依靠采购的力量，增强同链条中的供应商的协作来达到这个目的。企业可帮助供应商提高适应性、可靠性，缩短交货周期，保证质量，还可以实施供应链下的准时化采购。这些措施可以使企业缩短生产周期，提高生产效率，减少库存，同时增强市场应变能力。

3. 帮助企业改革经营模式

积极的、专业化的供应商管理会对企业的经营及生产模式产生重大影响。现代企业发展的一个趋势是将主要注意力和资源集中到可保持长期竞争优势的少数核心业务上，而将不能达到行业领先水平的、非核心的活动转包给供应商，这样可降低企业成本，提高整体质量，缩短交货时间，提高相对竞争力。另外，通过与供应商建立战略伙伴关系，企业还可在不直接投资的情况下，利用供应商的资源来开发产品。这样可节省资金，降低成本，并达到迅速形成规模生产、扩大生产能力的目的。在供应链采购中，供应商可以按照采购方的需求特征设计自己的供应系统，可以参与到客户的设计中，这种量身定制的优势更有利于适应采购方的经营模式。

三、供应链采购的实施

（一）供应链采购的保障

1. 信息保障

首先，要建立起企业内部网并接入互联网；其次，要开发管理信息系统，建立企业的电子商务网站，建设信息传输系统；最后，要进行标准化、信息化的基础建设，例如，POS（销售时点）系统、EDI 系统或其他数据传输系统、各种编码系统等。

2. 供应链系统保障

要通过扎实稳妥的工作，逐步建立起供应链系统。这就要求供应链各企业努力加强业务联系，积极主动沟通，逐渐形成供应链各企业间的业务协调和紧密关系。要逐渐建设责任共担、利益共享机制。还要促进各个企业的内部基础建设，实现信息化、规范化、协调化，为建立一个完善的供应链做好准备。

3. 物流保障

物流保障包括供应链各个企业内部和企业之间的物流基础设施建设，如仓库布点、仓库管理、运输通道、运输工具、搬运工具、货箱设计、物流网络等，还包括一些物流技术，如条码系统、自动识别、计量技术、标准化技术等。

4. 采购保障

采购保障包括建立供应商管理库存、连续补充货物、数据共享机制、自动订货机制、准时化采购机制、付款机制、效益评估和利益分配机制、安全机制等。

(二) 供应链采购的实施对策

供应链采购作用的发挥,需要企业制定完善的制度与合理的流程,保证整个采购环节是在有效的监督及控制下进行的。

1. 建立合理的采购流程

采购流程是供应链采购管理中最重要的部分之一,是采购活动具体执行的标准。采购流程由于采购来源、采购方式、采购对象的不同会有一定的差异,因此采购流程的设计十分重要。企业规模越大,采购金额越多,就越要重视采购流程设计。如果没有最基本的采购流程,就无法形成供应链管理,又会回到传统的采购模式。

2. 进行专业采购分类

在进行供应链采购时,企业必须进行合理的专业采购分类,将企业每年的采购进行大类划分,再进行小类划分。例如,制造企业的采购分类可分为生产型采购与非生产型采购。非生产型采购又可分为研发类采购(如模具开发)、营销类采购(如广告、展览)、后勤类采购(如办公用品)等,还可以再细化,或根据工作性质进行划分。分类后可以有针对性地进行采购工作,提高采购的工作效率和质量。

3. 建立采购权力约束机制

按照采购流程的工作内容把权力分散到相关部门。各部门不能单独决定供应商的选择,要综合多部门的意见进行评价,各部门相互监督、相互约束,防止采购中的违规行为。

4. 建立员工内部激励机制

只有职责明确、奖惩分明,才能发挥出激励机制应有的作用,员工才能主动发挥其积极性,不断努力、创新思维、认真谈判,做好每一个项目,为企业节省每一笔采购资金,降低企业的生产成本,使企业在市场中具备强有力的竞争力。

5. 加强供应商体系管理

在供应商的数量和合作时间上,由短期、多个供应商向长期、少量供应商发展,选择长期供应商可以建立稳定的供求关系,可以加强双方的合作,不断完善质量体系,优化产品设计,还可以保证货源稳定。供应商数量的减少,可以降低企业对供应商管理的成本,保证有效供应商的质量以及专业服务能力。

英国物流管理专家马丁·克里斯托弗说:"21世纪的竞争不是企业和企业之间的竞争,而是供应链和供应链之间的竞争。"供应链中的采购环节至关重要,建立良好的供应链采购模式才能使企业具有良好的抗风险能力,从而提高企业的竞争力。

项目实训:采购管理创新方案设计

一、实训目的

(1) 了解企业采购创新管理的作用和意义。
(2) 熟悉采购行业的管理规范和创新。

(3)能够根据企业现有采购管理的现状及问题草拟采购管理创新方案。
(4)能够提出完善采购管理创新方案的思路和建议。
(5)不断培养和增强学生的分析能力、组织能力、沟通能力、团队协作精神等。

二、实训组织

(1)知识准备：采购管理的新方法和新思路、采购管理方案编写要求。
(2)学生分组：每个小组以6~8人为宜，小组中要合理分工，每组选出一位小组长。
(3)实训地点：各小组成员自主选择目标企业，以实地调研为主，同时在图书馆、互联网查找资料，有针对性地分析某一特定企业的采购管理创新方案。

三、实训要求

(1)首先了解采购相关的规范和标准，并认真阅读和讨论。
(2)深入企业调研采购某环节或流程的管理规范，收集有关资料，并仔细分析。
(3)在调查过程中，应着重了解基层的执行情况，掌握采购管理规范落实的效果。
(4)根据所收集的采购管理规范等资料，同时结合其在企业中的执行情况进行分析、讨论，并能依据所学的采购管理知识进行综合分析评价。
(5)最后，以小组为单位组织研讨、分析，然后严格按照规范标准编写的要求和格式，拟定更加完善的采购管理方案，形成小组的课题报告。

四、实训报告

在通过实地调查获得相关资料后，以组为单位完成调查报告。报告中应包含以下内容：
(1)调研时间、调研企业。
(2)分析企业现在的采购管理模式和内容，并调研其执行情况。
(3)对所收集的采购管理方案等资料进行分析、讨论，并能够依据采购管理方案编写要求草拟采购创新方案或优化方案。
(4)在小组讨论的基础上，形成小组的采购创新（优化）方案。该方案应包括以下三部分内容：①企业背景及采购现状介绍；②采购管理问题分析；③采购管理创新思路和措施。

五、实训考核

实训成绩根据个人表现和团队表现进行综合评定，考评内容包含以下几项：
(1)相关资料是否通过实地调查获得，调查资料是否翔实、准确、具体。
(2)创新方案的结构是否合理，层次划分是否清楚，编排格式是否符合统一要求。
(3)是否从企业的实际状况出发，从解决企业最紧迫的问题来开展采购创新工作。
(4)内容阐述是否准确无误，文字表达是否逻辑严谨、简练明确、通俗易懂。
(5)小组内部分工是否明确，组员是否有协作精神，根据个人任务完成情况由组长评分。
(6)实训报告是否按要求的规范格式完成，对个人报告或小组报告进行评分。
(7)根据个人得分和小组综合评分最终确定每个学生的实训成绩。

参 考 文 献

[1] 赵道致，王振强，等. 采购与供应管理[M]. 北京：清华大学出版社，2009.
[2] 王忠宗. 采购与供应管理[M]. 厦门：厦门大学出版社，2009.
[3] 唐艳. 采购与供应管理（一）（二）[M]. 武汉：武汉理工大学出版社，2008.
[4] 北京中交协物流人力资源培训中心. 采购原理与战略[M]. 北京：机械工业出版社，2007.
[5] 张玉斌. 采购与仓储管理[M]. 北京：对外经济贸易大学出版社，2008.
[6] 孙宗虎，程淑丽. 采购和供应管理流程设计与工作标准[M]. 北京：人民邮电出版社，2007.
[7] 王槐林，刘昌华. 采购管理与库存控制[M]. 4版. 北京：中国财富出版社，2013.
[8] 北京中交协物流人力资源培训中心. 采购环境与供应市场分析[M]. 北京：机械工业出版社，2008.
[9] 李恒兴，鲍钰. 采购管理[M]. 3版. 北京：北京理工大学出版社，2014.
[10] 梁军. 采购管理[M]. 4版. 北京：电子工业出版社，2019.
[11] 徐杰，鞠颂东. 采购管理[M]. 3版. 北京：机械工业出版社，2014.
[12] 莱桑斯，法林顿. 采购与供应链管理（原书第9版）[M]. 胡海清，译. 北京：机械工业出版社，2018.
[13] 龚国华. 采购与供应链[M]. 2版. 上海：复旦大学出版社，2011.
[14] 利恩德斯，费伦. 采购与供应管理（原书第11版）[M]. 张杰，张群，译. 北京：机械工业出版社，2001.
[15] 贝利，法摩尔，克洛克，等. 采购原理与管理（第11版）[M]. 王增东，王碧琼，译. 北京：电子工业出版社，2016.
[16] 卡维纳托，考夫曼. 采购手册：专业采购与供应人员指南（原书第6版）[M]. 吕一林，闫鸿雁，雷利华，等译. 北京：机械工业出版社，2002.
[17] 宋玉卿，沈小静，杨丽. 采购管理[M]. 2版. 北京：中国财富出版社，2018.
[18] 孙明贵. 采购物流实务[M]. 北京：机械工业出版社，2004.
[19] 周雅顺. 采购实务[M]. 北京：化学工业出版社，2009.
[20] 王炬香. 采购管理实务[M]. 3版. 北京：电子工业出版社，2016.
[21] 潘波，田建军. 现代物流采购[M]. 2版. 北京：机械工业出版社，2019.
[22] 朱新民，林敏晖. 物流采购管理[M]. 2版. 北京：机械工业出版社，2010.
[23] 蔡改成. 采购管理实务[M]. 2版. 北京：人民交通出版社，2014.